百川書志
晁氏寶文堂書目

〔明〕高儒 撰
〔明〕晁瑮 撰
孫蘊 解說

中國歷代書目題跋叢書

圖書在版編目(CIP)數據

百川書志/(明)高儒撰;孫蘊解説.晁氏寶文堂書目/(明)晁瑮撰;孫蘊解説.--上海:上海古籍出版社,2021.9
(中國歷代書目題跋叢書)
ISBN 978-7-5732-0020-4

Ⅰ.①百… ②晁… Ⅱ.①高… ②晁… ③孫… Ⅲ.①私人藏書-圖書目錄-中國-明代 Ⅳ.①Z842.48

中國版本圖書館CIP數據核字(2021)第142303號

中國歷代書目題跋叢書
百川書志　晁氏寶文堂書目
〔明〕高　儒　晁　瑮　撰
孫　蘊　解説

上海古籍出版社　出版發行
(上海瑞金二路272號　郵政編碼200020)
(1) 網址：www.guji.com.cn
(2) E-mail: guji1@guji.com.cn
(3) 易文網網址：www.ewen.co
蘇州市越洋印刷有限公司印刷
開本850×1168　1/32　印張20.375　插頁5　字數250,000
2021年9月第1版　2021年9月第1次印刷
印數:1—1,500
ISBN 978-7-5732-0020-4
Z·471　定價：98.00元
如有質量問題,請與承印公司聯繫

《中國歷代書目題跋叢書》出版説明

漢代劉向、劉歆父子編撰《別録》《七略》，目録之學自此濫觴，在傳統學術中發揮了重要作用。歷代典籍浩繁龐雜，官私藏書目録依類編次，繩貫珠聯，所謂「類例既分，學術自明」（《通志·校讎略》），學者自可「即類求書，因書究學」（《校讎通義·互著》），實爲讀書治學之門户。而我國典籍屢經流散之厄，許多圖書真容難睹，甚至天壤不存，書目題跋所録書名、撰者、卷數、版本、內容即爲訪書求古的重要綫索。至於藏書家於題跋中校訂版本異同、考述版本淵源、判定版本優劣、追述藏弆流傳，更是不乏真知灼見，足以津逮後學。

我社素重書目題跋著作的出版，早在二十世紀五十年代，我社就出版了歷代書目題跋著作二十二種，後彙編爲《中國歷代書目題跋叢書》第一輯。此後，我社又與學界通力合作，精選歷代有代表性和影響較大的書目題跋著作，約請專家學者點校整理。至二〇一五年，先後推出《中國歷代書目

叢書出版説明

一

百川書志　晁氏寶文堂書目

《題跋叢書》第二至四輯，共收書目題跋著作四十六種，加上第一輯的二十二種，計六十八種，極大地普及了版本目錄之學。面對廣大讀者的需求，我社將該叢書陸續重版，並擇要選入新品種，對原版進行訂補，以饗讀者。

上海古籍出版社

二〇一八年八月

出版說明

本書合印明正德、嘉慶時期著名的私家藏書目二種：一是高儒藏書目《百川書志》，一是晁瑮父子藏書目《晁氏寶文堂書目》。

一九五七年，我社前身——古典文學出版社以葉德輝《觀古堂書目叢刻》本爲底本，將《百川書志》加句讀排印，又據上海圖書館瞿鳳起先生根據舊鈔本所作校記訂正刻本中錯脱，與《古今書刻》合訂一册出版。同年，古典文學出版社據北京圖書館所藏明鈔本排印《晁氏寶文堂書目》，並略作校訂，與《徐氏紅雨樓書目》合訂一册出版。二〇〇五年，我社分别據一九五七年版影印重版二書，皆收入《中國歷代書目題跋叢書·第一輯》。

二〇一四年，我社《中國歷代書目題跋叢書·第四輯》出版了馬泰來先生整理的《新輯紅雨樓題記》《徐氏家藏書目》，對《徐氏紅雨樓書目》進行了全面校訂，可謂後出轉精，故此次不再重出。

從性質上來看，《百川書志》與《晁氏寶文堂書目》皆爲明代私家藏書目，且年代相近。將二目合

訂一册，對於考察私家藏書史和私家藏書目録演變情况更爲便宜。由於原版印版模糊，閲讀不便，此次將二目重新排版，並改《百川書志》句讀爲新式標點。《百川書志》原目類目與正文中類目的不同，此次在原目相應位置予以標注。原版葉德輝所作校注，今以括號標識。另外，爲便於讀者更加深入地瞭解《百川書志》與《晁氏寶文堂書目》的編排特點、著録特色以及在藏書史、目録學史上的地位與價值，本次特邀請孫蘊博士撰寫二目解説，分别置於書前。原版叙録及出版説明並附書後。重新編製四角號碼索引，以便檢索。

上海古籍出版社

二〇二一年元月

總　目

叢書出版説明	一
出版説明	一
百川書志	一
解説	三
百川書志序	一九
序二	二一
校刻百川書志序	二三
百川書志原目	二七
卷之一	三三
卷之二	四一
卷之三	四七
卷之四	五四
卷之五	六五
卷之六	七七
卷之七	八五
卷之八	九四
卷之九	一〇四
卷之十	一一五
卷之十一	一二八
卷之十二	一三七

卷之十三	一四六
卷之十四	一五二
卷之十五	一六五
卷之十六	一七三
卷之十七	一八二
卷之十八	一九〇
卷之十九	二〇四
卷之二十	二一六
百川書志叙録	二二七
古典文學出版社出版説明	二三二
晁氏寶文堂書目	二三五

解説	二三七
目録	二五三
卷上	二五五
卷中	三三七
卷下	四〇七
晁氏寶文堂書目叙録	四八九
古典文學出版社出版説明	四九三
索引	1
百川書志書名、撰者名四角號碼綜合	
晁氏寶文堂書目書名四角號碼索引	55

百川書志

〔明〕高儒 撰

百川書志解說

《百川書志》明高儒撰，高氏後人訂補。高儒，字子醇，號百川子，涿州人。生卒年不詳，大約生活在正德、嘉靖時期。儒父榮、伯父得林、祖父英、叔祖鳳。高儒祖父高英及以前先祖皆「隱農弗耀」，無有功名。後其叔祖高鳳淨身爲宦得勢，高得林蒙恩蔭，官至正一品後軍都督府右都督，高榮亦官至從三品錦衣衛指揮同知，高氏一族乃得顯赫。得林身後無子，亡故後高儒執人子禮營葬。

高儒於《百川書志》自序中稱引父親高榮之言，謂高氏「讀書三世」，叮囑高儒勤勉讀書以成世業。可知高氏有藏書、讀書的家訓、家風，這一風氣當始於高鳳，經高榮、高得林傳至高儒。高儒雖蔭封武弁，但得益於尚文家風，自幼接受良好的教育，具備較高的文化素養，時人稱其「博極群書，旁通詩賦，且深究諸兵家方略」[1]，是文武雙全的人才。

高榮去世後，高儒謹記先父遺言，「愈勵先志」，銳意求訪，搜聚書籍，整理藏書並撰家藏書目，「六年考索，三易成編，損益古志，大分四部，細列九十三門，裁訂二十卷」（《百川

書志序》）,名爲《百川書志》。

高儒於書目自序中稱「啟先世之藏、發數年之積」,可知其藏書來源大致有二:一是家族累世所藏,二是自己的歷年搜求。又稱「或傳之士大夫,或易諸市肆」,則知其藏書既包括士大夫群體之間的著述饋贈,亦有購得於坊肆者。羅旭舟詳考書目中來自官宦之間的書籍,認爲有四大來源:其一爲衛所武官著作,如卷之五「《狀元記事》三卷,皇明揚州衛指揮使玩浙野橋賓館張幹山編述」,卷之十七「《秋碧軒集》五卷,南京濟川衛指揮使陳鐸大聲著」「《花影集》四卷,致仕應天衛指揮事夕川老人陶輔廷弼著」等。其二爲藩府著述。《百川書志》中著錄了大量的唐、秦、周、寧、晉、益、蒲諸藩著作,尤其值得注意的是完整收錄了周藩憲王朱有燉的雜劇著作三十一種,是這部分書籍首次見載於文獻的記錄。高家三代爲官,與藩府有諸多交集,故而這些書籍或當直接得之於藩府。其三是望族著作。以武定侯郭勛爲代表的郭氏家族著述爲例,《百川書志》收錄其家傳、譜牒及著述若干種,其中多非市井流通之本。高、武二族的密切關係由此亦可略窺一斑。其四是內府刻書。高儒叔祖高鳳任職司禮監太監,司禮監下設經廠,是內府刻書之所。《百川書志》所收書籍多有內府刻本,大多直接著錄,偶作簡略備注,如卷四「《少微通鑒外紀》四卷」「《少微通鑒節要》五十卷」下稱:「二書俱內府板,與外本大

同小異。」[二]

高儒《百川書志序》作於明嘉靖庚子，即嘉靖十九年（一五四〇）。由《序》中所稱「六年考索」可推知書目編纂工作始於嘉靖十四年，正是其父高榮去世之後不久。所謂「三易成編」，當是指經過多次訂改。近代之前該目僅以鈔本傳世，現可考的版本有：

一、清鈔本二十卷，一冊，十行行二十四字，無格。國家圖書館藏清曹琰手校本。

二、清道光二十八年（一八四八）劉喜海嘉蔭簃鈔本，內有劉氏跋。二十卷，一冊，十行二十四字，綠格，白口，四周單邊，藏於國圖。

三、清蕭山王端履鈔本，書尾鈐「端履手鈔」印，內有丁丙跋，藏於南京圖書館。

四、清嘉慶內子（一八一六）吳門趙光照輯《千墨菴叢書七種》本。稿本現存於復旦大學圖書館，名《千墨齋精鈔七家書目》，版心有「千墨菴叢書」字樣。臺灣「中研院」史語所傅斯年圖書館藏舊鈔本。

五、一九一三年葉德輝校繆氏藕香簃鈔本並跋，今藏於湖南省圖書館。葉德輝家藏朱彝尊曝書亭寫本，原為袁芳瑛臥雪廬舊藏，二十卷，卷尾損失十許葉。後於北平吳昌綬家得一舊鈔本（源自朱彝尊舊藏本），繆荃孫藝風堂舊鈔本，遂以舊鈔本校補繆本脫誤，又與家藏朱本對勘，得到較為完善的「校鈔本」。

六、一九一五年湘潭葉氏刻本,即以校鈔本付梓者。葉德輝於《校刻百川書志序》中介紹了其校刻緣起及其以家藏朱彝尊曝書亭寫本、繆氏舊鈔本與吳氏舊鈔本互校成書的過程。該本於一九一九年收入《觀古堂書目叢刻》。

七、一九五七年古典文學出版社《百川書志 古今書刻》合訂本,爲《中國歷代書目題跋叢書》之一。該本以葉德輝觀古堂校刻本爲底本,根據瞿鳳起據舊鈔本所作的校記加以補充訂正,另加句讀,排版鉛印,是典型的「後出轉精」的本子。

《百川書志》前有總目,正文著錄書名、卷數,間有簡略解題。解題首錄作者信息,包括作者的年代、姓名、別名、官職、諡號等。次錄書籍內容,間作點評,爲高儒自己的讀書體會。其著錄體例大致如下:

大明會典一百八十卷 序例、目錄二卷

國朝弘治年少師吏部尚書華蓋殿大學士臣李東陽等奉敕纂修。諸司衙門統理事物,因革損益,上尊成憲,下博典籍,以成一代之典。頒布臣工,永爲遵守。

《百川書志》依經、史、子、集四部分二十卷,列二級類目九十三類,[三]著錄書籍二千一百三十六種。各部類名稱及著錄數量爲:

經志十六類二百三十九種：正經易（十）、書（十）、詩（八）、禮（十四）、大學（十二）、中庸（六）、論語（五）、孟子（四）、孝經（五）、經總（二十九）、小學（四十二）、道學（四十一）、樂（七）、蒙求（十九）。

史志二十一類三百三十八種：正史（十八）、編年（十五）、起居注（二）、地理（三十五）、法令（十八）、時令（五）、目錄（四）、姓譜（三）、史詠（七）、譜牒（六）、文史（一）、野史（二）、外史（五十九）、小史（十三）。

（八）史鈔（六）故事（三十四）御記（三）史評（十六）傳記（七十三）、職官（十）、

子志三十類五百六十九種：儒家（三十二）、道家（十九）、法家（二）、名家（四）、墨家（二）、縱橫家（二）、雜家（十）、兵家（三十）、小說家（一百一十七）、德行家（二十五）、崇正家（五）、政教家（十二）、隱家（八）、格物家（二十五）、翰墨家（三十五）、農家（三十二）、醫家（七十一）、衛生術（七）、房中術（三）、卜筮家（九）、歷數家（三）、五行家（十四）、陰陽家（十）、占夢術（二）、刑法家（三）、神仙家（二十九）、佛家（十一）、雜藝術（二十二）、子鈔（四）、類書（二十一）。

集志二十一類九百九十種：秦漢六朝文（十二）、唐文（十八）、宋文（三十）、元文（二十二）、[四] 聖朝御製文、睿製文、名臣文（正文中無此三目，以「國朝」類替代，著錄

從分類體系上看，《百川書志》繼承了隋唐以來的四部分類傳統，而以集部數量最多，側面體現出明代文學尤其俗文學蓬勃發展的史實。另一方面，該目二級類目數量大增、類目體系更爲細密、類目劃分更爲清晰的特點，則是對傳統四部分類法的突破。《隋書・經籍志》創立四部分類法，其後歷代公私書目多有沿用，而《百川書志》在二級類目細分方面達到了一個高峰。[五] 類目數量大增之外，該目於史志部分新增「野史」「外史」「小史」三個類目，於集志則先依書籍內容分爲「文」與「詩」兩部分，又在各部分內依照時代順序分爲「秦漢六朝文」「唐」「宋」「元」「聖朝文集」「國朝」與「秦漢六朝詩」「唐」「宋詩」「元」「國朝」各類。這種明爲二級分類、實爲三級分類的做法使書目編纂邏輯更加清晰。

受主客觀因素影響，《百川書志》在具體的書籍歸類中存在一些錯誤。例如其「野

包含於「別集」類中）、紀跡（七）、雜集（四十八）。

六十三種）、漢魏六朝詩（十七）、唐詩（一百六十）、宋詩（四十）、元詩（五十七）、聖朝御製詩集、睿製詩集、名臣詩集（正文中無此三目，以「國朝」類替代，著錄一百九十一種）、詔制（五）、奏議（二十三）、啟劄（十一）、對偶（七）、歌詞（三十五）、詞曲（二十二）、文史（五十四）、總集（九十八）別集（六十七）、唱和（正文中無此目類，其內容當

史」「外史」「小史」三個類目中既有傳奇、小說,又有筆記瑣語。將這些文學作品冠以「史」的名號,確實有些不倫不類。周中孚《鄭堂讀書記》亦對此提出批評:「以道學編入經志,以傳奇爲外史,瑣語爲小史,俱編入史志,可乎?儒家外,別分德行、崇正二家,亦太叢雜不倫矣。」

《百川書志》中有解題的條目約有九百六十四篇,其中爲明代著作而寫的解題數量比前代的「每百種書要多九篇」,體現出編纂者對當代著述的重視。[6] 該目的解題形式大略可分爲兩種,一種附於各書之後,每書做一說明。如卷之八子志「小說家」:

世說新語八卷

宋臨川王劉義慶撰,梁劉孝標注,須谿劉辰翁批點。凡三十六門。

又有一種是將同類書籍排列一處,末附一個總結性解題,即高儒所謂「各以類從,少著大意,條目昭明」者。如卷二十集志「雜集」著錄自《太白樓集》至《止菴詩集》等十九種,以一條解題總括:

太白樓集十卷

……

止菴詩集一卷

以上十九書，因一古跡、一今跡，或編類篇章，動成卷帙。蓋彰美於名山勝景，遊居佳境也。

這種將同類書籍合併解題的方式靈活地解決了解題語言前後重複的問題，體現出書目「不冗不漏」的特點，提高了該目的學術價值。

目錄學中的「互著法」是指在書目的編撰過程中，將同一部書籍於不同的類目中多次著錄，而「別裁法」是指將一部書中的某一篇章取出，使之獨立成篇並同時置於某一個（或幾個）類目中。

對於目錄學中的「互著」「別裁」方法的產生問題，學界向來眾說紛紜。章學誠《校讎通義》稱互著法肇始於《七略》，而班固、鄭樵之後，世人乃不知有互注、別裁之法。[七]呂紹虞認為「互著」「別裁」始於《澹生堂藏書目》：「《澹生堂藏書目》不但分類詳細，并且還採用了『通』和『互』，使目錄更好地反映藏書的內容。祁氏所謂『通』和『互』，即後來章學誠所說的『別裁』、『互著』。祁氏首先應用『通』『互』方法，並闡述『通』『互』的意義和作用，為我國目錄學增添了新的內容。」[八]王重民與喬好勤皆認為互著法首先見於馬端臨《文獻通考·經籍考》。王重民於《中國目錄學史論

叢》稱:「……馬端臨在這樣的目録中開始使用了互見方法。《玉海·藝文》的互見方法,還不純屬於目録學上的互見方法,所以《經籍考》開始採用互見的方法,也是值得注意的。」[九]於《校讎通義通解》稱:「……馬端臨在十四世紀初編成的《文獻通考·經籍考》已經正式使用互著法,但只有一兩處,跡象並不是十分明白的。」[一〇]喬好勤《中國目録學史》稱:「……漢初焦延壽(字贛)曾從孟喜學《易》,並授之於京房,是《易》學的一個流派。但所著《易林》變六十四卦爲四千零九十六首,皆爲韻語,『大抵皆卜筮、陰陽、氣候之言,不復更及《易》道』。晁公武、陳振孫已將此書列入『卜筮類』。馬端臨《經籍考》於經部『易類』僅列其目,注云『説見卜筮門』。查子部『卜筮類』即得《焦氏易林》十六卷,有引録晁氏、陳氏、葉氏語以爲提要,這是從輔助著録見基本著録的典型的互著方法。」[一一]

以上諸家之外,王國强首先爲高儒正名,稱《百川書志》是採用互著法并發明别裁法的先驅。[一二]該目之中的確存在多處有意識採用「互著」「别裁」方式著録的内容,其中「互著法」如史志「傳記」類有:

麟臺野筆二卷

皇明鄉進士東流道人陶性著開元天寶遺事,各長短詠之,以陳風刺。

子志「小說家」類復著錄該書爲：

麟臺野筆一卷

皇明鄉貢進士東流道人陶性著。止賦三篇。

集志「別集」類又著錄爲：

麟臺野筆一卷

皇明鄉貢進士東流道人陶性著。止賦三篇。

《麟臺野筆》爲文言筆記小說。將其置於「傳記」類，是對書籍內容的考慮，將其置於「小說家」類，是對其體裁的考慮；將其置於「別集」類，凸顯的則是陶性的作者身份，三處互見爲照應補充。又如子志「小說家」類有《四端通俗詩詞》《金沙賦》《翰林策要》《策學矜式五段錦》四種，於集志「別集」類中亦有著錄，且著錄內容一字不易，可知這種做法是編纂者有意識的自覺行爲。

「別裁法」如集志「唐」類著錄：

韓昌黎文集四十卷 外集六卷

順宗實錄詳見史志。

史志「起居注」類著錄：

唐順宗實錄五卷

唐韓愈撰。

《順宗實錄》已收入《韓昌黎文集》之中，高儒將其於「起居注」部分另行著錄，是對起居注類文獻性質的著重強調。起居注是對中國古代帝王言行所作的記錄，是撰修國史的基本材料之一。漢代之後，幾乎歷代都有起居注，但一般不外傳，因而較爲罕見難得。《唐順宗實錄》由韓愈、沈傳師奉敕編纂，共五卷，因收入《韓昌黎集》而得以流傳。

同樣，集志「唐」類有：

柳子厚文集四十三卷　外集二卷　附錄一卷

《非國語》詳見經志。

經志「春秋」類著錄：

非國語二卷。

唐子厚柳宗元撰。

將《非國語》一書於「春秋」類別裁，凸顯了該書的經學性。

此外，當一書中既有詩歌又有文章的時候，該目採取了在「詩」「文」兩處重復著

錄，分別標注數量的方式。如卷十三集志「國朝」類（文章）有：

節菴集一卷

浙江參政東安李德恢叔恢撰。文止十五篇。

卷十七集志「國朝」類（詩歌）著錄為：

節菴集一卷

大中大夫浙江參政東安李德恢撰。詩止四十六首。〔三〕

這一處理方式可視為對「互著」「別裁」法的早期探索。

據錢亞新先生統計，《百川書志》中著錄了明代著作八百四十四種，在絕對數量上是非常可觀的。由是可知高氏聚書並非厚古薄今，而是兼包並蓄，甚至偏重對明代著述的收集。此外，《百川書志》開古典書目收錄俗文學作品的先河。書目中收錄了大量的雜劇、戲曲、小說等俗文學著作，僅集志「小說家」這一類目中便收錄歷代小說多達一百一十七種；新增添的類目中，「野史」主要著錄《三國志通俗演義》與《忠義水滸傳》二種演義小說；「外史」著錄戲曲，如《西廂記》《天香圃牡丹品傳奇》《王十朋荊釵記》等；「傳記」著錄了大量唐傳奇，如《開天傳信記》《開元天寶遺事》《楊妃傳》《李娃傳》等；「詞曲」類著錄樂府、南北曲二十二種。以上種種皆體現出高氏藏書思

一四

想的開放性，這在當時是具有一定先進意義的。

《百川書志》不僅大量著錄俗文學作品，且給予它們較高的評價。「野史」類「《三國志通俗演義》二百四卷」下稱「晉平陽侯陳壽史傳，明羅本貫中編次。據正史，採小説，證文辭，通好尚，非俗非虛，易觀易入，非史氏蒼古之文，去瞽傳詼諧之氣。陳敘百年，該括萬事」。「小史」類「《效顰集》三卷」下稱「漢陽教諭南平趙弼撰述。凡二十五篇。言寓勸誡，事關名教。有嚴正之風，無淫放之失，更兼諸子所長，文華讓瞿，大意迴高一步」。由此可以窺見，以高儒爲代表的明代目錄學家對俗文學作品數量不斷增加、地位持續上升這一現實不僅接受，而且給予相當的重現。古典文學出版社在該書《出版説明》中稱：「高儒在書目裏著錄了當時士大夫階級以爲不登大雅之堂的小説、戲曲的目錄，并且把它們列入史部裏面，提出了他對這些書的獨到看法。書目卷六野史、外史、小史三門中對於演義、傳奇等創作的著錄，則是今日研究金、元、明文學的重要材料。」重視對小説、戲劇、傳奇、演義等俗文學作品的著錄是明代私家書目的一個重要特色，爲研究明代文學藝術的發展流變提供了史料綫索。

提要在明代公私書目編纂中是較爲罕見的部分，是研究書籍史、文化史的文獻依據。《百川書志》有簡略提要，保存了較爲完整的書籍版本、流傳信息，多爲後世各家著述稱

引。葉德輝稱：「明涿州高儒，富藏書，撰《百川書志》二十卷，新城王文簡士禎《居易錄》嘗稱引之。黃虞稷、周在浚等《徵刻唐宋秘本書目略》亦列其名，可知此書久爲當時士大夫所推重也。」《（雍正）浙江通志》引用《百川書志》多達一百一十五次，《温州經籍志》引用二十六次，《四庫全書總目》引用九次，《鄭堂讀書記》《日下舊聞考》《善本書室藏書志》等書亦多援引《百川書志》的記載作爲論述依據。

《百川書志》於中國古代書目編纂中首次正式採用了「互著」與「別裁」的著錄方法。互著、別裁法的採用可以使書目更好地照顧到同一部書的多種性質，盡可能地避免因分類不當引起的檢索困難。《百川書志》之後，晁瑮的《寶文堂書目》、趙用賢的《趙定宇書目》、王圻的《續文獻通考·經籍考》等皆將互著或者別裁方法運用到書目的編纂之中。祁承㸁更對此二種方法進行了理論層面的闡述，加以總結，提出了「互」「通」的書目編纂理論，成爲明代目錄學史的重要成果。互著、別裁的書目編纂方法得到了後人的認可，章學誠《文史通義》稱「篇次可以別出，則學術源流無闕間不全之患也；部目可以互見，則分綱別紀無兩歧牽掣之制也」，給予其高度評價。

孫蘊

〔一〕（明）杜旻．□軍錦衣指揮使高公配淑人左氏合葬墓誌銘[M]//新中國出土墓誌·北京壹·上冊．北京：文物出版社，二〇〇三．

〔二〕羅旭舟．高儒生平家世與《百川書志》[J]．中國典籍與文化，二〇一四（三）．

〔三〕按：總目九十三類，「大分四部，細列九十三門，裁訂二十卷」（高儒《百川書志序·二》）．正文衍「聖朝文集」類，脫「唱和」類，以「國朝」類替代「聖朝御製詩集、睿製詩集、名臣文」三類，以「國朝」類替代「聖朝御製詩集、睿製詩集、名臣詩集」三類。去衍增脫，加以置換，得八十九類。

〔四〕按：正文中，「元」類後有「聖朝文集」類，著錄《御製文集》《御製文集類編》《誠齋錄》三種。

〔五〕按：錢亞新先生將《隋書·經籍志》之後、《百川書志》之前採用四部分類法的八種書目進行了對比，發現《隋書·經籍志》的類目爲四十種，《唐書·經籍志》爲四十二種，《新唐書·藝文志》爲四十四種，《崇文總目》爲四十五種，《郡齋讀書志》爲四十二種，《直齋書錄解題》爲五十二種，《宋史·藝文志》爲四十三種，而《百川書志》爲九十一種（實爲八十九種）。參見錢亞新《試論〈百川書志〉在我國目錄學史上的價值》，《廣東圖書館學刊》，一九八五（一）．

〔六〕錢亞新．試論《百川書志》在我國目錄學史上的價值[J]．圖書館雜誌，一九八五（一）．

〔七〕（清）章學誠著，王重民通解.校讎通義通解[M].上海：上海古籍出版社，二〇一二.

〔八〕呂紹虞.中國目錄學史稿[M].武漢：武漢大學出版社，二〇一二.

〔九〕王重民.中國目錄學史料論叢[M].北京：中華書局，一九八四.

〔一〇〕王重民.校讎通義通解[M].上海：上海古籍出版社，二〇〇九.

〔一一〕喬好勤.中國目錄學史[M].武漢：武漢大學出版社，一九九二.

〔一二〕王國強.明代目錄學研究[M].鄭州：中州古籍出版社，二〇〇〇.

〔一三〕按：葉德輝按曰：「此與卷十三重複著錄，但彼解題記文數，此記詩數。」將高儒有意識的著錄誤作重出。

百川書志序

百川子古涿高儒子醇撰

古者聖人代天宣化，化非言弗宣，言非書弗傳，書籍其來遠矣。古者左史紀言，典謨是也；右史紀事，《春秋》是也。六經之後，便有諸子，各以行義名家。○瞿校：「行義」，鈔本作「藝術」。三代之下，御世者咸設史官。迨及革除，老師宿儒，必秉史筆，定爲一代之徵獻。河山鍾秀，或文雄絕代，或詩繼風騷，各擅名家。著書集錄，雖採擷精華，效顰英哲，未嘗逾此。秦火之後，漢隋唐宋，史志藝文、通志通考，類編經籍，七目四部，於斯昭見。然天府之儲，獨傳中秘，類書之載，僅見源名。又兵火迭侵，世傳悠遠，咸慨斯文存亡無據。聖朝積書高士，名賢一時，非富而好禮、貴在昔有萬軸之藏，於今奚乏崇文博古之流也。

予遭際文明之運，叨承祖蔭，致身武弁，素餐無補，日恐流於污下。蓋聞至樂莫逾讀書，典籍流散，見遇人間者，不校乏力。故雖贏賣金之厚，聚非一日，雖有萬軸之儲，讀可一時乎？此重積書之功，書目所由作也。書無目，猶兵無統馭，政無教令，聚散無稽矣。

閒居啓先世之藏,發數年之積,不啻萬卷,各以類從,少著大意,條目昭明。一覽之餘,仰見千載聖賢用心之確,非擅虛名。實資自勵,庶慰先人教子之心,以逭聚散不常之誚也。

時大明庚子歲嘉靖〇畢校:鈔本作「大明嘉靖庚子歲」。夏五月端陽日書於志道堂之楹。

《百川書志》既成，追思先人昔訓之言曰：讀書三世，經籍難於大備，亦無大闕。爾勉成世業，勿自取面牆之歎。予對曰：小子謹書紳。至今數年，音容迥隔，遺言猶在，愈勵先志，銳意訪求。或傳之士大夫，〇瞿校：鈔本無「大」字。或易諸市肆。數年之間，連牀插架，經籍充藏，難於檢閱。閒中次第部帙，定立儲盛。又恐久常無據，淆亂逸志，故六年考索，三易成編，損益古志，大分四部，細列九十三門，裁訂二十卷。《書志》不備者，蓋聚多而未已也。書刻類中，注陳書後，頓忘寒暑，蠹檢篇章，志略始成。襟懷方遂，珍藏蕓笥，以勉成先志。玩繹身心，稽驗清聚云耳。後三日吉，百川子再志於藏書堂。

校刻百川書志序

明涿州高儒,富藏書,撰《百川書志》二十卷。新城王文簡士禎《居易錄》嘗稱引之,黃虞稷、周在浚等《徵刻唐宋秘本書目略》亦列其名,可知此書久爲當時士大夫所推重也。迨乾隆時纂修《四庫全書》,已不著於目。其時上距王、黃諸公,不過百年,而傳本希見如此。今又百餘年矣,中更兵燹水火之厄,幸而獲存,是豈可再聽其湮没乎。

余家舊藏朱彝尊曝書亭寫本,得之縣人袁芳瑛卧雪廬。二十卷之尾,損失十許葉,以未見別本,不克補抄。江陰繆氏藝風堂藏有舊抄,不知出自誰氏。取校朱本,文不及其詳,且脱簡訛字,以及顛倒錯亂之處,逐卷有之。意揣原本未必精抄,且決其非廬山真面。余屢謀付刊,作而忽止者此也。甲寅五月,避寇都門,晤吳印臣鈴轄昌綬,出示二本,一爲舊抄,一即繆本。舊抄無收藏家名印,而多與朱本相同。竭五日之力,校補繆本之脱誤。歸家再取朱本細勘,夫而後是書簡篇完善,非復曩日之殘缺難讀矣。吳藏舊抄二

十卷末亦不全，自馮海粟《梅花百詠》以下八十餘條，誤以八卷小說家之《麟臺野乘》以下九條羼入，接《鐵崖先生復古詩》之後。疑此舊抄亦從朱本傳錄，而裝訂時卷葉互錯，故尚沿其誤耳。繆本卷十四、卷十五唐宋人詩集前後倒置不倫，朱本則猶未亂。至卷二十馮海粟《梅花百詠》以後十許葉，繆本獨爲完全，余取以補之，遂成完帙。諸本於明人著作，省稱曰明某人，或去爵里，朱本則概加詳，或稱「大明」，或稱「皇明」，或稱「皇朝」「國朝」，確知爲編志時文法。雖其體例不一，而意義自可推求。如稱「國朝」者多統同之辭，稱「大明」者多就原書元號上所標題者稱之，大抵出於勑纂、官修之書近是。其稱「皇明」「皇朝」者，臣民私撰序刻，或冠于官銜之上，或加于地名之前，隨手題稱，未暇畫一。後人傳錄，省稱曰「明」，非明人著書宜爾也。今從朱本以定一尊，庶乎得作者之意。朱抄集部類下列多附載集名，或記卷數，或不記卷數，蓋必當時存目待訪之書。吳藏抄本同，而繆本不載，是可證吳抄之出于朱本，不獨末卷殘缺相同而已。

　　明時武人喜藏書者，惟高儒與陳第二人。陳藏不如高氏之多，而其《世善堂書目》，鮑廷博已刻入《知不足齋叢書》，久爲藏書家枕秘。獨此目世閱兩朝，不登於天府，不行於坊肆，遲遲三百年乃得傳之梨棗，是又不幸中之一幸也。簿錄之學，所以考一代典籍之

存亡；私家之藏，所以補一朝館閣之闕略。譬如入五侯之廚，雖不得遍嘗其鯖膳，而覓其食譜，不猶愈於過屠門而大嚼乎。此余於目錄之書，所以終身好之而未有已也。甲寅夏正八月中秋長沙葉德輝序。

百川書志總目

卷之一	三三
經志一	三三
正經易	三三
書	三三
詩	三四
禮	三五
春秋	三六
大學	三七
中庸	三八
論語	三八
孟子	三八
孝經	三九
經總〇按，正文作「總經」。	三九
卷之二	四一
經志二	四一
儀注	四一
小學	四三
卷之三	四七
經志三	四七
道學	四七
樂	五〇
蒙求	五一
卷之四	五四
史志一	五四

正史	五四
編年	五六
起居注	五七
雜史	五七
史鈔	五八
故事	五九
御記	六二
史評	六三

卷之五

史志二	六五
傳記	六五
職官	六九
地理	六九
法令	七四
時令	七五
目録	七六

姓譜	七六

卷之六

史志三	七七
史詠	七七
譜牒	七七
文史	七八
野史	七八
外史	七九
小史	八二

卷之七

子志一	八五
儒家	八五
道家	八八
法家	八九
名家	八九
墨家	九〇

縱橫家	九〇
雜家	九〇
兵家	九一
卷之八	
子志二	九四
小說家	九四
卷之九	
子志三	一〇四
德行家	一〇四
崇正家	一〇六
政教家	一〇七
隱家	一〇八
格物家	一〇九
翰墨家○按，正文無「家」字。	一一一
卷之十	
子志四	一一五

農家	一一五
醫家	一一七
衛生術○按，正文無「術」字。	一二二
房中術○按，正文無「術」字。	一二三
卜筮家○按，正文作「占筮」。	一二三
曆數家	一二五
五行家	一二五
陰陽家○按，正文無「家」字。	一二六
占夢術○按，正文無「術」字。	一二七
刑法家○按，正文作「形法」。	一二七
卷之十一	
子志五	一二八
神仙家○按，正文無「家」字。	一二八
佛家	一二九
雜藝術○按，正文無「術」字。	一三〇
子鈔	一三二

類書	一三三
卷之十二	一三七
集志一	一三七
秦漢六朝文	一三七
唐文〇按，正文無「文」字。	一三八
宋文〇按，正文無「文」字。	一四〇
元文〇按，正文無「文」字。	一四二
聖朝文集〇按，原目無，據正文補	一四五
卷之十三	一四六
集志二	一四六
聖朝御製文　睿製文　名臣文	
〇按，正文作「國朝」。	
卷之十四	一五二
集志三	一五二
漢魏六朝詩	一五二
唐詩〇按，正文無「詩」字。	一五三

卷之十五	一六五
集志四	一六五
宋詩	一六五
元詩	一六八
聖朝詩集〇按，原目無，據正文補。	一七二
卷之十六	一七三
集志五	一七三
聖朝御製詩集　睿製詩集　名臣詩集	
〇按，正文作「國朝」。	
卷之十七	一八二
集志六	一八二
名臣詩集〇按，正文作「國朝」。	一八二
卷之十八	一九〇
集志七	一九〇
詔制	一九〇
奏議〇按，正文作「章奏」。	一九〇

啓劄	一九二
對偶	一九三
歌詞	一九四
詞曲	一九六
文史	一九八
卷之十九	二〇四
集志八	二〇四
總集	二〇四
卷之二十	二一六
集志九	二一六
別集	二一六
唱和○按，正文無。	
紀跡	二二二
雜集	二二三

百川書志卷之一

經

易

周易兼義九卷

王弼註六卷,韓康伯註三卷,○「韓」字原脱,從瞿校鈔本補。孔穎達等正義。

周易古文四卷

經典釋文一卷

唐陸德明撰。

周易略例一卷

王弼撰。

乾鑿度一卷

坤鑿度一卷

庖羲氏先文,公孫軒轅氏演古籀文,倉頡修爲上下二篇。

周易乾鑿度二卷

鄭氏註。

易大象説一卷

皇明少石老人崔銑仲鳬著。

周易本義四卷

圖説一卷

宋晦菴先生新安朱熹元晦撰。

書

尚書正義註疏二十卷

孔氏傳,孔穎達等疏。

尚書旁註二卷

孔安國書序一卷　後序一卷

書經集註十卷

　宋九峰先生建陽蔡沈集註。

書經大全十卷

　國朝翰林院學士胡廣等奉勅纂修。

書經洪範考疑一卷

　國朝金谿吳世忠考。

古三墳書一卷

　凡七篇。《通考》以爲張商英僞作。

書說綱領一卷

書經大全圖一卷

書傳古文六卷

詩

毛詩註疏七十卷

　鄭氏箋，唐國子祭酒孔穎達奉勅撰，陸德明音義。

韓詩外傳十卷

　漢文帝時博士燕韓嬰作。

詩經集註八卷

　宋晦菴先生新安朱熹集註。

毛詩古文四卷

詩序一卷

　後漢衛宏作《毛詩序》，見朱子《辨說》。

詩傳大全綱領一卷

詩傳大全圖一卷

詩傳大全二十卷

皇明翰林院學士胡廣等奉勅纂修。

禮

儀禮註疏十七卷

儀禮圖十七卷

儀禮旁通圖一卷

三書信齋楊氏纂圖，鄭氏註，賈公彥奉勅修撰。

儀禮考註十七卷

儀禮逸註六卷

儀禮傳十五卷

三書元翰林學士臨川吳澄幼清撰。

周禮疏十二卷

唐弘文館學士賈公彥等奉勅撰，鄭氏註，陸德明釋文音義。○瞿校：鈔本無「音義」二字。

周禮考註十七卷

元翰林學士吳澄考註。

周禮考工記解二卷

鬳齋林希逸撰。

周禮句解十二卷

魯齋朱申周翰句解。

禮記註疏六十三卷

唐孔穎達奉勅撰，陸德明釋文。

曲禮考註十卷

元翰林學士吳澄考註。

禮記古文十卷

禮記集註三十卷

宋東匯澤陳澔集說。《大學》《中庸》，世宗朱註，澔註止四十七篇。

春秋

春秋左氏註疏六十卷

杜氏註，唐孔穎達等奉勅撰，國子博士陸德明釋文。

春秋左傳十六卷

左丘明傳。

春秋詞命三卷

國朝震澤王鏊集。

春秋公羊傳註疏二十八卷

漢司空掾任城何休學解。

春秋穀梁傳註疏二十卷

唐國子四門助教楊士勛撰，陸氏釋文，范寧集解。

東萊博議十六卷

宋東萊呂祖謙撰。凡八十六篇。

左傳要語二卷

春秋明經四卷

國朝誠意伯括蒼劉基著。

國語八卷

左丘明傳。

非國語二卷

唐子厚柳宗元撰。上卷三十一篇，下卷三十六篇。

國語補音三卷

宋宋庠補音。

春秋古文六卷

春秋胡傳三十卷　序例一卷　綱領一卷　諸國語廢語一卷〇畢校：「廢語」鈔本作「廢說」。

正經音訓一卷　春秋提要一卷

大學

大學章句一卷
宋朱文公章句。

大學衍義四十三卷
宋西山先生真德秀註。

丘濬補前書一卷

大學衍義補一百六十卷 目録二卷
皇明禮部侍郎瓊山丘濬撰。○瞿校：「山」鈔本作「臺」。補真氏「治國」「平天下」二條目未衍者。

大學衍義古文二卷

衍義補摘要四卷

宋文定公給事中崇安胡安國撰。參用諸說，附林堯叟《括例始末》。

大學古文一卷

聖學格物通百卷 纂要一卷 目録一卷
大明嘉靖七年南京吏部右侍郎湛若水撰進。由《大學》條目援引經書子史及聖朝制諭言訓。○瞿校：「諭」鈔本作「論」。各陳己見，六格三十六目。

皇王大學通指舉要一卷
大明洪武初尚賓館副使安城劉迪簡撰進。一章總言三綱領，二三四章專釋三綱領註略，五章至十章專釋八條目註解。

朱子大學或問一卷

大學章句大全一卷

大學或問大全一卷
大明永樂十三年翰林學士胡廣等奉勅纂修。

中庸

中庸古文一卷

中庸章句一卷
宋朱文公章句。

中庸說一卷
皇明御史中丞漳郡劉馴宗道著。

朱子中庸或問一卷

中庸章句大全一卷

中庸或問大全一卷
大明永樂年翰林學士胡廣等奉勅纂修。

論語

論語古文二卷

論語註疏解經二十卷
宋邢昺撰,何晏集解。

論語集註十卷
宋朱子集註。

孔子家語十卷
孔門弟子記孔子家語之言,凡四十四篇。猷堂王廣謀景猷集解。

論語集註大全二十卷
大明翰林學士胡廣等奉勅纂修。

孟子

孟子古文二卷

孟子正義二十八卷
趙氏解,宋兵部郎中孫奭疏。

孟子集註七卷
宋朱子集註。

孟子集註大全十四卷

大明翰林學士胡廣等奉勅纂修。

孝經

古文孝經一卷

古文孝經說一卷

宋元祐二年范祖禹進。

孝經註疏九卷

宋國子祭酒邢昺等奉勅校定，唐明皇御製序文。

孝經註解二卷

國朝唐王殿下註解。

史經一卷

漢南郡太守馬融撰，大司農鄭玄註。

總經

小學六卷

宋晦菴先生著。

古文小學九卷

國朝甘泉湛若水輯，并集訓測，凡七類。

五經類語五卷

國朝古岱梁橋宇述。○瞿校：「橋」鈔本作「喬」。

五經對語一卷

五倫書六十二卷

國朝雪山二泉邵寶次。○瞿校：「雪」鈔本作「錫」。

白虎通十卷

大明宣宗御製。

後漢章帝於白虎殿會羣儒講五經同異所集也，凡四十二事。

經傳警語一卷

四書辨疑一卷

濩南王若虛從之辨，金代人也。

聖學心法四卷

大明太宗御制。○畢校：「制」鈔本作「製」。專論君道，次及父道子道臣道。首採五經，旁及子史之類。前序幾五千言。

聖賢精義五卷

琴心真逸述。取《易》《書》《詩》《大學》《中庸》《論》《孟》中之論心法性理者，并

諸說繫焉。

十一經問對十一卷

失名氏設爲問對之辭，發明蘊奧。惟《周易》、《公》《穀》二傳、《爾雅》四經無說焉。

性理大全書七十卷

大明永樂十三年九月翰林學士胡廣、右庶子楊榮、右諭德金幼孜等四十二人奉勅纂修。書成，御製序，略曰：先儒成書，及其議論格言，輔翼五經四書，有裨於斯道者。

小學撮要一卷

皇明惠州同知莆田林仲璧選次。

百川書志卷之二

經

儀注

蔡邕獨斷二卷
漢左中郎將陳留蔡邕撰。記纂漢以前國家制度。

郊祀考議一卷
嘉靖九年謹身殿大學士張璁進。今名孚敬。

御製明堂或問一卷
嘉靖十七年御製。

新奏禮儀一卷
正德二年禮部參考上。

聖朝欽定儀注一卷

增損呂氏鄉約一卷
宋朱文公校定。四類。

朱子家禮集註四卷

家禮補註二卷圖一卷
宋文公新安朱熹撰，門人楊復等註解。

家禮節要一卷
國朝御史通山朱廷立輯。

家禮集說四卷

洪武禮制一卷
國朝雪山馮善編集。○瞿校：「雪」鈔本作「錫」。

李涪刊誤一卷
凡十一類。

唐國子祭酒李涪撰。

聖門事業圖一卷

宋李元綱國紀撰。凡十一圖。

白鹿洞書院揭示一卷

朱文公定。四篇。○此六字原脫，從瞿校鈔本補。

司馬氏居家雜儀一卷

宋司馬溫公著。凡二十條。

家規輯要一卷

皇明江南鄭氏述。凡十四篇，河南曹端撰其切要者凡十四條，端又益六十八條。

梭山家制一卷

東萊呂氏家範六卷

宋太史紫微舍人呂本中居仁撰。

先儒學範二卷

皇明上饒婁克讓集。凡七種。

射禮儀節一卷

皇明楊一清增註。石淙人。

欽禁奢侈一卷

大明嘉靖九年頒。九條。

警勉集一卷

皇明駙馬鳳陽蔡震孟暘述，文敏少保大家宰姚夔《保富貴箴》，大司成文安周洪謨註《習禮格言》二十四條。有序說。

喪禮事宜一卷

大明嘉靖十八年五月十七日聖母獻皇后梓宮南附顯陵儀注也。

大明儀註二卷

正德改元，外省守令以洪武禮制欽定儀注，及官制所載禮節文詞，合聚此書。

稽古定制一卷

皇明洪武二十九年十一月頒行。翰林諸臣奉欽命錄唐宋制度，斟酌損益，定編墳塋碑碣丈尺、房屋間架及食祿之家興敗禁例，永爲遵守。

「首」字從瞿校鈔本補。願服三年二十八人，願減服十四人，後叙五服制度儀文之義。

大明仁孝皇后內訓一卷

凡二十篇，皆教治之道也，各係註解。

「註」原作「諸」，從瞿校鈔本改。

大明章聖皇太后女訓一卷

凡十二篇，亦訓宮壼閨閫之道也。○瞿校：「閫」鈔本作「門」。

禮儀定式一卷

皇明洪武二十年禮部尚書李原名奉勅令官議定。○「令」原作「會」，從瞿校鈔本改。爲欵一十有四，分條三十有七。

孝慈錄一卷

皇明洪武七年製，首載古今論母喪服。○

小學

郭璞註爾雅三卷

晉郭璞註。○「璞」字原脱，從瞿校鈔本補。古文。世傳周孔所作，未詳。

爾雅釋文三卷

郭璞註。

爾雅註疏十一卷

郭璞註，邢昺疏。

小爾雅一卷

孔鮒著。廣十三事。

埤雅二十卷

埤雅釋文三卷

宋尚書左丞陸佃撰。

輶軒使者絕代語釋別國方言十三卷

漢揚雄子雲著。

釋名八卷

漢徵士北海劉熙成國撰。

許氏說文解字五音韻譜十二卷

漢許慎撰。

大廣益會玉篇三十卷

梁大同九年黃門侍郎顧野王撰本，唐上元元年南國處士富春孫強增加。（一本此下云：「凡五百四十二部，新舊總二十萬九千七百七十言。」）

玉篇廣韻指南一卷

廣韻五卷

隋陸法言撰。其後唐孫愐加字四萬二千三百八十三，今目爲「廣韻」。○「今」原作「本」，從瞿校鈔本改。

韻補五卷

宋吳棫才老編。書五十種，專輯古韻。

佩觿二卷

辨證一卷

宋國子周易博士郭忠恕記。

漢隸精華一卷

漢隸例一卷

漢隸分韻五卷

六書本義十二卷 論圖二卷

皇明餘姚趙古則編註。

俱失輯人名氏。○「氏」原作「字」，從瞿校鈔本改。

洪武正韻十六卷

皇明翰林學士樂韶鳳、宋濂等奉勅刊定。

古字一卷

皇明華亭沈麟輯。

大藏真音一卷

古今韻釋五卷
　　皇明古黃張穎校輯。

詩韻釋義五卷
　　江東雪崖老人輯，關西修髯子釋義。今人。

中原音韻九卷
　　元高安挺齋周德清輯。

瓊林雅韻十九卷
　　國朝朧仙編。

九經補韻一卷
　　宋代郡楊伯喦彥章集。

五音集韻十五卷
　　金崇慶年昌黎郡韓道昭改併重編。新舊八萬八百五十五言。

經史正音切韻指南一卷〇「韻」原作「音」，從瞿校鈔本改。《千頃堂目》亦作「韻」。　經史動靜字音一卷

　　元關中劉鑑士明編《指掌圖》，次成十六通攝，作玉鑰匙檢韻之法，又述玄關六段，總括諸門，盡其蘊奧。

吟押易覽二卷
　　皇明秦藩宗室青陽子編釋。

韻要五卷
　　皇明崑山李元壽編。凡一百五韻，八千九百五字。

免疑字韻四卷
　　元李士謙集。

集鐘鼎古文韻選五卷
　　吳陵釋道泰來峰集。

韃靼譯音字譜一卷

永壽王詩韻一卷

皇明秦藩永壽王註，與釋義相類。

詩韻會覽五卷

五音類聚四聲篇海十五卷

金泰和八年真定府昌黎郡韓孝彥、男韓道昭改併重修。○畢校：「修」鈔本作「編」。凡四百四十四部，增字一萬二千三百四十五言。自天文至通用二十一門，音詳文下，字列文傍。

篇韻貫珠集八卷

直指玉鑰匙門法一卷

皇明大慈仁寺沙門清泉真空編。爲檢篇切韻之捷徑也。門法則續安西劉士明之法，爲二十門。

切韻指掌圖一卷

宋涑水司馬光編集。增崇韻學，討究之暇，料別清濁，爲二十圖，以三十六字母列其上，推四聲相生之法，縱橫上下，旁通曲暢，律度精密，最爲捷徑，是迨天造神授，以便學者。

經史海篇直音五卷　皆篇列部字引一卷

篇韻重數字令一卷

百川書志卷之三

經

道學

顏子二卷

元儒吳郡徐達左編次。內外十篇。

曾子二卷

徐達左編次。內外十四篇。

子思子二卷

徐達左編次。內篇四,外篇六。

孟子二卷

徐達左編次。內外十篇。達左以四子皆傳孔道,遺書真僞傳泯不齊,其言行散見羣書,乃鈔積編次四十四篇,列爲四子,所纂八十九卷書,以便好古之士檢閱,總名《傳道四子書》。

龜山先生語錄四卷

宋楊文靖公時中立之語也。

龜山先生書一卷

楊文靖公著。

豫章先生書一卷

宋文質公羅從彥仲素著。

延平先生書一卷○「延」原作「廷」,從瞿校鈔本改。

宋文靖公李侗愿中著。龜山至此,爲《道南三書》。

延平李先生師弟子答問一卷

宋朱熹元晦編述其師李延平之語也。

延平答問後錄一卷

延平答問補錄一卷

皇明南京行人司副琴川周木編。

張子語錄三卷

晦菴朱子語錄類書十八卷

宋勉齋黃氏門人考亭書院堂長括蒼淡軒葉士龍雲叟編次。初十九卷，名曰「格言」，後去兵事，更定爲此。分四十八類，載答問弟子四十四人。

節孝先生語一卷

宋汪端禮季恭錄其師徐積仲車之語也。

象山語錄二卷

陸九淵子靜之語也。

象山先生略二卷

皇明左綿鶴阿子高簡公敬輯略。《宋史》列傳附載。

慈湖遺書十一卷　家記十卷　紀先訓一卷

宋寶謨閣學士慈湖楊簡敬仲著。

慈湖先生略二卷

皇明蜀人高簡敬仲輯略。附刻史傳。

東萊師友問答一卷

宋東萊呂太史祖謙著。

上蔡先生語錄三卷

宋學士上蔡謝良佐顯道之語也。朱子校定。

震澤語錄一卷

宋周憲可則記錄著作王信伯先生之語也。

元城先生語錄三卷　元城先生行錄一卷

宋朝散郎江州主管維揚馬永卿大年紀錄待制元城先生劉安世器之之語也。

樂安語錄五卷

宋御史秘撰江都李彥衡平之語也。門人龔昱編錄。

傳習錄七卷

皇明陽明先生弟子錄其問答之辭。討論之書也。

魯齋遺書二卷

元文正公許衡仲平撰。

後山理究一卷

宋彭城陳師道履常著。凡三十七條。

經筵餘旨一卷

元文忠公雲莊張養浩撰。凡五篇。

薛子粹言三卷

遵道錄十卷

皇明文清公河東薛瑄讀書錄之要語也。

皇明增城甘泉湛若水編釋。序曰：遵明道也，明道兄弟之學，孔氏之正脈也。

甘泉二業通四卷

皇明金谿黃綸編其師湛甘泉講論道業舉業之詞。○「湛」字原脫，「泉」下原衍「等」字，從瞿校鈔本改正。又名《二業合一訓》。○「訓」原作「詞」，從瞿校鈔本改。

程氏遺書分類三十一卷

豐城楊廉取先儒記河南程氏兩夫子之遺言大訓，各以類從。上下八篇六十六章。

程氏外書十卷

亦當時學者所記。以其取之雜，或不能審其所自來耳。然朱子採用，頗並前書，兼亦分類云。

皇明御製箴一卷

今上嘉靖五年御製《敬一箴》，六年御註《宋儒范氏心箴》及程氏《視聽言動四箴》，頒佈中外臣民，天下學宮俱立碑石。

朱子同東萊呂伯恭取周、程、張四子之書凡十四種，採其關於大體、切於日用者，以爲此篇。總六百一十二條。

正教編一卷

大明武宗朝兩京國子祭酒永嘉王瓚讀五經及體行十一箴，以示天下諸生。

學的二卷

皇明瓊臺丘濬採輯朱子語，以擬《論語》，繼孔子之後也。凡二十類。

甘泉樵語二卷

皇明增城湛若水論道學之語也。凡十篇一百三十章。

北溪先生字義詳講二卷

宋龍溪陳淳安卿著。先生從朱文公學，乃摘羣書中緊要字二十六目而訓釋之。

皇明資世通訓一卷

太祖御製序曰：古者聖經賢傳立意深長，爲先儒註以繫詞，評論不一，愈愚後學。朕特以一己之見，總先賢之確論，記謁者評之直述其意，以利今後人。凡十有四章。

嚴陵講義一卷

宋北溪陳先生著。凡四篇，附字義之後。

程氏訓二卷

少湖語錄一卷

分類經進近思錄集解十四卷

樂

琴音註文二卷

臞仙神奇秘譜三卷

國朝涵虛子臞仙編，宗室洪藩虛白希仙音釋，指法手訣條則譜調詳著。又名《琴阮啓蒙》。

涵虛子製。分太古、霞外二品，分別十六調，統六十一操。

非丘子琴譜二卷

二十一調指法與焉。

廣陵散二卷

金渭川大吉完顏章叙。出於流傳，未詳所自。

太古遺音二卷

本補。修輯田芝翁舊纂也。分定四十三則。臞仙編紀琴書琴訣，○「琴書」二字原脱，從瞿校鈔

大樂律呂元聲六卷

大樂律呂考註四卷

皇明思南府儒學教授莆田兩山先生李文利乾遂著。引用劉恕、長孫無忌、呂不韋二十五家之言，考訂律呂得失，係之以圖。元聲凡三十章，考註凡五章。

蒙求

童蒙須知一卷

朱子著。凡五篇。

程董二先生學則一卷

宋鄱陽程端蒙、董銖著。

蒙求集註一卷

無名氏。

勸學文一卷

皇明前進士宋伯貞音釋。凡十首。

小學日記故事十卷

皇明建安草窗虞韶以成纂集。

君臣表忠故事五卷

皇明建昌知府謝士元撰。前詩事後，事係詩統。

金璧故事六卷

皇明修山林景平編。輯詩句偶對二百餘事，詩二十一首。

聯珠野史蠡測古事六卷

皇明撫之樂安野夫董彬才撰並註。解六言韻語對偶。

錦囊詩對故事前集二十卷 後集十五卷

失傳作者。上平下平韻押始遍，句統千有餘事。

翰林廣積聖賢成語二卷

明心寶鑑二卷

失傳作者。上卷綱領十篇三百七十三條，下卷十篇四百一條。

易見雜字一卷

載繡谷清隱坊章句，錦里幽求巷直音，不知何許人。日用事物，類成四言，傍加音釋，凡三百八十章，以資蒙士。其他頗爲鄙淺，不及此本。

急見一卷

無名字。○瞿校：「字」鈔本作「氏」。設爲問難對答之辭，以便初學。

名物蒙求一卷

性理字訓一卷

宋理宗時狀元淳安蛟峰老人方逢辰撰。

歷代蒙求一卷

徽休寧程若庸達原撰。

史學提要二卷

徽休寧陳櫟壽翁撰。

盱江黃繼善成性撰。以上四家，總名《楓林小四書》，皆四言成句。國朝翰林侍講學士朱升註。

糟粕集三卷

皇明進士江浙張文淵纂。

稱呼語類一卷

凡十六類。

百川書志卷之四

史

正史

史記百三十卷

本紀十二 表十〇「十」下原衍「八」字，從瞿校鈔本刪。 八書八 世家三十 列傳七十

漢太史公司馬遷撰，裴駰註。

前漢書一百一十九卷

帝紀十三 表九 志十八 列傳七十九

漢班固傳，唐顏師古註。

後漢書一百三十卷

帝紀十二 志三十 列傳八十八

宋范曄撰，唐章懷太子註。

晉書一百三十卷

帝紀十一 志七十二 列傳七十〇瞿校：子目有誤，當作「帝紀三十 志七十 列傳三十」。 載紀三

唐太宗文皇帝御撰。

宋書一百卷

本紀十 志三十 傳六十

梁沈約撰。

南齊書五十九卷

本紀八 志十一 列傳四十

梁蕭子顯撰。始江淹以爲十《志》，沈約又爲《齊紀》，而子顯自表武帝，別爲此書。

梁書五十六卷

陳書三十六卷

本紀六 列傳五十

姚思廉撰。

魏書一百三十卷

本紀六 列傳三十

唐散騎常侍姚思廉繼其父察未就之書,歷三世、傳父子,數十年始成。

北齊書五十卷

帝紀十四 列傳九十六 志二十

北齊尚書右僕射魏收撰。

後周書五十卷

本紀八 列傳四十二

隋太子通事舍人李百藥撰。

南史

北史

本紀八 列傳四十二

唐令狐德棻撰。

新唐書二百二十五卷

唐李延壽取宋齊梁陳四代之史,既編《南史》,又以魏齊周隋四代之史,復成《北史》。更勘雜史,於正史所無,復編入,止資一手,凡十六載,爲《南》《北》二史,共合一百八十卷。有作史序傳,見《北史》。

五代史記七十四卷

本紀十 志五十 表十五 列傳一百五十

宋翰林學士歐陽修奉勅編定前史,其事增於前,文省於舊,凡十有七年而成。

本紀十二 列傳六十二

宋歐陽修以前史繁猥失實,削去七十六卷,刪定七十四卷。

遼史一百一十六卷

本紀三十　志三十一〇瞿校：「一」當作「二」。　表八　列傳四十六

元中書右丞脫脫奉勅撰。

金史一百三十七卷

本紀十九　志目三十九　表四　列傳七十三

目錄二

元中書右丞相阿魯國奉勅撰。

元史二百五卷〇瞿校：當作「二百十二卷」。

本紀四十八　志五十三　表八　列傳九十九

目錄〇瞿校：子目有脫誤，當作《本紀》四十七，《志》五十八，《表》十二，《列傳》九十七，《目錄》二。

國朝翰林學士宋濂等編修。

編年

漢紀三十卷

漢荀悅撰。

少微通鑑三十卷　外紀一卷

宋少微先生節要。自周至五代，上下千年，外紀則略紀周前以及太古爾，附註繼。

通鑑續編三十卷

元四明陳桱子桱撰。載宋元二代事。

世史正綱三十二卷

皇明瓊山丘濬撰。〇瞿校：「山」鈔本作「臺」。

十九史略十卷

綱目前編三卷

皇明涵谷居士姚林許誥續補《春秋綱目》首尾不紀七十餘年之事。〇「涵」原作「函」，從瞿校鈔本改。《千頃堂目》亦作「涵」。

資治通鑑綱目集覽鐫誤三卷

皇明錢塘瞿佑宗吉著。共二百二十一條。

歷代紀年帝皇纂要一卷

元平章白雲翁察罕編,明翰林編修金城黃諫續編。○瞿校:「諫」鈔本作「練」。

歷代叙略一卷
皇明臨江梁寅著。凡十三篇。

古通略句解七卷

通鑑博論二卷
皇明膽仙撰。

少微通鑑外紀四卷

少微通鑑節要五十卷
起周威烈王二十三年戊寅,至後周世宗顯德六年己未,凡一千三百六十二年。二書俱内府板,與外本大同小異。

續資治通鑑綱目二十七卷
皇明文淵閣學士商輅修。續司馬氏綱目之後,紀編宋元事。

漢唐秘史二卷
皇明寧王奉勑編。取二代事實,以甲子編年,直書善惡之跡,自以爲羣史中之利器也。

起居注

唐順宗實錄五卷
唐韓愈撰。

大明孝慈高皇后傳一卷
成祖御序。

雜史

西京雜記
晉丹陽葛洪稚川集班史所闕劉子駿《漢書》二萬許言,仍其甲乙十干之次,總百二

闕史二卷

唐乾符中人參寥子高彥休紀史氏之闕五十一事。

庚申外史二卷

國朝葛溪隱者吉安權衡以制編輯元庚申帝三十六年史事也。

吳越春秋十卷

後漢趙曄撰。內吳外越，列傳頗詳。

越絕書十五卷

未考作者，蓋復仇之書也。

楚史檮杌一卷

晉文春秋一卷

元人吾衍子行序。通考無此二書，陶九成以為衍偽取《國語》《史記》諸書而成，未

詳。《楚史》二十七章，《晉文》四十五章。

古史六十卷

本紀七 世家十六〇「六」原作「八」，從瞿校鈔本改。 列傳三十七

宋穎濱先生眉山蘇轍子由撰。

史鈔

史通二十卷

唐劉知幾撰。

漢雋十卷

宋括蒼林越纂。凡五十類，鈔聚《漢書》之精語也。有註。

古今紀要十九卷

宋儒慈谿黃震東發編。世稱精博，與《山

史鈔二十二卷

皇明吏部尚書豐城李裕、蜀御史吳度所編。

通鑑分類撮要四卷

皇明金城謝遷顯分類編集。

歷代志略四卷

皇明信陽知州昆陵唐瑤纂集。○「瑤」原作「珤」，從瞿校鈔本改。《千頃堂》目亦作「瑤」。八類十五事，各事皆撮史書諸志之略，歷代粗備。

故事

貞觀故事政要十卷

唐吳兢撰。紀編太宗事凡四十類。

皇明政要二十卷

南京兵部郎中蔾性採集太祖、太宗、仁宗、宣宗、英宗五朝故事，效吳兢分四十類，所載四百五十二事。

政鑑三十二卷

皇明華亭夏寅正夫撰。自唐至元。

昭鑑錄五卷

皇明洪武間修撰。

歷代臣鑑三十七卷

宣德元年修撰。

皇明開國功臣錄三十一卷
皇明開國功臣續編一卷

定遠黃金撰。二書合五百九十五人。

皇明名臣言行錄九卷

豐城楊廉纂集。

壬午功臣爵賞錄一卷

姑蘇都穆爲主客郎中，理故牘，得洪武壬午九月爵賞功臣名數，勒成一卷而行之，凡載三十三人。

壬午功臣別錄一卷

穆既成前錄，後復得指揮而下功賞之數，仍次第之，復成《別錄》，以補前書之缺。○瞿校：「以」鈔本作「用」。後之欲知前事，或於是有攷。

洪武聖政紀二卷

宋濂撰。

三朝聖諭錄三卷

楊士奇撰。

天順目錄一卷

北征錄一卷　後錄一卷

北征記一卷

文靖公金幼孜撰。

燕對錄一卷

李東陽撰紀孝宗、武宗事。

備遺錄一卷

皇明新淦張芹編。輯紀四十七人之事，當更名《表忠錄》。

桯史十五卷

宋相臺岳珂撰。

定興王平定交南錄

皇朝瓊山丘濬撰。○瞿校：「山」鈔本作「臺」。

許襄毅公平番始末一卷

皇朝戶部侍郎東崖道人靈寶許進述其經略西鄙成功之事也。○「鄙」原作「都」，從瞿校鈔本改。

使琉球錄三卷

皇朝給事中陳侃、行人高澄使琉球所錄。前載制諭、祭文、贄物，次載日記、道塗、山川、風俗、人物之實，起居日用飲食之細，耳目親及者備錄之。考證諸書夷語，附於卷末。

集聖賢羣輔錄二卷

晉徵士陶潛集，明郴陽何孟春註。起黃帝至晉七十一節。

忠義直言二卷

皇明後軍都督驃騎將軍太守吳庸編著。周秦漢唐宋元名臣義士節婦並畜類，分為十目，總百條。直言不文，使人易入。

聖駕臨雍錄一卷

皇明弘治改元，駕幸太學，勅旨章奏禮儀文移講議官職等事。

奉天靖難記四卷

無名字著。記國朝太宗靖內難之始末也。

許襄毅公異政錄一卷

國朝祭酒誥、尚書讚、經歷詞，集光祿卿王紹、知府寶許進歷官之政也。集錄其父靈袁禎及詞七人，紀錄異政十七事。

永樂聖政記三卷

國朝成祖自洪武三年封建燕國，至永樂元年之政典也。附載進呈實纂官員職名。未詳何人撰記。○「撰」原作「雜」，從瞿校鈔本改。

西征石城記一卷

（此處空撰人一行，各鈔本同。）○瞿校：此與下《興復哈密國王記》為一人撰，似可不空行。

興復哈密國王記一卷

國朝少傅兼太子太傅兵部尚書鈞陽馬文

聖跡錄一卷

昇撰。

嘉靖辛丑六月十二日錦衣衛掌衛事右都督陳寅、都督僉事張□等纂修進。「金」，從瞿校鈔本改。載睿宗並太后記文詩序六篇，□□□聖跡四十二條。〇「僉」原作

明倫大典二十四卷

嘉靖七年六月朔日，少師兼太子太師吏部尚書華蓋殿大學士臣楊一清等奉勅纂修。

近代名臣言行錄一卷

國朝海鹽東濱徐咸纂。集英、憲、孝、武四朝名臣四十八人言行事實。

伊洛淵源錄十四卷

宋新安朱子輯。錄周、程、張、邵五先生及其門人四十一人言行政事。

皇明一覽三卷

八朝聖德聖政五十九條，係以答策要語。

御記

御著大狩龍飛錄三卷

嘉靖十八年二月至四月，聖駕南幸承天府，往回祭告諸文、勅諭面諭，並樂章詩賦歌詞二十五首。

御製爲善陰隲十卷

永樂十七年三月十五日御製。序略曰：萬幾之暇，因採輯傳紀，得百六十五人，復爲論斷，以附其後，並係以詩，令觀者勉於爲善云。

御製孝順事實十卷

永樂十八年五月十一日御製。序略曰：朕

嘗歷求史傳諸書所載孝行卓然可述者，得二百七人，各爲論斷，並係以詩，俾觀者可以盡得爲孝之道，則人倫明，風俗美，豈不有裨於世教者乎！

史評

讀史管見三十卷

宋致堂先生胡寅明仲著。

讀史備志八卷

皇明天台范理道濟編集。

讀史續談四卷

皇明南山遺老鄭宣著。

涉史隨筆一卷

宋葛洪著。凡二十篇。

評史心見十二卷

皇明郭大有用亨著。南京人。

史鉞二十卷

皇明山東僉事晏璧編。

龜山史論一卷

宋文靖公楊時中立撰。凡五十篇。

雪航膚見十卷

皇明南平趙弼。

膚見餘論一卷

南平趙弼著。

史斷二卷 即小學史斷

宋豫章南宮靖一靖叔甫纂。述自周迄五代。

續斷一卷

皇明廬陵晏彥續著。補宋元事。文辭不逮前斷之精博。

尚論編一卷 即景仰撮書

皇明翰林學士錫山天遊子王達善撰。論周秦以下五十三事。

史義拾遺一卷

元鐵崖楊廉夫著。

元史闡幽一卷

皇明復齋許浩述。五十二篇。

將鑑博議論斷十卷

宋戴少望撰。

東坡志林一卷

宋眉山蘇子瞻撰。論周秦事，凡十二篇。

百川書志卷之五

史

傳記

南部煙花錄二卷
唐顏師古撰。又名《大業拾遺記》，又名《隨遺錄》。

趙飛燕外傳一卷
漢江東都尉伶玄子千撰。

開天傳信記一卷
唐吏部員外郎鄭榮撰。凡二十九事。

開元天寶遺事二卷

次柳氏舊聞一卷
唐李德裕編。

楊太真外傳二卷
宋樂史撰。

幽閒鼓吹一卷
唐清河張固攄宣宗二十五事。

楊妃傳一卷

靖康傳信錄二卷

建炎進退志四卷

建炎時政記三卷
三書宋忠定公李綱撰。

宋朝燕翼貽謀錄五卷
宋晉陽王栐叔永著。計一百四十事。○「栐」原作「禄」，今改正。

松漠紀聞二卷補遺

松窗雜録一卷
　唐李濬編。

長恨傳一卷
　唐陳鴻傳。

緑珠内傳一卷
　宋樂史撰。

高士傳三卷
　晉玄晏先生皇甫謐撰。

古列女傳六卷
　漢光禄大夫劉向撰。

古今列女傳三卷
　御製。

百將傳十卷
　宋東光張預公立集。凡百人，自春秋至五代。

宋洪皓撰。

續百將傳十卷
　皇明盱河何喬新編。宋元凡四十人。

高力士外傳一卷
　唐太原郭湜撰。

虬髯客傳一卷
　唐杜光庭撰。又爲張説，未詳孰是。

周秦行紀一卷
　唐牛僧孺撰。

周秦行紀論一卷
　失名氏。○瞿校：「字」鈔本作「氏」。

鶯鶯傳一卷
　唐元稹微之撰。

會真詩紀一卷

會真詩詠一卷
　唐李紳、杜牧之詩。詠鶯鶯事。

傳奇辨證一卷

　　宋元人詠及罵鶯事，皆集此。

傳奇傍記一卷

　　宋汝陰王銍性之著。辨張生。

傳奇傍記一卷

　　皇明吳門祝肇孝先著。辨張生。

廣陵妖亂志一卷

　　唐羅隱撰。紀高駢被惑事。

東陽夜怪錄一卷

嵩岳嫁女記一卷

許堯佐柳氏傳一卷

任氏傳一卷

李公佐謝小娥傳一卷

蔣防霍小玉傳一卷

呂翁枕中記一卷

古鏡記一卷

紅線傳一卷

李娃傳一卷

白猿傳一卷

南柯記一卷

楊娼傳一卷

東城老父傳一卷

無雙傳一卷

柳毅傳一卷

韋安道傳一卷

冥音錄一卷

離魂記一卷

南嶽魏夫人傳一卷

皇甫放非煙傳一卷

蔣琛傳一卷

崔少玄傳一卷

陶淵明桃花源記一卷

韓退之毛穎傳一卷

柳子厚河間傳一卷

譚峭傳一卷

邵謁傳一卷

已上二十八家，或失世次姓名，或撰人不具，故爲野史之流，大率託物興辭，信筆成文爲多。審其詞氣，必唐人及六朝之作也。

純陽呂真人傳一卷

太華希逸志一卷 即《白雲志》。

元河中府知事訥齋張輅纂集。

廣信先賢事錄六卷 ○瞿校：「錄」鈔本作「跡」。

皇明廣信知府四明姚堂編集唐宋人物十五人，各集事實文記詩銘及有遺作，以道學、相業、高風、忠節、政事、文章類之。

狀元記事三卷

皇明揚州衛指揮使玩浙野橋賓館張幹山編述宋元及我大明三代。○瞿校：「山」鈔本作「仙」。「及我大」三字從鈔本補。自宋太祖建隆庚申至嘉靖己丑大廷御試，一百九十餘年，詳載狀元篤志立德、協夢應卜、符運兆瑞，致君行道之事，無稽闕之。獨元設立南北狀元，有異常典。

迷樓記一卷

載隋煬帝昏迷之事，必唐人所爲也。

宣和遺事二卷

載徽、欽二帝北狩二百七十餘事。雖宋人所記，辭近瞽史，頗傷不文。

香臺集三卷

皇明錢塘存齋瞿佑宗吉著。纂言紀事，得

百一十題，事關閨閣，辭切勸懲。仍以本事附於題後，傍註係於詩下。○原作「傍詩係於詩下」，從瞿校鈔本改。

麟臺野筆二卷

皇明鄉進士東流道人陶性著開元、天寶遺事，各長短詠之，以陳風刺。

使轺日錄一卷

宋理宗端平改元甲午歲，朝奉大夫京湖制置大使司參議官鄒伸之，同史嵩之六臣使元國報謝所紀也。載彼風俗地理，及使節行跡爲詳。

大業雜記一卷

唐杜寶撰。《通考》曰：隋煬帝嗣位，至越王侗皇泰間，及王世充降唐事，凡十卷。今止傳此，或後人刪鉤者也。

唐國典故一卷

載券書論事十篇。

杜陽雜編三卷

唐前進士武功蘇鶚撰。紀代宗至懿宗合一百一十載二百四十事，述奇集異之書也。

南唐近事二卷

宋工部鄭文寶編。紀李氏三王，起天福己酉，終開寶甲戌乙亥四十年間雜事。

唐忠臣錄二卷

皇明陝西參政池陽縣孫仁編。述狄梁公碑傳也。

職官

大唐六典三十卷

唐集賢院學士李林甫等注上。○瞿校：鈔本

「上」字下有「進」字。

翰林志一卷

　唐翰林學士左補闕李肇撰。

大明諸司衙門官制二十八卷

　南京北京十三布政十五卷　內外官制十二卷　雜志一卷

大明官制增註十六卷

諸司職掌十卷

　九卿衙門及五府斷事。

吏部四司職掌四卷

武黃條例一卷

淳熙玉堂雜記三卷

　宋周必大記。五十餘條。

大明會典一百八十卷　序例目錄二卷

　國朝弘治年少師吏部尚書華蓋殿大學士臣李東陽等奉勅纂修。諸司衙門統理事物，因革損益，上遵成憲，下博典籍，以成一代之典。頒布臣工，永爲遵守。

品級錄一卷

　載文選九品之等級也。

地理

山海經注十八卷

　大禹製，晉郭璞傳。

水經三卷

　漢桑欽撰。

三輔黃圖六卷

　不著撰人。

洛陽名園記一卷

　宋山東李文叔撰。凡記十九處。

海內十洲記一卷

　　漢東方朔撰。

名山洞天福地記一卷

方輿勝覽三卷

　　宋省軒劉應李編。

雍大記三十六卷

　　皇明大復山人何景明編。

惠大記六卷

　　皇明豐湖鄭敬甫編。

雍地乘十卷

　　皇明鏡堂子新蔡王齊元修編。

太湖志八卷

　　皇明知縣翁浦修。

異域志二卷

　　不著作者。凡所編入者一百五十八國。

中都志十卷

　　皇明給事中柳瑛編纂。

涿州志十二卷

　　皇明州學訓導唐舜卿編修。

大同府志十八卷

　　皇明潞郡張欽編次。

泰安州志十卷

　　皇明監察御史李錦編輯。

太岳太和山志十五卷

　　本朝宣德六年太常寺寺丞任自垣表上。

貴州諸夷圖一卷

　　不著作者。諸夷凡存八十餘種，中多殘闕，前後無序文可考。

雲南諸夷圖一卷

　　不著作者。凡載夷人三十七種。前有本朝

山海經圖四卷

不著作者。凡載海外諸國及龍魚鳥獸之像，凡一百三十八種。有序文。

遊名山記六卷

皇朝太僕少卿吳郡都穆所遊之處，皆敘履歷之實。○瞿校：「履歷」二字鈔本乙。爲文積二十年而成，凡二十九篇。

漕運錄二卷

皇明漕船志一卷

皇朝遂寧席書編次。

東關地理圖二卷

不著作者。凡載關塞堡府州縣里路，合二百七十三處，爲圖四十。

武林舊事六卷

御史甌閩杜琮序文。

泗水潛夫輯。載南渡杭州建置故事風俗爲詳。潛夫未知何許人也，序文亦莫詳其姓氏。

古杭夢遊錄一卷

宋灌圃耐得翁著。紀杭風俗，凡十三事。今世罕傳，中多斷文，惜專市肆，無政教之說焉。

宣和奉使高麗圖經四十卷

宋奉議郎徐兢撰進。兢奉使高麗，○兩「兢」字原皆作「競」，從瞿校鈔本改。往回居館，耳目所及，道路山川，宮室器用，人物土俗，纂記此書。又得其建國立政之體，用心良且勤矣。

東京夢華錄十卷

宋幽蘭居士孟元老追紀勝國時事也。八十六則。趙師俠曰：其事關宮禁典禮，得之傳聞，不無謬誤。若市井遊觀，歲時貨物，

海道經一卷

民情風俗，尚見聞習熟，皆得其真。

無名氏錄登郡溟渤漕運故道，及山川島嶼之殊，風雷變占之法，波濤之險，艘艦之製，備載無遺，真海運一實錄也。○瞿校：「運」鈔本作「道」。

濬復西湖錄一卷

皇明杭州知府西蜀楊夢瑛溫甫著。載濬湖章疏、文移、碑記二十篇，以論古今利病事勢，以紀告厥成功之始終也。

神異經一卷

漢東方朔曼倩撰，晉張茂先註。紀海外荒服異常之事。或曰：《十洲記》及此皆後世好事者因取奇言怪語附著之，博士當自鏡也。○「博」原作「傳」，從瞿校鈔本改。

洛陽伽藍記一卷

元魏羊衒之撰。○「衒」原作「衍」，從瞿校鈔本改。其時王公大人，崇尚佛教，多造佛寺，有捨第爲之，故甲天下。○「甲」原作「曰」，從瞿校鈔本改爲之。凡四十八寺，載其本末事跡甚備。

溪蠻叢笑一卷

宋朱輔撰。採溪蠻五種之事，識其土產習俗。

大明輿地指掌圖一卷

少保兼太子太傅吏部尚書武英殿大學士臣桂萼纂進。天下土地，分爲十七圖，各具敘記，府州衛所之額，王府之制，戶口錢糧軍馬之數，四夷附末，以見大一統之義也。

九邊圖論二卷

皇明職方主事靈寶許倫撰。冢宰許進之子，許讚之弟也。封疆延袤，山川險易，道

里迂直，城堞疏密，據形審勢，計利制勝，非圖莫見也，作《九邊圖》。摭拾舊聞，參以時宜作《九邊論》。獻上，納之。

法令

大明律三十卷　圖目一卷

凡四百六十條。

大明律解附例三十一卷

御史胡瓊故效才集解。

大明令一卷

凡一百三十四條。

憲綱一卷

凡三十八條。

刑統賦一卷

宋律學博士徐霖撰。

御製大誥一卷

凡七十四條。洪武十八年十月頒。

疑獄集二卷

晉魯國公和凝集。凡四十七條事。石晉。

疑獄續集二卷

凝子太子中允和㠓述。凡三十二事。

疑獄三集六卷

大明御史汝陽張景光啓集。凡一百二十八事。

棠陰比事一卷

南宋四明萬榮取《疑獄集》《折獄龜鑑》，比事屬辭，聯成七十二韻。

提刑洗冤錄一卷

宋湖南提刑大使宋慈惠父編集。

聖朝頒降洗冤錄一卷

平冤錄一卷

皇朝東甌王氏作。

龍筋鳳髓判二卷

唐司門員外郎張鷟文成撰。

大誥武臣六卷

皇朝洪武二十年製。《大誥》三十二條，四勅及《武士訓戒》一錄。

大誥續編一卷

洪武十九年三月頒。凡八十七條。

大誥三編一卷

洪武十九年十月頒。凡四十二條，俱御製。

皇明祖訓條章一卷

出示臣民，永爲遵守。凡二十四條。

時令

七十二候一卷

候下有註。不知作者。

四時氣候集解四卷

皇朝進士河南李泰通叔集解。引用諸說甚詳。

月令通纂四卷

皇朝翰林學士金城黃諫纂取《禮記·月令》《尚書》堯命羲和之辭，分載時月之首，刪取《養生月覽》《農桑撮要》及方藥依時修爲者，逐月載之。

養生月覽二卷

南宋榕菴周守忠編次諸書逐月養生宜忌之事五百一十七條。

運化玄樞五卷

皇朝臞仙編。歲時七百五十九條，天地會元混元之數十二條，四時朝修吉辰三十六條，逐月分氣候、月占、時俗、吉辰、養生、服

食，禁忌七類。率多道家之說神應。下卷載四時治生之道。全書不專著月令，詳其著述之意，編入隱士書類。

真定雲鳳山人梁橋公濟纂集八朝聖製書文詩頌四十七目，各撮其要語。

目録

子略目一卷

宋疏寮高似孫續古著《子略》，又集《漢》《隋》《唐》書、《子鈔》《通志略》五家之目便觀。

書莊記一卷

國朝武定侯家刻書目也，並記。

宋藝文志八卷

宋史内抄出者，以備參考。

皇明御製策要一卷

姓譜

百家姓一卷

宋人製。

千家姓一卷

大明制翰林學士吳沈等稽圖籍，廣見聞，編纂上進，約爲韻語，凡一千九百六十八姓。

宋晦菴先生同年録一卷

紹興十八年王佐榜五甲三百三十人籍貫、祖父、姓氏、年甲、小名、小字，並御製、試官，皆録焉。

百川書志卷之六

史

史詠

鐵崖詠史一卷

元鉄笛道人抱遺叟會稽楊廉夫著。

西崖擬古樂府二卷

皇明西崖公長沙李東陽賓之撰。凡百首。

音注西崖擬古樂府二卷

郴陽何孟春音註。序列其事，分註其辭。隨加方石謝鐸、南屏潘辰評点，頗具周詳。

雪湖詠史錄二卷

皇明姚江馮蘭著。

詠史繼編一卷

大明清源王懶雲繼胡曾之作也。自出一意，凡百四十九事。

止菴觀感詩四卷

皇明開化施敏政著。自西周迄宋。七言詩一百八十六律。

通史補遺二卷

皇明九峰山人鄒璧□辰甫考著。錫山人也。凡八十五事，各具出處。詩評成周底唐粗備。

譜牒

王文正公遺事一卷

宋王素記其父文正公事也。

韓忠獻公遺事一卷

宋上騎都尉強至編次。

賓竹遺行錄一卷

大明秦簡王遺事也，凡二十五類。紀善汝南強晟編次。

三家世典三卷 ○「世」原作「史」，從瞿校鈔本改。

大明武定侯郭勛輯開國功臣魏、黔二國公及侯三家世系歷履、勳伐遭遇本末。○「三家世系」原誤作「三世家系」，從瞿校鈔本改。

郭氏家傳四卷 續傳一卷

大明功臣武定侯、定襄伯二勳之家傳也。

夏忠靖公遺事一卷

皇明太師户部尚書夏原吉之事也。其子太常少卿蘊輝紀。公字維喆。

文史

游文小史十三卷

國朝浮梁蘭莊子閔文振道充彙編古今載籍託物興辭，採其事蹟，設爲史傳，以文滑稽聖門者也。惜其散出，故成此編，足以見文字之愈出愈奇，而游藝之學，不可廢也。自南北朝以迄于今，作者五十二人，爲《本紀》三，《世家》三，《列傳》一百七十七。

野史

三國志通俗演義二百四卷

晉平陽侯陳壽史傳，明羅本貫中編次。據正史，採小說，證文辭，通好尚，非俗非虛，易觀易入，非史氏蒼古之文，去瞽傳詼諧之

忠義水滸傳一百卷

錢塘施耐菴的本，羅貫中編次。宋寇宋江三十六人之事，并從副百有八人，當世尚氣。陳叙百年，該括萬事。周草窗《癸辛雜志》中具百八人混名。

外史

西廂記五卷

錢塘夢一卷

詩論一卷

蒲東崔張珠玉詩一卷

海翁詩集一卷

風月始終詩一卷

元王實甫著。餘皆近世名人所作。

詞林備要一卷

皇明南京進士及第劉大經新註《西廂》辭曲，引用諸書故事，集覽之類也。

秦月娥誤失金環記一卷

此處空撰人一行，各鈔本同。

薩真人夜斷碧桃花記一卷

此處空撰人一行，各鈔本同。

客窗夜話一卷

皇明洪武中天京士夫廣陽宋讓著。一折中呂宮四十二曲。

風月囊集二卷

皇明古汀瀛里馬惟厚編。改桂英誣王魁海神記也。凡六折。

呂洞賓戲白牡丹飛劍斬黃龍一卷

鄧伯道棄子留姪一卷

此處空撰人一行，各鈔本同。

秦太師東牕事犯一卷

元金志甫撰。

貞淑秀拜月訴衷腸一卷

元關漢卿撰。《太和譜》名爲《拜月亭》。
續考,明廣陽蔡泉編。

珍珠龍鳳汗衫記三卷

元關漢卿撰。《太和譜》名爲《宣華妃》。

關大王單刀會記一卷

元關漢卿撰。

㑳梅香騙翰林風月雜劇一卷〇「騙」原作「編」,從瞿校鈔本改。

元鄭德輝撰。

玉簫女兩世姻緣雜劇一卷

元喬夢符撰。

死生交范張鷄黍雜劇一卷

元宮大用撰。

醉思鄉王粲登樓雜劇一卷

元鄭德輝撰。自《翰林風月》至此四種,即《四段錦》。

摘翠百詠小春秋一卷

皇明大梁雪舟老人王彥貞賦崔張事《武陵春》一百首,江東雪崖老人賦絕句一百首。(《武陵春》以下應作兩行,一題一解也,茲從原鈔。)

甄月娥春風慶朔堂傳奇一卷

美姻緣風月桃源景傳奇一卷

清河縣繼母大賢傳奇一卷

趙貞姬身後團圓夢傳奇一卷

劉盼春守志香囊傳奇一卷

宣平巷劉金兒復落娼傳奇一卷

福禄壽仙官慶會傳奇一卷
神后山秋獮得騏虞傳奇一卷
黑旋風仗義疏財傳奇一卷
紫陽仙三度常春檮傳奇一卷
東華仙三度十長生傳奇一卷
羣仙慶壽蟠桃會傳奇一卷
瑤池會八仙慶壽傳奇一卷
呂洞賓花月神仙會傳奇一卷
洛陽風月牡丹仙傳奇一卷
天香圃牡丹品傳奇一卷
十美人慶賞牡丹園傳奇一卷
張天師明斷沈鈎月傳奇一卷
孟浩然踏雪尋梅傳奇一卷
小天香半夜朝元傳奇一卷
李妙清花裏悟真如傳奇一卷

李亞仙花酒曲江池傳奇一卷
惠禪師三度小桃紅傳奇一卷
搊搜判官喬斷鬼傳奇一卷
約子和尚自還俗傳奇一卷
蘭紅葉從良煙花夢傳奇一卷○「良」原作
「自」，從瞿校鈔本改。《也是園》目亦作「良」。
河嵩神靈芝獻壽傳奇一卷
四時花月賽嬌容傳奇一卷
南極星度海棠仙傳奇一卷
文殊菩薩降獅子傳奇一卷
關雲長義勇辭金傳奇一卷

皇明周府殿下錦窠老人全陽翁著。各具四折，詳陳搬演科唱。或改正前編，或自生新意。或因物生辭，或寓言警世。或歌唱太平，或傳奇近事，密異足駭人心。○「足」原

作「或」，從瞿校鈔本改。煙花不污人志，蓋處貴盛之時。消磨日月，故發此空中音耳。凡三十一種，總名《誠齋傳奇異樂府行》也。

蔡伯喈琵琶記二卷

或曰宋永嘉先生撰。

王十朋荊釵記二卷

韓壽竊香二卷

元李子中撰。

（此處空撰人一行，各鈔本同。）

李日華南西廂記二卷

海鹽崔時佩編集，吳門李日華新增。凡三十八折。

五倫全備記三卷

國朝赤玉峰道人瓊臺丘濬撰。凡二十八段。所述皆名言，借爲世勸。天下大倫大理，盡寓於是。言帶詠諧，不失其正，蓋假此以誘人之觀聽，苟存人心，必入其善化矣。

韓文公雪擁藍關記二卷

《太和正音譜》：元紀君祥之作有《韓文公退之記》。趙明遠之作有《韓湘之》。○「之」當作「子」。疑趙作爲《陳半街記》。而無名氏中又列《昇仙會記》，趙未詳孰作。

小史

剪鐙新話四卷 附錄一卷

錢塘瞿佑宗吉著。古傳記之派也，○瞿校「派」鈔本作「流」。託事興辭，○瞿校：「辭」鈔本作「詞」。共二十一段。○〔三〕原誤作「記」，從瞿校鈔本改。按《剪燈新話》正爲二十一段。但取其文采詞華，非求其實也，後皆倣此。俱國

朝人物。

翦鐙餘話四卷
廣西左布政史廬陵李昌祺續著。

效顰集三卷
漢陽教諭南平趙弼撰述。凡二十五篇，言寓勸戒，事關名教，有嚴正之風，無淫放之失。更兼諸子所長，文華讓瞿，大意迥高一步。

花影集四卷
致仕應天衛指揮事夕川老人陶輔廷弼著。凡二十篇。

秉燭清談五卷
餘杭靜軒周禮德恭著。凡二十七篇。

奇見異聞筆坡叢脞二卷
建安雷燮著。

湖海奇聞五卷
餘杭周禮德恭著。聚人品、脂粉、禽獸、木石、器皿五類靈怪，七十二事。

嬌紅記二卷
元儒邵菴虞伯生編輯，閩南三山明人趙元暉集覽。

鍾情麗集四卷
國朝玉峰主人編輯。

豔情集八卷
國朝郴陽南谷靜齋雷世清編著。

李嬌玉香羅記三卷
國朝閩南三山趙元暉編輯。

懷春雅集二卷
國朝三山鳳池盧民表著。又稱秋月著。

雙偶集三卷

國朝貴溪樊應魁著。以上六種,皆本《鶯鶯傳》而作,語帶煙花,氣含脂粉,鑿穴穿牆之期,○瞿校:「穿」鈔本作「踰」。越禮傷身之事,不爲莊人所取,但備一體,爲解睡之具耳。

百川書志卷之七

子

儒家

荀子十二卷

趙荀況撰。漢劉向校定，除其重複，凡三十二篇。○瞿校：「凡」鈔本作「著」。

楊倞註荀子二十卷

唐大理評事楊倞著。

賈誼新書十卷

漢長沙太傅賈誼撰。凡五十七篇。

揚子法言十三卷 ○按：「楊」當作「揚」。

漢揚雄撰。凡十三篇。

諸家註揚子十卷

晉李軌、唐柳宗元、宋宋咸、吳秘、司馬光諸家互註。十卷，凡十三篇。（一抄本「互」作「之」。按「互」似不誤。此所著錄或「纂圖互註」本也。）

太玄經十卷

漢揚雄子雲撰，晉范望叔明解贊。

大玄經釋文一卷

陸續述玄一卷

說玄五卷

唐宰相王涯廣津纂。

新序十卷

漢光祿大夫劉向撰。凡四類。

說苑二十卷

漢光祿大夫劉向撰。凡二十類，七百八十

鹽鐵論十卷
漢廬江太守汝南桓寬次公撰。凡六十篇。

申鑒五卷 即《小荀子》
漢荀悅撰。

徐幹中論二卷
魏徐幹偉長撰。或曰後漢人，鄴下七子之一。蓋經兩朝，故說者不一。凡二十篇。

文中子中說十卷

文中子阮逸註十卷

中說考七卷
隋王通門人共集通語爲是書。凡十篇。

顏氏家訓七卷
皇明相臺崔銑考並釋。

北齊黃門侍郎顏之推撰。凡二十篇。

皇極經世書說十二卷
宋康節先生邵雍堯夫撰。豐城朱隱老著集。

康節漁樵問對一卷 〇「對」原作「答」，從瞿校鈔本改。
宋康節先生邵雍堯夫撰。

龍門子凝道記三卷
宋濂至正十六年入小龍山，著書曰四符、八樞、十二微，符言合，樞言奧，微言蘊，總二十有四篇。以按一歲之氣，號曰「凝道記」，猶揚子草《玄》希聖之義。

郁離子十卷
誠意伯劉基在元季所著之書也。「郁離」者何？離火，文明之象，用之其文郁郁然，爲盛世文明之治，故曰「郁離子」。其書總爲十卷，分爲十八章，散爲一百九十五條。

慎言十三卷

皇明浚川王廷相撰。公自知道以來，仰觀俯察，驗幽覈明，有會於心，即記於冊，二十餘年，言數積萬。或曰義守忠正，不惑非道，此非慎言乎？遂以名之。類分十三，篇四十七章。

空同子 一卷

皇明北郡李夢陽撰。八篇二百章。

約言 一卷

皇明西原薛蕙著。凡九篇。

陸賈新語 二卷

前漢大中大夫楚人陸賈撰。凡十二篇。

千秋金鑑錄 二卷 附祠堂題詠 一卷

唐光禄大夫中書令始興文獻公張九齡表上玄宗。凡五篇。

太平金鏡策 八卷 答策秘訣 一卷

東平布衣趙天麟表進。凡六十四篇，皆陳治國之要。《秘訣》十二篇，不知作者。

何子 一卷

皇明信陽何景明著。

雜言 二卷

皇明燕山岳正著。

雅述 二篇

皇明儀封王廷相子衡著。其於天道人事，變化機宜，諸所擬議，有不符於聖者，立論以求合道焉。

孔叢子 六卷 連叢 一卷

楚孔鮒子魚撰。孔子八世孫也。論其先世及己之行事，凡二十一篇。今缺第五篇。○[二]原作「一」，從瞿校鈔本改。漢孔臧又以其所著書賦，謂之連叢。大抵記先聖之遺訓，與

家世有足稽者爲詳。

道家

鬻子一卷
楚鬻熊撰，華州鄭縣尉奉行珪註。凡十四篇。

老子道德經二卷
李耳撰。八十一章，五千七百四十有八言。

河上公註老子二卷
漢時河上丈人章句註解。

老子口義二卷
盧齋林希逸著。

列子八卷
鄭列禦寇撰，劉向校定。八篇。

張湛註列子冲虛至德真經八卷
張湛處度註，唐當塗縣丞殷敬順釋文。

列子口義二卷
盧齋林希逸著。

莊子南華真經
莊周撰。《內篇》七，《外篇》十五，《雜篇》十一，合三十三篇。

郭象註莊子十卷
晉河南郭象子玄註，唐陸德明音義。

莊子口義十卷
盧齋林希逸著。

莊子釋音一卷

鶡冠子一卷
楚鶡冠子撰。宋人定爲十九篇。

亢倉子一卷　何粲註亢倉子一卷
又名《洞靈真經》。何粲註。凡九篇。

素書一卷

無盡居士註素書一卷

秦黃石公撰。六篇一千三百六十六言。

宋尚書左丞相張商英天覺註。

關尹子九卷

周關令尹喜註。老子同時人也。

無能子三卷

唐光啓三年，天子在襃。寓三輔，成書三十六篇。其旨歸於明自然之理，極性命之端。今缺八篇。

天隱子一卷 後序口訣一卷○「一卷」二字原脫，從瞿校鈔本補。

不著作者。唐司馬承禎序。訣子凡八篇，包括祕妙，修鍊形氣，養和心靈，長生久視，無出是書。

玄貞子一卷

唐隱士金華張志和著。凡三篇。

法家

管子二十六卷

齊管仲夷吾撰。凡八十五篇。

韓非子二十卷

韓公子非撰。凡五十五篇，千餘言。○按：「千餘言」當有誤，瞿校鈔本作「十餘年」，亦難解。

名家

尹文子二卷

周尹文撰。篇名大道。

公孫龍子一卷 公孫龍子註一卷

趙人公孫龍撰。凡六篇。未詳註人姓名。

人物志三卷

百川書志卷之七

八九

鄧析子二卷

戰國時人鄧析撰。

魏散騎常侍邯鄲劉邵撰，涼儒林祭酒劉昞註。凡十六篇。

墨家

晏子春秋八卷

齊相晏嬰著。相景公時行事諫諍之言。漢劉向所校。內外八篇二百一十五章。

墨子十五卷

宋大夫墨翟撰。凡七十一篇。

縱橫家

戰國策十卷

漢劉向定著《戰國策》三十三篇。先秦紀事之書也，載西周、東周、趙、魏、齊、楚、韓、燕、宋、衛、中山十一國事，凡四百九十七章。太史公作《史記》，嘗據此書。今參諸本，分為十卷。

鬼谷子二卷

戰國時人。子十四篇。今缺二篇。○瞿校：「子」字疑為「凡」字之誤。外《本經》《持樞》《中經》《陰符》凡九篇。

雜家

呂氏春秋二十六卷

秦呂不韋撰，後漢高誘訓註。凡一百六十篇。

淮南子鴻烈解二十八卷

漢淮南王劉安著，太尉祭酒許慎記上。

子華子二卷

晉人程本著。

風俗通義十卷

漢太山太守應劭撰。

王氏論衡三十卷

漢王充仲壬撰。凡八十五篇。○按「壬」當作「任」。

劉子十卷

一曰劉晝，一曰劉勰，未詳孰是。播州錄事參軍袁孝政註。凡五十五篇。

困學記聞二十卷

宋禮部尚書浚儀厚齋王應麟著。蓋九經諸子之旨趣，史傳制度名物之詳，及詩文議論當後學者，各以類聚，考訂評論，皆出己意。發前人之未發，辭理明達，該邃淵綜，非讀書萬卷，何以能之。凡二十五門。

讀書雜記四卷

宋東萊呂祖謙著。五類。

何大復論一卷

皇明信陽何景明仲默著。凡十二篇。

論衡纂要一卷

國朝蓮津子纂。摘其辭理之醇，故事之實，與議論之辨博者錄之，以爲窮理之助。

兵家

六韜六卷

周呂望撰。凡六十篇。

司馬法一卷

齊司馬穰苴撰。凡十五篇。○瞿校：鈔本無「十」字。

六韜解六卷

皇明太原劉寅直解。

司馬法解三卷

劉寅解。

孫武子三卷

吳孫武撰。凡十三篇。

魏武帝註孫子三卷

劉寅孫子直解三卷

孫子斷註二卷

皇朝錢塘陳珂、陳天策斷註。

吳子二卷

魏吳起撰。凡六篇三十一章。

劉寅吳子直解三卷

黃石公三略三卷

世傳張良圯橋所授即此，或言素書，未詳孰是。蘇軾曰：黃石公，秦之隱君子也，而世不察，以爲鬼物，亦已過矣。書凡三篇。

劉寅三略直解三卷

尉繚子五卷

未詳名氏。凡二十四篇。

劉寅尉繚子直解三卷

唐太宗李衛公問對三卷

李靖對太宗問兵事。凡四十二條。

劉寅解李衛公問對三卷

集古兵法一卷

太原劉寅集。

武侯將苑二卷

武侯十策二卷

武侯十六策二卷

後漢諸葛亮孔明撰。共七十六篇。《將苑》

師律提綱一卷
　皇明太原陳瑤著。

行軍須知二卷
　凡十五篇，二百七十二條。

武經節要發揮一卷
　皇明錢塘陳瓛、陳珂著。

兵法心要十論一卷

兵法八寶箴一卷
　書序俱無名氏。

兵法要略八門遁法機一卷

十六策，行世久矣，後人益以十策，總成卧龍文集。世儒疑其依托所為，是非孔明所著，其詞旨不迨《出師表》。此集不載二表，必有所見，其書專論兵事。故此類列之。

戎軒小註一卷
　章貢池本理註解。

保生管見一卷
　皇明青華子註。

固本迂談一卷

必勝奇法一卷
　皇明兵部侍郎廣陽馮清著。○「清」原作「濤」，從瞿校鈔本改。《千頃堂目》作「清」。二書專論邊備。

不著載人世及姓名。凡十二篇。出於吾師雲中析公桂家。○「桂」原作「推」，從瞿校鈔本改。序說亦隱姓名，必先生之為也。題額全文，皆公筆跡，但公沒始得于其子，故未達其詳也。

百川書志卷之八

子

小說家

世說新語八卷
宋臨川王劉義慶撰，梁劉孝標註，須谿劉辰翁批點。凡三十六門。

唐語林十卷
未詳撰人。

王子年拾遺記十卷
晉隴西王嘉著，蕭綺序錄。二百二十篇。

酉陽雜俎二十卷
唐太常少卿段成式編。

墨客揮犀十卷
宋彭乘著。

鶴林玉露十六卷
宋廬陵羅大經著。

冷齋夜話十卷
宋僧惠洪著。

齊東野語二十卷
東齊人周密公謹著。

夢溪筆談二十六卷
宋沈括著。

侯鯖錄八卷
宋趙德麟著。

賓退錄十卷
宋大梁趙與旹著。

石林燕語十卷
　宋葉夢得撰。

捫蝨新語十五卷
　宋灈溪先生陳善著。

中吳紀聞六卷
　宋龔仲希撰。凡二百二十五則。

後山談叢六卷
　宋陳師道著。

釋常談三卷
　不著名氏。凡一百二十六則。

春明退朝錄三卷
　宋常山宋敏求著。

揮塵錄二卷
　宋楊萬里著。

隋唐嘉話三卷
　唐右補闕劉餗鼎卿著。彭城人。

集異記二卷
　唐河東薛用弱集。凡十六事。

劉賓客嘉話一卷
　唐江陵少尹韋絢錄。

卓異記一卷
　唐李翱述。凡二十六事。

博異記一卷
　唐谷神子還古纂。凡記十八事。

續齊諧記一卷
　梁吳筠撰。凡十七事。

漢武帝別國洞冥記四卷
　東漢郭憲撰。

艾子雜記一卷
　或云東坡著，未詳。

濟南先生師友談記一卷

宋太華逸民謚超曠文子李薦方叔著。

資暇錄三卷

宋太華逸民謚超曠文子李薦方叔著。

前定錄一卷

唐李匡義撰。隴西人。

續前定錄一卷

唐鍾輅纂。二十三事。

河東先生龍城錄二卷

凡二十四事。

孫公談圃三卷

唐柳子厚著。或曰《唐志》無此，蓋依托者。朱文公乃以為王銍之作。凡四十四事。

碧雲騢一卷

宋臨江劉延世錄，高郵孫升君孚所撰。

宋宛陵梅堯臣撰。

萍洲可談一卷

宋朱彧著。

草木子四卷

皇明括蒼龍泉葉子奇世傑著。言，亦載好奇之失。大概高於小說，次於道統之書也。舊編二十有二，後人定合八篇云。

道山清話一卷

晁氏客語一卷

俱不著作者。

戴氏鼠璞一卷

宋桃源戴埴撰。

南村輟耕錄三十卷

元天台陶九成宗儀避兵三吳間，作勞之暇，以著述為事，其成書甚富，此特其一耳。凡五百八十四事。或謂不當雜以淫褻之事，

灼艾集二卷

皇明九沙山人萬表灼艾時所集也。倣《意林》例，凡得於意，會於心者識之，採諸小說凡三十一種。

蘇黃門龍川略志十卷

宋蘇軾撰。○按：「軾」當作「轍」。凡四十事。

宜齋野乘一卷

宋江陰吳枋著。

明道雜志一卷

宋太史宛丘張耒文潛著。

葆光禄三卷

潁川陳纂著。

三餘贅筆二卷

聽雨紀談一卷

皇明吳人都邛維明著。凡八十二則。

使西日記二卷

皇明都穆。成化丁未九月，淫雨浹旬，與客清言竟日，漫爾筆之，得事五十則爲此。穆，邛子也。

龍江夢餘錄四卷

皇明雲間唐錦避暑龍江別墅所著。錄以「夢餘」名者，得之心而寓之夢，非真紀夢中事也。

穆官禮部，奉命册封慶藩，自京師至甯夏，將三月，行數千里，履歷日記，而成此書。

南郭子二卷

皇明臨江高紈著。凡十八篇。

霏雪錄十卷

皇明雒陽鎦績孟熙著。○「鎦」原誤「緇」，從畢校鈔本改。原失次，今約定十卷。

亡烏子一卷

不知何人所著。或曰亡是公與烏有先生共成此書，以示訓，又恐世之人罪其多言也，故隱其名。凡四篇。

閑中今古二卷

皇明味芝陳頎永之分教陽武時所著。引古以證今，寓言以伸志，惜沈沒下僚，不見有爲耳。總計八十一條。

子俞子螢雪叢說二卷

宋東陽俞成德記。凡五十九則。

丁晉公談錄一卷

王文正公筆錄一卷

宋沂公王曾著。

宋景文公筆說三卷

國老談苑二卷

宋夷門隱叟王君玉編。

深雪偶談一卷

宋天台方岳元善著。

損齋備忘錄二卷

宋眉山蘇籀記。

芥隱筆記一卷

皇明夏邑梅純著。凡十類。

欒城先生遺言一卷

讕言長語一卷

皇明松人曹安著。

鶡峰雜著四卷

皇明毗陵陸煥章子文讀書有得，輒錄之以備遺忘，資問難，感今懷古□異，商訂事物

桑榆漫志一卷

皇明夕川老人陶輔八十時所著。凡五十二則。

窮鐙奇錄六卷

皇明丘燧集。凡二十類，前三卷凡九十四事，續三卷一百三事，俱載鬼神奇怪之事。

學齋呫嗶四卷

宋史繩祖著。凡一百二十九則。

雞肋一卷

古汴趙崇絢元素錄。凡四十類。宋人。

五色線三卷

浩然翁邵文伯手鈔。撫百家雜事記類之。

聖賢格語碎金集一卷

不識著人。雜取諸書偶類，以應速觀。

江湖紀聞十六卷

元大觀郭霄鳳云翼編。

夷堅續志十七卷

不著作者。二書千有餘事，皆奇見新聞，鬼神怪異之事，頗駭人觀聽，未必皆實也。

水東日記三十八卷

皇明崑山葉盛著。紀政典及雜事也。

因話錄六卷

唐水部員外趙璘著。以五音紀事。

錄異記八卷

五代人尚書廣成先生上。

幽怪錄十一卷

唐隴西牛僧孺撰。載隋唐神奇鬼異之事，各據聞見出處，起信於人。凡四十四事。

淮江異人錄一卷〇按：「淮江」二字當乙。

唐小說一卷

宋吳淑撰。載道流俠士奇女異童二十五人，各著小傳。

三水小牘一卷

唐皇甫枚遵美撰。天祐中人。三水，安定屬邑也。

北里志

唐孫棨撰。自序稱無爲子，記大中進士游俠平康二十事，摭言五條附。

教坊記一卷

唐崔令欽撰。記兩京教坊事。

麗情集一卷

宋張君房撰。凡十八事。《通考》稱二十卷，今止存此。詞旨鄙淺，或後人附會。及子類書鈔出，誇奇於人者，尚當博考。○按「子」當作「于」。

傳奇一卷

唐裴鉶撰。高駢客也。皆神仙恢譎事。《通考》稱三卷，又分六卷。今止二十二事，恐非全書。

異聞集一卷

《通考》：唐陳翰編，凡十卷。今止二十三事，亦不著撰人。

孔氏談苑一卷

宋金部郎中孔平仲毅父撰。

閒居常談一卷

宋廣川董弅令升撰。《通考》稱三卷。

談藪一卷

宋楊玠撰。凡三十四則。

藏一話腴一卷

宋陳郁撰。

書齋夜話四卷

宋林屋山人俞琰玉吾叟述。咸淳中人。

雲仙散錄一卷

後唐金城馮贄撰。取九世所畜異書，皆今世不傳者，撮其異說。凡二百條，造語相類。

吹劍錄一卷

清夜錄一卷

宋括蒼堪隱俞文豹文尉撰二書。淳祐中人。○按：「尉」當作「蔚」。文豹字文蔚。

清尊錄一卷

宋廉宣仲布撰。或謂陸務觀所作，非也。二公同時，後人因誤指耳。

乙卯避暑錄一卷

宋葉夢得少蘊紹興五年所作。《通考》尚闕一卷。

麟臺野筆一卷

明鄉貢進士東流道人陶性著。

四端通俗詩詞一卷

明致政指揮鳳陽陶輔廷弼著。凡十六目，詩詞四十八首。以解勤儉富貴驕奢貧賤之四端，並陳圖說。

金沙賦二卷

皇明金沙知縣石屏戴璟撰。凡四賦。

八面鋒十三卷

宋永嘉先生撰。都穆云，即陳傅良君舉也。凡九十三則。

論孟古義一卷

或曰止齋著，又曰王從之著，未詳孰是。

翰林策要四卷
四問三十八事。

策學矜式五段錦一卷

場屋準繩三卷

費狀元錦囊試問二卷
（此下鈔本空四行。）

雲溪友議十二卷
柱國蔡國公杜光庭編。凡十七類。

唐五雲溪范攄纂。載開元至大中聞見及嘲謔篇。凡六十六篇。

嬾真子五卷
宋廣陵馬永卿大年撰。

西溪叢語二卷
宋西溪姚寬令威著。

庶齋老學叢談三卷

青箱雜記十卷
宋從仕郎崇明州判官致仕盛如梓著。

宋朝散郎知漢陽軍吳處學著。○按：「學」當作「厚」。

墨莊漫錄五卷
宋淮海張邦基子賢著。

蒙齋筆談二卷
宋湘山鄭景望著。

高齋漫錄一卷
未詳著人。止十六事。

賜谷漫錄一卷
未詳著人。止四事。

醉翁談錄八卷
宋從政郎新衡州錄事參軍金盈之撰。分「名公佳製」、「榮貴要覽」、「京城風俗

記」、「瑣闥異聞」、「禪林叢錄」、「平康巷陌記」六目。○「記」字原脫，從瞿校鈔本補。通載七十事，缺一事。

肯綮錄一卷

宋西隱野人趙叔向著。凡四十三則，記疑誤也。

志怪錄五卷

國朝吳逸祝允明希哲撰。記述前時奇事。此編經人刪定者也。

黃文獻公筆記一卷

元翰林侍講學士追封江夏郡公婺人黃晉卿著。辨經辨史雜共三十五則。宋學士濂為之序。

箐齋讀書錄二卷

南皋子述。

宿齋談錄一卷

皇明滄州馬縉孔儀著。凡六十二條。前司馬公昂，乃其祖也。

百川書志卷之九

子

德行家

厚德錄四卷
宋百練真隱李國紀編。

陳錄善誘文一卷
宋丹穴陳錄編施。

劉賓客因論一卷
唐夔州刺史劉禹錫撰。凡七篇。

西疇老人常言一卷
宋盱江何垣著。凡九篇。

李東谷所見一卷
宋永嘉東谷李之彥撰。凡三十事。

袁氏世範三卷
宋樂清令三衢袁采君載著。分睦親、處己、治家三類。有關風教。

集事詩鑒一卷
宋莆陽吏隱方昕景明著。凡三十條。各係詩句，皆人易知可行之事。

忍書一卷
元古杭蟾心吳亮明卿著。凡經書子史之語、賢人君子之言行，皆採輯之。

筆疇一卷
不知作者。凡三十三條。誠處己接物之要道也。

御製箴一卷

今上御製敬一箴,並程子視聽言動四箴、范氏《心箴》御註。○「御」字原脫,從瞿校鈔本補。

省心詮要一卷

宋和靖處士錢塘林逋君復著。

夕川愚特二卷

皇明夕川居士鳳陽陶輔著。集一百二十事。實俗而易知,直而易解,不待講論之語也。

樵談一卷

雜誡一卷

宋梅屋許棐著。凡三十章。

省己錄一卷

皇明天台方孝孺著。凡三十八章。

自警要語一卷

皇明上虞顧諒著。凡八十八章。

碎金一卷

不知何人所集。凡六十章。

鹿門隱書一卷

唐皮日休。凡六十章。又稱鹿門子。

景行錄一卷

元紫微公史弼君佐集。於身心大有所補,如穀帛養生,不可一日闕也。

心鑑警語一卷

康衢子集。

自警編八卷

不知作者,亦無序說。續考,張琳曰:宋趙公善璙所編。

續觀感錄十二卷

國朝崑山方鵬集諸書而成者。

自警要語一卷

王天游筆疇一卷

皇明勾餘張琳述採趙璟之編也。

典籍格言二卷

皇明翰林學士王達善撰。凡九十七條。任丘黎顯選次。

慎言集訓二卷

皇明石渠老人輯錄典籍中切於處事輔治之格言也。

崇正家

皇明陝西提學副使清江敖英。每覽載籍於慎言有涉者，輒纂集焉。凡三十二則。共三百三十四條。

崇正辨三卷

辨惑編四卷 附錄一卷

宋致堂先生胡寅明仲著。凡二百九十九事。專闢佛教，序尤痛快人心。

元毘陵謝應芳編集經書子史等語。分十八類，皆切於應世接物，日用常行之理，使愚人見之，不啻撥霧雲而睹青天。所附《書辨》，亦深理致，凡八篇。

儲華谷袪疑說一卷

宋雲間儲泳著。

祠山雜辨一卷

皇明廣德知州莆田周瑛梁石辨。凡十五條。

理學正編一卷 理學續編一卷

宋臨江張九韶美和編輯，明內江陰秉衡振平續編。上卷集宋諸儒辨析異端者，分五類，輯六十四條；下卷集宋明名儒匡扶正道者，二類三十五條。

政教家

官箴一卷

宋紫微舍人呂本中著。此好事人於《家範》中鈔出者，如《樵談》於《梅屋獻醜集》，《心鑑警語》於《事林廣記》鈔出，不可枚舉，必各有所主也。

畫簾緒論一卷

宋胡太初撰。凡十五篇。

爲政準則一卷

皇明錦城晏鐸著。凡九十八條。

爲政勸懲錄前集十卷　後集十卷

元括蒼友竹葉留景良編。又名《爲政善惡報應事類韻語》。前集採摭諸書所載爲善而獲善報之事一百一十六則，後集又集惡政而終惡報之事一百一十七則；使人趨善遷惡，知所勸懲。《集》又陳相良弼註。

告條民要一卷

皇明涇野呂柟著。

牧民忠告一卷

風憲忠告一卷

廟堂忠告一卷

元張文忠公養浩撰。三《忠告》各十篇。

勸懲錄二卷

皇朝御史張珩巡按直隸時所作也。前載太祖《教民榜》六條，次著《大明律例》五十七條。

教民榜一卷

洪武三十一年戶部申行。凡四十一條。

勅諭錄一卷

嘉靖九年二月初八日頒。

省貪簡要錄一卷

不知作者。以九品職官所受之祿，以地力農務計，以警人心。

隱家

臥游錄一卷

宋東萊呂居仁集。

山家清事一卷

宋可山人林洪龍發著。凡十六事。

嘯旨一卷

凡十五章。

洞天清錄一卷

宋宗室趙希鵠編。辨古文房清物，凡十一類，一百三十八條。

續洞天清錄一卷

皇明甯藩臞仙撰。凡五十一事。

神隱二卷

臞仙製。上卷四十一類，凡三百九十三條。下卷十四類，凡五百四十五條。攝生之道，樂其志也。歸田之計，樂其事也。

玉壺冰一卷

皇明南濠都穆居家所集也。採諸書所載人境勝概，隱身樂道之事，以倡高尚之風，其視貪慕無厭，為何如也，當與臥遊並觀。採書三十一種，得七十一則。穆曰：非厭塵濁樂閒曠者，莫觀也。

山居四要四卷

元桐江野客遯齋汪汝懋編輯。分攝生、養生、衛生、治生之要，又附文房備急之事、省

心法言之條。

格物家

博物志十卷
晉司空張華茂先撰，汝南周日用等註。

續博物志十卷
前都官員外郎隴西李石撰。

崔豹古今註三卷
崔豹正熙著。凡八門。

中華古今註三卷
晉太學博士馬縞集。凡一百九十門。

事物紀原集類十卷
不知作者。前集五卷二十七門，一千七事；後集二十八門，九百七十四事。

事物紀原刪定二十卷

異物彙苑十八卷
皇明南平趙弼校定。
皇明浮梁閔文振道充編。引用書二百五十五家，分二十七部，所彙異物一千四百四種。觀之不爲玩物，取其多識鳥獸草木之名。

漢晉印章圖譜一卷
臨川王厚之順伯撰，古村李宗召迂叟編。

古玉圖一卷
元朱德潤編集四十三物。

高似孫硯譜一卷
宋高似孫修。譜硯之出處、銘詩、石色、硯名，爲圖二十有三。

端溪硯譜一卷
紹興初人著。名氏失詳。

硯譜一卷
無名氏。凡三十二則。

歙州硯譜一卷
宋洪景伯著。凡九篇。

景伯歙硯說一卷

洪邁辨歙石說一卷

米元章硯史一卷
宋襄陽米芾元章著。凡二十七則。

古今刀劍錄一卷
梁華陽道士陶宏景撰。分四類，夏至三國，諸小國、吳將、魏將以紀錄之。

鼎錄一卷
梁中書侍郎虞荔纂。

師曠禽經一卷
晉太傅張華著。

香譜二卷
宋洪芻編。品、異、事、法四類，一百四十七事。

文房職官圖贊一卷
宋和靖七世孫可山林洪龍發。以文房十八物，各擬官職名姓字號，圖贊之。

續文房職官圖贊一卷
宋秋浦雪江子羅先登瑞卿追補可山林未收錄十八物，亦假以字號，擬職官，續圖贊之，可謂愈出愈奇矣。

文房四友除授集四卷
宋安晚、竹谿、後邨三先生，以文房四友，設為制誥詔表。凡十六篇。

擬彈駁四友除授集一卷
宋胡謙厚撰。凡四篇。

格古要論十三卷

皇明雲間曹昭明仲著。辨釋器物及玉石金珠琴書圖畫古器異材，皆ως其處，表其真偽。

翰墨

書史會要九卷 補遺一卷

元南邨處士陶宗儀九成撰。

寶章待訪錄一卷

宋米芾著。明註親見的聞，以資清玩。

書史一卷

宋米芾著。

書斷四卷

不著述人。間採諸書而集。列傳三卷，五十五則，雜編一卷。

書譜二卷

宋吳郡孫過庭撰。

續書譜一卷

宋番陽布衣白石姜夔堯章著。凡十二則。

歐陽公試筆一卷

宋廬陵歐陽修。凡三十一則。此文忠衝口而得，信手而成，初不加意者。

寶賢堂集古法帖十二卷

大明晉世子集。自倉頡至大明，所載三代秦漢古法帖十二家，帝王十七家，諸名公一百一家，皆臨諸石刻，摹印以傳。有序。

東書堂集古法帖十卷

大明周世子集。自晉武帝至吳越王錢俶，帝王二十七人，自東漢杜度至元臣歐陽玄，歷代名臣一百十八人，亦臨石刻。

法帖釋文十卷

宋承議郎劉次莊取法帖中草書世所病讀者，〇「中」原作「巾」，從瞿校鈔本改。釋文十卷，凡一百四家。

赤牘清裁四卷

述人未詳。釋文。古人赤牘。先秦兩漢三國六朝五十五人赤牘六十七首，二王雜牘三十八首，拾遺九人，雜牘二十二首，恐多殘缺。〇「恐」瞿校鈔本作「想」。唐宋不取。

法帖刊誤二卷

宋秘書郎黃伯思撰。凡十篇。

法帖譜系雜說二卷

宋陶齋曹元冕著。

海岳名言一卷

宋襄陽米芾元章著。

思陵翰墨志一卷

宋高宗皇帝御製。

宋人真跡一册

不知何人所集。載宋葉夢得、張商英、葉清臣、劉燾、林攄、林希、章衡並名氏欠詳書札詩帖十八幅，間有考識，足資清玩。

憩菴字法一卷

皇朝西崖父李淳著。

書法三昧一卷

不知作者。凡八篇。

瘞鶴銘考一卷

姑蘇顧元慶考古今論辨之書。十八家凡二十條。〇「二」原作「三」，瞿校據原書改。

書苑菁華二十卷

宋錢塘陳思纂。次秦漢而下載籍文字關涉

學古編一卷

元錢塘吾衍子行著。考論古文篆體、鐘鼎印章。

蘭亭序一卷

國朝永樂丁酉東書堂集刻王右軍《修禊禊帖》定武本三、褚遂良本一、唐模賜本一於石。復書諸賢詩，放李伯時之圖，兼禊帖諸家之說，共爲一卷。

真草千字文一冊

智永禪師書勅員外散騎常侍周興嗣之文，爲法帖刻石行世。

千文四通四卷

四朝太常少卿馬紹榮宗勉前後作楷書千文

翰墨者，分三十二體，凡百七十一篇。類書之一家，書苑之奇觀也。

四本。字有大小，法無少異，刻梓行世。

大唐西京千佛寺多寶佛塔感應碑文一冊

唐朝議郎判尚書武部員外瑯琊顏真卿書石刻。

阿房宮賦一冊

宋太史山谷黃庭堅草聖之妙也。石刻。

建康路三茅山崇禧萬壽宮記一冊

元前翰林學士承旨榮祿大夫知制誥兼修國史趙孟頫書並篆。

歸去來辭一冊

皇明禮部郎中蔣廷暉書梓。又入《萬竹帖》。

諸篆大學一冊

皇明永壽王書一經十傳，共成十一體梓傳。

諸篆中庸一冊

其註說又兼真草隸篆之妙。

永壽王守一道人正陽子。三十三章各成一篆，雖兼三體，獨擅篆名，二書舊名諸家真草隸篆，意殊不然，故更名額。

顏魯公帖一冊

唐天寶十三年平原太守琅琊顏真卿書漢東方朔碑文頌贊。字徑三寸。

韓蘇石鼓歌一冊

皇明鴻臚卿金雲鴻鳴遠之書也。體學魯公。

宋克真草法帖一冊

皇朝吳人宋克仲溫草書杜詩《前出塞》九首，及真書一札二通。

書法百韻一冊

國朝德平盤許郭諶草書晉王右軍之草訣也。右軍古今名筆，以草書點畫形體相近，未易識別，因作此訣。世傳殘訛，郭子從而正之耳。楊升庵辨非右軍之作也。○本句十字原脫，從瞿校鈔本補。

萬竹山房集帖二卷　續帖一卷

吳興唐氏集，廣東布政使王瑜續。王羲之、蘇、黃而下宋元明三代二十七人書法。

百川書志卷之十

子

農家

齊民要術十卷

後魏高陽太守賈思勰撰。旁搜經史，遠摭異聞，人力所成，方物自產，花果蔬草之屬，栽種修溉之法，靡不該載。凡九十二篇。

農桑通訣六集

元東魯王禎編撰。凡十六篇。前有起本圖。

農器圖譜二十集

王禎編撰。凡二十門，二百三十三事。

穀譜十一集

王禎編集。凡七類，凡八十二條。是書據六經，該羣史，旁兼諸子百家，以及殊方異域咸著，首《通訣》，繼《器譜》，終諸種，民事通諸上下者蓋備矣。茲實大關民事，爲政之首也，亦用心良矣。

耕織圖二卷

宋知揚州軍事樓璹上進。凡四十六圖。

農桑四時撮要一卷

不知作者。按月令叙事，幾二百條。

本心齋蔬食譜一卷

宋本心翁門人清漳陳達善編。凡二十品。

酒譜一卷

宋江上竇苹子野撰。凡十五事。

茶經三卷

煎茶水記一卷

唐竟陵陸羽撰。凡十類。

唐江州刺史張又新撰。評水二十七處。宋歐陽修增。大明水、浮槎山水二《記》。

茶錄一卷

宋蔡襄進。一篇凡十九條。襄字君謨。

東溪試茶錄一卷

宋子安集。八篇。

茶具圖贊一卷

宋人撰。以茶具十二，各爲圖贊，假以職官名氏字號。

南方草木狀三卷

後魏襄陽太守嵇含撰。四類五十四種。

洛陽牡丹記一卷

宋歐陽修述。三篇。

牡丹榮辱志一卷

宋迂儒叟丘濬道源著。凡十九品。有序。

揚州芍藥譜一卷

宋知江都事王觀撰。舊譜三十四品，觀去單葉三品，止存三十一品，分上中下七品，新收八品，合三十九品。前後有序論。

竹譜一卷

晉武昌戴凱之慶豫撰。

笋譜一卷

宋吳僧贊寧著。凡五類。

梅譜一卷

宋石湖范成大至能編。

菊譜一卷

宋彭城劉蒙著。五篇。

石湖菊譜一卷

老圃菊譜一卷

宋范成大著。凡三十五色。

橘錄三卷

宋吳門老圃史正志撰。

荔枝譜一卷

宋延安韓彥直編。凡二十八種,及種植九法。

海棠譜三卷

宋莆陽蔡襄君謨述。七篇。

菌譜一卷

宋錢塘陳思編。本無種類,採取諸家雜錄及彙次唐宋詩句以實之,特備一譜云。

蟹譜一卷

宋陳伯玉著。十一品。

耕錄稿

宋怪山傅肱子翼集。凡六十六條。有總論。

誠齋牡丹譜一卷

宋括蒼胡筠國器編農書為制誥詔表。凡二十五篇。

促織論一卷

皇明宗室錦窠老人著。所載二十種,及栽培之法。

王西樓野菜譜一卷

宋宣和時人著。凡二十八種,上中下品之及歌評。

醫家

皇明高郵王盤著。凡六十種,圖形詠事,俾人易知。○按:「盤」當作「磐」。

素問元機原病式二卷

宋河間處士劉完素守真述。五運六氣,十

一篇。

政和經史證類備用本草三十卷

蜀成都唐慎微續證類。凡十類，總載圖形，並陳藏器餘諸藥譜一千七百四十六種。○「譜」字原脫，從毘校鈔本改。益以諸家方書，及經子傳記，佛書道藏二百四十七家，凡該明乎物理功用者，各附於本草之左。

湯液本草二卷

海藏王好古類集。

東垣藥性賦一卷

元東垣老人李杲撰。分寒、熱、溫、涼四賦，載二百四十八種。

東垣方指掌珍珠囊二卷

元李杲撰。前著藥性治例，後論諸品藥性主治指掌，共九十味。

復真劉三點脈訣一卷

宋太醫劉開復真撰。

家塾事親五卷

皇明北平郭晟著。

孫真人藥性賦一卷

紫虛崔真人脈訣一卷

小學醫經一卷

不知作者。模倣《孝經》篇章，雜取《素問》諸書之說以明之。凡十八篇。

玉機微義五十卷

皇明吳陵劉純宗厚著。凡五十門。

醫林集要八十八卷

皇甫甘肅總兵平羌將軍都督孤竹王璽集。即八十八門。

羣書鈔方一卷

羣書續鈔一卷

皇明國子祭酒丘濬,博極羣書,檢遇諸方,隨皆輯錄,所鈔書凡三十六家。

通濟方一卷 續方一卷 加減十三方一卷

〇「十三方」原作「十三卷」,從瞿校鈔本改。

三方俱漢中知府南平山人劉淳家藏。

醫説妙方十卷

皇明巡撫保定副都御史勾餘張琳刪定。

活人心二卷

皇明玄洲道人涵虛子編。

急救易方一卷

凡一百六十條。

經驗良方二卷

皇明鳳陽同知石首張維國特集。

經驗良方一卷

皇明巡撫雲南都御史何孟春續鈔羣書有方者二十六家,皆載丘濬所遺。

蘭室秘藏三卷

皇明襄陵知縣虞城李高集。

內外傷辨三卷

即《內外辨惑編》。〇小注中「外」字原脱,從瞿校鈔本補。

脾胃論三卷

元東垣老人李杲著三書。

丹溪心法四卷

楊珣類集。凡一百六門,增補本草一百九十四種,外附四事。

本草衍義補遺一卷

丹溪纂要二卷

元丹溪朱震亨彥修著,東陽盧和纂註。

保生備録四卷

凡六十九門。擇取諸家方書中之經驗者凡若干方，輯成一書，立為論斷，以原夫致症之由。次隨症具方，以詳其治療之序。門分類析，登載靡遺，故曰「保生備録」。

傷寒治例一卷

俱吳陵劉宗厚編集。

雜病治例一卷

傷寒瑣言一卷

傷寒家秘的本一卷

傷寒家秘殺車槌法一卷

傷寒證脈藥截江網一卷 〇此行本在《局方發揮》之前，從瞿校鈔本移前，始符解題中「總六書」之語。

傷寒一提金一卷

明理續論五卷

皇朝節菴餘杭陶華著。總六書。

局方發揮一卷

元金華朱彥修撰。

醫經溯洄集一卷

魏博王履著。

朱彥修格致餘論一卷

外科精義二卷

充御藥院外科太醫齊德之纂集。

仙傳外科集驗方一卷

秘傳外科方一卷

徐氏胎產方一卷

濟陰方一卷

李尚書濟陰方一卷

胡氏小兒方一卷

小兒疹痘方一卷

濟急仙方一卷

鄱陽魏君用編述。

理傷續斷方一卷

上清紫庭追癆仙方一卷

秘傳經驗方一卷

神妙秘方

大明唐府王集。

精選良方二卷　續方一卷

皇明武進陳謹集。

海上仙方一卷

或稱孫思邈備急所著，未詳。約爲五七言小歌一百二十三首。

乾坤生意秘韜一卷

遐齡洞天太乙丹房編。三十五類，二百七十九方。

翰林醫眼方一卷

皇朝崑山顧鼎臣著。

軍中備急方一卷

何孟春傳。

安老懷幼書四卷

皇明山西副使河南潁川劉宇編。

壽親養老新書二卷

宋敬直老人鄒鉉編次。○「鉉」瞿校鈔本作「鈜」。

古今嘉言善行一卷

宋敬直老人詠鑾鄒鉉編。○「鉉」原作「鈜」，瞿校鈔本則作「鈜」。凡七十二事。

養老奉親書一卷

宋咸淳間興化令尹陳君直編。凡十五門。

傷寒明理論三卷

百川書志　晁氏寶文堂書目

傷寒明理方論一卷
宋聊攝成無已著論。凡五十篇。

明醫雜著一卷
皇明廣東左參政慈谿節齋王綸汝言著。

保嬰集驗方一卷
不著姓氏。載保嬰諸證論訣方圖也。○「諸證論訣方圖」，瞿校鈔本作「諸症方論圖訣」。

杏林摘要方一卷
皇明裕州義官王英集。

衛生寶鑑二十四卷　補遺一卷

便產須知一卷

濟生產寶諸方一卷

丹溪金匱鉤玄三卷
元東垣老人門人羅謙甫著。分藥悮永鑑、名方類集、藥象類集三門。

元金華朱彥修著。

司牧馬經痊驥通玄論六卷
東原獸醫卞管勾集註。○「註」瞿校鈔本作「論」。內有三十九論四十六說。方術畢備，馬之病源痊治，無餘蘊矣。

衛生

飲膳正要三卷
元飲膳太醫忽思慧撰。二十三類。紀載食物調合避忌之說，並圖像及出產性味諸事為詳。

三元參贊延壽書五卷
元九華澄心老人李鵬飛編集諸書所載精氙謀為飲食宜忌之說錄之。凡四十一類。前有說。○「說」上原衍「人」字，從瞿校鈔本刪。

養生雜纂二十二卷

宋蔡菴周守忠編集諸書養生之事。前輯通說，後分十四部三百一十九類。

食品集二卷 附錄一卷

皇明松陵賓竹吳祿輯七部，三百四十七品，附錄宜避之目十八條。○「祿」原作「録」，據鈔本改。

食物本草二卷

無名氏著。載水、穀、菜、果、禽、獸、魚、味八類。皆食品不可缺者，種種備其説云。

日用本草八卷

元天歷中新安海寧醫學吳瑞編輯飲食切于日用者五百四十餘品。考據《神農本草》、名賢著述、道藏方書，以致其詳云。

救荒本草四卷

皇明永樂間周藩購植草木野菜四百一十四種于圃，俟其滋長成熟，圖輯此書。圖以肖其形，説以著其用，俾切于救荒政者。

房中

褚氏遺書一卷

南齊褚澄彥道著。十篇，凡二千六百二十言。發揮人身中造化之秘，明白要約，殆無餘藴，蓋沈酣於内經素問靈樞之旨也。巢徒發塚，見石刻棄之，後始傳世。

金精直指註論一卷

不知作者。

素問論二卷

皆昔人與素女問答之辭。未詳真偽。

占筮

靈棋經二卷

不知起于何人。以上中下十二棋子，擲變

一百二十四卦

晉駕部郎中顏幼明、宋御史中丞何承天、大明誠意伯劉基之註。或云張良受之黃石公，東方朔用之覆射，亦皆奇中。卦有繇辭。

三才決疑馬前課一卷

稱張子房著。未詳。以天地人九子成六十四卦，各有卦辭。

神口金課訣六卷 別錄一卷

序稱孫賓立是術，設為四位，包羅萬象，該括至理，諸事否泰，皆得預知。一、二卷六十八訣，三、四卷五十七訣，五、六卷十七訣，《別錄》十一訣。訣三傳，象三才也。

神機天罡時課二卷

不知起於何人。七訣例一百九十一占。

玉靈聚義總錄二卷

元陰陽教諭古吳茂林陸森編集。此書獨闡龜卜之靈，信無惑異之義，參諸文理，議論宏深。

物象通占十卷

不著撰人。凡二十二類，各陳占家。又引歷代應驗之事以證之。

易影歌斷卜筮元龜二卷〇〔筮元〕二字原脫，從瞿校鈔本補。

不著集人。前載詩賦論說，後載《周易》卦爻歌斷。

文公斷易奇書三卷

長沙周瑞編集。上卷例訣，中卷三十占法解例，下卷六十四卦朱子爻斷及卦象外說。

六爻旁通天玄賦解七卷 提綱一卷

不著撰人。《提綱》天玄六親十二斷，正賦十七占。亦無解人名氏。

曆數家

選擇曆書五卷

大明洪武九年欽天監奉勅校定諸說，成一家之言，頒行天下臣民，永爲遵守。載選擇用事逐月宜忌之類。

革象新書二卷

元鄱陽趙緣督先生纂天官三十三篇。

臺曆百中經一卷

大明欽天監五官司曆金臺賈信編校。

五行家

康節先生鎮地鈐一卷

日頭時尾編成歌訣一百二十格。

鬼谷先生前定數二卷

日頭時尾一百格。各詩斷。

範圍數二卷

凡八門二百九訣。

四言獨步二卷

麻衣道者著。

海底眼二卷

宋臨川王黼大鼎撰。

珞琭子消息賦三卷

宋東海徐子平直解。

星命秘訣望斗真經三卷

方壺秀峰歐陽友山撰，後人主信歐陽忠註。

子平淵海大全五卷

三論註解之外，括諸論賦斷訣格式爲詳。

子平三命通變三卷

前述斷例，中註定真喜忌繼善三類及歌訣，

耶律學士星命秘訣五卷
遼征和中翰林學士耶律純著。

獨步總論詳註
四五七言星命歌訣並註。

元經消息賦注一卷
宋東齊徐大昇子平撰次，元徐州徐施二先生註解。

琴堂虛實五星旨要四卷
無名氏。又曰《加盤虛實》。

百中經一卷

陰陽

曆瀹通書三十卷
臨江宋魯珍輝山《通書》，金谿何士泰景詳

後陳十八格局。徐大昇編。

《曆法》。

三元正經三卷
龍興路陰陽學王宏道纂。以婚宅葬爲三元，各纂其事。

陰陽捷徑一卷
皇明通判三山徐瓘編。

三元節要三卷
天黨壺邑王履道纂集。以婚宅塋三元編事一百四十有奇。

選葬編錄三卷
元陝西陰陽提舉焦榮集。三十一篇。

葬書便覽一卷
郭氏著，草廬吳先生刪。

易卦並葬穿地林錦一卷
青烏子著。

地理分金十二龍穴法一卷

晉郭璞著。

肘後神樞二卷

皇明臞仙製。九章七十七條。

康節選用書一卷

占夢

古今纂要夢珍故事三卷

不載著人姓氏。記人道夢驗夢占，附及雜占，以解夢愚之惑。

古今應驗異夢全書四卷

皇明揚州指揮浙東張幹山集編。攝據書史暨傳聞事實，類載甚悉，非俗之隨事臆斷，此皆驗錄，去寓言空談，凡十一類，四百三十二事。

形法

神異賦解一卷

麻衣道人著，回陽子解。

古今識鑒八卷

皇明尚寶少卿四明袁忠徹編輯古今相人之有奇驗者，以惠後學。柳莊，其父也。

人相編十二卷

不紀著人。識鑒之統宗，形法之大成也。

百川書志卷之十一

子

神仙

太上黃庭內景玉經一卷
三十六章。梁丘子序。

梁丘解黃庭內景玉經一卷

黃庭內景五臟六腑圖一卷
太白山見素女子胡愔撰。

太上黃庭外景玉經三卷
三篇。

梁丘子解黃庭外景玉經二卷

搜神記二卷
干寶編。

列仙傳二卷
漢光祿大夫劉向撰。

悟真篇集註六卷
張平叔注。

金丹大要十卷
元紫霄絳宮上陽子觀吾陳致虛撰。

金丹大成集五卷
紫虛子真予蕭庭芝元瑞編。

羣仙要語一卷
元還初道人董漢醇編集。

道法權衡玄髓歌一卷
皇明通靈真人著。

太上感應編一卷

盤山棲雲大師語録一卷

鍾呂修仙傳道集三卷
　華陽真人施肩吾希聖傳。

鍾呂神仙戲術二卷

清虛雜著修真捷徑九卷
　碧雲散仙編次一百二十事，一百三十一條。
　未詳真偽，亦無稽驗。

採真機要三卷
　毘陵魯至剛撰。

翠虛編二卷
　泥丸陳真人編。

還真集一卷
　混然子傳。

白先生金丹火候圖一卷

白玉蟾海瓊問道一卷

白玉蟾武夷集八卷

白先生指玄篇八卷

瓊館白玉蟾上清集八卷

瓊館白玉蟾玉隆集六卷

救命索一卷
　皇明臞仙製。

胎息經註一卷

胎息秘要歌訣一卷

佛家

蓮宗寶鑑十卷
　元僧廬山蓮宗優曇普度輯。念佛正道也。
　一百三十二章，名德十一題跋。

護法論一卷
　宋大丞相無盡居士張商英述。凡一萬二千

三百四十五言。

竹室内集一卷

皇明大巍上人淨倫著。

尚直編一卷

皇明正統中吳沙門空谷景隆述。設儒道二教問難之辭，又衍其宗旨也。

尚理編一卷

明太子少師資善大夫贈榮國恭靖公吳郡姚廣孝述。

佛法不可滅論一卷

寒鐙衍義二卷

皇明賜紫傳法宗師朽菴山人宗林著。以讚宗疏頌判五例，以表五鐙一室之象也。凡二十四則。自序冠諸首簡。

三教平心論一卷

靜齋學士劉謐撰。意謂儒以正道，道以尊佛，以大其設教，以迹異議之，未始不異，以理推之，而未始不同。大抵三教皆引人之歸於善耳。

析疑論一卷

元京兆賜紫潤國大師妙明子成撰。設爲來客難詰折之辭，事盡理明，義深文約。凡二十篇。

釋迦如來成道記一卷

唐太原王勃撰，錢塘慧悟大師道成註。

福源石屋珙禪師語錄一卷

宋常熟清珙著。

雜藝

圖繪寶鑑五卷補遺一卷

元吳興夏文彥士良纂。○「文」字原脫，從瞿校

鈔本補。

圖繪寶鑑續編一卷
　明玉泉韓昂孟顒續編。

圖畫要略二卷
　明吳郡朱凱編。九篇。

德隅齋畫品一卷
　濟北李廌方叔評。二十二則。

棋經一卷
　宋皇祐中學士張靖撰。十三篇。

古局象棋圖一卷
　宋司馬溫公述。

譜雙五卷
　宋鄱陽洪遵集。六類二十六則。

打馬圖一卷
　宋易安居士李清照著。

宣和牌譜一卷
　世傳宋徽宗製牌。此譜即宣和時所爲者，諸本參異。

指明算法二卷
　不知作者。二十四則。

金蟬脫殼縱橫算法一卷
　不知作者。

多能鄙事十二卷
　大明括蒼誠意伯劉基類編。十類，四十五門。

酒籌一卷
　明遼左張昇取昔人詩涉於飲宴者五十首，各撮大意，爲四言疏，又申約以明之。

燕几圖一卷
　宋雲林居士黃長睿伯思著。

象棋勢譜爛柯經一卷

明南極遐齡老人臞仙編。

九章算法詳註九卷

金陵許榮孟仁重編。

浄髮須知二卷

不著姓氏。

宣和畫譜二十卷

宣和二年集中秘所藏魏晉以來名畫凡二百三十一人，計六千三百九十六軸，析為十門。

廣川畫跋六卷

宋董逌撰。凡一百三十六跋。

象棋金鵬十八變二卷

不著姓氏。起行變勝之勢也，譜前述洪邁丞相論，及行子指明。

繡法一卷

出處無考。鍼刺之功，粧彩之法，一覽無餘；誠書籍之奇觀也。為門二十有六，為法二百五十有奇。

唐朝名畫錄一卷畫品目錄一卷

唐翰林學士吳郡朱景玄撰。通考作唐朝畫斷，定神妙能三品，各以上中下別之，並親王合八十九人。逸品並未見真迹，空有其名。品格不可定者二十八人。校其自序，尚闕七人。

子鈔

意林五卷

唐扶風馬總。凡會於意錄之，或止一二則，或至千言，所載子書六十九種。

司馬微言一卷

宋司馬光錄。載書二十二種。

疏寮子略四卷

宋高似孫續古撮諸子大意，著爲論。凡三十四家。前有子目。

諸子纂要四集

皇朝癸丑進士東川黎堯卿纂諸子言近道體，事關世教者錄之。一切非聖不經，盡皆刪去。○「去」字原脱，從瞿校鈔本補。不使接於心目，使心中不爲異端所染。所載諸子七十四種。

類書

初學記三十卷

唐集賢院學士開國公徐堅等奉敕編修，以教諸王。開卷上下數千百載，皆在目前。

藝文類聚一百卷

唐太子率更令歐陽詢撰。載引諸集，今世罕傳。漢魏六朝之文，獨賴《文選》此書之存，不然幾至泯没無聞矣。二公有功斯文，猗歟盛哉！其間精語，又足以益人之藻思，鑑衆作之指歸。

事文類集二百二十二卷

前集六十卷，後集五十卷，續集二十八卷，別集三十二卷，新集三十六卷，外集十五卷。宋淳祐間祝穆伯和編。自謂繼徐堅、歐陽詢等之書而作，上自往古，下及本宋，各循世代之次，○「循」原作「狥」，從瞿校鈔本改。紀事提其要，纂言拔其尤，共成六集，率多宋言。○宋原作「衆」，從瞿校鈔本改。

可以駢四儷六，協吕諧律，屬辭比事，爲今人之文，以載古之道，真學者之初基也。

記纂淵海一百九十五卷

宋潘自牧、賈昉、汪淳叔撰。前輩類書，於紀事必提其要，是矣。○「是」瞿校鈔本作「詳」。而纂言鉤玄，大有未滿人意，使觀者凝滯事實之內，不能變化，推移言意之表，此書所由作也。爲部八十有二，爲門一千二百四十有六，合一百九十五卷，總八十萬言。

翰墨全書一百三十卷

甲集十二卷，乙集九卷，丙集五卷，丁集五卷，戊集五卷，己集七卷，庚集二十四卷，辛集十卷，壬集十二卷，癸集十一卷，後甲集八卷，後乙《方輿勝覽》見史類，後丙六卷，後丁八卷，後戊九卷。宋省軒劉應李編。凡儒者操翰林墨凡可寓之文者，近自人倫日用，遠至天地萬物，莫不畢備。大家時作，皆所不遺。崇正宗，訂謬誤，其亦異乎世之啓劄，可謂翰墨之大全矣。間多宋作，凡二十五門。

黃氏日鈔九十一卷

宋儒慈谿黃震東發編。凡經史諸書、奏劄、申問、勸戒等作，隨手考訂，會於意，得於心者，皆鈔之。《古今紀要》世稱精博。

詩學大成十三卷

詩韻大成二卷

宋建安毛直方編。前集事對，後集詩聯。三十一門，五百二十八事。後附廬陵胡繼宗《詩韻大成》。誠詩學之筌蹄，後人之捷徑也。

古今韻會舉要三十卷

宋昭武在軸黃公紹真翁編輯。

韻府羣玉二十卷

陰時夫勁弦編輯。凡經史文集諸子百家，隨韻收入。蓋類書之膏腴，修文之士，不可無者。新吳陰中夫復春編註之。

山堂考索二百一十二卷

前集六十六卷，後集六十五卷，續集五十六卷，別集二十五卷。宋國子博士章俊卿編輯。公因忤韓侂胄，罷秩歸鄉，乃結山堂數十間，講學註書。此書蓋考索羣書於山堂間者。輯四集五十二類。

文獻通考三百四十八卷 序目二卷

南宋鄱陽馬端臨貴與著。蓋繼《通典》《通志略》而作，視前猶加詳備。凡二十四考。上下數千百年，貫串二十五代，自田賦、錢帛、戶口、職役、征榷、市糴、土貢、國用、選舉、學校、職官、郊社、宗廟、王禮、樂、兵、刑、經籍、帝系、封建、象緯、物異、輿地、四裔，包括天地，考索古今，類書之大成，學問之淵海也。

羣書集事淵海四十卷

不著作者。弘治末年方梓行。蓋國朝人之所爲者，廣集正史，旁及羣書，若類聚合璧之比。類以門分，事因類著。上自往古君臣，外至夷狄種類，凡其事之善惡成敗，載之益詳且備，甚便觀覽。凡十一門，五百七十五種。前有劉健序。

羣書備數十二卷

元臨江張九韶纂輯經史子集所載之事可數紀者，彙成一集，分十二門，凡一千三百四十九條。大凡天地人物，古今事蹟，莫不鱗次羽襲，以類相從，庶幾一覽而得，略見其大要也。

羣書鉤玄十二卷

元臨邛高恥傳輯。恥傳銳意於筆機，○「機」疑當作「札」。凡一事一言之善，雖片言隻事必錄之。

事類廣記十二卷

宋西潁陳元靚編。六集五十七類，集事一千四百有奇。諸子百家之言，粗具數卷之中，信亦奇矣。斯博洽之不可闕者。

書言故事十卷

宋廬陵胡繼宗編。麇類不載，麇物不備，麇事不周，麇書不引，足充學者之胸襟。但惜其斷章取義，不能脈絡貫通，雖小註，○「雖」原作「維」，從瞿校鈔本改。終遺恨耳。凡二

百餘類。

對類二十卷

俱不知著人。凡二十二門。

音註對類二十卷　目錄一卷

詳音明註，頗便初學。

羣書纂數十二卷

皇明建昌袁均哲庶明，因張九韶《備數》失倫，即其門類，加以註釋，增八百二十三事。自一至百，依次貫之，總一千四百三十四條。

儒學樞要六卷

未詳著人。凡古今典籍中事物有切用者，纂圖舉要。七十六則。

百川書志卷之十二

集

秦漢六朝文

董仲舒集一卷

漢膠西相廣川董仲舒撰。今失原集，此蓋好事者採諸總集而成，以廣藏書之目。凡十一篇。

二十四箴一卷

漢揚雄撰。後人于《古文苑》鈔出者。

蔡中郎文集十卷　外集一卷

漢左中郎將蔡邕伯喈撰。凡七十二篇。

陳思王集十卷

魏曹植子建撰。賦四十三，雜文九十二，詩七十三，共二百八篇。

嵇中散集十卷

魏中散大夫譙人嵇康叔夜撰。詩四十七，賦十三，文十五，附四。

陸士衡集十卷

晉平原內史吳郡陸機士衡也。賦二十五，詩九十，雜著雜文七十一，共一百八十六篇。

陸士龍集十卷

晉清河內史陸雲士龍。機之弟也，時稱「二俊」。賦箋八，詩三十五，附二，文八十六，附三，騷九，共一百三十八篇。

陶靖節集十卷

晉彭澤令陶淵明元亮也。詩一百二十八，

鮑參軍集十卷

宋參軍上黨鮑照明遠也。賦十，詩二百三，文二十六，共三百三十九篇。

何水部集

梁水部員外東海何遜仲言也。凡十一篇。

卧龍文集

後漢諸葛亮。凡七十六篇，其《將權》至《北狄》五十篇，謂之《將苑》，又名《心書》；及《治國》至《陰察》十六篇，謂之「十六策」，世行久矣。《武德》至《兵戒》十篇，最出晚者。後人合三書而一之，繼名「卧龍文」。而《出師表》《梁父吟》皆遺，不知何謂。又見子志兵家。

唐

沈休文文集一卷

梁尚書僕射武康沈約撰。凡五十八篇。

辭賦三，雜文二十二，《集聖賢羣輔錄》并附錄。皇朝何孟春註。

陳伯玉文集十卷附錄一卷

拾遺蜀人陳子昂也。詩一百十八，表三十八，文六十九，附錄五。

駱賓王文集十卷

武功主簿義烏人駱賓王也。詩二百一十三，文四十三。

張子壽曲江集

始興文獻公九齡也。詩二百九，文二百一十六。

王右丞集十卷

尚書右丞太原王維摩詰也。

顏魯公文集十五卷　補遺一卷　附錄四卷

臨沂顏真卿清臣也。文八十二，詩二十六。

李翰林集十卷

翰林供奉李白也。賦八，文六十三。

元次山文集十卷　拾遺一卷

贈禮部侍郎元結也。

高常侍集十卷

散騎常侍渤海高適達夫也。

韓昌黎文集四十卷　外集六卷

《順宗實錄》，詳見史志。

柳子厚文集四十三卷　外集二卷　附錄一卷

韓退之撰，李漢編次，宋朱文公考異校定。《非國語》，詳見經志。

元氏長慶集六十卷　集外文章一卷

河東柳宗元也。

中書門下平章事河南元稹微之也。

白氏長慶集七十一卷

尚書太原白居易樂天也。

皇甫持正文集六卷

工部郎中新安皇甫湜也。文才三十九篇。

孫可之文集十卷

職方郎中孫樵可之也。樵、湜俱接昌黎之學。自纂其可觀者三十五篇。

劉隨州文集十卷

隨州刺史劉長卿文房也。

孟東野文集一卷

溧陽尉武康孟郊東野詩。後所載一贊二書而已。《通考》有其目，今仍之。

唐皮日休文藪十卷

襄陽皮日休襲美撰。一字逸少，隱鹿門山，

百川書志卷之十二

一三九

又號醉吟先生。賦辭、碑銘、詩頌、雜著二百四篇。

杜少陵文集十卷

工部員外郎杜甫子美撰。凡三十二篇。按《通考》云，雜著二十九篇。

宋

武溪集三十二卷

少師余襄公靖撰。

梅聖俞宛陵集六十卷

宛陵梅堯臣聖俞撰。

歐陽文忠公集五十卷

宋歐陽文忠公廬陵歐陽修永叔撰。

蘇子瞻東坡集七十五卷 年譜一卷 附錄二卷 前集四十卷 後集二十卷

續集十二卷 奏議 應詔集 內制 外制

文忠公眉山蘇軾子瞻撰。

東坡文粹三十二卷

不知何人所選。并老泉、潁濱爲《三蘇文粹》。

老泉文粹十二卷

眉山蘇洵明允撰。

王介甫臨川集一百卷

丞相王安石介甫撰。即荊公也。

潁濱文粹二十七卷

蘇轍子由撰。泉次子，坡之弟也。

司馬文正公集略十五卷

文正溫公司馬光君實撰。

淮海文集四十五卷

後山文集八卷

前集四十卷 後集五卷

淮海秦觀少游撰。

彭城陳師道履常著。即陳無己也。

徐節孝文集三十卷

楚州教授山陽徐積仲車撰。

龜山文集十六卷

工部侍郎延平楊時中立撰。

朱韋齋小集五卷

吏部員外郎新安朱松喬年撰。侍講文公朱晦菴之父也。

屏山文集二十卷

文靜公劉子翬彥仲著。朱文公其門人也。

梅溪文集五十卷

前集二十卷 後集二十卷

御史策一卷 奏議

九卷

詹事樂清王十朋龜齡撰。

止齋文集五十二卷

中書舍人永嘉陳傅良君舉撰。

渭南文集五十卷

山陰放翁陸游務觀著。

晦菴文鈔七卷

皇朝海虞吳訥編鈔朱文公元晦之文也。

趙清獻公文集二卷 附錄

西安趙抃閱道撰。

東萊文集三卷 年譜一卷 附錄一卷

著作郎東萊呂祖謙伯恭撰。

尹和靖文集一卷 年譜一卷 附錄一卷

徽猷閣待制河南尹焞彥明撰。

慈湖文集□卷 附錄一卷 賀方回《鑑湖遺老詩》

九首，柳仲塗、穆伯長。

寶謨閣學士慈湖楊簡敬仲著。

崔清獻公全錄十卷

言行錄三卷　奏劄四卷　宸翰一卷　遺詩文一卷　贈挽一卷〇「贈挽」上從瞿校鈔本空一格。

清獻公崔與之正子集。

蛟峰文集七卷　奏劄

淳祐狀元淳安方逢辰撰。

勿軒文集八卷　附錄一卷

汀州司户連陽熊鉌去非撰。

文山成仁稿四卷　附錄一卷

指南集二卷　杜詩集一卷　長嘯集一卷

文信公右丞相文天祥履善撰。廬陵人。

疊山成仁稿二卷

弋陽疊山先生謝枋得君直撰。

梅屋獻醜集一卷

梅屋許棐著。并自序十二篇，《樵談》三十節，今另行。

晞髮集一卷

長溪遺民謝翱皋羽著。記、序十三篇。

元

道園學古錄五十卷

在朝稿二十卷　應制錄六卷　方外稿六卷　歸田稿十八卷

雍邵菴先生虞集伯生撰。

圭齋文集十五卷　附錄一卷

翰林學士歐陽玄原功撰。

劉静修文集二十三卷

丁亥集四卷　和陶詩　樵菴詞　遺文六卷

魯齋文集

《熊勿軒集》王途《席帽山人集》(按：一本有

文靜公太子贊善容城劉因夢吉撰。

遺詩六卷　拾遺七卷

事錄二卷　遺詩□卷〇「詩」瞿校鈔本作「書」。

熊、王二集小注，此行下當是有目待訪者，以後並同。

九靈山房集三十卷

文一卷　詩一卷　附錄一卷

中書左丞文正公河南許衡著。

山居稿七卷　吳游稿七卷　鄞游稿七卷　越

游稿六卷　外集附錄一卷

金華戴良叔能撰。

吳草廬文集三十四卷

本集三十一卷　年表一卷　附錄二卷

文正公翰林學士臨川吳澄幼清撰。

草廬文粹五卷

《程雪樓集》《朱澤民集》《吳淵穎集》《許白雲集》《鄭僑吳集》（按：此亦存目待訪書。）

楊鐵崖文集五卷

皇朝明海虞吳訥編集。

會稽鐵笛道人楊維楨廉夫著。

陳衆仲安雅堂集十三卷 陳基《夷白堂集》（此存目待訪書。）

國子監丞閩人陳旅衆仲撰。

圭塘小稿十七卷

圭塘集十二卷　詞　別集二卷　續集一卷

外集一卷　附錄一卷

文正公翰林集賢學士光祿大夫兼太子左諭

德許有壬可用集撰。

趙公松雪齋文集二卷

文敏公學士承旨宋王孫吳興趙孟頫子昂

著。本集浩瀚，此蓋後人選者。

張文忠公文集二十四卷

御史中丞濟南雲莊張養浩希孟著。又名《雲莊歸田類稿》。

馬石田文集十五卷 附錄一卷

文貞公御史中丞浚儀馬祖常伯庸撰。

春雨軒文一卷

鄱陽劉彥昺著。凡十五篇,附錄六篇。

白石稿二卷

宋人霽山先生平陽林景熙德陽撰。記、賦、序、說、傳、銘、雜著三十九篇。○「說」原作「記」,從瞿校鈔本改。

雲峰胡先生文集五卷 附錄一卷

蘭溪州學正徽州婺源人胡炳文仲虎著。記、序、說、銘、書、啟、箴、賦、雜著合八十七篇,《附錄》十二篇。

雲陽李先生文集八卷 附錄一卷

江淛儒學提舉長沙茶陵希蘧翁李祁一初撰。西涯公族祖也。

翠屏集二卷

國子祭酒閩中古田人張志道以寧撰。國朝洪武三年奉使安南以卒。

白雲許文懿公文集三卷 《郭靜思詩集》。(此存目待訪書。)

金華處士許謙益之著。

存齋文集一卷

魯齋書院山長平陽張昌思廣著。止記、序六篇。

花谿文

武康令吳興沈夢麟原招著。

歸湖岡文一卷 「湖」原作「朝」,從瞿校鈔本改。

常熟處士盛彧季文著。《雜文》十三篇。○

聖朝文集

御製文集二十九卷

洪武年製。

甲集二卷 乙集三卷 丙集文十四卷 丙詩集 丁集十卷

御製文集類編二十卷

洪武年製。

誠齋錄一卷

周府殿下著文十九篇。

〔文〕字原脫，從瞿校鈔本補。

百川書志卷之十三

集

國朝

黃文新公名溍文集四十卷，王文正公偉文集。（此上二行爲存目待訪書。）

宋學士潛溪文集七十五卷

鑾坡前集十卷即翰苑集　鑾坡後集十卷　翰苑續集十卷　翰苑別集十卷　芝園前集十卷　芝園後集十卷　芝園續集十卷　朝宗集十卷〇瞿校鈔本作「五卷」。

誠意伯覆瓿集二十四卷　拾遺二卷

誠意伯開國元勳弘文館學士括蒼劉基伯溫撰。

犂眉公集四卷

誠意伯劉基既老之著也。

易齋稿十卷

括蒼易齋劉璟仲景撰。

盤谷集十卷

襲封誠意伯括閑子劉薦撰。犂眉公孫也。

陶學士先生集二十卷　陶學士事蹟一卷

翰林院學士太平陶安主敬撰。

鳧藻集五卷

戶部侍郎前翰林編修官青丘先生姑蘇高啓季迪撰。

楊文懿公文集

晉菴稿一卷　鏡川稿四卷　東觀稿十卷　桂

芳稿五卷　**金坡稿**九卷　**銓部稿**一卷

東里文集二十五卷 楊循吉《松籌堂集》，虞堪《鼓枻稿》。（此二行爲存目待訪書。）

吏部右侍郎四明楊守陳維新撰。

少師文貞公廬陵楊士奇撰。

東海文集四卷　附錄一卷

南安守華亭張弼撰。吳訥《思菴文集》。《祝氏集略》卅二弓，〇「弓」原作「首」，據鈔本改。又名《懷星堂》。文徵明《甫田集》。（以上三行爲存目待訪書。）

定山先生集五卷

南京吏部郎中江浦莊昶孔暘著作八體八十八篇。

石翁浄稿二卷

翰林檢討廣東番禺陳獻章著。

劉尚賓文集三卷

國初尚賓館副使安成劉迪簡商卿著。

空同詩文全集六十三卷

江西提學副使空同山人北郡李夢陽獻吉撰。

何氏集四卷

陝西提學副使大復山人信陽何景明仲默著。

渼陂集十卷

翰林檢討渼陂山人鄠杜王九思敬夫撰。

徐迪功集二卷

國子博士吳郡徐禎卿昌穀撰。文止二十四首。

解學士先生春雨堂集三十卷　附錄一卷

交趾參議吉水解縉大紳撰。

金川玉屑集四卷　附錄一卷

左副都御史江西新淦練安子寧著。

菊莊集三卷

周府長史大梁劉醇文中撰。

王虎谷博趣齋稿二十一卷 附錄二卷

右副都御史虎谷王雲鳳應韶撰。

覺非齋文集二十八卷

衛王長史前左春坊司直郎三衢金實用誠著。

桃谿淨稿三十五卷

國子祭酒禮部左侍郎太平方石文蕭公謝鐸鳴治撰。

鄭文十四卷

南畿驗封郎中閩人少谷鄭善夫繼之撰。

類博稿七卷 雜言 附錄一卷

興化知府燕人蒙泉岳正季方撰。雜文百六首。

強佐史文一卷

秦長史借山強晟景明著。汝南人也。二十一篇。

唐漁石集三集

大司馬蘭谿唐龍虞佐著。

歸閑文纂十八卷

水部副郎東湖居士錢仁夫士宏撰。

東湖遺稿十一卷

太保大司寇平湖屠勳元勳撰。

五塢草堂集六卷

陝西參議吳郡盧襄師陳撰。凡四十八篇。

于肅愍公集

少保兼司馬錢塘于謙撰。凡三十三篇。

古城文略五卷

貴州布政使餘干張吉克修撰。

半江集六卷
廣東按察使吳江趙寬栗夫撰。

葉文莊公文集二卷
吏部侍郎崑山葉盛與中撰。及菴號。

鴻泥堂小稿三卷
江陰文士薛章憲堯卿著。文止二十二篇。

靜軒先生文集十五卷 附錄一卷
南京都察院右副都御史婺源汪舜民從仁撰。

亶爰集二卷 外集古文一卷
翰林院修撰岢嵂山人仁和江暉景孚撰。

棘亭漫稿一卷
閩沙邨鄭威著。

三峰盧氏可齋集一卷 附錄一卷
浙江秋元東陽盧楷中夫著。

二泉文集六十六卷
容春堂前集二十卷 容春堂別集九卷 戊寅至壬午五集三十七卷
戶部左侍郎無錫邵國賢撰。

甘泉文錄類選二十一卷
南京吏部侍郎曾城湛若水撰。

我齋寓莆集十卷
丁丑進士山陰蔡宗兗寓官莆陽之著也。○「兗」原作「充」，從瞿校鈔本改。

黎陽王太傅集錄二卷
寧威伯黎陽王越世昌撰。

石川遺集二卷
瀛洲集一卷 芝田集一卷

野堂拾遺集一卷
南京工科給事中東魯殷雲霄近夫撰。

安陸知州南昌王朝卿升之撰。

一峰文集十卷
翰林修撰羅倫著。

李徵伯存稿五卷
長沙李兆先徵伯撰。

節菴集一卷
浙江參政東安李德恢叔恢撰。文止十五篇。

熊峰集二卷
相公石珤撰。凡二十八首。

劉亭湖稿一卷
平陽令亭湖劉錄世臣著。

辟雍稿一卷
國子祭酒襄東邢讓遜之著。○「邢」原作「刑」，從瞿校鈔本改。

毅齋王先生文集八卷
儀制主事錢塘王洪希範著。

愛禮文集六卷
都御史漳郡作悔子劉駟宗道著。

思玄文賦二卷
江西太湖訓導海虞桑悅民懌著。凡十四篇。

佩蘭子文集三卷
閩中袁遠德修撰。

弘道集一卷 附錄一卷
通靈真人錢塘素菴周思德養真撰。三十六篇。

月湖後稿三卷
豐城楊廉著。

東坤雜文一卷

□菴別集一卷

毘陵陸奎章子翰著。止六首。

南行錄四卷

陶照著。

士齋集一卷

孺人鄒賽貞撰。

錢狀元鶴灘文集一卷

翰林修撰華亭錢福與謙撰。公名振海宇，惜無全集，此蓋沈竹東鈔輯流傳士夫者序、記、碑銘、傳贊三十九篇。

少湖文集五卷

（按：此下當有缺佚。）

百川書志卷之十四

漢魏六朝詩

集

陳思王詩
魏曹植著。凡七十三首。

阮嗣宗詩一卷
魏步兵校尉陳留阮籍嗣宗撰。凡二十八首，皆詠懷之作。

嵇康詩

陸機詩一卷
晉平原內史陸士衡也。凡八十六首，蓋後人于本集鈔出，與謝集并行。

陸雲詩
雲集止詩三十五首。即士龍也。

陶潛詩
靖節本集之詩。凡百二十八首。

鮑照詩
參軍詩集。凡二百三首。

謝靈運詩一卷
宋臨川太守謝康樂撰。凡六十四首。

謝靈運詩選一卷
宋唐子西裒其精華，別為一卷。凡四十四首。

謝宣城集五卷
齊吏部謝玄暉也，名朓，陽夏人。賦九首，樂歌八首，詩百八十二首，

謝玄暉詩選

唐子西梓。凡二十首。

謝惠連詩選

唐子西梓。凡五首。

何水部集二卷

梁水部員外東海何遜仲言撰。

陰常侍集一卷

陳散騎常侍陰鏗子堅撰。

薛侍郎集一卷

隋內史侍郎河東薛道衡元卿撰。詩凡十八首。

周王褒集一卷

後周王褒詩。凡三十七首，今世罕傳。

沈休文詩集一卷

梁吳興沈約撰。樂府九十七首，雜詩八十一首。

唐

太宗詩一卷

玄宗詩一卷

德宗詩一卷

虞世南詩一卷

永興文懿公越州虞世南伯施著。

許敬宗詩一卷

著作郎杭州許敬宗著。

王勃詩一卷

修撰虢州參軍王勃子安也。絳州人。

楊炯詩一卷

著作郎華陰楊炯著。

盧照隣詩一卷

新都尉范陽盧照隣升之著。

駱賓王詩一卷

臨海丞義烏駱賓王著。

陳伯玉詩二卷

右拾遺梓州陳子昂伯玉著。

喬知之詩一卷

右司郎中喬知之著。缺里。

李嶠詩三卷

中書令趙州李嶠巨山著。其詠物之作凡二十首。

杜審言詩三卷

著作郎襄陽杜審言必簡著。子美之祖也。詩凡四十三首。

沈雲卿詩二卷

弘文館直學士相州沈佺期著。

宋之問詩一卷

考功員外郎汾州宋之問著。

武平一詩一卷

金壇令武甄以行著。凡九首。

武三思詩一卷

則天之姪也。詩十四首。

蘇許公集三卷

許國公雍州蘇頲著。

蘇頲詩二卷

張說詩二卷

中書令燕國公洛陽張說道濟著。即文貞公也。

王季友集一卷

王季友，不知何郡人。

張九齡詩二卷

丞相文獻公韶州張子壽也。

孟浩然詩三卷

襄陽人。或曰孟浩字浩然。須溪劉辰翁批點。詩二百二十三首。

唐翰林李白詩類編十二卷

翰林李白太白撰。蜀人。

楊齊賢集註李白詩二十五卷

杜工部詩集八卷

工部員外杜甫子美撰。

董養性杜詩選註四卷

臨川高閑雲叟董養性。

劉須溪批點杜詩二十四卷

宋須溪劉辰翁批點。又集諸家註,編以歲月,不拘體裁。間有闕略,取虞伯生趙子常評解補益之。

杜律虞註二卷

元雍虞集伯生註。倣朱子《詩經》《楚詞》例,訓解集覽,一視詳明,得詩本旨。惜止七言律耳。

杜詩類選一卷

元樞密院都事東山趙汸子常選註批點。選止五言,視諸家獨為簡當,而時取劉氏評語附之。想有意全詩而未暇,故僅此耳。

讀杜愚得十八卷 年譜詩史目錄一卷

皇明洪武中漢陽河泊官古剌單復陽元用志于杜,不足前註,遂以自得。倣文公例為註,考事究旨,必歸于當,簡直明白,要其得杜之心為多,其疑不可通者闕之。

顏真卿詩集一卷

魯公萬年顏真卿清臣撰。

嚴武詩集一卷

百川書志　晁氏寶文堂書目

劍南節度使華州嚴武季膺撰。

李頎詩集一卷
新都尉東川李頎撰。

崔顥詩集三卷
司勳員外郎卞州崔顥撰。詩四十三首。

祖詠集一卷
駕部員外郎洛陽祖詠撰。

崔國輔詩一卷
禮部員外郎吳郡崔國輔撰。

藍田王摩詰詩集六卷
尚書右丞太原王維摩詰撰。舊名《輞川集》。

儲光羲詩集五卷
獨孤及。（按：獨孤及有《毘陵集》，此亦存其名訪其集耳。）御史兗州儲光羲撰。

王昌齡集三卷
汜水尉江寧王昌齡少伯撰。○「汜」原作「泥」，今改。

高適詩集七卷
左散騎長侍封渤海侯滄州高適達夫撰。○「長」當作「常」。又字仲武。

岑嘉州集八卷
嘉州刺史高陽岑參撰。

常建詩集三卷
盱眙尉常建也。○原作「盱昭」，今改。

元結詩
贈禮部侍郎元結也。

孟雲卿詩集一卷
校書郎平昌孟雲卿也。

劉隨州詩十卷
隨州刺史河間劉長卿文房撰。

一五六

韋蘇州集十卷 拾遺一卷

蘇州刺史京兆韋應物撰。

秦隱君集一卷

會稽秦系公緒也。○瞿校：「緒」鈔本作「緒」。

皇甫冉集二卷

左補闕潤州皇甫冉茂政，元晏先生之後也，與弟曾並名于時。

皇甫曾集一卷

侍御史潤州皇甫曾孝常著。冉之弟也。

郎士元集一卷

右拾遺昂州刺史中山郎士元君冑著。

韓君平集三卷

中書舍人南陽韓翃君平著。

包何集一卷

刑侍延陵包何幼嗣著。與弟佶齊名。

包佶集一卷

秘書封丹陽郡公包佶幼正著。

李嘉祐詩卷一卷 李文山、李中、李羣玉。（此亦存其人訪其書。）

中臺郎趙州李嘉祐從一也。

盧綸集一卷

監察御史河中盧綸允言著。

李端集三卷 ○「端」原作「湍」，今改。下同。

杭州司馬趙州李端著。嘉祐之姪也。

吉中孚詩

戶部侍郎楚州吉中孚。今亡其集，《才子集》只詩一首。

司空曙集三卷 《司空圖詩》。（此存目待訪書。）

虞部郎中廣平司空曙文明著。

耿湋集二卷

百川書志　晁氏寶文堂書目

左拾遺河東耿湋著。

崔峒集一卷
集賢學士博陵崔峒詩三十八首。

嚴維集一卷
校書郎越州嚴維文正著。

顧況集二卷

華陽真逸集二卷
著作郎姑蘇顧況逋翁著。

苗發時

戎昱集二首
大歷才子之一，無集，詩存二首。

李益集二卷
京兆尹，荊南人也。

李君虞集二卷
禮部尚書隴西李益君虞撰。予所收唐詩，率多別本，出入不同，鮮卷數者，多從《唐百家集》。按此集蘇州所刻，乃好事廣積，將為久傳，豈有一家分為兩集之理。此中蘇許公、李君虞、顧逋翁皆二集，抑為傳者之別，更有說歟？姑並列以俟博考。

于鵠集一卷
隱居漢陽，大歷間應薦起諸府從事。

戴叔倫集二卷
客管經略潤州戴叔倫幼公也。○按：「客」當作「容」。

羊士諤集一卷
監察御史。太山人也。

權德輿詩二卷

武元衡集三卷
丞相權德輿載之。秦州人也。

侍郎河南武元衡伯蒼著。

柳宗元詩

柳州刺史河東柳子厚也。

韓愈詩

吏部侍郎南陽韓文公退之也。

孟東野詩十卷

溧陽尉謚貞曜先生湖州孟郊撰。

呂衡州集一卷

衡州刺史河東呂溫和叔也,又字化光。

張司業集七卷

國子司業蘇州張籍文昌著。今併一冊,卷數仍舊。樂府三百九十有奇。

白樂天詩

右僕射太原白居易也。

元稹詩

尚書右丞河南元稹徽之也。○按:「徽」當作「微」。

李賀詩歌四卷　別集一卷

協律郎李賀長吉,鄭王之後也。共詩二百二十五首。又名《錦囊集》。

盧仝詩二卷　別集一卷

洛陽人,號玉川子。詩總一百四首。

張處士集四卷

清河處士張祐承吉著。

朱慶餘集一卷

進士越州朱可久著。

劉叉集三卷

不詳出處,常客退之家。詩二十七首。

周賀集一卷

即清塞也,字南卿,姚合加冠巾。

章孝標集一卷

秘書省正字章孝標撰。

樊川詩集四卷

中書舍人杜牧之。京兆人也。

唐刺史丁卯詩二卷

郢州刺史丹陽許渾仲晦著。

喻鳧詩一卷

烏程令毘陵喻鳧坦之著。

李遠集二卷

御史中丞蜀人李遠承吉著。

姚鵠集一卷

會昌進士詩一卷

會昌進士姚鵠居雲著。

項斯集一卷

馬戴虞臣也。

丹徒尉江東項斯子遷著。

溫庭筠詩集七卷 別集一卷

方山尉并州溫岐飛卿著。

于武陵集一卷

杜曲人，或曰于鄴。

司馬先輩集一卷

司馬□。大中時人。或云名札。

劉駕集一卷

國子博士江東劉駕司南著。

儲嗣宗集一卷

大中進士。

曹鄴集二卷

洋州刺史桂州曹鄴著。又名《曹祠部集》。

劉滄集一卷

龍門令魯人劉滄蘊靈著。

于濆集 一卷

咸通進士堯山于濆子漪著。

邵謁集 一卷

韶州人也。詩二十八首。

李昌符詩 一卷

尚書郎李昌符嚴夢著。

胡曾詠史詩 三卷

漢南節度從事長沙胡曾撰。上自往古，下迄六朝，君臣得失明於心者，秉史筆斷爲絕句詩一百五十首。

張喬集 四卷

大順進士。池州人也。

羅鄴集 一卷

餘杭人。與兄隱、虯齊名，時稱「三羅」。

羅虯比紅兒詩 一卷

鄜州從事羅虯爲雕陰令官妓杜紅兒作也，皆擇古之美色灼然可稱于史傳者比之。凡一百首。

曹唐集 一卷

從事桂州曹唐賓著。初爲道士。詩六十二首。

崔塗集 一卷

光啓進士崔塗禮仙著。

章碣集 一卷

乾符進士。錢塘人。章孝標之子也。

雲臺編 三卷

都官郎中宜春鄭谷守愚撰。凡三百首。

崔曙集 一卷

開元二十六年進士狀頭。

王建宮詞 一卷

陝西司馬王建仲和撰。凡百首，爲宮詞之祖。

諸王孫京兆李洞才江著。

曹松集一卷

校書郎衡陽曹松夢徵著。

唐英歌詞三卷

翰林學士承旨侍郎山陰吳融子華著。歌詩二百九十六首。

經進周曇詠史詩三卷

守國子直講周曇撰進。自唐虞歷隋，君臣上下，政治賢否，各詠絕句，以昭明鑒。進上時君，用心勤且忠矣，有關世教。凡百九十五首。

松陵集十卷

前進士皮日休、鄉貢進士陸龜蒙一歲之中唱和聯句及時賢之作也。通載詩六百八十五首。

李洞集三卷

張蠙詩集一卷

膳部員外郎清和張蠙象文著。

李丞相集二卷

南唐丞相李建勳。隴西人也。

秦韜玉集一卷

賜進士第工部侍郎京兆秦韜玉中明著。

李山甫集一卷

魏博從事李山甫撰。唐末進士不第。（「博」下當脫一字。）

李推官披沙集六卷

隴西李咸用也。

殷文珪集一卷

乾寧五年進士，後仕南唐。

林寬集一卷

唐求集一卷

劉威集一卷

蘇拯集一卷

王周集一卷

伍喬集一卷

　六集皆唐人。雖載《通考》，然爵里世次猶未詳也。

孟貫集一卷

于鄴集一卷

劉兼集一卷

鄭巢集一卷

牟融集一卷

許琳集一卷

　六集皆唐人。《通考》不載，未得其詳也。

純陽呂真人文集五卷　傳記一卷　神迹

詩四　詞

僧皎然杼山集一卷

　河中呂巖洞賓著。

僧靈一集一卷

　湖州人，本姓謝，字清晝，靈運十世孫也。

無本詩

　越中雲門寺律師靈一著。

僧無可集一卷

　即賈島初爲僧之作也。纔四首。

僧貫休集一卷

　無本同時人，或曰無本弟也。

僧齊己集一卷　白蓮集

　婺之僧貫休德隱著。

清塞集一卷

　益陽人也。

僧尚顏集一卷

即周賀,東洛人也。初爲僧,後加冠巾。

寒山子集一卷

拾得詩

豐干長老詩

三集爲天台國清禪寺三隱之作也。

魚玄機詩集一卷○「詩集」二字原倒,從瞿校鈔本改。

咸通中西京咸宜觀女道士魚玄機幼微著。

花蕊夫人詩集一卷

僞蜀孟昶之夫人也。集皆宮詞。○「詞」原作「詩」,從瞿校鈔本改。凡百首。

無名氏詩集一卷

凡五十五首。

李商隱詩集一卷

大學博士隴西李商隱義山撰。此非全集,蓋抄錄之僅存耳,餘俟博求。

李建州梨嶽詩集一卷 附錄一卷

都官員外郎建州刺史壽昌李頻德新撰。詩百九十五首,附《歷年文》。

僧廣宣詩一卷

應制詩十四首。

僧清江詩一卷

凡十三首。

錢起詩集十卷

考功郎中吳興錢起仲文撰。諸體五百篇。

浪仙長江集七卷

長江尉賈島著。

純陽真人混成集二卷

呂仙洞賓著。此藏室中抄出,凡百九十六首。

皮日休詩

《文藪》中所載。凡三十五首。

百川書志卷之十五

集

宋詩

徽宗宮詞詩集三卷

緝熙殿所收御製七言絕句，積二十二年，得三百首，皆詠宮掖之事，樂昇平之句也。

東坡編類歌詩十九卷

文忠公眉山蘇軾子瞻撰。此後人摘去文、賦，取詩，以古近體類之。凡二千一百有奇，聚，不為體拘。

東坡律詩二卷

明御史趙克用取王梅溪註東坡詩中七言律詩四百五十八首，摘類刊行。

山谷黃太史詩註二十卷 《陳後山詩註》。（此存目待訪書。）

豫章黃魯直庭堅撰，天社任淵注。

黃太史精華錄八卷 岳珂《玉楮詩稿》。（此存目待訪書。）

天社任淵撰山谷詩文之精華以鳴世。

林和靖詩集四卷

錢塘隱者林逋君復撰。

宛陵詩

宛陵梅堯臣聖俞撰。

伊川擊壤集十卷

康節先生伊川邵堯夫撰。

王狀元集註東坡詩二十卷

宋王十朋龜齡集諸家註而成也。各以類

後山詩集十二卷

彭城陳師道履常撰。○「師」原作「思」，今改。

淮海詩

淮海秦觀少游撰。

龜山詩

工部侍郎延平楊時中立撰。

唐子西先生集七卷

大觀中博士眉山唐庚子西撰。

簡齋詩集十三卷 外集一卷

秘書陳與義去非撰。

朱韋齋詩集六卷 附錄一卷

吏部員外新安朱松喬年撰。

玉瀾集一卷

新安朱槔逢年撰。韋齋弟也。

晦菴詩鈔一卷

《朱文公全集》百卷。（此存目待訪書。）

皇明海虞吳訥於晦翁全集手鈔五言古體首二百首，以訓子弟，今梓行。○按：「古體首」當作「古體詩」。

岳武穆詩一卷

忠烈武穆岳飛鵬舉撰。無集，止詩詞五首。

止齋詩

中書永嘉陳傅良君舉撰。

渭南詩八十卷

山陰放翁陸游務觀撰。

澗谷陸放翁詩選十卷

宋澗谷羅椅子遠選。諸體皆備。

須溪精選放翁詩集八卷

宋須溪劉孟會辰翁選。

頤菴居士集二卷

四明劉應時良佐著。凡百篇。

東皋子詩集一卷

黃巖戴敏才著。止詩十首。

石屏詩集十卷

天台戴復古式之所著。〇「式之」二字原脫，從瞿校鈔本補。敏之子也。共詩八百六十九首。

程梅屋詩集四卷

《王雙溪文集》十七卷。（此存目待訪書。）

宋進士遺鄉撰。晦翁門人也。

武溪詩

少師俞襄公靖撰。

滄浪吟二卷 詩話 逸詩文

滄浪嚴羽儀卿著。古近體歌行詞操詩餘諸作百四十首，書一〇。「操」原作「抄」，從瞿校鈔本改。

斷腸詩十卷

女子朱淑貞撰，錢唐鄭元佐註。

冰堅遺稿四卷

淮右潘亨崇禮撰。王拱辰同時人。古近體詩二百一十有六首。〇末句十一字原脫，從瞿校鈔本補。

文山詩成仁稿

文信國公右丞相文天祥撰。

疊山成仁詩稿

弋山謝枋得撰。

蛟峰詩

淳祐狀元淳安方逢辰撰。

湖山類稿十三卷

汪水雲詩二卷

二集吳人水雲汪元量大有著。

汪神童詩二卷

或云宋人。止五言小絕句六十首。頗有意味。

石屋詩一卷 ○瞿校：此行重出，應刪。蓋《晞髮集》後，又有《石屋詩》并解題。

晞髮集四卷
遺民長溪謝翱皋羽著。

石屋詩二卷
石屋和尚清珙山居之作。

興觀詩一卷
咸淳名士錢塘山邨仇遠著。此蓋自書律詩三十八首，以贈時賢，後轉相梓刻。

元詩

元遺山詩集二十卷
金河東元好問裕之撰。

黃楊集六卷
元棲碧先生無錫華幼武彥清撰。

居竹軒詩四卷
元隱士廣陵成原常撰。

歸田集稿
文忠公御史中丞濟南雲莊翁張養浩撰。其三《忠告》《經筵餘旨》入別類。

劉靖修詩 ○瞿校：「靖」鈔本作「靜」。
文靜公太子贊善容城劉因夢吉撰。

霽山白石樵唱三卷
宋遺老平陽林景熙得陽撰。

趙松雪詩選
宋王孫吳興趙孟頫子昂著。

魯齋詩
文正公中書左丞河南許衡仲平撰。

吳草廬詩

文正公翰林學士臨川吳澄幼清著。

馬石田詩

文貞公御史中丞浚儀馬祖常伯庸撰。

道園學古錄

邵菴先生雍虞集伯生撰。

道園遺稿五卷

奎章閣侍書學士蜀郡虞集《學古錄》之遺篇，古律詩總七百餘首。

圭齋詩

翰林承旨廬陵歐陽玄原功撰。

薩天錫詩集七卷

閩縣知事雁門薩都剌天錫撰。

貢文清公雲林詩集六卷 附錄一卷

翰林學士大中大夫宣城貢奎章撰。泰甫尚書之父也。

玉笥集十卷

會稽玉笥山人張憲思廉撰。

張光弼詩二卷

樞密院判官廬陵張光弼撰。

丁鶴年詩集三卷 附錄一卷

西域人也。外附時人及昆仲詩十七首。○「昆」原作「崐」，從瞿校鈔本改。

陳剛中詩集四卷 附錄

衢州治中天台勿齋陳孚剛中撰。

觀光稿　交州稿　玉堂稿

春雨軒詩集七卷

鄱陽劉彥昺撰。詞、賦、樂府、古律諸體百七十有奇，詞另類。

樵雲獨唱詩集六卷

《栲栳山人集》。（按此存目待訪書。）

月屋樵吟四卷

金華雲顯天民景南葉顯撰。

雲松巢先生詩集三卷

天台黃庚星甫著。

安雅堂詩集

贈朝列大夫樂清瑤川故老朱希晦撰，其七世孫玄諫選古近體精粹者百八十五首。

九靈山房詩

國子監丞閩人陳旅眾仲撰。

圭塘小稿

金華戴良叔能撰。

雲峰詩一卷

翰林集賢學士許有壬可用撰。

傲軒詩集一卷

蘭溪州學正徽州胡炳文仲虎著。詩詞四十有四。

竹齋集三卷

平江傲軒胡天游著。

書林外集七卷

諸暨王冕元章著。

李雲陽集二卷

翰林國史檢閱四明菊邨袁士元彥章著。

翠屏集二卷

江淛儒學副提舉長沙希蓬翁李祁一初撰。

滄浪歌一卷

國子祭酒古閩張志道以立撰。

存齋集一卷

天台南邨處士陶宗儀九成著，明雲間唐錦選評。詩歌諸作六十一首。

國子助教平陽張昌思廣在元時所作。詩五

十一首。

白雲許文懿公集一卷
金華處士許謙益之撰。

東皋先生詩集五卷
參知政事海陵馬玉麟谷璲撰。一字伯祥。

虎林高隱集五卷 附錄一卷 鑑湖集一卷
錢塘謹嚴齋方誼著。附時賢詩文六篇，及明人鑑湖方質學文二詩一賦。

藏春集四卷 附錄一卷
光禄大夫文貞公劉侃著。瑞州人也，更名秉忠，字仲晦。

鹿皮子賦二卷 鹿皮子詩集三卷
隱士鹿皮子陳樵著。

得月稿六卷
南明石鼓聾者呂不用則耕著。

花谿集三卷
吳興沈夢麟原昭著。詩文四百二十四篇。國朝徵不起，只五典文衡。壽九十二卒。

遯世遺音一卷
豐城遺民黃堅子直撰。

忠節流芳集一卷 挽詩附錄一卷 手澤聚芳一卷
潮州路總管廬州友石山人王翰用文著。

歸湖岡詩一卷〇「湖岡」原作「朝綱」，從瞿校鈔本改。
處士常熟盛彧季文撰。凡百九十首。

郭子章望雲集五卷
淮南郭奎子章著。常從軍。詩二百一十首，書三附。

周此山先生詩四卷
括蒼周衡之撰。

聖朝詩集

御製詩集一卷

洪武年製。六體一百三首。

御製詩集二卷

永樂年製。十體二百七十二首。

春游詠和集二卷

嘉靖十二年四月中旬宸游南城西苑，御製五詩，及輔臣之和，頒行中外。

御製賦歌一卷

天順四年御製《峴山》《漢水賦》《襄陽四景歌》。

恩紀詩集七卷

含春堂稿一卷

御製。皇考恭穆皇帝詩序略曰：《恩紀詩集》，乃弘治甲寅受命分封之國，感孝宗錫予之恩而紀之也。《含春堂稿》，則未之國時，在大內西館及出府所作，分類立題敘事，僅百三十餘首。而天文節候之大，人物宮室苑囿之繁，禮樂名物、經史文章之奧，大略具焉。

誠齋錄六卷

周府殿下撰。

誠齋新錄一卷

錦窠老人晚年之作也。

東軒詩集一卷

秦藩永壽王著。

雙泉詩集三卷

宗室蒲藩殿下著。

臞仙宮詞一卷

甯藩涵虛子撰，凡百八首。

百川書志卷之十六

集

國朝

高太史大全集十八卷

户部侍郎青丘先生吳郡高啟季迪著。廣益至二千有餘首。

覆瓿犂眉集

誠意伯括蒼劉基伯溫著。

自怡集一卷

中奉大夫江西布政使司右參政青田劉璉孟藻著。誠意伯冢子也。詩凡九十四首。

易齋稿

括蒼劉璟仲景著。

盤谷詩

襲封誠意伯劉薦撰。

陶學士詩

翰林學士當塗陶安主敬撰。

蚓竅集十卷

楚府長史司雲間竹閒子管時敏撰，西域丁鶴年評點之。

定山先生詩集五卷

南京吏部郎中江浦莊昶孔暘著。○［著］原作「註」，從瞿校鈔本改。作六體八百九十八首。

莊定山詩續集一卷

莊昶作。

石翁淨稿七卷

著諸體共一百十五首。

翰林檢討番禺陳獻章著。起成化甲午，至弘治辛亥，十八年之作也。

白沙詩近稿十卷

獻章著。起成化甲辰，盡弘治乙卯，十二載所作。前此二稿，非一手所編，故年次不同耳。

東海詩集四卷

南安華亭張弼汝弼撰。

觀樂生詩集五卷 附錄一卷

越南隱君子許繼士修撰。好吟古風。

劉尚賓詩一卷

洪武初尚賓館副使安成劉迪簡商卿著。雜詩止三十一首。

鳳池吟稿八卷

淮南汪廣洋朝宗撰。

高漫士嘯臺集二十卷

翰林待詔閩人高棅廷禮隱龍門時作也。擬古歌行、長篇短句，或古或近，積八百首。

鳴盛集四卷

膳部員外三山林鴻子羽著。

海叟詩集四卷

御史雲間袁凱景文著。

海叟在野集選二卷

袁凱著，張璞、朱應祥校選評點。諸詩百二十六首。

補刊袁海叟在野集二卷

袁凱著，翰林吉士同郡陸子淵刪。

崆峒集二十一卷

江西副使北郡李孟陽獻吉撰。

何氏集二十一卷 辭賦三卷 樂府二卷

詩十六卷

陝西副使信陽何景明仲默撰。

何仲默集十卷

張治道得何子詩稿一千一百五十二首，擇而類焉，存古律詩七百七十二首。

渼陂集六卷

《吳匏庵文集》，方孝孺《遜志齋集》。（此留目待訪書。）

翰林檢討鄠杜王九思敬夫撰。

徐迪功詩

國子博士吳郡徐禎卿昌穀著。

王氏家藏集二十卷

都御史浚川儀封王廷相子衡撰。

溝斷集二卷

浚川子故作。自弘治迄今，〇「今」原作「下」，從瞿校鈔本改。凡二十六祀，詩賦文一百

八首。

臺史集二卷

浚川子為御史時著也。起正德庚午，至甲戌五載之作。詩文賦百四十五首。

泉上稿二卷

浚川督學山東所著詩文六十篇。

家居集三卷

浚川家居著也。三十二首，銘文二十六首。

解學士詩

解縉大紳撰。

卞郎中詩集七卷

戶部郎中江陰卞華伯撰。

金川玉屑詩

菊莊詩

副都憲新淦練安子寧撰。

清風亭稿八卷

周府長史大梁劉醇撰。

東山詩集二卷

吏科給事中鄱陽童軒士昂撰。

滄州詩集十卷

太子太保兵部尚書東山劉大夏著。

太白山人漫稿五卷 附錄一卷

翰林修撰太倉張泰亨父撰。

康德瞻集四卷 附錄一卷

吳越隱士關中孫一元太初著。

奇童關中康阜德瞻著。初字聖功,太史康海德涵兄也。卒年十九。所遺騷賦與詩,通百十二篇。

常評事集三卷

大理寺右評事泌水樓居常倫明卿撰。○

蒲山牧唱集四卷

姑蘇守前國子祭酒梅初先生蒲圻魏觀杞山撰。劉基宋濂同時人。五七古律通二百四十篇。

「泌」瞿校鈔本作「沁」。前後積成百八十一首。

斯存稿四卷

明鎮常孫錦尚絅撰。

王虎谷詩

右都御史虎谷王雲鳳應韶著。

覺非齋詩

衛王長史三衢金實用誠撰。

桃溪淨稿四十五卷

文肅公國子祭酒翰林侍講方山謝鐸鳴治撰。

鄭詩十三卷 附錄一卷

南京吏部郎中少谷山人鄭善夫繼之撰。

東軒詩集四卷

仁和教諭臨川聶大年著。

心蘉齋集十卷

南寧伯毛良舜臣著。兩山其號也。

類博稿一卷

興化太守前翰林修撰燕山淲人蒙泉岳正季方撰。古詩、歌詞、律詩、絕句一百七十四首。

芸閣稿六卷

贈武定侯臨淮郭珍化重著。附駙馬郭鎮《親賢集》一卷。

賓竹稿十卷

襲封武定侯郭良存忠撰。同前總稱《文獻集》。

定襄集四卷

贈定襄伯臨淮郭旺景南著。二百二首。

尚寶集八卷

尚寶司丞郭武靈隆述。

聯珠集十卷

榮禄大夫定襄伯郭登元登述。

強左史詩集六卷　集句一卷〇「集句一卷」四字從瞿校鈔本補。

秦府左長史汝南強晟景明著。又名《借山詩稿》。

秦藩應教詩一卷

強晟爲紀善時，累應簡王之教而作也。〇「簡」字原脫，從瞿校鈔本補。

蘋溪集二卷

京兆皇甫録世庸著，太原祝允明批點。

鶴田稿一卷

廣陵蔡圻子封著。

覃湖小稿一卷

益藩左史浙江張懋賢汝隆著。

王舍人友石詩集五卷

中書舍人錫山王紱孟端撰。

野逸吟稿一卷

山陰高璿汝玉著。古近體凡百七十有六。

涵素詩集三卷

錢塘布衣涵素胡鎮大寧著。

虛舟集四卷

翰林檢討三山王偁孟陽撰。文二首。

五塢草堂集七卷

陝西參議吳郡盧襄師陳撰。五七言古律詩三百四十二首。

水部詩曆十五卷

水部員外郎海虞錢仁夫士弘二十七年之作。卷列編年，其見聞應接，于以考索。效杜陵詩史之意曰「曆」，尊正朔也。

研岡集二十四卷

大納言穎川杜枏撰。

雪航集十卷

松江散人王桓公玉撰。

唐漁石集一卷

大司馬蘭谿唐龍虞左著。

東湖詩

太保大司寇平湖屠勳元勳撰。

陳水部鵲湖詩稿二卷

水部濟南陳明著。

卑牧吟稿六卷

錫山封君卑牧先生秦霖潤亭撰。

木菴存稿二卷　附卷

知蓬州政閩中鄭濟叔亨撰。文止六篇。

瓊臺吟稿十卷

大宗伯翰林學士國子祭酒丘濬撰。

漣漪亭稿九卷

古瀛樊深撰。

半洲稿四卷

北寓稿　南行稿　西征稿　東巡稿

御史中丞半洲蔡經著。古近體詩五百四首。

任狀元遺稿二卷

洪武戊辰狀元禮部尚書襄陽任亨泰撰。長短五七言詩六十一首。

邵半江詩集五卷　附錄一卷

司徒副郎思南知府宜興邵奎[奎]文敬撰。○

「奎」瞿校鈔本作「珪」。

李汝含詩一卷　附錄一卷

慶陽李益章汝含撰。空同之弟。詩止六首。

直古存稿四卷

天台黃嚴人王佐仁甫撰。嘗自稱奇怪人也。李西涯為作傳。自作六十三首，唱和四十九首。

古崖詩選五卷

瑞州教授莆田陳廷威著。

友菊賀先生詩集八卷

四明布衣九十老隱賀確存誠撰。

于肅愍公集八卷　附錄一卷

少保兼兵部尚書錢塘節菴于謙撰。

古城詩略十卷

貴州布政使餘干張吉堯修撰。

半江集六卷
廣東廉使吳江趙寬栗夫著。

涇東小稿六卷
文莊公少冢宰崐山葉盛與中著。

鴻泥堂小稿五卷
江陰文士薛章憲著。都玄敬同時人。

避菴詩集四卷
都司經歷海虞錢曄允暉著。

賓山詩集六卷
錢塘劉英邦彥者。

梅林雜詩五卷
嘉興守桐城蕭世賢老愚著。

湖西散人詩集四卷 附錄一卷
五雲郭廷子敬著。

畦樂詩集一卷 附錄一卷

西昌隱君子梁蘭廷秀撰。一字不移，楊士奇先輩也。歌詞律絕七體二百五十四首。○「百」原作「月」，從瞿校鈔本改。

省愆集二卷
少保戶部尚書兼武英殿大學士永嘉黃淮宗豫撰。詩辭四百有奇。

靜軒詩
南京副都御史徽州汪舜民從仁撰。

寔愛集二卷
修撰前廣德守溧人江暉敬夫撰。○「夫」瞿校鈔本作「孚」。

棘庭漫稿一卷
閩沙村鄭威著。

可齋集一卷
解元江溯東陽三峰盧楷中夫著。○「盧」原作「廬」，「夫」原作「天」，今改。

拘虛集五卷

石亭陳□著。（此下有脫文，各鈔本同。）

西行紀四卷

大理卿莆田山齋蒙叟鄭岳著。凡七十七首。

北游集一卷

越僧四明天童懷讓著。弘治丙辰上京受度，蓬窗路途之作，得八十首。

尖峰集一卷 文一卷

桃源尖峰蕭儀子羽著。詩百九首，文十三首。

紀行錄九卷 詩餘

南歸稿一卷 使西集一卷 湖湘稿一卷 錦官錄一卷 重使關西稿一卷 西巡稿一卷 西巡續稿一卷 紀行續集一卷〇「紀」原作「編」，從瞿校鈔本改。 戊寅集一卷

湖廣僉憲山成始終自進士歷官紀行之作。〇「行」字原脫，從瞿校鈔本補。

野菴詩集三卷

秦釋普太魯山著。

百川書志卷之十七

集

國朝

石川遺稿二卷 ○瞿校：卷十三著錄有《石川遺集》一卷。

南京工料給事中東魯殷雲霄近夫著。

瀛洲集一卷　芝田集一卷 《金陵稿》附。

黎陽王太傅集錄一卷 ○瞿校：此與卷十三重複著錄。

王太傅詩選一卷

威寧伯兼大司馬御史中丞黎陽王越世昌撰。

興觀詩集一卷

長史錢塘瞿祐宗吉著。○「祐」瞿校鈔本作「佑」。止七言五十律。

樂全詩集一卷　東遊詩一卷　樂全續集一卷

前國子助教錢塘存齋翁瞿祐宗吉八十時歸老之作。○「祐」瞿校鈔本作「佑」。自金陵游吳抵杭，途中吟咏，總得二百五十首。

居學齋詩六卷

錢塘老隱徐遠文穆著述。

棟菴詩集十卷

蕭山稅使遷刑部司務瑞州羅閩玄存禮著。○「閩」原作「潤」，從瞿校鈔本改。《千頃堂目》亦作「閩」。

思誠齋詩集三卷

秋官正郎廬陵劉秩厚本撰。又曰安成人也。

南山野唱集一卷

中憲大夫贊治尹知臨安府上海瞿霆啓東著。

野堂遺稿一卷 ○瞿校：卷十三著錄有《野堂拾遺集》一卷。

安陸知州南昌王朝卿升之撰。

二泉詩

少司徒錫山邵寶國賢撰。

甘泉詩

南京少冢宰增城湛若水撰。

括囊稿一卷

涑水教諭贈太僕寺丞長洲文洪功大著。自擇百篇，附文七篇。

文溫州集二卷

中順大夫湔江溫州知府長洲文林宗儒著。

洪之子，迪功徐禎卿師也。古今詩一百三十六首，交游倡和詩一百六十六首。

我齋寓莆詩

中奉大夫湔江按察使定遠陳璇汝衡撰。

敬齋詩集五卷 附詩一卷 附文一卷 ○瞿校：卷十三著錄有《我齋寓莆集》。

進士山陰蔡宗兗著。○「兗」原作「衮」，今改。蔡宗兗見王鴻緒《明史稿》一八五，《明儒學案》一一。本書卷十三誤作「宗充」，惟卷十三之瞿校鈔本及卷十八刻本鈔本作「兗」爲正。

一峰詩 ○「詩」原誤「時」，從瞿校鈔本改。又卷十三著錄有《一峰文集》。

翰林修撰羅倫著。

李徵伯存稿六卷 ○瞿校：卷十三著錄有《李徵伯存稿》五卷。 東行稿一卷 附錄一卷

國子生長沙領菴李兆先徵伯撰。西涯公子也。

考功詩集二卷

河南參政前考功郎中岍山葵菴閻實光甫著。○「實」原作「賓」，從瞿校鈔本改。《千頃堂目》亦作「實」。

劉一菴先生集三卷

浙江兵備副使劉絜清之著。山西潞之襄垣人也。

采風集二卷

右春坊右中允蒲圻廖道南奉節使楚之作也。十二體百六十七首。

節菴集一卷

大中大夫浙江參政東安李德恢撰。詩止四十六首。○瞿校：此與卷十三重複著錄，但彼解題記文數，此記詩數。

一齋存稿四卷

水部正郎東丘楊輿在前撰。凡二百一十

七首。

石稜粲然稿一卷

中順大夫山西提學副使東昌敖山靜之撰。

熊峰集二卷

相公石珤撰。律絕古風凡百十二首。○瞿校：此與卷十三重複著錄，彼解題云「二十八首」，當指文數。

九柏存稿七卷

太常寺卿嘉禾呂懫。

竹室外集一卷

大魏禪院昆明釋淨倫著附卷。

劉亭湖集稿一卷 ○瞿校：卷十三著錄有《劉亭湖稿》一卷。

平陽令亭湖劉錄世臣著。

南銓稿一卷 南都聯句一卷

蒲汀先生濮人李廷相撰。

南銓續稿一卷

固軒存稿一卷

雲浦齊江居士金闓奇淵撰。

時學存稿一卷 固軒附錄一卷

金櫛鳳實固軒長子也。○「鳳」下當脫「錦」字。止十七首。

學行稿一卷

金櫛鳳錦著。詩二十首。

朴菴詩集四卷 官游稿 金山稿 復游稿 歸休稿 歲稿一卷

東郡少岱子谷繼宗嗣興著。

祈山小稿一卷

祁門孫璽汝信著。

辟雍稿一卷○瞿校：此與卷十三重複著錄。

少宗伯國子祭酒襄陵邢讓遂之著。○「邢」原作「祁」，從瞿校鈔本改。《千頃堂目》亦作「邢」。

松朧詩集三卷

翰林侍講學士太和曾□□□（此下有脫文，各抄本同。）

毅菴王先生詩

翰林侍講春官錢塘王洪希範著。

愛禮詩二卷

都御史漳郡悔怍子劉馴宗道著。

佩蘭子詩

閩中袁廷德修撰。

弘道集一卷○瞿校：卷十三著錄有《弘道集》一卷《附錄》一卷。

通靈真人錢塘周思得養真撰。

竹坡律詩稿四卷

紹雲高逸歎菴鄭綽世裕撰。止五七言律詩。

赤城夏先生律選一卷

開堰集一卷

可泉子胡纘宗世甫著。

西查集一卷

北上稿一卷

月湖後稿一卷○瞿校：卷十三著錄有《月湖後稿》三卷。

豐城楊廉著。

一菴別稿一卷○瞿校：卷十三著錄有《□菴別集》。

陶照著。

南行錄四卷○瞿校：此與卷三重複著錄。

（此處空撰人一行，各鈔本同。）

鈴山堂續集三卷　使郢稿一卷　南銓稿二卷

嚴嵩著。

石田稿二卷

沈詩補遺一卷

石田沈周啓南著。長洲人。

蒲菴詩集三卷

豐城高釋來復見心著。皆七言古近體及五言及文。尚有別本。逃虛子、姚廣孝詩。

士齋詩集二卷

贈翰林編修朱先濮之配鄒賽貞撰。太保大學士鉛山費宏子充，其婿也。

貴陽紀行錄一卷

大都憲貴州巡撫兩峰居士洪鐘著。附文五篇。

東祀錄一卷　奏議一卷　紀行雜志一卷

謹身殿大學士長沙李東陽奉勅東祀闕里，往迴之作也。疏五，文九，詩二十八。

使東日錄一卷

觀海詩集一卷

大司空圭峰董越尚矩。弘治改元,以春坊庶子充頒正朔使之朝鮮作也。附文四篇
(此處空撰人一行,各鈔本同。)

扈巡自慰小稿一卷

少司馬宣大提督軍務廣陽濯菴馮清著。

三渠巴語一卷 宕渠唱和一卷

順慶知府祥符張賢著。

南征錄二卷 紀行雜志一卷 別錄一卷

福建巡撫副都御史江浦張瑄廷璽布政廣東時勦討洞蠻之著也。詩文雜引。

關南雜興詩一卷

石淙楊一清著。

筠軒詩一卷

封監察御史義谿陳週仲昌著。詩止三首。

絅齋詩一卷

翰林侍讀陳棖叔剛。筠軒長子也。詩一百三十六首。

毅齋詩一卷

監察御史陳振叔紹。筠軒三子也,終湖廣副使。詩百二十二首。

抑齋詩一卷

贈御史隱士陳栖叔復。筠軒四子也。詩七首。

恥菴詩一卷

浙江右布政使陳煒文耀。絅齋冢子也。詩百四十七首。

果菴詩一卷

贈南京戶部郎中隱士陳璡文政。絅齋仲子也。詩三十四首。

邂菴詩一卷

舉人陳煒文厚。毅齋子也。詩百六首。（陳煒有《恥庵集》，此「煒」字疑誤。）○瞿校：「煒」當作「煃」，見乾隆徐景熙《福州府志》。

默菴詩一卷

太學生陳焞文盛。筠軒之孫也。詩止六首。

畏菴詩一卷

陳焴文熽。筠軒從孫也。詩十五首。

蒙菴詩一卷

朝列大夫浙江僉事陳烓文用。抑齋子也。詩一百七十九首。

柏崖詩一卷

南京戶部郎中陳墀德階。果菴子也。詩三百八首。

虛窗詩一卷

職方郎中陳達德英。蒙菴子也。詩九十三首，自筠軒以下，爲閩人陳氏四世之作也。總名《義谿世稿》。南京戶部郎中長汀李堅選次，武選郎中莆陽黃鞏評點之。

張弼詩一卷

陳獻章詩一卷

莊昶詩一卷

明南安知府東海居士松江張汝弼、翰林檢討石齋新會陳公甫、行人木齋金陵莊孔暘三先生之作也。予各有其全集，此卷未詳錄出何人也。

內翰稿二卷

成都楊慎撰。丁丑行紀五十三首，內子寄稿二十三首。

鶴沙詩集二卷

長白山人濟南王子謙撰。詩三十三首,文一篇,全詩無傳。此予鈔於折月窟先生者。

吟覽詩餘二卷

稱李白先生,又稱章子。雖道者流,莫詳何人也。

冰崖雜錄二卷

無名氏。詩二十七首,文九首,附二首。得於殘牘。

眉菴詩集五卷

山西按察使吳郡楊基孟載著。

月窟東行稿一卷

雲中折桂天香壯游東魯之作也。凡七十三首。公予師也。詩道善鳴者著述也,逸散爲多,惟此卷成書,係公手澤,餘俟博求集之。

忠誠伯詩一卷

榮祿大夫太子少保兵部尚書忠誠伯衡山茹瑺良玉撰。詩九首。

青城山人詩集八卷

太子賓客春坊贊善兼翰林編修諡文靜吳門王汝玉撰。名燧,以字行,青城其別號也。

少湖詩集一卷

金台稿一卷

鯨川子滄洲馬縉孔儀奉使保定時作。

秋碧軒集五卷

南京濟川衛指揮使陳鐸大聲著。

百川書志卷之十八

集

詔制

西漢詔令十二卷

宋吳郡林慮録。出司馬、班氏書，離其說，次其先後，以見雍熙之治。凡四年一章。○「年」似當作「十」。

東漢詔令十二卷

宋迂齋四明樓昉録。

國初詔令一卷

國初至洪武三十五年頒行。

兩朝詔令一卷　儀註一卷

永樂、洪熙年頒行。

皇明詔赦三十卷總目要略五卷

永樂二十二年起至嘉靖十二年止。列聖詔赦，凡三十道。後之恩命，以次恭録。

章奏

陸宣公制詔十卷　奏草七卷　奏議七卷

唐宰相嘉興陸贄敬輿撰。又名《翰苑集》。共百三十九篇。代綸音，伸忠悃，上格君心之非，下通天下之志。

包孝肅公奏議十卷

宋廬州包拯希仁撰。門人上騎都尉張田編次，列三十一門，凡百七十一篇。

李忠定公奏議六十九卷　擬制誥六卷

東坡奏議十五卷　應詔七卷　內制十卷
外制三卷
　　宋丞相隴西李綱撰。

趙清獻公奏議表狀七卷
　　宋文忠公眉山蘇軾子瞻撰。

司馬文正公奏議十六卷
　　宋西安趙抃閱道撰。

朱韋齋奏議一卷
　　宋司馬光君實撰。即溫公也。

崔清獻公奏劄四卷
　　宋吏部員外郎新安朱松喬年撰。文公父也。

尹和靖奏劄一卷
　　宋崔與之正子撰。

梅溪奏議五卷
　　宋徽猷閣待制河南尹焞彥明撰。

荊公奏議　內制　外制
　　宋詹事樂清王十朋龜齡撰。

馬石田章疏一卷
　　宋荊公王安石介甫撰。

東湖內奏一卷
　　元文貞公御史中丞浚儀馬祖常伯庸撰。

古城奏議一卷
　　皇明太保大司寇平湖屠勳元勳撰。凡十五章。

一菴奏議三卷
　　皇明餘干張吉克修自工部主事至轉貴州布政之奏也。

蛟峰奏劄一卷
　　明浙江僉事劉清之撰。

　　宋淳祐狀元淳安方逢辰撰。

少保于公奏議十卷

皇明兵部尚書于謙撰。

余肅愍公奏議六卷

皇明司馬余子俊巡撫本部總督所奏。凡百二十八篇。

謝文肅公桃溪奏議四卷

皇明國子祭酒少宗伯太平謝鐸鳴治撰。十五章。

少谷奏議一卷

皇明南京吏部驗封司郎中閩人鄭善夫繼之撰。五章。

五塢奏議一卷

陝西參議吳郡盧襄撰。凡六章。

武舉奏議一卷

武宗時在廷大臣及大司馬王瓊等并科道等官會議武舉設科歷代因革，列爲條格疏奏之。

真儒奏議一卷

嘉靖庚子翰林院詹事府經歷局左右春坊國子諸臣上議前禮部侍郎諡文清薛瑄從祀孔廟事，并禮部前後題覆。

啓劄

山谷老人刀筆二十卷

宋豫章黃庭堅魯直撰。

東萊尺牘五卷

宋東萊呂居仁祖謙撰。

蘇公小簡一卷

宋眉山東坡蘇軾子瞻撰。

歐陽小簡一卷

宋文忠公廬陵歐陽修撰。

方秋崖小稿一卷

盧柳南小簡一卷

孫仲益尚書小簡一卷

趙清曠小簡一卷

事文類聚啓劄青錢十卷

不題著人姓氏。以事對、啓劄、稱呼、格式，各以類聚，分三十一門，以爲翰墨之助。

我齋寓莆手簡一卷

皇明蔡宗兗著。

內翰尺牘十卷

宋左朝奉郎充龍圖閣待制戶部尚書孫覿仲益著。

對偶

聲律啓蒙三卷

元博陵安平隱者素菴祝明文卿撰。爰自一字由七字而至隔句，各押一韻，對偶成音響，自然渾合。九十首。

對偶叶音二卷

均山先生撰。小異前格。合六十首。

古今習對歌一卷

前賢修撰。二十八歌，十二對，一辨音訣。

詩對押韻二卷

皇明國子學錄曲沃耿純編次。五言排律十二首，押韻一千四百八十有奇。

巧對便蒙四卷

三字至隔句，各以類聚。

春窗巧對類編二卷

蒲陽曾悔軒編集。一字至二十九字，該括頗多。

錦雲清嘯二卷

皇明鳳陽西埜尹邦憲撰。

歌詞

東坡樂府一卷

宋文忠公蘇軾撰。止二十四闋。

豫章黃山谷詞一卷

宋太史山谷翁黃庭堅魯直撰。六十八令，一百七十五闋。

後山詞一卷

宋彭城陳師道履常撰。

無住詞一卷

宋簡齋陳與義去非著。凡十八闋。

荆公詞一卷

宋臨川王安石介甫著。

放翁詞一卷

宋山陰陸游務觀著。

石屏詞一卷

宋天台戴式之復古著。

草堂詩餘四卷

《通考》云：書坊所編，各有注釋引證，皆五代及宋人之作也。分五十九題，幾四百闋。

中州樂府一卷

金河東元好問裕之撰本朝之詞，三十六人百有十闋。

道園樂府一卷

元雍虞集伯生著。詞止四闋，餘皆《鳴鶴餘音》。

鳴鶴餘音一卷

元虞紹菴著。雖載本集，此卷較多，凡十

樵菴詞

元劉靜修著。

圭塘欸乃一卷

元光祿大夫許有壬集。

梅屋詞一卷

宋進士朱子門人程貴卿著。凡十八闋。

春雨軒詞一卷

元鄱陽劉彥昺撰。凡十八闋。

風雅遺音二卷

宋隨菴林正大猷之以六朝、唐、宋詩文四十一篇，括意度腔，以洗淫哇，振古風，更冠本文於前。

皇明御製樂府一卷

宣德年製。凡一百一十二首。

白雪遺音一卷

皇明三山陳德武著。六十七首。

寫情集二卷

大明誠意伯郁離子括蒼劉基著。凡二百一十六首。

高太史扣舷集一卷

皇明太史高啟季迪撰。凡二十九首。

南澗詩餘一卷

餘清詞集一卷

皇明侯官林廷玉撰。

樂府餘音二卷

皇明錢塘瞿佑宗吉著。共二百首。

誠齋詞一卷

皇明瞿佑著。凡一百十二首。與《餘清》相出入。

國朝周府殿下。

紀行詞一卷
皇明澹庵成始終著。凡十一首。

鳴盛詞一卷
皇明員外三山林鴻子羽著。凡三十一首。

藏春詞一卷
元光祿大夫太保文貞公劉侃著。凡七十六首。

省怨詞一卷
皇明武英殿大學士黃宗豫著。十一首。

歸閑詞一卷
皇明東明居士錢仁夫著。詞七首。有序引。

葵軒詞一卷
皇明貴溪夏汝霖撰。凡三十九首。○「夏汝霖」，瞿校鈔本作「夏暘」。

草堂餘意二卷
皇明七一居士陳鐸大聲次韻。

賓竹詩餘一卷
皇明武定侯郭珍著。

水雲詞二卷
宋水雲山人吳人汪元量大有著。

眉菴詞一卷
皇朝山西廉使吳郡楊基孟載著。

花間集十卷
蜀銀青光祿大夫行衛尉少卿趙崇祚弘基集晚唐五季之詞，溫飛卿而下凡十八人，共五百首。此近世倚聲填詞之祖，過其詩律遠矣。

詞曲

朝野新聲太平樂府九卷
青城澹齋楊朝英集小令大曲七十九章，皆

元人之作也。

雲莊休居自適小樂府一卷

元文忠公濟南張養浩希孟歸休時作也。小令二十七首。

小隱餘音一卷

雲林清賞一卷

元汪元亨著。〇「元」原作「原」，從瞿校鈔本改。《千頃堂目》亦作元。二集原係一書，但次序字句小異而已，兩存參互觀之，五小令百闋。

小隱樂農集一卷

南溪散人著。五令百闋。

葵軒詞一卷

貴溪夏煬汝霖撰。五令百闋。

誠齋樂府二卷

大明周府錦窠老人著。散曲套數，各為一卷。

秋碧樂府二卷

皇明濟南衛指揮七一居士陳鐸大聲著。分南北二調，小令從之。

黎雲寄傲詞一卷

陳鐸大聲作。

松林暢懷詞二卷

上黨郭豸汝平編。

王舜耕詞二卷

不知何許人嘲咏戲謔之作也。率多小令。

滑稽餘音二卷

七一居士作。一百四十一闋，各咏一藝業，曲盡人情物態。總十二令。

蚓竅清娛二卷

皇明應天衛指揮陶輔著。隱樂二令二百一

十闋，餘皆雜詠。

間簷□笑一卷

夕川老人陶輔著。十二首，專詠世俗之事。

盛世新聲九宮曲九卷
盛世新聲南曲一卷
盛世新聲萬花集一卷

大明武宗正德年人編。三集總大曲四百餘章，小令五百餘闋。

詞林摘豔南北小令一卷
詞林摘豔南九宮一卷
詞林摘豔北八宮八卷

嘉靖乙酉吳江張祿校集。以盛世新聲博取欠精，速成多誤，復正魯魚，損益新舊。小令百九，南調百七十有七，北調南九宮五十三，北八宮兼別調二百七十八。詞林之精

備者。

虛舟詞二卷

皇明金吾左衞指揮張開作。凡二十套。

王西樓樂府一卷

皇明高郵王磐著。詞旨警絕。附其婚南湖近詞。

文史

文心雕龍十卷

梁通事舍人劉勰撰。凡五十首，評騷賦詩頌二十七家，定別得失體制，本道原聖，暨於百氏，推窮起始，備陳其訣。如欲爲文，其可舍諸？篇末則係之以贊，信乎世之奇書也。

詩品三卷

金鍼集一卷

梁征遠參軍鍾嶸著。仲偉字也。以漢還至梁，各定評品，載作者百二十。

本事詩一卷

唐白居易撰。撮詩之體要爲此格，詩之得訣，猶病者之得金鍼而愈也。

貢父詩話一卷

唐司勳郎中孟棨著。事因詩叙，詩以事分，品列七題，粹收衆妙。

六一詩話一卷

宋劉攽貢父撰。多及歐、蘇二公。又名《中山詩話》。

温公續詩話一卷

宋歐陽永叔退居汝陰戲作，以資談笑。

宋司馬光續歐公之遺者。

後山詩話一卷

宋陳師道無己撰。

東萊詩話一卷

宋紫微舍人呂居仁本中撰。

石林詩話一卷

葉夢得著。

許彥周詩話一卷

宋襄邑許顗彥周撰。

珊瑚鉤詩話一卷

宋張表臣撰。

竹坡詩話一卷

宋定成郡公周少隱撰。

庚溪詩話一卷

宋西郊野叟述。

王公四六話二卷

四六談塵一卷

宋汝陰王銍性之撰。

疏寮選詩句圖一卷

宋□陽謝伋景思撰。

韻語陽秋二十卷

宋高似孫續古選集。

文録一卷

宋吏部侍郎丹陽葛立方常之撰。

嚴滄浪詩談一卷〇「談」似當作「話」。

宋眉山唐庚撰。

李性學古今文章精義一卷

宋苕溪嚴羽儀卿著。列詩辨、詩體、詩註、詩評、詩考證，定詩宗旨，正變得失，議論痛快，識高格當。〇按：「詩註」當作「詩法」。「詩考證」之「考」字是衍文。

文則十卷

宋少傅文簡公天台陳騤著。評引經書，定文宗旨，凡六十二條。非利場屋一時之計者。

文斷三卷

此集經書子史諸家作文法度，該括殆盡。惜乎編述者之不得。分十五類，援引一百六家。

文筌八卷（此處原空撰人，各鈔本同。）

詩譜二卷

汝陽右客陳繹曾撰。

臞仙文譜八卷

國朝涵虛子臞仙著。共九十九體。

元益都子欽錄元國子助教臨川李塗老卿論古今文章之語。凡百條。

矅仙詩譜一卷　詩格一卷

國朝矅仙製。十三格，古今一百二十八體。

太和正音譜一卷

矅仙製。又稱丹丘先生。

江西詩法一卷

矅仙編。爲目二十有二。

詩學體要類編三卷

國朝漢中訓導萊陽宋孟清廉夫編。爲目五十有二，雜取詩家詩話以證之也。○按：「詩家」似當作「諸家」。瞿校鈔本無「詩家」二字。又「以證之也」四字原脫，從瞿校鈔本補。

詩人玉屑十卷

宋菊莊魏慶之醇甫集。自有詩話以來，及近世評論，博觀約取，科別其條，凡升高自下之方，由粗入精之要，靡不登載。詩人句法，品藻詳陳，詩話大成，莫高此玉屑也。

南溪筆錄羣賢詩話前集　後集　續集

述者不傳。序曰：會羣思以歸於正，執衆言以求乎中，由是形諸歌詠，有警而不敢苟也。匪徒資洽聞，助劇談而已。

修辭鑑衡二卷

元人集所以爲文與詩之術，次叙諸說，詩爲首，文後之，四六附之，凡百九十餘條，俾學者知其難焉。

全唐詩話三卷

宋尤文簡公盡唐甲子，帝王名士，方外閨秀，三百二十人，各鈞其警語，撮其事實。唐人精力，殆盡於此，一代詩史也。今時罕傳。

烏台詩案一卷

宋祠部員外郎直史館知湖州蘇軾時遭羣小

存齋歸田詩話三卷

國朝錢唐存齋公瞿佑宗吉告歸田時著也。凡百二十條。構成詩禍，拘忌烏台之卷案也。

都玄敬詩話二卷

國朝太僕少卿南濠都穆玄敬著。

麓堂詩話一卷

國朝大學士長沙李東陽賓之撰。即西涯先生。

談藝錄一卷

國朝迪功郎吳郡徐昌穀禎卿撰。其論情文辭氣，甚分明區別也。

沙中金一卷

元無著者。以全詩摘句，定爲格式。

詩學禁臠一卷

杜陵詩律一卷

元清江范德機集唐人詩十五首，具爲格式。

元楊仲宏作。律止四十三首。此不知出於何人。首著一格，凡五十一格。

詩林要語一卷

元清江子范椁述。

詩法源流一卷

元人著。有正論、家數、詩解、詩格。

詩家一指一卷

皇明嘉禾懷悅用和編集。

詩家指要一卷

木天禁語一卷

台中文議一卷

以上六種，俱相出入，當削其重複，定成一集，以便觀覽。不然，則紛無定格矣。

皇明御史顧□撰。發齋其號也。凡四十八條。

白沙詩教十卷 詩教外傳五卷

皇明翰林檢討白沙陳獻章。詩百六十六篇。○南京國子祭酒門人甘泉湛若水輯解之。○「門人」二字原脫，從瞿校鈔本補。《外傳》十篇，凡若干條，皆詩談。

吟堂博笑集五卷

皇明葵亭士中吳高鉉編。集諸書所載隋陳唐宋婦人女子之事，彙萃一篇。分死節、勸戒、奇遇、題詠、寄情五類。著書立格，度越常情，仍係本事，以資考據。

汝南詩話一卷

皇明秦藩長史汝南強晟著。紀其應接遭際之事，以代客談。

月泉吟社一卷

故宋浦陽盟詩潛齋吳渭清翁著。集立社開科，誓盟拔萃，往復編章，共成勝集也。

蘛藻文章百段錦二卷

宋太學生三山方頤孫編。十三格八十八篇。或選錄前文，或裁取奇妙，究意定格，提綱示奧，直指頗爲詳明。雖間出古文，而專尚宋製也。

文章緣起一卷

梁太常卿任昉彥昇集秦漢以來聖君賢士沿革文章立名之始，凡八十五題。自爲序。

百川書志卷之十九

集

總集

李善注文選六十卷

梁太子蕭統選，唐李善注。自秦漢六朝，十代人物，精力盡在此書。

文選增定二十二卷

不著姓氏。蓋國朝書坊倣太子《文選》，去其事類，削其注釋。卷以詩賦爲首，人以秦漢居先，載作者之幾何，粹定如貫珠，使初學易觀，人才易辨也。

唐文粹一百卷

宋太宗詔羣儒輯《文苑英華》千卷，吳興姚鉉觀其浩瀚，恐人難得，纂採有唐之作，十拔其一，謂之「文粹」。一代之氣運，渢渢乎在人耳目矣。

唐文正宗六卷

宋姚鉉既成《文粹》，又採可利場屋者一百四十篇，謂之「正宗」。

宋文鑑一百五十篇○按：「篇」當作「卷」。

宋呂祖謙奉勅詮次。呂以《文海》一時書坊刊行，去取未精，名賢大夫尚多遺落，故奉勅次之。

國朝文類七十卷

元趙郡都事蘇伯修撰次本朝之作，積二十年而成。有元百年文物之英，盡在是矣。

文章正宗二十四卷

宋真德秀編。分辭命、議論、叙事、詩歌四類。「正宗」云者，以後世文辭之多變，欲學者識其源流之正也。

續文章正宗四十卷

明浦陽鄭柏編。西山之撰，止於五代。柏復以後世之作，續成此書。凡例一準真氏。

秦漢文四卷

自先秦至蜀漢，帝王名臣五十人，詔書表論諸文凡百十有八篇。不知何人所集。

西漢文鑑二十一卷

宋建安石壁野人陳鑑編集。七十六人百五十六篇。

東漢文鑑十九卷

陳鑑編集。九十三人二百四十八首。

西漢書疏八卷

皇明縉雲周瑾編。

東漢書疏八卷

皇明周瑾編。

唐文鑑二十一卷

皇明御史賀泰。東吳人也。倣漢宋《文鑑》，遍閱《唐書》及諸典籍所載李唐三百年奏議表策記賦，有關治道裨風教者梓之。

唐文類稿六卷十五卷

梅溪王十朋選。凡一百四十七篇。

古文集四卷

皇明提學副使信陽何景明仲默選。次周秦而下文之精華八十八篇。

古文關鍵二卷

宋呂祖謙編選七大家之文。凡六十九篇。

前有看文作文之法。

古文精粹十卷

不知成於何人，乃精選歷代名賢所作也。二十六體詩詞歌賦百二十三首，諸文八十四篇。

古文大全二十二卷

不知著人，與精粹少異。自戰國至我朝，所載八十四人之作，每篇俱有註釋。

古文會編十二卷

明御史蒲田王希武編。以諸家選本不一，難於檢閱，希武稍加增損，士林便之。

古文苑二十二卷

唐人所編。史傳所不載，《文選》所不錄之文也。爲體二十有一，爲編二百六十四，附七。上下千三百年，諸人文集，今亦

罕傳。

古文精選一冊

皇明人精選八家四十八篇。

按：此書是七卷。

文章軌範七卷〇「七」原作「八」，從瞿校鈔本改。

宋謝枋得批點選次。有「大膽」「小心」之別，入門達道之功，凡十五家六十九篇。

虞邵菴批點文選心訣一卷

元雍虞集伯生批選韓、柳、歐、曾、蘇公父子之作。不具別體，止序記三十篇。以啓後學著作之初也。

文髓九卷

宋進士磻州周應龍標註韓、柳、歐、蘇五家文七十四篇。

皇明文衡一百卷

選詩續編四卷

新安程敏政編選我朝名公著作。其間載有聖道治度、詔誥表章、書詩禮樂、詞賦、碑銘、序文、形物、議論諸事,可以備史氏收錄、清廟詠歌、著述考證也,成一代之言。

選詩補遺一卷

坦之選註古歌謠詞散見傳記諸書及樂府集者,凡四十二首。三書通號「風雅翼」。

學約古文三卷

皇明上谷岳倫、二檀楊撫增損,信陽何景明選集。

楚詞集註八卷

宋紫陽朱元晦校定集註。《離騷》五卷七題二十五篇,皆屈原之作也。《續離騷》三卷八題十六篇,宋玉、景差、賈誼、莊忌、淮南小山之作也。

風雅逸篇六卷

皇明成都楊慎編錄中古先秦歌詩也。斯三百篇之逸,諸書之散載也,慎恐久而泯沒,編成一書,以圖不朽,以慰學古,以正時習。凡一百九十七篇。

楚詞後語集註六卷

朱子以晁氏所集錄《續》《變》二書刊補定著者也。凡五十二篇。

選詩補註八卷

元上虞劉履增損梁昭明之選,加以註釋詩旨。凡二百四十六首。

楚詞辨證二卷

朱子集其訓詁文義之外當考者爲辨證，所以祛前註蔽陋，明屈子微義千載之下也。

古詩一卷

或云枚乘。蓋十九首爾，鍾嶸稱四十五首，非一人作，明矣。前此無集，予恐湮沒，搜撫諸詩，猶闕數首。儻流落人間尚存，俟博求益之。

漢詩七卷

河中劉成德編選。凡二百一十四首。

魏詩六卷

皇明劉成德編選。凡二百八十三首。二詩各註人之事實，詩之作旨。

漢魏古辭一卷

詞旨高古，絕非晉宋可及。但各詩註下亦無姓氏可考。凡二十一首。

玉臺新詠十卷

陳尚書左僕射太子少傅東海徐陵孝穆纂。取漢魏晉宋齊梁陳豔歌，勒成此集，自爲之序。（德輝按：以下缺十一行，疑尚有書目一，鈔本接下寫非是。）

選詩外編九卷

皇明翰林成都楊慎用修集梁太子所遺詩及所未及選者。○「選」字原脫，從瞿校鈔本補。是編起漢迄梁，選之棄餘，北朝陳隋選所未及者，凡二百餘首。

古樂府十卷

元豫章左克明編次唐虞三代以來逸詩，至六朝之言備矣。其爲類也八，爲編也八百八十有奇。

古樂府三卷

皇明中書舍人信陽何景明編擇左氏所集辭古雅者九十一首，列爲六等。又擇可錄者一百五首續焉。

古詩辨體十卷

宋上饒左谿祝堯君擇採取古今名家詞藻文歌，有合賦體，亦登載焉。

詩準四卷

宋何無適、倪希程選取古歌謠辭逸詩韻語及漢魏晉宋諸作有合三百篇者，爲詩準則。

詩翼四卷

何、倪既成前書，又閒取唐宋名公之作合於古者爲羽翼，而又放黜唐律，法度益嚴。

篋中集一卷

唐元結次山錄沈千運、王季友、于逖、孟雲卿、張彪、趙徵明、元季川七人詩二十四首，書篋中所有次之。

搜玉小集一卷

自崔湜至崔融三十七人，詩止六十三首，內五人並多一百四人詩缺，尚當考之。○按：「內五人並多一百四人詩缺句」有誤字，今本《搜玉小集》三十四人詩六十一首，人缺其三，詩缺其二。

國秀集三卷

唐玄宗天寶三載進士芮廷章編選。凡九十人，詩二百二十首。

河岳英靈集三卷

唐丹陽進士殷璠選。凡二十四人，詩二百三十四首。人有小序。舊分二卷。

中興閒氣集

唐渤海高仲武選二十六人，各有傳叙。詩一百五十二首。

極玄集二卷

唐諫議大夫姚合纂。自題云，此詩家射鵰

手也。凡二十一人,詩百首,今缺一首。

唐賢三體詩法二十卷

宋汶陽周弼伯弜選。七言絕句、五七言律詩,以爲有一詩之法,一句之法,一字之法。以虛實接對,用事詠物,拗側起結,各爲一卷;音響格面,輕重意旨,各爲一類。元僧高安圓至天隱註之,方虛谷序之。

唐詩絕句五卷

宋上饒章泉趙蕃昌父、澗泉韓淲仲止精選。○「韓淲」原誤作「號淲」,從瞿校鈔本改。止唐七言絕句百一首,作者二十五人。疊山謝枋得註解之。

唐詩鼓吹十卷

金進士河東遺山先生元好問裕之選,郝天挺註之。

唐音二十二卷

元襄城楊士弘伯謙選。凡百七十五人,分始音、正音、遺響,別初唐、盛唐、中唐、晚唐。審定音律,選擇精嚴,非諸家所及。通一千三百四十一首。

唐詩品彙九十卷 拾遺十卷

國朝翰林檢討新寧高棅廷禮編集。有唐一代之作,自貞觀迄龍紀,不以小泯,不以人廢。因時定體,比楊選精詳。得六百二十人,共詩五千七百六十九首。類分七體,詳列九目。上自朝廷公卿大夫,下有山林隱逸士子,外而夷貊,内而閨秀,與夫方外異人。衲子羽士之流,一題一詠之善,採摭無遺。又集《拾遺》十卷,增六十一人。詩九百五十四首,足成百卷。合六百八十一人,共詩六千七百二十三首。嚴滄浪言唐詩八百家,校此亦庶幾矣。諸選之總會,唐

詩之大成也。

唐詩正聲二十二卷

楺成品彙，又慮其浩繁，復採取聲律純正九百二十九首，以正唐音。

絕句博選四卷

稱秦中友山王公。○「友」原作「衣」，據瞿校鈔本改。選唐七言絕句千餘首及宋人數百首。

增廣草木蟲魚雜詠十八卷

宋眉山家求人直夫編集唐宋人詩凡詠物者，長編短章，細大不遺。效宋宣獻公《歲時雜詠》之例，編中草木鳥獸之名，有出三百五篇之外者，可助多識。乾道中龍溪增廣之。

詩林辨體十六卷

皇明景寧潘援編。自唐虞而至我朝，自古歌謠而至近代詞曲，體自為類，各著序題。原制作之意，辨析精確，必底成說。原增損吳思菴《文章辨體》，備二十五代之言，辨二十九體之製，而諸家談錄詩法，皆萃聚焉。

瀛奎律髓四十九卷

元紫陽居士虛谷方回萬里選唐宋五七言律數千。○「千」原作「十」，從瞿校鈔本改。分類如卷。自言其所選詩格也，所註詩話也，雖博不及別體。

詩林廣記前集十卷後集十卷

蒙齋野逸蔡正粹然編唐宋詩為世景仰絕唱者，選為前後集。凡五十九人，晉徵君冠諸首。引談錄小說傳記有及者，證附各詩之末。又名《詩林廣記叢話》。無序例。

唐詩別刻五卷

皇明御史王夢弼於《唐音》鈔出五七言律三百六十首另行。

初唐詩三卷

皇明信陽南溪溟樊鵬集。專取貞觀至開元間編成，而古詩不與焉，誠以律詩當以唐初求之。又曰：初唐詩如池塘春草，又如未放之花，含蓄渾厚，生意勃勃，大曆以後，鋤而治之矣。

唐詩正體七卷

皇明新喻符觀重訂《唐音正聲》，而少加增損焉。止五七言律及七言絕三體。

宋詩正體四卷

新喻符觀以宋詩略萃《文鑑》，散載各集，撮其三體精要。以舉世宗唐尚元，語人

曰：吾為宋人立赤幟矣。○「宋人」之「人」原脫，從瞿校鈔本補。

元詩正體四卷

符觀以元詩當世所嚮，乃選其三體以嗣唐。

明詩正體五卷

符觀既選三代之詩，又以今代之詩，上自卿相，下及韋布，損詩選，益近聞成此。體例仍前焉。

宋詩絕句選一卷

皇明翰林庶吉士青崖王瑄選拔衛琦之集，又續可採而遺者。合七十四人，五言十一首，七言一百三十三首，且冠晦翁于首。

濂洛風雅七卷

元仁山金履祥吉甫記錄，石泉唐良瑞進之編類宋濂洛諸君子之作。以師友淵源為統

谷音二卷

元徵君京兆先生杜本伯原早游江湖間，得於聞見。人著小序，錄而成書，皆宋亡元初節士悲憤、幽人清詠之辭也，并無名氏三十人詩百首。

中州集十卷

金遺山先生河東元好問裕之錄本朝之詩，自天子以至隱逸皆載，南冠亦附焉。

河汾諸老詩集八卷〔八卷〕二字從瞿校鈔本補。

元橫汾隱者房淇編纂金元遺山而下八人詩二百一首。

元音十二卷

皇明孫原理、陳孟誠編選有元一代之音，所載一百七十五人。

元詩體要十四卷

皇明姚江宋公傳編選。總三十八體，凡一千五百二十一首。

參玄別集一卷

皇明通政參議武鄉竇惟遠，以二十九門選集七朝盛唐五十四人之詩，又以李賀、王建、溫庭筠、白居易、李商隱詩七十六首別成此集。

參玄續集一卷

竇惟遠又以前例編選中唐晚唐五十二人七言律詩一百七十八首，成此集。

詠史詩選一卷

皇明左諭德程敏政選次七言絕句二百餘首，自唐至國初詩人詠鑒三代歷元之事也。

雅頌正音五卷

皇朝鄱陽劉仔肩選國初諸公之詩也。

士林詩選十卷
皇朝嘉禾懷悅用和編次同時名人之詩也。

明詩粹選十卷
皇朝山陰高播居獲，布衣人也。所選公卿名士異人閨秀，參拔諸選，得二百四十六人。

滄海遺珠集四卷
皇明都督沐景顒選集。皆諸選所遺，得二十一人詩二百餘首。

五倫詩選五卷
不知選者。取唐宋諸體，以五倫類之。

璇璣回文詩詞三卷
皇朝涵虛子臞仙編集古今之作。諸體咸萃，反覆旋轉成文，詩中之異珍也。

古今詠物詩選一卷
皇明進士蜀人鄒魯於唐宋詩中詠物七言律，隨手錄之。似不止此，恐有全集，尚當博求之。

吳興詩選六卷
皇明烏程尹、常熟錢學選吳興人物自梁沈約至大明吳瓊五朝一百二十四人。

錫山遺響十卷
皇明進士邑人莫錫載定。錫山地靈人傑，代不乏人，故採自南宋，以底於今也。

容山鍾秀集六卷
皇明容山樸庵王韶編輯。自唐至國朝詩人二百六十七人，詩共一千四十一首。

赤城詩集六卷
皇明翰林侍講謝鐸鳴治輯赤城鄉賢自宋宣

檇李英華十六卷

皇明石田朱翰編。選嘉興元明二代鄉賢詩。

皇明西江詩選十卷

會稽韓楊選編。洪武至景泰江西一省文人才子百餘年之作也。

皇明慈谿詩選十卷

常熟知縣楊子器編次。

郭氏遺芳集詩選四卷

皇明黃巖郭氏孫齊琤輯錄自宋至明祖禰九世之詩也。

連珠集一卷

集漢班固至我朝劉伯溫、宋景濂十人連珠。

蘭坡聚珍集二卷

和間至國朝洪武永樂,得五十九人詩三百六十一首。

先父諱榮,字邦慶,涿鹿人也。先任尚寶丞,後轉錦衣,積階鎮國將軍。暇日取朝野交游題贈翰墨,及先哲圖書,手自摹勒,集成數書。○瞿校鈔本作「手自纂集,列成數書」。此集約收三代,畢載家儲,上自王公國老,下及方外聞人,書法詳明,諸體攸備,爲後之選者設也。

選詩三卷

集昭明太子所選。以世代序次之。

六朝聲偶集七卷

皇明吳人徐獻志選齊、梁、陳、隋、北齊、後周詩,取其偶切成律者,以明唐人之創也。

增廣唐詩鼓吹續編一卷

皇明宗室凝真軒編集。凡四百人。

百川書志卷之二十

集

別集

蘇蕙織錦迴文詩一卷

前秦苻堅時秦州刺史扶風竇滔妻蘇蕙若蘭撰。○「苻」原作「符」，從瞿校鈔本改。夫失音問，蘇悔恨自傷，因織迴文。五綵相宣，計八百餘言。後附七圖，各加讀法，得詩三四五六七言三千七百五十二首，爲迴文之正宗。武則天有記，序其始末。

漫叟拾遺一卷

唐元結著。序曰：次山集行世久矣，顧此數首，於警策人心感激時事頗切，故別錄之，非有所去取也。

白樂天諷諫一卷

唐白居易著。凡九千二百五十二言，爲長句五十篇。繫意不繫文。首句標目，古十九首之義也。此本集鈔出另行者。

白氏策林四卷

唐白居易撰。應制舉，揣摩當代之事，成策目七十五問。全集有之。

會賦三賦三卷○按：當作「會稽三賦」。

宋東嘉王十朋撰。會稽即南宋紹興府也。三賦，《風俗》《民事堂》《蓬萊閣賦》也。明渭南南逢吉校註也。

疎寮騷略三卷

止齋論祖四卷　止卷論訣一卷〇「卷」恐當作「齋」。

宋止齋先生永嘉陳傅良君舉著，蛟峰先生嚴陵方逢辰君錫批點。凡三十九篇。

大明一統賦三卷

南京國子學正吳江鱸鄉莫旦景周著。〇「旦」原誤作「息」，從瞿校鈔本改。《千頃堂目》亦作「旦」。字景周，則名旦爲是也。一統天下，事物巨細該載，包括無遺。註目更加詳備，雖非班馬之才，度越京都之志。

東坡和陶詩五卷

宋蘇子瞻謫居時和晉陶淵明之作也。各詩下間有子由及時人所和。

名相贊三卷

皇明兵部尚書澄江居士尹直正言著。漢唐宋賢相八十七人，攄事跡，成讚詞，邪佞不與焉。

諸儒奧論二十八卷

古云譚叔金選諸大賢之作也。

謝宗可詠物詩一卷

元金陵謝宗可詠。皆七言律，凡百四首，外九首有題而無詩。

存齋詠物詩一卷

皇明錢塘瞿佑宗吉著。百詠皆新題，不經謝題也。二公取物之難詠者而詠之，自成一體。

古愚詠物詩一卷

皇明古愚山人孫蕢著。立題入意，又異謝、瞿矣。

夕川詠物詩一卷

宋高似孫續古撰。三十三篇。

皇明夕川老人陶輔著

目前事物，吟詠殆盡，不文不俗。凡三百首，末附《盆梅賦》。

林齋老學課一卷

失作者。爰自命題，率性情之正。七言絕凡百首。

石田畫詩一卷

皇明長洲沈周啓南，詩畫馳名，凡作畫必題一詩。尤善書，人稱「三絕」。此其門人盛德霑所錄者。共分四景，止七言絕二百七十餘首。

顧氏七記一卷

皇明遷金陵四世孫顧璘著。垂教子孫也。

定襄詠物詩一卷

皇明定襄伯臨淮郭登著。七言絕句百二十五首。

和陶詩一卷

元文靖公劉靜修撰著。

文山集杜詩一卷

宋丞相文天祥集句。

連珠集一卷

皇明括蒼劉基集鈔出。凡五十首。

東坤演連珠一卷

皇明毗陵奎章子翰著。凡六十首。

連猗亭擬連珠一卷

皇明古瀛樊深撰。凡五十首。

和唐詩絕句一卷

皇明餘姚楊節居儉初和。

張文僖公和唐詩鼓吹十卷

皇明柏崖張昇取遺山所編，次第和之。以當時之故實，發今日之性情。彙得五百八

和杜詩四卷

皇明南京兵部右侍郎眉山萬翼取少陵五七律排絕體和之，〇「萬翼」原作「萬葉」，從瞿校鈔本作改。太常卿鄱陽童軒評點之。

南濠居士文跋四卷

皇明太僕少卿吳郡都穆玄敬撰。書籍四十五跋，翰墨三十一跋，圖畫二十四跋。

鐵崖先生古樂府十卷

元太史紹興楊維楨廉夫著，門人富春吳復見心編。凡四百九首。

鐵崖先生復古詩集六卷

元太史紹興楊廉夫著，太史金華黃縉評，門生雲間章琬孟文注。凡一百四十一首。

馮海粟梅花百詠一卷

元人自立百題。各詠七言一絕。嘗爲翰林學士。

麟臺野筆一卷

皇明鄉貢進士東進道人陶性著。止賦三篇。

四端通俗詩詞一卷

皇明致政指揮鳳陽陶輔廷弼著。凡十六目，詩詞四十八首。以解勤儉、富貴、驕奢、貧賤之四端，并陳圖說。

金沙賦

皇明金沙知縣石屏子戴璟撰。凡四賦。

八面鋒十三卷

宋永嘉先生撰。都穆云，即陳傳良君舉也。凡九十三則。〇按：「傳」當作「傅」。

論孟古義一卷

或曰止齋著，又曰王從之著，未詳孰是。

翰林策要四卷

四問三十八事。

策學矜式五段錦一卷

場屋準繩三卷

費狀元錦囊試問卷三卷

竹齋詠梅詩一卷

元王冕著絕句長句。

賓齋梅花詩四卷

宋張道洽撰。五七言律絕凡百五十八。

復菴詠梅詩一卷

皇明江西副使襄城王絅著。七言百律，各立一題。

青城梅花三百詠三卷

大明翰林錦城晏鐸著。次中峰一韻百律。

斯存和梅稿一卷

題及《梅花賦》。墨莊其號也。

詠梅集句錄一卷

皇明鎮常孫錦著百律。次韻中峰也。

梅花集詠一卷

皇明錢唐沈行履德集唐宋元七言詩句而成。凡百二十律。

梅花百詠一卷

皇明山西按察司副使沂水楊光溥集三代詩句，足成百首。

牡丹百詠一卷

牡丹譜

玉堂春百詠一卷

皇明親藩誠齋殿下著。俱次元中峰和尚之句。

春香百詠一卷

品題古今人物用韻二十七律，并和海粟百

落花詩集一卷

皇明山陽陳操集東吳名士陳周輩九人所作七言律百三十首。末載雙城吳滋一賦。

詠雪唱和一卷

皇明楊一清提學陝西，出巡郡縣，往返積雪中幾四十日，得詩三十六首。秦藩實竹道人和之。

續詠雪唱和一卷

皇明秦簡王俾陝西參政樵山張元應順德次韻邃庵之作也。

千一齋分類百詠雪詩一卷

千一齋次韻百詠梅詩一卷

二詩明鄱陽鄭芝山秀著。

皇明雲間管時敏著。菊花百品，各詠七言一絕，博勝譜錄。

荊南詩社唱和集十二卷

皇明宗人府儀賓江陵周應璧編次社友十四人唱和詩律五百八十有奇。

蒹葭倚玉集一卷

皇明吳郡楊循吉編其同名人聯句十二詩。

同聲集一卷後同聲集一卷

皇明西涯李東陽、方石謝鐸前後左掖垣經歷應接聯句唱和之作也。

彗游聯句錄一卷

國朝都憲巴陵柳應辰同楊邃庵一清作也。

○「柳」字原脫，從瞿校鈔本補。《千頃堂目》亦作「柳應辰」。

簪萍錄一卷

彙吉和鳴集一卷

皇明王雲鳳關西紀行之作。

渠陽詩註一卷

朝正唱和一卷

朝正歸途唱和一卷

皇明徐禎卿、趙鶴諸名人十三人之作。

繹過亭聯句稿一卷

皇明前御史淮陽杜旻按隴時同副使王雲鳳參議邵棠所聯也。凡十五首。

紀跡

殷太史比干錄三卷

皇明華亭曹安編次八十八書及比干事并碑文弔詠。

雷神紀事三卷

紀出處祀事,記文題詠也。

關王事蹟義勇錄三卷

釣台集十卷

皇明嚴州同知鄭才編歷代之及子陵之詩文也。○按:「歷代」之下當有脫文。

韓祠錄三卷 附錄一卷

紀韓文公祠關涉詩文并後人作者。

忠武錄五卷

皇明鄢陵魏壽錄武侯遺文及歷代文獻也。

文昌忠孝化書一卷

梓潼帝君宋淳熙、紹興年,鸞筆降書九十七化詩章事實并遺遺文及封諡傳序。

雜集

太白樓集十卷

雲巖詩集六卷

武夷詩集四卷

黃陵一覽事蹟一卷詩文二卷

清風祠集二卷

梅市唱和集一卷

趙州石橋詩集一卷

待隱園集一卷

遊崆峒詩一卷

洞庭湖詩集一卷文一卷洞庭湖紀事一卷

岳陽樓詩集三卷序紀一卷岳陽樓紀事一卷

石鍾山集九卷

超然臺集九卷

蓬萊閣詩集一卷

分司題詠一卷

南樓賽和詩集一卷附錄一卷

扈從巡邊詩二卷

止庵詩集一卷

月塢萃言一卷

會稽懷古詩一首〇「首」當作「卷」。

雁門勝蹟詩集一卷

稿事詩詠一卷

姑蘇雜詠一卷附錄一卷

武宗北狩，中外五十二人唱和六十六章。

以上十九書，因一古跡，一今跡，或編類篇章，動成卷帙，蓋彰美於名山勝景，游居佳境也。

皇明空谷樵者王爌著。

皇明山西提學副使石玠著。

皇明拙遺老人周南老正道撰。十門百首，俱古體。

皇明山陰唐澤著，長洲載冠韻。止三十題，

懷古詩一卷

凡六十首,各有小序。

彭城降鶴記一卷

皇明幸庵彭澤原倡十五首,和者六人詩九十首。

南樵遇仙記一卷

呂仙記詩二十六首。

黃鶴樓集三卷

亦言洞賓仙跡也,附詩。

宋氏傳芳錄三卷

錄金華宋濂家世之書也。

旌忠錄五卷

錄少保于謙恩命事跡哀輓也。

振鷺集三卷

錄在朝縉紳送襲封衍聖公孔聞韶還闕里詩

毓慶勳懿集八卷

定武侯家錄其歷世璽書、文翰、琬琰、詩文三卷。梓行也。

麗澤會詩集一卷

成化辛卯四方文士二十五人分韻詩也。

校文詩集一卷附錄一卷

廣東校文八詠倡和也。

南山松柏集一卷

諸名公壽先君子六十壽也。先父諱字履歷,見《涿州志》及家譜。

重慶堂詩一卷恩慶集一卷

景行錄一卷

椿荊聯桂集一卷附錄一卷

羣英會詠集二卷

廉鹅集一卷

叶文庄公行实类编一卷

海虞陈氏义慈集三卷

西南涉屺集四卷

鸥峰录十卷鸥峰续录八卷鸥峰别录一卷

以上十三诗庆祝哀輓题赠酬唱诗文诸作，各擅一时之长，以纪一时之盛。盖当今好尚如此，不暇详考，列此以备艺文之一派云。

世烈录前集五卷

录浙江副使陶成、湖广布政使陶鲁死节定边，父子之忠烈也。制书、传记、奏文、移、弔文、哀誄皆备，其曾孙锦衣千户凤仪瑞之所集。

皇明忠诚伯录一卷

录奉天翊运守正文臣特进荣禄大夫柱国太子少保兼兵部尚书茹常始末文章之集也。

短竹卷钞一卷

敬轩辑录二卷

尽忠录八卷补录一卷

集宋陈东少阳奏议遗稿并诏敕诸公制作。

百川書志叙録

焦竑《國史經籍志》簿錄類

《百川書志》二十卷 古涿高儒

黄虞稷《千頃堂書目》簿錄類

古涿高儒《百川書志》二十卷

黄虞稷、周在浚《徵刻唐宋祕本書目》

高儒《百川書志》二十卷

儒，涿州人。志其家藏書，如晁公武之例。

周中孚《鄭堂讀書記》目錄類經籍之屬

百川書志二十卷寫本

明高儒撰。儒字子醇,自號百川,係涿州人。官武弁。焦氏《經籍志》著錄。是編以自所藏書,分編爲目,凡分經、史、子、集四志,細列九十三門。書不備者,蓋聚多而未已也。間有注崖略者,亦皆習見之文。其條目尚屬明晰,然以道學編入經志,以傳奇爲外史,瑣語爲小史,俱編入史志,可乎?儒家外別分從行,崇正二家,亦太叢雜不倫矣。前有嘉靖庚子自序,及目錄後自跋。

江標《豐順丁氏持靜齋書目》鈔本史部

千墨齋彙鈔七家書目八冊

精鈔本,末署「嘉慶丙子吳門趙光照手錄」,汪士鐘曾藏。有「三十五峰園主人」「茂苑」「厚齋汪氏家藏」等印。七家者,一《百川書志》二十卷,明高儒撰,每書名下,條注甚詳,足資考證,有明嘉靖庚子自序。

丁丙《善本書室藏書志》 目錄類經籍之屬

百川書志二十卷 蕭山王氏手鈔本

前有嘉靖庚子夏五自序，題「百川子古涿高儒子醇撰於志道堂」。又識云：「追思先訓曰：讀書三世，經籍難於大備，亦無大闕。爾勉成世業，勿自取面牆之歎。予對曰：小子謹書紳。至今音容迥隔，遺言猶在。愈勵先志，銳意訪求，數年間連牀插架，難於檢閱。閒中次第部帙，大分四部，細列九十三門，裁訂二十卷」云云。每書之下，略敘簡要，不冗不漏，可爲成法。王漁洋《居易錄》曰：「高儒者，武弁也。家多藏書，有《百川書目》。」黃俞邰、周雪客《徵刻祕本書目》「高儒百川書志二十卷」注云：「儒，涿州人，志其家藏書，如晁公武之例。」其歷爲名家所稱道如此。有「端履手鈔」印。

繆荃孫《藝風藏書續記》

百川書志二十卷

傳鈔本，明高儒編。此下與《善本書室藏書志》大體雷同。

周貞亮、李之鼎《書目舉要》部錄之屬

百川書志二十卷 明高儒

傳鈔本。貝氏《千墨齋彙鈔七家書目》本。長沙葉氏校鈔本又校刻本。繆氏藝風堂藏鈔本。邵《目》云羅鏡泉有鈔本。

蕭璋《國立北平圖書館目錄類書目》

百川書志

二十卷，明高儒藏撰。民國四年長沙葉德輝刊刻，民國八年葉氏重編成《觀古堂書目叢刻》本。四册。

葉昌熾《藏書紀事詩》卷三

陳第 季立　高儒

老去書城許策勳，藍田誰識故將軍。靈威唐述搜羅徧，更誦佉盧梵字文。

王士禎《居易錄》

涿州高儒,武弁也,家多藏書,有《百川書目》。

古典文學出版社出版說明

明代的武人中，喜愛文學而富有藏書的，可舉出兩個人，一是寫《毛詩古音考》和《屈宋古音義》的陳第，他的藏書簿錄爲《世善堂書目》，另一位就是高儒。黃虞稷、周在浚所作《徵刻唐宋秘本書目》略說：「高儒《百川書志》二十卷。儒，涿州人，志其家藏書如晁公武之例。」即是每書寫有拕要的内容，對於後世的讀者用處很大。應當指出的是，高儒在書目裹著錄了當時士大夫階級以爲不登大雅之堂的小說、戲曲的目錄，並且把它們列入史部裏面，提出了他對這些書的獨到的看法。書目卷六野史、外史、小史三門中對於演義、傳奇等創作的著錄，則是今日研究金、元、明文學的重要材料。

關于高儒的事跡，王士禎的《居易錄》、黃周二氏的《徵刻目》，略微提到，知他是涿州人，爲武弁，喜藏書。但細讀書志，却可以鉤稽出一些他的行誼來。他父親名榮，字邦慶，先任尚寶丞，後轉錦衣，積階鎮國將軍（卷十九《蘭坡聚珍集》條下）。他的武藝老師是折桂，字天香，別號月窟，文武全才，著有《兵書必勝奇法》十二篇、遊東魯詩《月窟

《東行稿》一卷（卷七《必勝奇法》、卷十七《鶴沙詩爲一卷》《月窟東行稿》等三條下）。高儒自己的著述，除《百川書志》而外，曾集漢代古詩爲一卷，自稱「前此無集，予恐湮沒，搜摭諸詩」云云（卷十九《古詩》條下）。

《百川書志》，現用葉德輝《觀古堂書目叢刻》本加句讀重印。特別要感謝上海圖書館瞿鳳起先生的協助，他把根據另一個舊鈔本所作的校記贈給了我們，由此訂正了刻本中的錯脫約二百處。這個舊鈔本，顯然是一個較好的本子而爲以前所沒有發現的。例如刻本醫家類《傷寒瑣言》以下五種的解題說：「陶華著，總六書。」接着《傷寒證訣藥截江網》却沒有著者，鈔本是把後一種列在解題之前的，兩個疑問都解決了。卷十七《遯菴詩》解題云「陳煒文厚，毅齋子也。」各鈔本均同。葉德輝因陳煒另有《恥菴集》著錄，深疑此處之煒字爲誤，寫於舊校記中。瞿先生乃發乾隆《福州府志》，考定作遯菴詩的陳毅齋子之名爲煒，才確定了這個錯誤。這個有價值的校記，我們已分別引用在各條的下面，注明「瞿校」及「瞿校舊鈔本」字樣。此外，我們也發現一些各個鈔本一致錯誤而認爲可以校正的地方，也附注在本條的下面。例如卷十九著錄《宋文鑑》一百五十篇，我們認爲篇字是卷字之誤等。

古典文學出版社

一九五六年十二月

晁氏寶文堂書目

〔明〕晁瑮 撰

晁氏寶文堂書目解說

《晁氏寶文堂書目》著錄開州晁瑮與次子東吳二人的藏書，是明代一部具有代表性的私人藏書目錄。該目由晁瑮與晁東吳共同編訂，經後人訂補而成。

晁瑮（一五〇七—一五六〇），字君石，別號春陵，慕鑒湖高風，更號鏡湖，明代開州（今河南濮陽）人。嘉靖辛丑（一五四一）登進士第，選翰林庶吉士。居翰林二十年，稱詞垣宗匠，著有《鏡湖文集》《晁氏足徵錄》等。晁東吳（一五三三—一五五四），字叔權，晁瑮次子，少年英才。《國朝獻徵錄》有傳，稱其「弱冠登進士，選翰林院庶吉士，讀中秘書。當甲寅，上書稱疾歸，遂以其年冬困篤，得年二十三耳」。晁瑮輯錄東吳遺文四卷、墨蹟一卷，名《誠痛錄》。葉昌熾《藏書紀事詩》稱晁氏父子：

昭德先生書滿家，自言梨味不如楂。禮堂翻定童烏本，痛極優曇頃刻花。

明開州於宋代稱澶州，轄區爲今河南濮陽、清豐一帶。晁氏爲當地著名文化大族，藏書活動或自一世祖晁迥始，出過晁公武這樣的目錄學大家。晁氏父子皆喜藏書、刻書，曾

校刻晁氏族姓先人文集爲四卷本《晁氏三先生集》，收錄晁迥、晁沖之、晁說之三人作品，卷末有「嘉靖甲寅裔孫瑮、東吳重刊」字樣。據《明故奉訓大夫司經局洗馬鏡湖晁公（瑮）暨配二張孺人合葬墓志銘》：

　　五代時諱佺者攝從事職於彭門，生三子：迪、迥、遘。迪居巨野，遘居嵩、澠，迥居澶州。……迥生宗愨……宗愨三世而爲徽猷閣待制說之。

乾隆四十年刻本《晁氏家乘》卷八《開州族略》：

　　說之生公壽、公耄、公壽生子健，俱歷顯仕，子健六世而至良興，生伯元，伯元生信，信生旺，旺號留耕老人，生德水、德江、德龍，德龍字利見，別號南莊……德龍生瓛。[一]

嘉靖三十四年（一五五五）十月九日《明封翰林院檢討徵仕郎晁君（德龍）墓志銘》：

　　晁氏，故澶州人。五代時有諱佺者，生子迥，官至太傅，謚文元。迥生宗愨，參知政事，謚文莊。莊三傳至徽猷閣待制說之。又五世，至良興，則君之高祖也。曾祖諱伯，元祖諱信，考諱旺。母靳氏，生君。君諱德龍，字時見。

可知晁迥、晁說之、晁沖之、晁瑮皆爲宋澶州（今河南濮陽）晁氏。據劉煥陽先生考

證，晁冲之爲說之族弟、公武之父。[二]

《四庫全書》收錄的晁迴《法藏碎金錄》一書爲嘉靖間晁瑮從內閣錄出，鋟版刊行者。該書的嘉靖晁氏刻本版心上方有「寶文堂」三字，更名爲《迦談》，四庫館臣從原書名著錄。李開先曾撰《寄題晁春陵藏書屋》詩，以贊晁氏藏書之盛、問學之勤：

世史子長名姓芳，雄文巨筆述明昌。牙籤悉付僕奴掌，緗帙頻勞使者將。蝌蚪周書掘塚得，龍蛇禹刻出山藏。讀書莫鑿匡衡壁，自有窗前明月光。[三]

現在存世的《晁氏寶文堂書目》乃是晁瑮後人以晁瑮父子所編書目初稿爲基礎，對家藏書籍重新加以清點，並補充了一定數量的新收書籍而最終形成的。這一結論可由以下兩方面推出：其一，《晁氏寶文堂書目》中著錄了相當一部分問世於晁氏父子身殁之後的書籍。晁瑮卒於嘉靖三十九年庚申（一五六〇），其子東吳過世更早，在嘉靖三十三年甲寅（一五五四）。據王重民先生考證，《晁氏寶文堂書目》著錄的書籍中有不少刻於萬曆二十年（一五九二）前後的小說，其中最晚的劉希賢刻本《三遂平妖傳》問世於萬曆二十九年。此時距離晁瑮、東吳父子二人過世已有數十年之久，這些書籍當是由後人補錄的。[四] 其二，查考《晁氏寶文堂書目》的著錄體例，往往於書名之下出現「欠」「不全」「完」「不完」一類的小注，如《外戚事鑒》下爲「經廠刻。欠下冊」，《左傳春

晁氏寶文堂書目解說

二三九

秋直解》下爲「十二欠二本」，《河洛易數》下爲「不全」，《六家唐詩》下爲「閩刻。不全」，《皇朝類苑》下爲「不完」，《通志略》下爲「二部完，一部不完」等。這些字眼很容易使人聯想到《文淵閣書目》《內閣藏書目錄》與《趙定宇書目》等書目的現存版本中亦多有標識書籍存佚完缺情況的文字，這些文字皆爲後人在清點整理過程中所做的備註。《晁氏寶文堂書目》「圖志」類《皇明舊陝西志》一書下有「零冊」二字，是明顯的持目對書一一清點的痕跡。

《晁氏寶文堂書目》舊爲黃虞稷、曹寅、程晉芳諸家庋藏，然未曾付梓，流傳不廣。國圖藏明鈔本三卷，稱《寶文堂分類書目》，內有「大明貴池劉氏藏書」「鎦城鑒藏」印鑒二枚，或爲該目現今存世的唯一版本。古典文學出版社一九五七年鉛印本（與《徐氏紅雨樓書目》合訂）、《中國歷代書目題跋叢刊》《宋元明清書目題跋叢刊》皆據該本影印，今上海古籍出版社亦據此本重版。劉氏名城，字伯宗，明季諸生，入清屢薦不仕。《叢書集成續編》收錄《劉城先生年譜》及其所著《嶧桐集》。

《晁氏寶文堂書目》根據家藏書籍的實際情況分上、中、下三卷，共計三十三類，設置了「四六」「舉業」「年譜」等新類目，著錄了後世清查書籍的情況、書籍的版刻信息與

内容結構，包含數量可觀的話本、小説、雜劇、傳奇等俗文學書籍，保存了豐富的版本資料。此外，該目在著錄方式上採用了科學的「互著」方法，便於檢索查閲。《晁氏寶文堂書目》具有較高的文獻學、史料學價值，是後世了解明代書籍刊印與流通的重要參考資料。

《晁氏寶文堂書目》不按四部分類，而以御製書二十一種冠諸卷首（《禮制集要》至《御製》），其後分爲上、中、下三卷，各卷細目及收録數量如下：

上卷十二目二千四百三十九種：諸經總録（三十六）、易（五十九）、書（三十）、詩經（十一）、春秋（三十七）、禮（七十一）、四書（八十八）、性理（六十八）、史（二百九十一）、子（七十八）、文集（六百九十）、詩詞（九百八十）。

中卷六目二千零六十七種：類書（一百四十）、子雜（一千三百四十六）、樂府（三百五十四）、四六（十八）、經濟（一百七十一）、舉業（三十八）。

下卷十五目二千四百二十一種：韻書（七十七）、政書（五十一）、兵書（五十六）、刑書（三十一）、陰陽（二百）、醫書（二百八十九）、農圃（十一）、藝譜（一百十一）、算法（十二）、圖志（四百六十八）、年譜（五十四）、姓氏（九）、佛藏（五百四十）、道藏（二百七十六）、法帖（二百三十六）。

上中下三卷總計三十三目,收錄書籍六千九百二十七種,其中有多種收錄了不同的版本並予以標識,如《玉臺新詠》「二部二本,一部六本有續集」,《韻府群玉》「元刻一部,監刻一部,弘治刻一部」等。《晁氏寶文堂書目》著錄書名,多記版本、部冊數、紙張類別、書籍全缺情況。間有題記,簡述作者、成書年代等信息。「子雜」「樂府」二目收錄了大量的元明話本、小説、雜劇、傳奇,在歷代書目著錄中是較爲罕見的現象。該目設置「性理」類,是對《文淵閣書目》分類傳統的繼承;設置「四六」「舉業」「年譜」等新類目以及將「樂府」類獨立於「詩詞」類之外等做法則是晁氏的創舉。晁瑮對類目所做的調整是明代目錄學家根據自身藏書實際,於書目分類法方面的創新實踐之一,爲書籍分類體系的進一步完善提供了可資參考的依據。

《晁氏寶文堂書目》中保存有晁氏後人多次清查藏書時記錄的書籍存佚情況。如易類之「《河洛易數》。不全」,春秋類之「《左傳春秋直解》。全」,史類之「《通鑑綱目書法》。元刻,書大全》。不全」,性理類之「《朱子語類大全》。全」,史類之「《通鑑綱目書法》。元刻,不全」等。私家藏書目中的書籍存佚情況可補史志目錄之闕,爲後世考訂古籍散佚流變提供重要的信息憑證。

晁氏父子藏書極富,其中不乏宋槧精刻者。《晁氏寶文堂書目》以精簡靈活的方式

保存了豐富的版本信息。著錄重點大致有如下幾類：

其一，對所藏複本皆作說明，如易類有「《易傳》。内府刻一，外刻一」，「《易占經緯》。五」，詩經類有「《袖珍詩經集注》。五部」，春秋類有「《春秋會傳》。四」等。重視收集複本並加以著錄，既是對藏書情況的如實反映，也表明了晁氏對同一書籍不同版本之間差異的認識，是其重視校勘、重視異本、藏書致用的風格體現。

其二，對「綿紙」本皆作標識。綿紙即用樹木韌皮製作的紙張，色白而柔韌，纖維細長如綿，故名。該目春秋類的《春秋列傳》、史類的《資治通鑒白文》、子雜類的《輟耕錄》、類書類的《經籍考》、韻書類的《六書本義》等書名之下皆標注「綿紙」字樣。從紙張生產的角度來説，皮紙、竹紙等各類紙張問世於不同的時期，有各自的集中出產地，如魏晉、唐初的剡溪青藤紙，唐宋之後閩贛地區的竹紙等。從紙張使用的角度來説，紙張的品類直接關係到書籍的刊印成本，不同的刊刻者會有意識地選擇不同的紙張來刊印内容各異的書籍。由此，紙張品類成爲歷代文獻學家重點關照的版本鑒定依據之一。明代另一位著名藏書家胡應麟亦關注印書用紙，認爲「凡印書，永豐綿紙上，常山柬紙次之，順昌書紙又次之，福建竹紙爲下」，「綿貴其白且堅，柬貴其潤且厚。順昌堅不如綿，厚不如柬，直以價廉取勝。閩中紙短窄黧脆，刻又舛訛，品最下，值最廉」（《經籍會通》），可

二四三

知明代印書以綿紙爲最上。綿紙成本與售價相對較高，能夠採用高價紙刻印的書籍以具有較高學術價值、流傳價值的正經、正史及相關著作爲夥。《晁氏寶文堂書目》對「綿紙」本做特別著錄，正表現出晁氏對藏書價值的著重強調。

其三，著錄大量的藩府本並予以標識。如易類「《王弼周易》。趙府」，史類「《通鑒博論》。寧府」，「《十八史略》。宣府刻」，子類「《譚子化書》。伊府刻」，文集類「《欒城集》。蜀府刻」，「《續文章正宗》。晉府刻」，類書類「《初學記》。沈府刻」等。

明代藩府刻書數量既多、價值亦高，所刻之書多有珍罕秘本。王弼單注本《周易》存世版本稀少，趙藩朱厚煜味經堂於嘉靖間刻王弼《周易注》十卷，具有極高的文獻價值。趙府本《王弼周易》今已不傳，《晁氏寶文堂書目》的記載當爲該書最早見載於史料者，是較爲原始可靠的文獻依據。《譚子化書》一種，《宋元明清書目題跋叢刊》影印的國圖藏明鈔本下字跡模糊，隱約可辨爲「伫府刻」的字樣。上海古籍出版社二〇〇五年排印本直稱「伊府刻」。按《譚子化書》的明代藩府刻本可考者有兩種。一爲天順間代府刻六卷本，丁丙《善本書室藏書志》、葉德輝《書林清話》、張秀民《中國印刷史》等皆有著錄。一即伊府刻本，《晁氏寶文堂書目》之外，僅見載於張秀民《中國印刷史》。[五]張氏未標出處，或亦采自晁氏書目。丁丙《善本書室藏書志》、葉德輝《書林清

話》對伊府刻書的記錄皆僅有嘉靖戊申（一五四八）《四書朱注》一種，未見《譚子化書》。由上可知，明伊藩刻本《譚子化書》當僅見於《晁氏寶文堂書目》的記載，「伊府」或爲「代府」之誤。

其四，保存了大量、豐富的版本類型。

有禮部刻本，如陰陽類的《選擇曆書》，醫書類的《嬰童百問》。

有御馬監刻本，如醫書類的《馬經》。

有經廠本，如《外戚事鑒》。

有內府板，如諸經總義類的《爾雅》，易類的《易經大全》《易傳》，書類的《書經大全》，史類的《宋元通鑒節要》《資治通鑒綱目》，類書類的《文獻通考》等。

有監板，如史類的《皇明開國功臣錄》《前漢書》，詩詞類的《杜工部詩》等。

有巾箱本，如禮類的《周禮》。

有鈔本，如春秋類的《春秋繁露》，史類的《靖康要鑒》，文集類的《海陵周公集》。

《張文忠公集》，類書類的《詩話總龜》《北堂書鈔》等。

有木刻法帖，如《東海草書千文》《釋義獻六十帖》。

有石刻法帖，如《宋名賢分寫四十二章經》《姜白石續書譜》。

有舊板、舊刻,如書類的《書經大全》,禮類的《禮記大全》,四書類的《四書大全》,史類的《稽古錄》,類書類的《輟耕錄》,詩詞類的《元音》等。

有新刻,如禮類的《大戴禮記》,醫書類的《救荒本草》《張仲景金匱要略》等。

《晁氏寶文堂書目》成書於嘉靖時期,隆慶、萬曆間又有續添。其時新刻的《大戴禮記》最負盛名者當為嘉靖十二年袁褧嘉趣堂的翻宋本十三卷四十篇。該本以北宋淳熙二年(一一七五)韓元吉郡齋刻本《大戴禮記》為底本,左右雙邊,半頁十行,行十八字,小字雙行同,於《大戴禮記》各家版本中最稱詳核。此外,傅增湘《藏園群書經眼錄》著錄有「《大戴禮記注》十三卷,北周盧辯撰。明刊本,十行二十字,白口,左右雙欄。亦正嘉間刊本,版式高調,與袁本不同(己未)」。袁褧嘉趣堂以刻書精審著名於外,常熟趙氏《脈望館藏書目》對嘉趣堂翻宋刻的《文選》亦特別標識,稱「袁家板」,可知嘉趣堂校刻諸書在明代即受到藏書家的普遍重視。明代中後期復古學風興起,宋本書漸為學人寶重,翻宋刻大量問世。《晁氏寶文堂書目》之外,《脈望館藏書目》亦將宋刻、翻宋刻一一標明,是時代風氣在目錄學領域的體現。《晁氏寶文堂書目》著錄了如此多的版本類型,可知晁瑮具有相當完善的版本意識。這些版本類型的產生同時也是嘉隆時期刻書產業日趨繁盛的直接結果。

其五，著錄了部分書籍的刊刻者、刊刻地區與刊刻年代。

著錄刊刻者信息的如史類「《小通鑒》。劉弘毅刻，欠二册」，文集類「《補注古文大全》。弘治刻，李紀板」，子雜類「《顏氏家訓》。三十一世孫刻」等。

著錄刻書地區的如春秋類「《音點白文左傳》。徽州刻」，四書類「《大學集注標題》。順天刻」，性理類「《中庸輯略》。武進刻」，陰陽類「《曆法通書大全》。江西刻」，子類「《崆峒子》。蘇刻」，「《墨子》。天泉刻」，文集類「《韓文》。蘇刻二十本，閩刻五本」「《柳文》。徽刻六本，閩刻五本」等。

著錄刻書朝代的有元刻本，如史類的《十七史纂》《通鑒綱目書法》，類書類的《群書勾玄》等。有宋刻本，如史類的《南史詳節》，詩詞類的《萬寶詩山》《湖山詩話》《江湖前後續集》等。有明刻本，如子雜類的《學範》（國初刻），春秋類的《左傳句解》（宣德間刻）四書類的《四書句解》（成化刻）、《大學解義》（宣德刻），詩詞類的《增廣事職詩學大成》（洪武刻）等。

刊刻者、刊刻地區與刊刻年代不僅是鑒定書籍版本的重要線索，亦可作爲考見其時各地刊書概況的史料依據。以詩詞類《萬寶詩山》爲例，該書刊刻年代歷來存在爭論。《晁氏寶文堂書目》標注爲「宋刻國朝序」，爲考察其版本源流提供了重要線索。

《晁氏寶文堂書目》於著録中對某些書籍的内容結構、創作宗旨等亦略作闡釋，如於子雜類《雙節集》下稱「張給事二妾」，於年譜類《廬陵曾氏家乘》下稱「旌節崇議表忠終孝」等，爲讀者了解書籍的大概内容提供了參考。值得一提的是，《晁氏寶文堂書目》在著録某些小説集的時候採用了按篇著録的方式。如其「不著録《虞初志》卻基本上著録了《虞初志》所收篇目」。[18]同時期的《百川書志》亦採用將書名與篇名並行著録的形式，或成一時風氣。

《晁氏寶文堂書目》中有不少前後重複著録的現象（如「子雜」類著録書籍一千三百四十六種，其中完全重複者爲五十八種一百二十一本）。四庫館臣稱其「編次無法，類目叢雜，複見錯出者，不一而足，殊妨檢閲」。事實上，排除某些同一版本在同一類别中重複出現的情况不論，這些「複見錯出者」大致有三種情况：其一爲異書同名，今難以考證；其二爲同書不同版本；其三爲明人編目常用的一種著録方式——互著法。《晁氏寶文堂書目》在處理同書不同版本的情况時，大致採取兩種方式，一種是著録一次書名，在其下標注各個版本，如類書類有《居家必用》一書，下有備註「内府刻十本，閩刻六本，蜀刻一部」。另一種是隨書就録，這也是賬簿式書目的一大特色。如史類著録了四處《十八史略》，一處爲「宣府刻」，一處爲「白文」，一處爲「宣德刻」，一處爲「永樂刻」。

互著法在目錄學中的運用首見於元代馬端臨的《文獻通考·經籍考》，其後《澹生堂藏書目》《百川書志》等皆有運用。[七]《晁氏寶文堂書目》在著錄時亦大量採用了「互著法」，如算法類《康節前定》《革象新書》下皆有「見陰陽」的字樣。佛藏類《廬山東林寺志》下有「見圖志」三字。又《詩話總龜》在詩詞類跟類書類中皆有著錄，《韻府群玉》見於類書與韻書兩類，《楚史檮杌》既見於史類又見於子雜類等。這些書籍在內容上往往不明確屬於某一類，經常兼有兩類或以上的屬性，作者在登記時採用互著的方法，可以保證條目歸類的精確性，也能凸顯出書籍的自身特性。

作爲一部直觀的賬簿式登錄書目，《晁氏寶文堂書目》雖無解題，但卻以簡略著錄的形式保留了大量珍貴的版本信息，是後世研究明代版本源流的重要史料。以呂祖謙《十七史詳節》一書爲例，該書目前存世有元刊本、明正德十五年劉弘毅慎獨齋刊本、嘉靖四十五年至隆慶四年陝西布政使司刊本等，而宋刻本唯獨南京圖書館存有一部，稱《明公增修標注南史詳節》，已是絕世珍寶。《晁氏寶文堂書目》史部著錄有宋刻呂祖謙《南史詳節》，當爲該書宋刻本在明代存世的證明。書目中著錄的宣德刻《十八史略》一種，應是明宣德間劉剡刻本。宣德年間，江西民間學者王逢重視《十八史略》，在其書頁天頭加寫內容提示性的標題，以便於教學使用。弟子劉剡取明初陳殷的音釋與王逢的點校，

標題合編一起，成爲新的本子。總之，《晁氏寶文堂書目》不僅著錄了其時已有的、大量的版本類型，而且對刻板時間、刻板地點、刻板人乃至刻書的用紙情況等皆作有較爲詳細的記錄，是研究明代版刻源流、考察早期書籍版本的重要史料。對這些信息的記錄，反映了晁瑮較強的版本意識。

《晁氏寶文堂書目》中樂府類的設置爲晁瑮首創。姚名達稱其「分樂府於詩詞之外，並古錄所未曾及者」。[八]該類著錄元明話本、小說、傳奇、雜劇等三百五十四種。「除去詩詞、樂律以及雜類，著錄有二百九十餘種；而且曲學文獻著錄的小類也逐漸豐富，除雜劇、戲文外，還有散曲、諸宮調、曲譜、傳奇等內容的著錄」。[九]孫楷第《中國通俗小說書目》、胡士瑩《話本小說概論》、譚正璧《古本稀見小說匯考》《話本和古劇》等著作中，都大量徵引了《寶文堂書目》中對小說戲曲的記載。[一〇]

《晁氏寶文堂書目》著錄的話本、小說、雜劇、傳奇、醫書等文獻不僅數量可觀，且多有僅見於該目記載者。趙萬里《跋晁氏寶文堂書目》稱該目的「子雜、樂府二門，所收之明話本小說、雜劇、傳奇至多，爲明代書目所僅見，至可貴也」。古典文學出版社《出版說明》稱：「晁氏收藏宏富，頗有在其他著錄中不見或罕見的書名，如子雜門著錄《東軒筆錄續錄》，《續錄》除見於《宋史·藝文志》而外，別處幾未見過，樂府類著錄《稼軒

餘興》，恐怕是辛棄疾詞的別一個本子，而這個本子幾乎僅見於本目的著錄；醫書類著錄《東坡集藥方》，可能是《蘇沈二內翰良方》蘇軾醫方部分的藍本。沈括醫方部分的藍本是很清楚的，蘇軾的卻一直沒有搞明白，這材料就有助於說明這個問題。」可見《晁氏寶文堂書目》的記載，爲後世研究元明文獻提供了極其寶貴的參考資料。

孫 蘊

〔一〕轉引自張劍、王義印．《寶文堂書目》作者晁瑮、晁東吳行年考［J］．文史，二〇〇七（三）．

〔二〕劉焕陽．宋代晁氏家族及其文獻研究［M］．濟南：齊魯書社，二〇〇四．

〔三〕轉引自王紹曾、沙嘉孫．山東藏書家史略（增訂本）［M］．濟南：齊魯書社，二〇一七．

〔四〕王重民．中國目錄學史料（十）［J］．圖書館學研究，一九八二．

〔五〕張秀民著，韓琦增訂．中國印刷史（插圖珍藏增訂本）［M］．杭州：浙江古籍出版社，二〇〇六．

按：陳清慧《明代藩府刻書研究》稱伊府本《譚子化書》見載於張秀民《中國印刷史》與晁

〔六〕向志柱：《寶文堂書目》著錄與古代小説研究［J］．南京師大學報（社會科學版），二〇〇九（三）．

〔七〕按：章學誠《校讎通義》稱互著法肇始於《七略》，而班固、鄭樵之後，世人乃不知有互著、別裁之法。

〔八〕姚名達．中國目録學史［M］．上海：上海古籍出版社，二〇〇二．

〔九〕劉唯唯．明清綜合性書目中曲學文獻的著録研究［D］．華東師範大學，二〇一三．

〔一〇〕參見王國强《明代目録學研究》［M］．鄭州：中州古籍出版社，二〇〇〇．

目録

卷上

諸經總録 ········· 二五五
易 ············· 二五六
書 ············· 二五七
詩經 ··········· 二五九
春秋 ··········· 二六〇
禮 ············· 二六〇
四書 ··········· 二六二
性理 ··········· 二六四
史 ············· 二六六
子 ············· 二六九
文集 ··········· 二七九
　　　　　　　　　二八二

詩詞 ··········· 三〇五

卷中

類書 ··········· 三三七
子雜 ··········· 三四二
樂府 ··········· 三八六
四六 ··········· 三九八
經濟 ··········· 三九九
舉業 ··········· 四〇五

卷下

韻書 ··········· 四〇七
政書 ··········· 四〇九
兵書 ··········· 四一一

百川書志　晁氏寶文堂書目

刑書 …… 四一三
陰陽 …… 四一四
醫書 …… 四二一
農圃 …… 四三一
藝譜 …… 四三一
算法 …… 四三五

圖誌 …… 四三五
年譜 …… 四五一
姓氏 …… 四五三
佛藏 …… 四五三
道藏 …… 四七一
法帖 …… 四八〇

晁氏寶文堂書目卷上

〔上缺〕

禮制集要

禮儀定式

皇明制書

外戚事鑑 經廠刻。欠下冊。

臣鑒

皇明近年詔敕

重華紀事

帝訓

御制官箴

女訓

御製榜訓

御製《峴山》《漢水賦》《襄陽四景歌》

孝慈錄

御製孝慈錄

文華盛紀

永樂三年聖諭

皇明近年詔書

敕諭錄

恩紀含春堂詩

御制帝訓

内訓

大明高皇后傳

御製聖政記補亡

諸經總録

六經圖辨

五經四書顯義

小爾雅

經書補注

爾雅錄

孝經正誤

泉齋簡端録

六經圖

篆字六經

國語

七經白文 閩刻〔原作「閩文」，今正。〕

孝經考註

鄭氏孝經

五經舊程文

五經白文

爾雅

五經傍訓

經義模範

五經私録

經傳對語

增修埤雅

爾埤雅 内府板

經疑大義

爾雅註説

忠經

晦菴先生刪古文孝經

孝經大義

孝經述解

石經爾雅

石經論語

五經巾箱板白文 七

四經序引

忠經註解

石經孝經

十三經註疏

孝經刊誤 一

易

誠齋易傳

焦氏易林

太玄本旨

衍極

周易古註

易外別傳

易謙卦圖

周易兼義

關氏易傳

易經大全 內府刻一部，閩刻一部

太玄經 「太」原作「大」，今正。

易傳 內府刻一，劉刻一

周易本義

王弼周易 趙府

大易鉤玄

易經集傳

程氏易傳

易經大旨

學易明心

橫渠易說

易解原命易覽
洪範圖解
易經註疏
周易程文附錄
蔡虛齋圖解
契翁中說
巳易
易雅 元刻
易學洗心
補齋易說 一
易占經緯 五
周易窺餘
薛氏元包經傳
易疑初筮
周易古文

周易說翼
啟蒙意見
邵康節心易梅花數
易圖識漏
序卦傳測
網菴易詠
周易翼傳
子夏易傳
易訓詳略
讀易備忘
易大象說
周易圖釋
讀易餘言
易學便考

衛嵩元包經傳
易原
易說
崑崙圖說
河洛易數 不全
東坡易傳
易經傳義
潛虛衍義
易說紀成問答

書
書經大全 內府刻一，閩刻一
小書經
書經講義
書經旁音
書經蔡傳
尚書正義
書傳
尚書白文 河南板
書經註疏
濂南書經
書經訓解
書經發隱
洪範考疑
壁經詳說
汲冢周書
讀書管見
書傳會選 趙府
尚書旁註
書義卓躍 內府刻二部

石經尚書
書經舉業
尚書說要 一
尚書纂言 四
周書祕奧 〔原作「粵」，今正。〕
書義庭訓
書經大全 舊板子
禹貢詳略
讀書叢說 一
尚書通考
書經旨略

詩經

詩傳
韓詩外傳

詩經旁音
詩集傳疏義
嚴氏詩緝
石經毛詩
呂氏讀詩記
詩經大全 內府刻一，閩刻一
詩傳 巾箱板
袖珍詩經集註 五部
毛詩說序

春秋

春秋穀梁傳
春秋大全 內閣刻二部，閩刻一部
春秋國語
春秋傳 河南板

春秋筆削大旨
春秋明經
春秋諸國統紀
春秋列傳 綿紙
石經左傳
石經穀梁傳
春秋傳 舊刻舊印
蜀大板左傳 林堯叟註
春秋會傳 四
東萊博義 八，袖珍刻
春秋胡傳
左傳節解
春秋左傳類解
春秋屬辭
左傳 趙府

春秋公羊傳
春秋古文
左傳春秋直解 十二次二本
音點白文左傳 徽州刻
左選 栗，陳州刻〔「栗」未詳何字之誤。〕
石經公羊傳
春秋詞命
春秋繁露 抄
春秋一覽
春秋五論
春秋集傳
春秋全意
左傳句解 宣德間刻，林堯叟註
春秋龍虎正印
春秋大全 內板十八

左粹類纂

春秋纂例

國語 楚刻,武功縣刻

禮

家禮節要

禮記集註 內府刻一部,閩刻一部

儀註全集

深衣考正

家規輯略

禮記纂言

禮記大全 監板

禮記儀節 閩刻

家禮儀節

周禮輯集註

大禮纂要集議

禮樂書

貫經

射禮集要

存心錄

文公家禮

忠靖冠服圖説

禮經會元

鄉射禮集要

郊祀奏議

大戴禮

周禮復古編

大成釋奠儀譜

儀禮 趙府刻

周禮

禮教儀節

考工記
禮儀定式
家禮會通
禮儀榜文
禮儀四要
家禮四要
陵寢禮儀定式
石經周禮
石經禮記
郊祀考議
夏小正解
周禮集說
大禮初議
經禮補遺
燕射古禮全書
家禮集說

朝儀錄
禮記集說 常州刻
禮樂書 南監本
大禮集議
深衣纂語
周禮定本
石經儀禮
周禮全文
孔子祀典集議
素王祀禮通集 一
禮記大全 舊板十八
周禮 元巾箱刻
六禮纂要
泰泉鄉禮
郊祀奏議

家禮鄉約
禮要樂則音註
禮記集說辯疑
儀註全集
禮記集說辯疑
周禮句解 南監舊刻 一
考工記
檀弓蒙訓 二
朝祭服圖
禮問
禮記集説便蒙
禮制集要
大明集禮射儀
太常總覽
大戴禮記 新刻
家禮證論

儀禮註疏 南監刻

四書

四書白文
四書大全 內府刻一部,閩刻一部
四書集註
四書通義
四書通證
大中或問
論孟古義
四書㔋括
四書大全 不全;舊刻
中庸輯略
四書因問
大學括説

學庸指南
中庸啓蒙
四書述意
中庸訓測難語
大學心法
魯齋大學要略
大學古本
四書旁音
孟子或問
四書詳說 舊刻
四書集註 內府刻
大學衍義會補節要
四書旁訓句解
大學明解
四書舊程文

中庸一助
中庸解義
中庸訓測
中庸原
中庸心法
大學疑
中庸古本
穆文簡公大學千慮
涇野論語因問
中庸傳
何晏論語
中庸旁註難說
大學集註標題 順天刻
許魯齋直說大學要略
蘇老泉批點孟子

四書句解 成化刻
四書蒙引
中庸便覽
古本大學旁註難語
後渠大學全文
大學解義 宣德刻
論語類抄 顧璘

性理

真西山讀書記
朱子晚年定論
讀書錄要語
道南三書
太玄本旨
道一編
太極通書
學的
管窺外編
遵道錄
心經附註
太玄經
理學類編
西原約言
朱子成書
正蒙會稿
傳習錄
近思錄
伊洛淵源
朱子成法
延平問答

魯齋遺書
真西山心政經
栢齋三書
性理羣書補註
道統傳
伊洛淵源續錄
居業錄
性理羣書 二部
皇極經世書
古學選註
聖賢精義
性理大全
魯齋研幾圖
天地萬物造化論
困知記

虛齋圖解
性理纂要
經學理窟
法象變通
西樵子稿
性理彝訓
張子語錄
鳴冤錄
圖書質疑
皇天熬極書
西山讀書記
龜山語錄
性理本原
性理吟
心學圖說

性理三書
薛文清讀書錄
程伯子書
三業合一訓
象山類語
朱子語類大全 全
理數起鑰
上蔡語錄
晦菴語錄
傳道四子書
斯道書
震澤語錄
性理羣書
龜山先生語錄
朱子語錄

朱子語略
二程全書
象山先生略
中庸輯略 武進刻
理學天關
定性書
傳道粹言
象羣學的
定性書發蒙
皇極經世觀物外篇釋義
玉泉常言
太極西銘解
圖書易解
元史會極
玉溪師傳錄

白遺□言
傳習錄節要
木鐘集
道學仰止
性理五書補註
居業錄類編
通書問
朱子格致餘論
薛楊清粹錄
陸學訂疑
正蒙拾遺
圖書四辨
魏莊渠體仁說
心統圖義
芝山野語

楊子折衷
正學發訒
傳習錄 閩新刻
臆言
陰氏讀書抄
晦菴心學錄
正蒙謬解
心學纂言
幽居答述錄
性理三解
三業通
讀諸儒講義
白沙緒言

史

通鑑博論

楚史檮杌
通鑑綱目鐫誤
讀史備忘
史義拾遺
豐清敏遺事
崔清獻公言行錄
忠烈編
貞觀政要 二部
蜀漢本末
稽古錄
北征錄後錄北征記
世史正綱
元史略
雪航膚見
讀宋論

諸史節要
范祖禹唐鑑
三國衍義
宋史辨
否泰錄
古今紀要 二部
天運紹統
分類通鑑
皇明名臣言行錄
夏忠靖逸事
大事記通釋
宣宗實錄
太宗實錄
交泰錄
歷代序略

通鑑紀事本末

呂氏春秋

古史通略

晉文春秋

史餘

備遺錄

金佗粹編

史通

史記

十七史詳節

太祖實錄

十八史略 宣府刻

英宗實錄

仁宗實錄

涉史隨筆

十九世略

漢唐祕史

吳越春秋

史鈔

小學史斷

三朝聖諭錄

天順實錄

旌功錄

歷代世譜

諸史會編

通鑑綱目

前編綱目

宋元綱目

少微通鑑

通鑑總類

史鉞
讀書類聚
東萊大事記
翊運錄
建炎時政記
松漠記聞
昭忠錄
宋史筆斷
史記詳節
西漢詳節
東漢詳節
三國志詳節
晉書詳節
南史詳節
北史詳節

隋書詳節
唐書詳節
五代史詳節
綱目愚管
讀史管見
史略音什
建寧人物傳
歷代紀年
金山先賢傳
毘陵人品記
續宋紀（「續」原作「讀」，今正。）
唐鑑
義烏人物記
廣東刻兩漢
諸史偶論

綱目大全
春秋國語
涉史謬論
四明尊堯集
通鑑什義
楊文敏公事實
春秋別傳
十七史纂 元刻
理學名臣言行錄
宋史闡幽
諸葛傳
朣仙史略
胡三省音註通鑑
續大事記
平番始末

評史心見
史鑑類編
羣史品藻
理學名臣通鑑
古今通略句解
退菴事實
宋季三朝政要
隋書
三國志
石渠老人履歷
元史續編
綱目述史斷要
漢紀
前漢白文 德府刻
韓魏公家傳 欠上本

通鑑綱目事類
淵聖要錄
漢唐通鑑品藻
兩漢精華
許忠公實記
南唐書
晉書
五代史
北史
中興十三處戰功錄
太平紀事本末
古史通斷
宋元官綱目
廣信先賢事實
通鑑纂要

史漢異同
蜀鑑 宋板
李燾續宋編年資治通鑑
舊唐書
金史
續宋編年通鑑 元刻
五代史 舊板
宋元品藻
宋元通鑑節要 內府刻
資治通鑑綱目 內府刻
史略 舊刻
陳桱續資治通錄 元刻，不全
唐餘紀傳
宋書 欠二冊
歷代叙略

黔寧行實
柳莊行實類編
蕭山魏氏先德錄
古今通略 一
南史
少微宋元鑑 舊板
靖康要鑑 抄
資治通鑑節要
三朝北盟會編
歷代志略
直說通略
歷代紹運圖
宋史斷
史學提要
唐闕史

二十二全史 南監刻，新置
文莊行實類編
通鑑續編
通鑑綱領
通鑑前編 舊刻
通史補遺
宋書 舊板
史通會要
元史節要
通鑑總論註解
後周書
十八史略 白文
史記考要
帝統紀年
資治通鑑

稽古錄 舊刻，欠二冊

陸氏通鑑 元刻

兩漢博聞

四朝名臣言行錄

永樂北征錄 一

小學史斷

歷代一覽

龍飛紀略

歷代史譜

洛陽才子

通鑑綱目前編

宋論

宋史筆斷

陸氏通鑑 一部，不全

五代史闕文

正紀世年表

少微通鑑 劉弘毅板

殿閣詞林記

壬午功臣爵賞錄

宋名臣琬琰錄

小通鑑 劉弘毅刻，欠二冊

中州集 元刻

紀事本末 舊刻

南齊書 舊刻

復齋郭公言行錄

資治通鑑白文 綿紙

定興王平定交南錄

劉文簡公事行錄

豐城名宦錄

晞顏先生行實

世史積疑

舊少微通鑑

東漢會要

通鑑綱目測海

皇明開國功臣錄

廬陵先賢事實錄

閑亭讀史餘論 南監刻・全

晉書 舊閩刻

通鑑別紀考疑

北齊書 舊刻

虎谷先生墓誌

寧陽王行狀

左史叙略

桂文襄公事實

高士傳

許襄毅公傳

西漢會要

三劉漢書標註 四欠二册

通鑑 四

浦江人物志

史鑑 八，華家銅板

劉諫議本傳 一

少微通鑑白文

續通鑑節要 官板二十

唐鑑 四

撫安東夷記

韓襄毅公傳

襄毅乞祠錄功二疏

傅文毅公傳

南史詳節 宋刻

三家註綱目

通鑑綱目書法 元刻・不全

西漢卷

前漢書 南監新刻

廣州人物傳

晦庵先生行狀

少微通鑑節要

直說通略

忠文公小傳 綿紙

通鑑前紀綱目

兵部覆奏韓襄毅功次

陳恭愍公傳叙

皇明名臣錄圖

通鑑斷義全集

通鑑集要

史記定評

路史

史略音釋

條例全文 三十二冊

言史慎餘

讀史膚談

元史闡幽

十八史略 宣德刻

讀書辨疑

五代史 閩舊板

續通鑑節要 舊刻

當代名臣錄

李唐五代通俗演義

革朝遺忠錄

忠武錄

元史續編

太祖高皇帝寶訓

宋名臣言行錄 閩舊刻

通□論註解

史疑

皇明名臣言行新編

讀鑑私見

東都事略

資治通鑑節要續編 舊刻，欠二十七、二十八、三十

宋史道學傳

歷代叙略

名儒集議通鑑詳節 不全

十八史略 永樂刻

太祖寶訓

羣忠備遺録

資治通鑑綱目 舊刻，五家註

元經薛氏傳

韓魏公德政碑

經史通譜

通鑑博論 寧府

子

人物志

六子書 蘇刻，二十本

淮南子

亢倉子

中説考

五子書

劉向新序説苑

蠶衣

管子

海樵子

劉子書

陸賈新語

玄真子

韓非子

龍門子

劉向新序

晏子春秋

何大復論

續曾子

近言

郁離子

譚子化書 伊府刻

中說 舊板

徐幹中論

三子口義

關尹子

孔叢子

潛夫論

七十二子粹言

顏子

荀子 南監舊板

文心雕龍

松峰時議

劉子 元刻

羣書糟粕集

文中子 新刻

鹽鐵論 揚刻

南華真經

元經薛氏傳

文子

崆峒子 蘇刻

法言中說

甘泉二論

六子摘鈔

荀悅申鑒

晏子 新書

戰國策 蘇刻

元刻三子口議 莊不全

南郭子

中軍論

老子憶 〔「憶」恐當作「億」。〕

越絕書 杭新板

王充論衡 南監舊刻，欠一冊

白沙子

鶡冠子 蘇刻

貞一子

墨子 天泉刻

鬼谷子 天泉刻

莊子節文旁註

管子白文

子華子

東岑子

混然子註解陰符經

弘文子

商子

呂氏春秋 元刻

小荀子

鬻子 天泉刻

公孫龍子 天泉刻

抱朴子

淮南子白文

鄧析子

尹文子

諸子纂要

聲隅子〔「聲」原誤「贅」，今正。〕

文中子 宋巾箱刻

鹿門子

無能子

五百家名賢播芳文粹 宋刻，欠二冊

思軒文集

文章軌範

文集

頤庵文選

曾南豐刺齊州集

龍筋鳳髓判

晦翁文抄

豫章存稿

三華集

趙清獻文集

古文關鍵

雪岩先生遺集

劉一庵文集

鄭氏□溪集〔按：當是《鄖溪集》。〕

金石古文

郊廟賦

遂庵集

續文章宗正

孫可之集
唐水部麟角集
古穰集
青龍文集
滄州漁隱集
文選精義
古文會編
叠山文集
真西山文集
石淙先生行臺稿
高蘇門集
唐皮日休文藪
何仲默集
空同文集
文章類選

李白文集
全懿堂集
滕王閣集
趙子昂文集
三蘇文集
研岡集
王逸註楚辭
彭文獻公集
屏山文集
朱子文抄
陽明文集
張燕公集
駱賓王集
李旴江文集
朣仙文譜

古賦辨體
武科策式
文跋
椒丘文集
廣文選
陶一庵別集
始豐稿
楊文懿公文集
碧川文選
東里文集
浮溪文粹
圭峰文集
龍川文集
師山先生文集
儲文懿公集

遜志齋集
方蛟峰文集
張文潛文集
文苑英華纂要
鮑翁家藏集
元氏長慶集
白氏長慶集
文文山文集
楚辭
古文苑
五經序
臺中錄
後山先生集
定山先生集
晉陸士龍集

黃仲元四如先生文稿
南豐先生文集
熊峰先生文集
程篁墩文集
王氏家藏集
宋文鑑 十六年
兩京賦 一本
橋梓榮壽賦 一本
崇古文訣 四本
韓文 蘇刻二十本，閩刻五本
柳文 徽刻六本，閩刻五本
文章辨體
唐文粹
文忠公表啓
皇明文衡

淮海先生集
象山先生文集
唐宋元表集
樊川文集
陳伯玉文集
文選 元刻
江淹文集
黃忠宣公文集
二程文集 抄
寓庵文集 抄
倪文僖集節要
東陽文獻錄
龍雲文集
道園學古錄
九靈山房集

雜賦
圭齋文集
葉水心文集
權德輿文集
吳草廬文集
稽中散文集
三子至文
曹子建文集
原齋遺稿
反反離騷
倪青谿集
儲文懿集
徐文節集
唐文類
夢墨稿

晞髮集
李杜全集白文
高東溪文集
東海翁集
梟藻集
解縉紳集
羅一峰集
涇東藁
南軒文集
龜山語錄
朱子語類大全
朱子語錄
經學隊仗
元文類
舉業啓蒙

少湖文集
古文短篇
策寶精華
壽萱集 一本
任狀元遺集 一本
文選 唐府刻,善註,二十本
漢文選 蘇刻,六臣註,三十本
黃仁峰集
康齋文集
石堂遺集
安雅文集
三蘇文集
白雲稿
文章正宗
文髓

楊鐵崖文集
涇野別集
懷麓堂稿
程氏貽範集
稼村類稿
東郭文集
淵穎文集
會稽三賦
忍辱道士集
練川文纂
頤庵居士集
香溪范賢良文集
太倉文略
靜芳亭摘藁
篁墩文集

完庵詩集
歐陽文集
劉靜修集
王荊公文集
揭文安公文粹
李文公集
高太史文集
鄒道鄉文集
樗齋隨筆錄
楊文懿公講學集
王秋澗文集
木鍾集
陽明文
于肅愍公集
董文僖公集

二賢錄
元遺山文集
桃溪淨稿
息園存稿
姚文敏公集
宋景濂文集
漢賦
醫間集
西隱文集
止齋文集
司馬溫公集略
古昇文集
龜巢稿
獻園睿製集
曹子建集

古廉文集
洹詞 趙府刻
白雲集
孟有涯集
歐陽居士文集
元次山文集
羅鄂州小集 都玄敬家藏
吳家遺文
老蘇文
劉夢得文集
懷古集
西村集
周此山集
嵩山集
晁補之續楚辭

方蛟峰集
擬連珠
晁次膺閑適集
二妙先生集
渼陂續集
古今類選規鑑
梁簡文帝昭明太子集
文瑞集
崔清獻公全錄
伐檀集
楚辭 宋板,欠二本
古文集
尹和靖文集
何氏全集 蘇刻
西田文集

縉雲文集
唐文鑑
雪浪集
金石新編
六臣文選 汪板
金川玉屑集
元文類 山西刻
軫埜集
還山遺稿
文潞公集
安陽集
濂溪集
裁菴賦
秦五峰遺稿
增註唐文集

從古道人詩稿語錄
古文精粹
玉亭文集
補齋詩集
笠澤叢書
象山文集
韓柳白文
嵩山景迂文集 寧國板
莊靜先生遺集
道園類稿
退菴遺文集
張東海文集
眉菴集
方洲文集
金沙賦

朱韋齋集
春岡詩集
金華正學
三蘇文粹
拱日亭賦
王臨川文集
南塢詩集
疊山文集
東谷遺稿
柘軒詩集
聞過齋集
徐節孝文集
容春堂續集
胡雲峰文集
一峰文集

澹菴文集
豫章文集
澹然文集
侗軒集
兩漢文鑑 饒州舊刻
青陽文集
戒菴文集
震澤文集
皇明文纂
太史蘇先生文集
翊運錄
怡菴文集
玩齋集
王文憲公集
安東李都憲文集

毅齋文集
古文關鍵 大刻
雙涯陳先生集
西澗存稿
甫里文集
麓堂續稿
程文憲公文集
柳菴文集
松陵集
無閡先生遺文
自怡集
趙清獻公集
雪溪漁唱集
韓柳文全集 南安舊刻
吳潁川外集

胡仲子集
司馬傳家集
賓竹小鳴稿
二妙集
文溪集
晦菴文抄
黃文獻公別錄
直趣文集
樊氏集
成都文類
少華山人集
薛考功全集
誠齋文膾 舊大本
新安文粹
浙元三會錄

兩京賦
歸田稿
宋學士文粹
中州文表
方玄英集
石翁淨稿
安雅堂集
覺非齋文集
琴賦
王忠文公集
屏山文集
類博稿
陸儼山文集
何公世行
故城文翰

王生藝草
呂東萊文集
曹子建各集 蘇刻
真西山文集
李空同文集
古今選要
翠屏集
郝陵川文集
兩溪文集
洪興祖補註楚辭
謙齋存稿
桃飛雲見石錄
宗忠簡文集
竹坡幽顯集
定軒存稿 不全

松石軒錄
竹軒記
槎軒集 欠上冊
太和全集
陶學士文集
秦漢文 徽刻
柳筆傳唱集
古文 黃岩王啓編
黃文獻公集
羅浮同游錄
襪線集
篁墩集
退軒集
巽隱集
唐甫里文集 欠上冊

芝岩集
張文忠公文集
胡祭酒文集
黃勉齋集 欠下冊
劉文靖公文集
六經圖全集
立齋遺文
楊誠齋文集 欠一冊
彭惠安公文集
王常宗集
歐陽澈撰飄然集
玄素子講幄集
胡蒙谿集
文選六臣註 南監刻
蔡端明集

愛禮文集 二冊
愚莊先生文集
重齋先生文集
會稽三賦 小刻
朱子大全
密庵文集
玉亭文集
老泉文妙
陳子上先生存稿
章氏傳文獻集
葉石林建康錄
雞肋集
松陵集
金文靖公集
泊菴文集

蔀齋先生文集
山㳖文集
雙崖文集
密菴文藁
胡祭酒續文集
胡文穆公文集 舊刻
莊子 三
浮丘四賦
晞髮集
皇明文衡 徽州
張于湖文集
叠山文集
三史文類 欠下冊
周益公玉堂類稿
何非齋文集

東海翁集

欒城集 蜀府刻

劉翰林集

廣文選

黃文獻公集 揚州刻

碧溪賦略

匡間先生集 舊刻

晦菴文集 揚州刻

朱子抄 閩刻

西槎彙草

草堂遺稿集

抑菴文集

安陽文 元刻

妙絶古今

張文定公文集

杜樊川集

唐氏文選

敬齋集

所庵遺集

武溪集

超然臺集

無逸賦

希董先生遺集

續文章正宗 晉府刻

蘇子美文集

石梁文集 二

海釣遺風 一

石龍集

栟櫚先生文集

寶峰遺集

陶靖節集 江西刻
皇甫持正文集
論學繩尺
石潭存稿
古今文章精義
蘇文粹選
海陵周公集 抄
古文類選 八
拙菴集 一
桃溪類稿
直道編 二
宋學士文集
三蘇論粹
曾南峰文集
商山三賦

東田文集
三場文選
劉須溪文集 二
金華文統 四
夢蕉文集 四
新刻古文會編 六
夏忠靖公集
郭氏遺芳集
馮大師集
涂子類稿
魯齋全書 四
鰲峰類稿
六臣註文選 徽刻
職方集
山堂續稿

馬瀚軒文集
半江集
東皋錄
大家文選 八
蘇文忠公文集
施信陽文集 二 江西新刻
巽峰集 五
石湖文略
篔墩文集
兵部集
盧溪文集
蔡我齋居莆集
雲塢山人稿
瑞虹文抄
蔡中郎集 湖廣新刻

三史文類
袁永之文類
六家文選 蘇刻
三國志文類
劉尚賓文集
佩蘭子文集
唐文粹 蘇刻
唐玉錄
亶爰集
張乖崖文集
穎泉文集
胡舍人集
赤城夏評事集
林艾軒文集
静軒文集

鴻慶文集
幘東集錄
方鐵菴文集
執齋先生文集
李氏弘德集
汪閑齋遺稿
見素續集
王改齋文集
月湖四稿 一
紹文堂集
南豐文集 湖廣新刻
東州初稿
遠齋遺文
林霜柏文集
王蒼谷文集 二

戴遂谷文集
王舜渠文集
甌東續錄 徽州舊刻
皇甫少玄集
旻齋集
楊文恪公文集
東廓續摘稿
蕭菴遺稿
范文正公文集
范忠宣遺文
唐荊川文集
程齋近稿
吳文端公集
會心編
程念齋文集

唐氏三先生集
海石文集
潛溪集
予谷漫稿
東里續稿
范忠宣公文集
梁石門集
徐迪功五集
古直文集
洞庭漁人集 四本
月湖淨稿
獨契集
崇古文訣 蘇刻
金石文 蘇刻
朱陵谿先生集

分類宋學士文集
客湖小集
元山文選
楊文敏公集
雲陽李先生文集 欠七之終
槎翁文集
舒梓溪文
李元賓文集
朱澤民存復齋集
歐陽行周文集
直菴存稿
東海翁集
凝真稿全集
許文簡公集
陳石綱集

樂閑遺稿
潘价卿文集
汪白泉中丞集
東安李公濟美集
王鶴山文江集
屠漸山集
劉亭湖稿
王遵岩文集
桂古山文集
沈鳳峰雜集續補
蔣南泠集
春雨軒集
初學文則
劉盧泉文稿
翠渠先生摘稿

雙梧文集
紫峰文集
少傅野亭劉公摘稿
方洲後集
王氏雜存
畏菴周先生文集
東村三賦
交石類稿
鶴城集
枕肱先生集
容軒集
復齋遺集
歷代確論 無錫刻
憑几集
波石徐先生集

觀菴文齋 欠一之三
黃學士蘭坡集 不全
古文真寶
玩芳堂摘稿 江西刻
月湖六稿
艾軒南行稿
白露集
寶經堂存稿
丹崖集
雙峰文集
天游文集
冠塗水詩文遺稿
顧東橋全稿
張右史文集
東白張先生集

歐陽文粹
兩漢文鑑
陽明草堂賦
蒙齋文集
胡仲伸信安集
井窺集
雲洲集
西漢文鑑 閩舊刻
涔涯懷古文集
邵二泉崇正堂錄
稚川外制集
張愈光文集
五經序文
一溪黃公集
許水部文集

雲坪集
寓信江集
王襄敏詩文輯略
東崖文稿
諸儒文要
勤有文集
無錫顏彥夫雜文
無意文稿
紫泉文集
畏齋文集
宗忠簡公集
東田遺稿
白中丞文集
泉齋勿藥集
高育齋文集

類博稿
石林建康集
王襄敏辭賦輯略
水雲遺珠
泉亭存稿
練溪集
周恭肅公文集
王襄簡公文集
梅軒集
古文會選
歸閒文纂
吳文恪公大全集
五經疏傳序
張文忠公集 抄
章楓山遺文

夏裕軒文稿
文章備覽 蘇刻
龜陵文集
厄山集錄
容春堂前集後集別集
經濟文集
相山文集
陳浴江遺稿
汪文定公集 新刻
簡齋錄
鳴皋集
秀野園續文稿
入越稿
經書後語
鴻慶居士文詩

拙菴文集
胡九峰文集 正德間人
林東城文集
魯齋王文憲公集
穀陽雜稿
辟雍稿
蛻菴詩
補註古文大全 弘治刻李紀板
張文忠集 刻，欠二本
白雲稿 舊刻
馬石田文集 祖常
蘇門六君子文粹
鴈湖文集
林霽山文集 溫州刻
樓攻媿文集

林畏齋存稿
漁石關中稿
王麟原文集
幼壯俚語
桂波集
石徂徠文集
熊勿軒文集
澄江文集
元氏長慶集
一山文集
思菴先生文粹
採芝吟

詩詞

溫庭筠詩

白沙詩教
古今賢詠物詩選
唐詩正體
王先生詩選
六朝聲偶集
潛齋詩經
李翰林詩集
白沙詩集
宋詩話二冊 二部
瓊臺類稿
東川詩集
少泉詩集
唐雅 淞刻
滄浪吟卷
全唐詩話

儉父詩集

南溪詩話

莊定山絕句

宋詩正體

元詩正體

明詩正體

青雞漫稿〔「雞」疑當作「谿」。〕

唐絕句詩選

崔顥詩集

山窗餘稿

李詩近體

詩韻會什

鳳池吟稿

六家唐詩 閩刻，不全

中興間氣集

極玄集

原四詩集

熊士選詩

南湖入楚吟

朧仙詩譜

韓五泉詩

劉須溪批點杜詩

夢蘭集

使鄢稿

詩法源流

杜律虞趙註

皇華集

林屋集

鈴山堂集

玉臺新詠

三體唐詩
陳剛中詩
三謝詩集
岑嘉州詩集
杜詩趙註
沈雲卿詩
織錦迴文詩
清風亭稿
燕泉註陶詩
谷音
李翰林絕句
放翁詩選
王履吉集
席上寢語
在野集

唐音
詩家精選
唐詩品彙 二部
雲臺集
比紅兒詩
王建宮詞
花蕊夫人宮詞
薛稷宮詞
和唐音
凭几集
王太傅選詩
東里詩集
游蜀吟稿
谿山聯句
詩評

丁卯集
越山鍾秀集
詩學體要
百家唐詩
詩法
缶鳴集
羅山詩集
范選李詩
讀卷詩集
儒志編
和梅花詩
漁梁集
雪谿漁唱集
士林詩選
鍾氏五良詩

許東魯詩集
剡溪詩話
宛陵先生詩集
唐詩三體白文
梨嶽詩集
四體官體
江陵百詠
臨安集
禮庭吟稿
實齋梅花詩
後山詩集
太白山人漫稿
韋蘇州集
黃太史精華錄
東塘詩集

唐漁石集

濫竽集

皇明詩抄

南溪稿

風雅逸篇

杜學詩抄

林膳部詩集

扈躓小紀

恒陽集

東坡寓惠集

五言律祖

寇忠愍詩集

上都稿

正韻詩押 舊刻

皇明風雅

黃寶詩山 宋刻，國朝序

瀛奎律髓

九卿唱和

選詩拾遺

河嶽英靈集

校士北還錄

謫仙詩集 江西刻

詩人玉屑

聯句錄

明詩選粹

謝子象詩集

梅屋詩稿

湖山雜詠 宋刻

北山詩話 宋刻

本事詩

東田漫稿
陳水部詩
釣臺集
桃源洞詩
牡丹百詠
秋香百詠
殿試賡和詩集
同年會詩集
江湖前後續集 宋刻
皇明詩選
詩品
陳山人小集
聯錦續集
滄海遺珠集
晦庵詩抄

翰林珠玉
唐詩正聲
唐詩別刻
中州集詠
唐詩類編
丁鶴年詩
運甓漫稿
呂東萊詩話
後山詩話
六一詩話
劉貢父詩話
疎寮選詩句圖
詩餘圖譜
鶴圃清音
詩人膏馥 宋刻

南京十詠
朱淑真斷腸集
雅音會編
梨眉公集
庚溪詩話
竹坡詩話
溫公詩話
石林詩話
讀杜愚得
巢睫集
李詩類編
詩學權輿
十二先生詩
河汾諸老詩
敝帚集

馮海粟梅花百詠
雲湖詠史錄
海湖耆英集
謝宗可詠物詩
月泉吟社
杜詩董養性註
唐伯虎集
詩林萬言
諭俗切要詩
王抑庵詩集
元詩體要
懶殘詠史詩
符臺外集
杜律
晦菴詩抄 舊刻

樊南溟詩集
士齋詩集
宋之問集
杜詩類選
早朝詩
蚓竅集
簡齋詩經
五城前集
杜詩集註
滄州詩集續集
同聲集
存齋集語
杜催言三集
上黨庚寅集
東山詩集

華泉詩集
尹和靜詩集
東皐詩集
簡齋集
楊仲弘詩集
玉堂賞花會集
明詩選粹
邵仲子清泉錄
璇璣回文詩
輞川集
鼓吹續編
燕石稿
江湖遣興集
古今詠物詩選
水衡餘興詩

郎士元詩集

鶴田稿

忠義集

黃御史集

古崖詩選

東坡律詩

唐詩類抄

節菴存稿

彭幸庵懷古文

秦藩應教

博雅

周此山詩集

雲中璇璣回文詩

河南詠古集

陸謝詩集

林見素西征集

韶石贈言錄

盍簪留詠

杜工部詩 南監刻

陰何詩集

蘇許公詩

元佑幸學詩〔「佑」疑當作「祐」。〕

謝宣城集

唐三體集

檇李英華

赤城集

近體宮詞附錄

唐詩紀事 杭刻

蔡中郎集

杜詩長古註解

續游仙詩

具茨集

風雅遺音

東園聯句

名賢珠玉

錢起詩集

崑崙山人詩

聲文會選

蟲技集

唐詩皷吹 舊板

唐詩三體 舊板

新刻杜律集註 無錫刻

松皋逸興集

羣公會詠集

皇明名臣賛詩

李長吉集

滄海遺珠

土苴集

交南錄

郭氏聯珠集

梅花集句

新刻杜詩集註

韓內翰香奩集

蒹葭倚玉集

游嵩集

元遺山詩集

唐三體詩

謝玄暉詩集

賜宴倡和

兩巡紀行稿 石沙

詠史絕句

山谷詩 元刻,不全

阮步兵集

玉臺新詠

東坡律詩集註 一部二本,一部六本,有續集

和唐詩皷吹

李詩 蘇刻

左經臣集

戴星集

李杜律集 蘇刻

采風集

草窗梅花詩

批點唐音

海叟集

漢魏六朝詩

周詩遺軌

較奕集

陽峰詩集

箋解千家詩選 宋刻,不全

白樂天詩集

詩選則要

元音

集古漁父詞

歸田詩話

詩學集臠

唐三僧詩

漳源東巡稿

詩林類選

濂洛風雅

何註陶詩

曲江集 韶州刻
士林詩選 二
楊仲弘詩
升菴詩集
詩律釣玄 不全
河汾詩
支離子詩集
湟川八詠
還淳嘯詠集
唐絕奇
類編古今詠物詩
增廣唐皷吹詩
搜玉集
巡行江淮錄
唐詩紀事 晉府刻

唐絕句附註
織錦回文讀法
揭曼碩詩
續三體詩
松膻詩集 一
鳴志集
批選杜詩
劉職方詩 一
詩家一指
蒲山牧唱集 一
北游紀行詩 一
濟南七十二泉詩 一
杜詩千家註
迃虛子詩集
唐詩類編

江西紀行詩集 二
陳子平勉學詩
菊花詩集
皇明羣英詩粹
劉崇明詩選 一
羣珠摘粹 一
玉岑詩
唐詩鼓吹續編
樵雲獨唱集 一
天衢舒嘯集 一
鄱陽劉彥昺詩 一
林膳部詩集
鳴盛集 二
學古詩
感興詩

桐山詩集
甘露多景樓詩
二妙王先生詩
白雲樵唱
詩苑叢
竹齋詩集
唯庵詩集
鶴年先生詩集
游武當山詩
古今詩法
張光弼詩
柳黃同聲集
雙匡詩集
傅與礪詩集
古崖先生詩集

心學先生詩集
古廉詩集
覆瓿詩集
元詩體要
陳莊敏公集
青城山人詩集
周職方集
高節庵詩集
皇明江西詩選
柳莊先生詩集
瀛奎律髓
杜律演義
和唐音
詩人玉屑
素樸子詩集

雪厓先生詩集
北征詩集
覆瓿拾遺
詩法源流
三先生詩集
柳莊詩集
中吳孕靈 蘇刻
一齋詩集
元音 舊刻
冰壺摘稿
月後後稿
清秋唱和卷
藍山詩集
李詩類編 寧府刻
唐子西詩集

杜工部詩白文

常評事集

張處士全歸集

謝約庵詠古詩

白沙律解

祁雪集

五倫詩集

雲林詩集

高漫士嘯臺集

坦齋詩選

升庵詩話

藍澗詩集

藏春詩集

詩韻指南

分類補注太白詩

雪溪漁唱

杜詩集註 靖王府刻

滄州詩集

皇明珠玉

和李詩

羅川剪雪

雙清集

陳恭敏公詩集

梅花集詩

臨安詩集

張楷紀行詩集

中中子詩

劉義詩

萬翼和唐音

武靖侯詩集

逃虛子詩
全唐詩話 浙江刻
排節宮詞
滇南鼓詞
歲寒集
括囊稿
頤貞回文詩
鳴鶴餘音
集詠雪詩
覆庵詠梅集
休休菴集
二妙集
白氏諷諫
楊榮和唐音
全唐詩選

東坡詩白文
北還詩
歷代宮詞
知竹集
螺城集
聯錦續集
興詠物新題
興觀詩集
餘興集
黃忠宣公詩集
汪水雲詩集
顏氏辛巳集
頤山詩話
寧庵詩
萬首唐人絕句 蘇刻

陳水部詩集

東軒詩集

湖山唱和

晦庵先生詩話

聯錦詩集

詠物新題

陶氏四節婦詩集

和杜詩 欠上册

和遊五臺詩集

放翁詩話

禹山詩

李杜白文 無錫刻

歲時雜詠

王城山人詩

苑詩類選 楚刻

四溟旅人詩集

詩源攝要

唐詩三體 周府

岑嘉州集 欠下册

撫上郡集

華山吟

楚澤謠

宦轍聯句

吳門志別

思玄先生詩集

螢聲集

詩對押韻

樂閑先生遺稿

夢墨稿

義鄰九老會詩

校定晦翁感興詩
文公先生訓蒙絕句
擬廣菊詩
高氏子午集
淮泗小稿
撫雅
上廟堂元老詩
仰止集
芸窗逸典
盧照鄰詩集
步虛集
缶鳴集
李杜全集
宣府雜詠
海市唱和集

彭太保平蜀詩
五城集
鳳洲唱和集
得月稿 欠一之二
乙巳春遊稿
讀卷詩集
德正格天詩
趙州石橋詩
何水部詩集
左晉贈言
唐詩品彙
蔣宗誼紀行詩
盍簪集
東遊集
渝蒙歌

煙霞集
浮湘稿
下郎中詩集
髳遊聯句錄
雅音會編
水部稿
貢院中秋唱和
集古宮詞
中州弔古詞
興觀集
玄素子詩集
學鳴詩集
儲光羲詩集
燕磯唱和詩
集解唐宋千家詩

雨溪詩集 二
專城稿 一
二蘇和陶詩 二太原刻
朝天便覽 一
華陽外史集 二
太倉稿 一
江上錄 一
已有園小稿
凝淨樓詩 一
青城梅花三百詠 一
士苴集 一
玉笥集 一
會通館校正選詩
文墨集 一
瀾厓集 一

酒籌詩 一
循良輿頌集
樗齋詩集
杜律白文
舜澤江西山西詩 二
唐氏三先生集 欠七之尾
西玄詩集
靈金秋集 四
觀樂生詩集
唐律詩 二新刻
鶴田雜稿 一
庸見錄
居竹軒詩
落花唱和詩
省垣稿 一

樂圃餘稿
甌峰詩集
觀光詩集
唐律類抄
穀原詩集
遊燕稿
白中丞詩遺
唫囈集
均奕集
桂香集
陶父寄興集
劉文公詩集
梁園寓稿
水次悞言集
燕言略

履霜集

袁海叟詩選詩補 新刻

午谷山人集

四子讌遊錄

振衣亭稿

蔡石岡詩集

唐十子詩

客星山房詩集

玄庵莫先生遺稿

秋澗唱和集

松風禪月詩

梁劉孝綽集

結腸集

寇忠愍詩集 陝西新刻

東山集

天遊山人初稿

閬陽稿

阮嗣宗集

西楂集

次古詠物詩

月香亭詩集

西崑酬唱集

錢考功詩

分門集註杜詩 宋刻，不全

都玄敬詩話

古樂府

鷺溪詩稿

杜選 張含刻選

溝斷集

朝正唱和

管郎中詩集
唐詩類抄
李語五言辨律
續次古詠物
和唐三體五言律詩
鴻州集
白齋詩集
東湫雜詠
青城詩
謝靈運集
唐司業張籍詩
鷗汀集 二
風雅廣逸
空同詩選
東甌詩

落花詩集
在齋樂全詩稿
李詩選 張含選，升庵點
屏石古今題詠集
海市詩 舊刻
石齋詩集
鄭巖山詩集
余氏三巖樵語
飲河集
篤齋詩集
杜律趙註
博選唐七言律詩
石淙吏部稿
遯點荒音
千家註杜詩

徐子仁詩集
梧野山人乙巳稿
三隱聯句
鏡光唱和集
鴻泥堂集
選詩演義 宋刻
竹廬詩集
集註分類杜詩 元刻
文溫州詩集
魯國安平生十二詠
高吾詩集
杜律五言白文
邵二泉七言杜律抄 蔡白石批點
唐漁石詩集
齊魯雜詠

騷壇備用
九龍和集韻梅花詩
玉臺新詠 活字大刻
西岩遺稿
山齋吟稿
金山續集
懷雪集
章逢清樂
竹居詩集
東巡錄
狀元任先生遺稿
錢郎中詩 新刻
温中谷集
薛文清擬古集
厓東遺稿

翰苑倡和詩
溫陵集
龍飛四遇
崇岡餘稿
九三嘉刻
南川漫遊稿
北上稿 一
木蘭堂集
西征集
詞林萬選
碧里鳴存
芸閣稿續禮
勾吳顧可久讀禮集
瑞燕集
珠崖集

二友詩集
四峰樵唱
山居倡和詩
乾齋遺稿
海鶴亭詩話
于紫岩詩集
復庵存稿
東崖集
增選唐宋千家詩
千一齋分類百詠雪詩
古禺詠物詩
石田清嘯
樵樂存稿
張孔覽勝嗣音
岷臺錄

會稽古懷詩集
詠物比題詩集
李嘉祐臺閣集
鳴野集
詩學題詠
芝田集
續史百詠詩
憫志稿
羅隱甲乙集
聽松軒詩集
菊莊集
進修遺集
周約庵覽勝集
吳江集
豫章既白詩集

朴庵詩集
詩法拾英
古今詩材
詩韻註疏
山中集
少室夢言 欠一之二
人蓬集
出塞詩
王舜夫詩集
支道林集
靈蝗詩集
鈴山堂詩選
何文煥宮詩
賈長江集
南山類編

鳴志集
已有園續小稿
池南按陝集
息園詩稿
雪航集
詠梅集
夢竹拙草
斗南詩集
鹿皮子詩
劉隨州集 臨洮刻
杜詩釋義 張羅峰註
呂居仁詩集
扈蹕稿 桂州
侯蟲鳴
已有小園稿

許水部詩集
金子有集
無意詩稿
涔涯懷古詩集
釜川詩稿
三湘紀遊集
錫宴倡和
東江使南詩集
洹橋同音
山南六桂集
蓮谷八詠
汲福井續集
潛庵集
鷗峰續集
榮穀集

松坡續集

雲林詩集

麗峰會詩集

秉憲西江詩稿

楊氏世美園詩集

杏東歸田稿

維揚集

西行別稿

汲福井集

樵林摘稿

孔文谷履霜集

榮壽詩集

選詩 蘇新刊

貞烈詩集

唐音大成

吟秋稿

咏雪唱和

蓉泉漫稿

名山百詠詩集

崇本錄

顧錫岩瀛海集

沈鳳峰詩稿

少鵠詩集

東皋先生詩集

槎軒高太史詩

蘆岡南巡詩集

九峰書院詩

李賀錦囊集

梧崖詩集

竹心亭錄

謝西山類稿
棠林世稿
楓林拙稿
鐵硯齋詩
張愈光詩選
古廉詩集 欠下册
海樵律詩
仕塗吟嘯集
五真集
洞庭湖詩集
鳴蛩集
容山鍾秀詩
洪内翰經筵唐千家詩 宋刻零本
沈詩補遺
陳所安遺集

葉硯莊茌山行稿
珠川摘稿
浚泉吟稿
厓南先生詩集
泊菴詩集
桃溪唱和集
甌賓遊覽詩
半洲稿
諫臺倡和
友石亭稿 不全
輞川集
遜樂詩集
侯節齋杜詩解
王彭衙詩集
新選唐三體詩 大字刻

舜澤緒言
李建州詩
豰音集
兩堂遺稿
閑中雜詠
杜律演義
蘭亭集
王荆文公詩
花豀集 沈夢麟作
詩話總龜
續齋集
周恭肅公詩集
絕句千家詩選 欠
歸田稿
華衡齋壽集

遺思編
秀野園續詩稿
天葩集
漸齋詩草
使雲貴錄
戊航雜記
懷麓堂續稿詩集
閨情二十四詠
蠐磯集
唐宋詞選
楊孟載眉菴詩
光岳英華
劉須溪杜選
萍居集
沈潛齋詩集

剪綵集

杜律摘旨

胡九峰詩集

宮僚倡和集

扣舷集

忠濟堂集

名詞類編

蘭軒詩集

東巡倡和詞

東坡詩選 元統刻

碧洋摘稿

未濟小稿

孫石磯集

聲畫集

皇甫百泉禪棲集

劉西陂集

姚玉厓詩集

增廣箋註名賢草堂詩餘 宋刻

中唐十二家詩

訓蒙詩要

魯藩望洋詩稿

豔情集

木天禁語 舊刻

桂波集

引笑集

劍南續稿

活水集

五岩子詩

介溪使鄖集

丙子集

中興江湖集
陸氏書粹
行臺小稿 遯菴
吟編彙集
對崖摘稿
蒼臺詩集
懷玉山亭記
娛書堂詩話
西野詩略
張文僖公詠史詩
藍田王摩詰詩
襄陵分司題詠
近湖集
休庵全集
鈐詩山選 四冊

先公十峰集
三峰宦遊二京集
李彭村詩
集句香閨集
倪氏靜寄集
武夷詩集
秋風詩集
蚓鳴集
玉雪堂詩集
翠岩吟稿
雪菴詩集
止菴集
蘆南詩集
蚓竅餘音
詩林辯體

增廣事聯詩學大成 洪武刻

謝宗可詠物詩 改定本

陶集 周顯宗刻

肅雍集 姑蘇施伯仁婦鄭氏作

倪氏月樓集

金衢稿

東坡詩集 惠州刻

知非齋詩集

詩塚唱和集

陶園錄

窺豹集

江南春詞

澹菴紀行續集

荊南詩社倡和集

石湖居士集 舊刻

東郭草亭宴集詩 北京八景詩附

東里詩集

園趣存稿

張御史和唐音

唐李益詩集

鏡山小稿

平坡詩集

思泉漫稿

羣英會詠

晁氏寶文堂書目卷中

類書

玉海 元刻一部

文翰類選大成 一部六十四,一部欠六冊

容齋隨筆 二筆 三筆 四筆 五筆

藝文類聚 蘇刻一,常州活字刻一,閩刻一

自警編 三部

啓劄雲錦棠 不完近刻

文心雕龍 舊刻一,近刻一

翰墨大全 元刻一,小刻一

書言故事

仕學規範

韻語陽秋

釋文三註 內府刻

羣書纂要

漢雋 舊刻一,近刻一

士林龜鏡 元刻

詩學大成 元刻一,近刻一

百段錦

初學記 無錫刻一,晉府刻一

黃氏日抄 閩刻一,近刻不全

事林廣記

諸事摘錦

萬花谷 華家小銅板一部,大銅板一部,不完。蘇刻一部

百川書志　晁氏寶文堂書目

詩對故事
四六通式
菊坡叢話　三部
明心寶鑑
儒教應用
押韻淵海　舊刻二部
梅亭四六　活字刻二，抄一
事類賦　無錫刻一
羣公小簡
使規
世說新語註解
瑣碎錄
羣書鈎玄　元刻一，舊刻一
百川學海　無錫刻二部
事物紀原　二部

詩學大成　二本
韻府羣玉　元刻一部，監刻一部，弘治刻一部
四六警句
對類大全
文獻通考　內府刻一，閩刻一，南監舊刻一，新刻一
事文類聚　舊印棉紙一，竹紙一，新一
詩話總龜　抄
捫蝨新話
小學集解
小學句讀
硯田餘耕
東溪日談錄
天地正氣
困學紀聞　元刻二部，近刻一部
洞天清錄

三三八

居家必用 內府刻十本,閩刻六本,蜀刻一部
集事淵海 閩刻五十本
韻府續編 十本
文選雙字類要
策元經濟
詩壇叢韻
山堂考索 閩刻二部
登會錄
羣書集事淵海 內府刻三十本
寧藩書目
小四書
羣書備數 舊板
唐詩品彙 舊刻
書林事類 不完
昭德讀書志

圓機活法 徽府用
杜氏通典 閩刻一部,南都刻一部
通志略 不全
書叙指南
諸子纂要
璧水羣英
源流至論
寶賓錄
夷堅志 杭刻
皇朝類苑 不完
羣書一覽
通志略 二部完,一部不完
釋文三註 杭刻
全璧君臣故事
經史文編

三教應用

說郛

白孔六帖 蘇刻

書鄉小步

耕餘博覽 不全

無敵手詩 元刻

五倫詩選

金石錄

格古要論 一

欣賞編 一套

活字大板合璧事類

隸竹堂書目

綉法

北堂書抄

蘭亭考

養生類纂

陳學士吟窗錄 十

太平御覽

古今合璧事類

啓劄清錢

玉海精粹

剪燈錄

詩人玉屑

詩林類選

詩律武庫

文淵閣新查書目

西山讀書記

羣書事苑

海錄碎事

考古編

異聞總錄
名義通考
古今相鑑發揮
筆坡叢脞 一
殿閣詞林續紀 六
古硯箋
宣和書譜
初學記 潘府刻
墨池編
歲時廣記
諸子菁華
集言
六藝類要
廣益聚集寶論
司馬家範

古今紀夢要覽 二
杜氏通典纂要 常州銅版四
經籍考 十六綿紙
爾雅翼 徽刻
燕語考異
蒙求 蘇舊刻
博事志 三
詩學階梯
尺牘法言
中州集 元刻,欠三、四、五、六、七、八
敏求機要
營造法式撮要
續蒙求故事

子雜

使西日記
文斷
灼艾集續集餘集別集
埤雅
王充論衡
小學內外篇
意林
文式
胡致堂崇正辯
否泰錄
世說新語
方言
損齋備忘錄
輟耕錄 舊板

景行錄
歸田雜識
宋遺民錄
鹽鐵論
吳中小說
畏軒劄記
水東日記
古文法則
四明文獻錄
吟堂博咲集
鷸峰雜著
民生利用
金石例
讀書劄記
異端辨正

自省三書
正紀錄
榕城鄉約
梓吳
桑榆漫思引
東坡墨蹟
絢庵邇言
循吏私錄
鹿鳴儀節
荷亭論辨
草木子
山谷刀筆
養正錄
愧庵讀書錄
乾坤鑿度

狐白裘
古三墳書
百壽字圖
欣賞編
素庵遺行集
天慈見晛錄
翊言編
經籍格言
八賢事寶
羅山自志
桂州集
宋祀受終考
許襄毅公異政錄
中吳紀聞
范文正公尺牘

臺中文議
侯鯖錄
五色線集
石皷文正誤
唐語林
藍田鄉約
桯史
聞見善善錄
公子書
希迂子
括異志
立齋閑錄
湖海奇聞
秉燭清談
花影集

止水評
松窗雜錄
芥隱筆記
絳守居園池記註解
崔豹古今註
文章甌冶
運化玄樞
小學書解
舉業筌蹄
隨志
顏氏家訓
警心叢說
剪燈奇錄
剪燭清談
省心詮要

次柳氏舊聞
隋唐嘉話
梅妃傳
艾子
資暇錄
幽閑鼓吹
葆光禄
趙飛燕外傳
高力士傳
清夜錄
聽雨記談
談藝錄
虯髯客傳
柳毅傳
紅線傳

長恨傳
嵩岳嫁女記
廣陵妖亂志
開元天寶遺事
齊諧記
海內十洲記
卓異記
日詢手鏡
陽山新錄
海槎餘錄
新倩籍
稗史
西征記
避戎夜話
雲林遺事

病逸漫記

夷白堂詩話

天全先生遺事

崔少玄傳

南岳魏夫人傳

楊娼傳〔「楊」原誤「陽」，今改。〕

李娃傳

續齊諧記

集異記

離魂記

韋安道傳

涉史隨筆

天心仁愛錄

四貞傳

束牘大全

原聽錄

碧雲騢

古鏡記

鶯鶯傳

霍小玉傳

柳氏傳

非煙傳

無雙傳

謝小娥傳

傾聽錄

家塾事親

愛石編

剪燈新話

剪燈餘話

別國洞冥記

南柯記
任氏傳
蔣琛傳
冥音錄
博異志
楊太真外傳
卧遊錄
山家清事
劉賓客嘉話
嘯旨
宜齋野乘
翰墨易見
清溪暇筆
簷曝偶談
養餘錄

內簡尺牘
山房十友譜
琅琊漫抄
東陽夜怪錄
白猿傳
東城老父傳
文錄
深雪偶談
明道雜志
童家手簡
手簡通式
東坡尺牘
金石契
啓劄束牘大全
剪勝舊聞

彭文公筆記
吳中往哲記
蘇談
七人聯句
國寶新編
寓意編
景仰撮書
霞外雜俎
寶檮記
臥憂志
筆坡叢脞
慎言集訓
餘冬序錄
成仁遺稿
震澤長語

東京夢華錄
脩辭鑑衡
酉陽雜俎
懸笥琐探
二科志
瘞鶴銘考
齊東埜語
越絕
博雅
郊外農談
兩山墨談
大唐傳載
宦遊紀聞
幽怪錄
游文小史

驂鸞錄
永昌二芳記
南園漫錄
鶴林玉露
東祀錄
玉壺冰
葉母還金傳
松窗寱言
冷齋夜話
武林舊事
戴氏鼠璞
晁氏客語
道山清話
中華古今註
漁樵問對

蔡邕獨斷
李涪刊誤
李國紀聖事業圖
筆疇
袁氏世範
羣公小簡
象山語錄
朱子大同集
朱彧可談
鍾輅前定錄 續前定錄附
韓忠獻公遺事
濟南師友談記
河東先生龍城錄
王君玉國老談苑
誠齋揮塵錄

王文正公筆錄
李肇翰林志
丁晉公談錄
學齋佔畢
釋常談
王文正公遺事
周益公玉堂雜記
開天傳信記
宋朝燕翼詒謀錄
春明退朝錄
疎寮子略
胡國器畊祿稿
子俞子螢雪叢說
蘇黃門龍川略志
儲華谷袪疑說

劉賓客因論
宋景文公筆記
陳錄善誘文
顏師古隋遺錄
疎寮騷略
王公四六話
文房四友除授集
梅屋獻集
謝伋四六談麈
西疇常言
鑾城遺言
李東谷所見
趙元素鷄肋
孫君孚談圃
東坡志林

東吳雙偶

懷春雅集

嬌紅記

會真記

香羅記

鍾情麗集

震澤紀聞

問疑錄

海樵讕語

海市辯

通俗演義

忠義水滸傳

徐蘇傳

霏雪錄

烈女傳

風俗通

白虎通

治世龜鑑

楊升佳遇嬌鸞記

瑣綴錄

溪野問答

讕言長語

諭俗編 舊板

水雲錄

軒轅傳

沈存中筆談

江海湖聞

夷堅續志

懷春雜集〔「雜」當作「雅」。〕

元城語錄解

宣和遺事

書言大全

小搜神記

樵一談

夙興夜寐箴

宜司記

延生至寶

潤州先賢集〔「州」原作「洲」，今正。〕

經傳警語

子史要抄

真西山心政經

經史要言

學約古文

錦繡策

孤樹裒談

硯田日耕

三楚新錄

青溪寇軌

閑中新錄

師友格言

蜩螗外稿

續觀感錄

代劍錄

聯珠野史

八面鋒

麟雎遺韻

野客叢書

溪蠻叢笑

垠嶽記

北邊備對

江南別錄
談藝錄
羣玉之府
漢武故事
蒙韃備錄
平夏錄
毛塢雜志
南村輟耕錄
集事詩鑒
宸章集錄
月河所聞
北里志
姬侍對偶
穆天子傳
春夢錄

劉文簡公錄要
張乖崖事文錄
小學旁註
崇正辯
范文正公尺牘
義金箴規
雲峰手簡
論學繩尺
搜神廣記
華夷譯語
道源集覽
荃翁貴耳集
西京雜記
山房隨筆
閑居錄

東園客談

釣磯立談

南唐近事

吟窗涉趣録

青箱雜記

畫墁録

古杭夢遊録

楊公筆録

冤魂志

平吳録

書齋夜話

嚴下放言

角力記

灌畦暇語

開顏集

澄懷録

北戶録

王氏談録

復齋日記

懷古録

朝野類要

赤松子

述異記

大理戰書

瀛涯勝覽

續搜神記

鶴山雅言

小名録

志雅堂雜抄

文則　與今《文則》不同

尚論編

綠窗紀事

青樓集

補筆談

神異經

唐小說

諸書粹語

芸窗三嗜

雙溪雜記

寶善卷 徽府刻

異物彙苑 徽府刻

立朝心印

蹴踘文

事物紀原 湖刻

唐詩行世紀

吳越春秋

剔古豁今

讀書分年日程

錄鬼簿

投轄錄

三餘贅筆

雲烟過眼錄

庚巳編

明皇十七事

蒙求圖註

路董重勸錄

松漠紀聞 嘉興刻

薛文清讀書錄

古今文章精義

唐瞿經頌錄

要語韻語錄
紺珠集
奇事訓釋
鍾嶸詩品
平江紀事
烏臺詩案
義俗成訓
疑辯錄
詩家一指
學則
文苑英華摘要
風俗通
學古編
清刑日記
啓蒙故事

純正蒙求
月令通纂
訓蒙對偶
啓劄青錢 山西板
詩對押韻
游名山記
温公書儀
潤經
辟俗編
革除遺事
鑒古錄
使朝鮮錄
龍筋鳳髓判
治安通義
小學淵源

辯惑續編
孔子家語
小學日記故事
山居四要
養蒙大訓
劉向說苑
石田雜記
廣客談
陶朱新錄
桂苑叢談
剪勝野聞
傳國璽譜
江淮異人錄
苹野纂聞
吳中舊事

冀越集
西征石城記
對床夜話
改元考
錦繡百事箋
志怪
杜陽雜編
興復哈密記
友會談叢
雲仙散錄
閑燕常談
賈氏談錄
天隱子
白獺髓
北狩事蹟

朝野雜記
王子年拾遺記
漁樵閑話
汝南詩話
朱子與王梅溪書
宋諸家詩話
高風錄
尺牘法言 元刻
蘇鶚演義
出使紀行
老學菴筆記
嘉善勝覽
南翁夢錄
廣川畫跋
事類蒙求

小學集註大全
六詔紀聞
天游別集
活生四事
盡忠錄
戒子通錄
乙卯避暑錄
尺牘笙蹄 元刻一部，新刻一部
瘞鶴銘考
國初事蹟
山家清供
山家清辯
桐山雜辯
因話錄
文昌雜錄

先儒學範

碎金

春秋繁露節解

溫公徽言

三遂平妖傳 上下卷

中州弔古錄

丹鉛餘錄

景仰撮要

名義通考

客坐新聞

古今合璧故事

百夷傳

正學階梯

遇真紀

端友齋錄

叢志錄

篁墩錄

碎金集

續遊編

儒學樞要

田家五行

對類 內府小板

使琉球錄

狀元紀事

古文釋疑

濟美錄

廬陽客記

淮海世德編

耆齡考終錄

附驥錄

水滸傳 武定板
博物志 開化刻
穆天子傳 刻本
三國通俗演義 武定板
坤雅 舊刻
平海紀事
輟耕錄 棉紙
神隱
陝西貢士錄
素書直說
洛京王煥
簡帖和尚
鬭刀樓記
儒學警悟
天寶亂離西幸記

苕溪漁隱叢話
封氏聞見錄
卻掃編
庶齋老學叢談
墨莊漫錄
吹劍錄
雲堂酒令
洛陽三怪
宋梢公案
笑海叢珠
學範 國初刻
宋人口議
邵氏聞見錄
湘山野錄
南部新書

藏一話腴
東雲日錄
綠窓新話
使韃日錄
麗情集
晴谷漫錄
紫羅蓋頭
經史文編
史弘肇傳
女報寃
勘靴兒
趙正侯興
中州集
經傳警語
丹鉛續錄

謚法
奸臣錄
皇明諸學記
山亭兒
種瓜張老
風吹轎兒
錯斬崔寧
燈花婆婆
宋名臣琬琰錄
辯惑編
觀感集
警時新錄 入史類〔旁注三字原作大字，另列一行，非。〕
南翁夢錄
博笑編
濟瀆靈異辯

報應事類韻語
霏雪錄
館則
經史文編
吳興明賢錄
台山靈異錄
綴錦
庚申外史
孔孟聖蹟圖
勿藥編
家語 一
天順日錄
蒙齋筆談
空同記
逍遙傳記

歷代蒙求 一
賜遊西苑記
儒志編 一
童蒙易知
西疇常言
道命錄
中州啓劄
可齋雜記
文公經世大訓
正教編
迷樓記
西溪叢話
涉史隨筆 一
剪燈錄
春秋繁露

先儒學範 一

香臺集 一

百川學海全集 六

欽明大獄錄

酉陽雜俎

古文法則

自警編

北溪先生字義詳講

古今烈女傳

文章軌範

興復哈密記

耿永鑒事實

杏壇記

聚賢堂

進梅賦

濟南賦

醉翁談錄

明儒警語

續讀書錄

寰宇通衢書

千文註釋

北溪先生性理字義節要

舉業啟蒙

撫安東夷記

客窗夜話

四時氣候集解

勸忍百箴

梅杏爭先

黃粱夢

雲溪友議

庸蒙聯韻
千秋日鑒錄
傳疑錄
使規附使緬甸書
河汾燕閒錄
聖駕南巡錄
淮封日記
知命錄
書輯
古奇器錄
同異錄
平胡錄
豫章漫抄
續停驂錄
玉堂漫華

願豐堂漫錄
歲時樂事
誦詩續談
春風堂隨筆
大駕北還錄
南遷日記
效顰集 舊刻
藏書目錄
蜀都雜抄
春雨堂雜抄
中和堂隨筆
科場條貫
停驂錄
谿山餘話
金臺紀聞

松石軒詩評
棠陵實錄
程氏考古編
讀史續談
童蒙習句
詩家一指
賈島破風詩
馮玉梅記
杜麗娘記
柳耆卿記
李亞仙記
合同記
三水小牘略
能改齋漫錄 （「漫」原作「謾」，今正。）
天廚禁臠

墅談 秦刻
三元延壽書 巾箱板
都公譚纂
忍書
程氏續考古編 不全
綠珠記
紅蓮記
郭大舍人記
蕭回覓水記
孔淑芳記
陶公還金述註解
雲駕重幸太學錄
癸辛雜識
養生集覽 巾箱板
養生月覽 巾箱板

留院錄
谷平目錄
賦題星鳳
藝贊
觀時集
袁氏世範
遵聞錄
簷曝偶談
西樵野記
桂坡遇錄
桯史 小刻
心鑒警語
博物志 南京刻
近峰聞略
青田三傳

教養全編
自警集要
鄭氏旌義編
賢識錄
備忘錄
菽園雜記
緑雪亭雜言
曹娥碑
忠義直言
媿郯錄
臺中文議
養閑自勵
紫陽先生東遊記
圖書式
歐明尺牘

大司馬三原王公傳

歐蘇手簡

宜閑集

小學集成

璞玉新書

崔豹古今註

橡曹名臣錄

直說古今事略 沈竹束撰

多能鄙事

古今雜記

杜學詩抄

劉如傳

孔氏說苑

茗溪漁隱叢話

十一經問對

杜陽編

民生利用

埤雅 當刻

忠精□靈應錄

水經碑目

正學編

楚史檮杌

崔氏洗冤錄

劉先生邇言

使轄日錄

閑燕常談

談藪

異聞集

養生類纂 內府刻

事物紀原

王明清揮麈錄
大業雜記
李元吳江救朱蛇
崇正辨〔「辨」原誤「辦」，今正。〕
雲仙散錄
邢鳳此君堂遇仙傳
范張雞黍死生交
羊角哀鬼戰荊軻
吳郡王夏納涼亭
小金錢記
朱希真春閨有感
柳耆卿斷蘭芳菊
徐文秀尹州令記
楊溫攔路虎傳
崔淑卿海棠亭記

唐平黃巢
墓道楊元素逢妖傳
合色鞋兒
夜雨催花記
李煥生五陣雨記
雪川蕭琛貶霸王
韓俊遺金
合同文字記
盧愛兒傳
李煥生五陣雨記
夜雨催花記
合色鞋兒
真宗慕道記
元宵編金盞
陳季卿悟道竹葉舟傳
新河壩妖恠錄
侯寶盜甲記
閑中語錄段錦

金鰻記

刎鶻鴛鴦會

梅花清韻

張于湖悞宿女觀記

葫蘆鬼

宿香亭記

真珠匣兒

燕山逢故人鄭意娘傳

楚王雲夢遇仁鹿

馮唐直諫漢文帝

沒縫靴兒記

白鶯行孝

李廣世號將軍

啓蒙手簡

啓蒙故事

石林燕語 二舊刻

東軒筆錄續錄

讀書剳記

風月錦囊

齊晏子二桃殺三學士〔「學」下當有「士」字。〕

玉觀音

玉簫女兩世姻緣

沈烏兒畫眉記

歐陽學賞海棠

桃花源記

箐齋讀書記

南金才束

輟耕錄 四册本綿紙舊刻

王西樓野菜譜

竦林衛正稿

夢樵詩話 二
關中友義 一
山谷簡尺 一
風月相思
失記章臺柳
燕山逢故人 一
劉阮仙記
藍橋記
張子房慕道
劉先生通言
樂菴語錄
風月瑞仙亭
郭翰遇仙
聖賢精義
正內篇 二

新安汪氏師友翰墨
小學書解
正學發軔 一
翡翠軒記
合色鞋兒
快嘴李翠蓮
孫真人
貽燕錄 一
西湖三塔記
蘭昌幽會
飲膳正要 三
文筌 一
荊溪外紀
黃文獻公筆記
童子習 一

孔子家語註釋 二
南部新書
笑海叢珠
休菴哀榮錄
孤竹賓談 二
西田語略 四
席上腐談
經鋤堂雜志
東觀奏記
忍書
宋氏貞孝實錄
鄉儀
用書外傳
海虞陳氏義慈集
辭榮錄

小學講語
鄉約集成
松牕寤言
東坡笑苑千金
姚刑部哀挽集
南畿學政
僧辨
彭城降鶴記
先儒學範
冀越集
楊氏家傳
尚論編
教家要略
忠純紀略
定軒黃公遺錄

書簡通用活套
宗儀
壽榮錄
壽祺錄
增損呂氏鄉約
儒志編
語助發明
家塾記〔「塾」疑當作「墊」。〕
盡忠錄
北畿周公學政
寧化老三省家範
都南濠詩話
平番始末
河東馬氏宗典
疑史自質

毛塢雜志
塞庵自鳴藁
山居四要
大學進修錄
箐齋讀書錄
西疇常言
翰墨良規
襄陽耆舊傳
詩學梯航
絳守居園池記註解
治心要語
雅述
小學啓蒙
琴棋書畫小說
東坤演連珠

効忠集
鄒氏旌義編
雲仙性談
龍江夢餘錄 綿紙
霍氏家訓
古三墳書 天泉刻
穆天子傳 天泉刻
百忍圖
貫珠編具
劉鐵山傳
賈氏家乘
梅磵詩話
荷亭後錄
丹鉛摘錄
黃久菴明道編

殿閣詞林記
聲承籍
舉業詳說
類拙
文公小學
蔡氏齋束
金石例
荊溪林下偶談
急就編新 新刻
藝林
當官劄記
閩鄭湖峰家規
使職昭鑒
杜學禮抄
六經正誤

殿閣詞林續記

隨志 楚刻

舉業贅論

教民二十四事

桂坡紀遊錄

古今謎驪珠錦囊

曹孟德一瓜斬三妾

西南陟屺集

士翼

延壽故事

中朝故事

薛文清公從祀議

循良彙編

東觀餘論

竹先生傳

國子同宮錄

女論語 一

癸辛雜識零冊

孫氏家譜

朱子實紀

蘷關姚卞吊諸葛

臥雲韻雨

宗會堂圖說要義

江梅殱渠記〔「梅」疑當作「海」。〕

寇萊公遺事

東方朔神異經

解夢厭怪書

挩虱新話

訓蒙習對歌

遠齋告蒙

日用便覽
續高士傳
范文正公尺牘及諸賢贊頌論疏
范文正鄱陽遺事
范文正襃賢祠紀
曲洧舊聞
都氏節義編
十處士傳
雲麓漫抄
銅劍贊
聖宋掇遺
閔雨錄
宣室誌
今賢彙說
續世說 宋刻不全

風月機關集
杜陽編
孔子家語
范文正言行拾遺事錄
志窮錄
麟臺故事
切要故事
三水小牘
殷芸小說
文武兩朝獻替記
沂公筆錄
玉照新誌
詼諧謾錄
南嶠陰德傳
唐忠臣錄

道南書院并延平八景詩
山居四要
八十一傳
弘治甲子山西賓興哲集
金石例
孫毅齋鑑古韻語 湖廣刻
館閣漫錄
劉忠宣宣召錄
臺獎贈言
忠誠錄
海語
諭高才生文
夢谿筆談 舊板
蔣節齋祈雨有感詩
儒者八字類

林生文略
甘棠書院
聖駕臨雍錄
十四遊記
徐少湖蒙訓
元遺山夷堅續志
春秋繁露求雨止雨節解
廣中新錄
雙槐歲抄
海岳陳先生行狀
養心書院書記
經史餘談
惠威錄
海涵萬象錄
歷代忠義錄

遺愛集
紀遊錄
足徵錄
遺徽錄
茂邊紀事
累世忠貞錄
平真外史
樊侯政績錄
西昌雜言
三殿錄
伸冤錄
文林珠玉
歲寒四友傳
三瑞集
松漠紀聞

武庫集
蒭蕘餘論
禽虫述
崑齋小稿
平蜀記
亡烏子
借山散稿
懷賢錄
百感錄
白獺髓
思賢錄
不平鳴
侯鯖錄
志恠錄
歸田錄

責備餘談
兄弟論
讀書疑 欠二之二
末齋奉心集
顏氏家訓 三十一世孫刻
東觀錄
庸菴隨筆
麟角集
貞節堂集
仰山脞錄
涉異志
渚宮故事
太平鄉約
諸公贈言
澠水燕談

旌節錄
夏遊記
國寶新編
漫叟拾遺
紀事文華
誠齋文膾
訓蒙要編
枝山前聞記
中洲野錄
畜德錄
仕塗類對
緩慟集
東齋記事
小學故事
全蜀戀勳記事

葉賢婦錄
令浦文纂
羣公手簡 徽府刻，欠歐蘇方三冊
隨航集 十種
埭谿文獻集
泉翁筆草
寓圃雜記
竹下寤言
擬連珠
西軒客談
拘虛寤言
蘿山雜言
趙旭遇仁宗傳
紅白蜘蛛記
亂世清風錄

冀越通
末齋雜言
觀井瑣言
洛原白公葬錄
石溪偉績
駒陰冗記
演連珠
璅語
詢芻錄
桑榆漫志
蒙泉雜言
南山素言
平定交南錄
醫閭漫記
明斷編

蘭莊詩話
郊亭詩話
偶書編
平夷錄
征東紀行
北事摘錄
存餘堂詩話
百可漫志
五戒禪師私紅蓮
綵鸞燈記
化妬神呪經
勳續錄
恩賜名額記
從祀傳
蓬軒類紀

尺牘筌蹄 元刻,香河李文通家藏
家規輯略
高五宜全歸錄
北平錄
任珪五顆頭記
紅倩難濟顛
三夢僧記
頤山詩話
梅杏爭春
陰隲積善
陳巡檢梅嶺失妻
程氏範餘集
存誠齋寶墨集
紀善錄
郊亭偶見 不全

徽州科第題名錄
清臺錄
柳莊類編
河南壬子武科錄
王氏文獻世錄
哀萱集
翊學詩
辨誣錄
台學朔望講義
潘氏慈德錄
鴈塔題名記
忠誠伯茹公行實
許忠節公誌銘
貞義錄
捕盜公移

陶恭介公神道碑
晦跡翁墓誌銘
大明神武崇勳頌
劉文靖公碑誌
古烈女傳 山西刻
縈蒲別意
陳氏潛德錄
浦桂岩先生行狀
孫忠烈公行狀
文公語錄摘要
天語錄
三事記
李忠敏公誌銘
范恭惠公誌銘
修髯自烏稿

恩治錄
續孝感錄
李南莊壽椿堂集
逋先錄
逋後寄思錄
旌賢錄
清都侍慶圖詩
恩榮錄
榮哀錄
累朝恩命錄
哀孝錄
留耕榮哀錄
李懋欽妻志銘
嘯旨
孫忠烈楊夫人碑志

勉學集
孟姜女集
讀書續記
考古編
廣川書跋
東谷贅言
錢學士遺愛錄
天人圖考
平吳凱旋錄
魯蓮北錄善俗言
山堂瑣語
朱子實紀
百忍箴 閩新刻
漢南集
小學摘易詩圖

使交錄
醒心六集
青山瘞玉
鐸訓敷言
流光錄
聖諭解
王鶴庵墓碑
菽園雜記
三遂平妖傳 南京刻
孫清簡公遺行
明山草亭集
簡庵榮終錄
羣英雜著
張氏至寶集
病叟卮言集

秦王妃哀榮錄
陵陽室中語
詩禮訓蒙
暎車志
學業須知
牧羊圖傳
寵榮錄 鄒庶子事
遊名山記 另佳刻
王氏世美錄
賜養堂集
崑齋小稿
棘人辯
連珠集
感應類編
續澄懷錄

芥隱信筆
忠孝廉節
總珍錄
辨訛錄
黃梅集
竹源卷集
二賢錄
思召錄
程氏考古編
仕學堂長言
續夷堅志
吳舡錄
鹽石新論
南窗記談
經傳警語

雲林石譜
歷代宮殿名
忠節祠錄 甘肅各衛
隨隱漫錄
慈貞堂集
庸齋集卷
迷魂陣飄經
張良辭朝佐漢記
一菴雜問錄
呂氏童蒙訓
括異志
唐摭言
樂善錄
山堂瑣語
對床夜話

墓銘舉例
周平西忠義集 周處事
天雷無妄
坦上翁傳
宣和遺事 舊刻
東國雜詠
宋賢古義
農桑撮要 南陽舊刻
掇菌私錄
日鑒堂錄
楚西木則
心齋先生遺錄
蔡元偉當官劄記
賦題星鳳
文式 蕭山刻

愛石編
聖賢圖像 孔門及配享
鈴山堂集
玉亭題名記
小學書圖隱括纂要 舊刻
弘道錄
塞下謠
園林午夢
鴻墩集
濯纓亭筆記
甘泉岳遊紀行錄
吳興名賢錄
芝草真形圖辨
濂溪遺芳集
月令通纂 纂刻

孫都閫名公荐疏錄
梭山家制
遏惡傳
臭蘭集
孔子集語
邵端峰遺範錄
禾風
東賓遺德
懿範錄
榮陽世美錄
律身規鑑
小學韻語
剪燈新語 舊刻
萍蓬紀略
杏園春式集

雙節集 張給事二妾
坦歸集
司空燕貽錄
襲芳續錄
金山還蜀贈言
華山遊記
仕學規範 舊刻
泉評茶辯
剪燈餘話
羣忠錄

樂府

西廂記 松刻一,京刻一,閩刻一
四節記
破鏡重圓記

梨雲寄傲
秋碧樂府
碧山樂府
荊釵記
琵琶記
香囊記
激楚遺歌
六朝樂府 南監刻·二十本
擬古樂府
太和正音譜 六本
西涯擬古樂府
草堂詩餘
掇錦集
懶雲傳奇
稼軒餘興

古樂府
樂府詩集
可泉擬漢樂府
白蜘蛛記
教坊記
樂府雜錄
樂府指迷
中州樂府集
雍熙樂府
擬漢樂府
鐵崖樂府
桂州詞
浣花集
詩餘圖譜
蘭谷新詞

詩準
中原音韻
卧病江皋
中麓山人小令 一本
太平仙記 一本
水宮慶會碧蓮池 一本
貧寓興衰記
寫情集 一本
飛劍斬黃龍
南西廂記 一本
蚓竅清娛 二本
誠齋樂府
河嵩神靈芝慶壽
南極星度海棠花吟晚海棠仙
文殊菩薩降獅子

律呂直解
滑稽餘韻
雙峰樂府
月香小橋〔「橋」疑「稿」字之誤。〕
盛世新聲
詞林摘豔
蟠桃宴
左慈飛盃
劉弘嫁婢
樂府雜詩
雲林清賞
彩鸞燈記
四時花月賽嬌容
關雲長義勇辭金
太平樂府

元遺山樂府
草堂詩餘
律呂元聲
張養浩雲莊樂府
律呂解注
南曲
變象新書
稼軒長短句
誠齋新錄
樂歌
南曲次韻
陶情樂府
王蘭卿真烈傳奇
懷春雅集
江湖切要

蘇秦戲文大全
陽關三叠記
律同
歸朝樂天
柳公樂章　樂府集
瞿宗吉樂府遺音
誠齋牡丹梅花百詠
周美成詞
玉玦記
南澗詩餘
左克明古樂府
鍾情麗集
班超投筆記
五代殘唐記
八節記

紅梅記
沂東樂府後錄
滸西山人初度錄
一文錢纏到底
翠紅鄉兒女兩團圓
四金圖解
樂記補說
興樂要論
皇明青宮樂調
葉氏貞節記
白註荊釵記
雅樂燕樂府
苑樂餘音
小隱餘音
王西樓樂府

韓壽竊香記
秦月娥誤失金環記
漢相如題橋記
尹喜蓮嫌夫記
馮伯玉子弟棄煙花
四圖用說
律呂新書補註
古文筌蹄
黑旋風仗義疎財
陳琳抱粧盒
張繼宗怒殺煙花女記
西廂摘錦
西遊記
陳子容仁義交朋記
朱善真生死姻緣記

秋碧樂府

柳梅成仙記

表正風化輪迴記

居仁叟化愚作賢記

左克明集古樂府

鄒知縣肖山湘湖記

秋碧軒集

芙蓉屏記

桃花女雜記

古集宮詞

詩餘圖譜 三部

雙忠記

松林暢懷詞

餘清集

千家錦

金振遠疎財仗義

炳靈公斷丹客燒銀

孟姜女貞烈戲文

洞天玄記

羣英詩餘

五倫全備

南澗樂府

昇平詞

雲魔洞四女爭夫

近體宮詞附錄

中州樂府集

司馬相如題橋記

薩真人夜斷碧桃花

太和正音 寧府刻

詞話總龜

施陰功神助拜天恩
盡忠孝路冲教子
秦太師東窗事犯
爛柯山王質觀碁
魯志深喜賞黃花女
走鴉路
裴少俊牆頭馬上
巫娥醉赴陽臺夢
無豔女刀撲胭脂馬
三醉岳陽樓
桃花女
若耶溪漁樵閒話
壓關樓迭掛午時牌
幽冥神報應風流鬼
趙妙喜謀殺親夫

感天動地竇娥冤
沙門島張生煮海
莽樊噲大鬧鴻門會
鐵拐李度金童玉女
鐵拐李
東吳小橋哭周瑜〔弘治本《三國演義》二「喬」字皆作「橋」。〕
陳孝婦守節荊釵
女元師掛甲朝天
羣花會
傅玉英賢女配姚期
哪吒神力擒巡使
張畏之一段風流事
張天師斷風花雪月
羅妙娟恨題卜算子

東坡夢〔「坡」原誤「破」，今改。〕
張昇智勘磨盒羅
淮南王白日飛昇
東堂老勸破家子
冲漠子獨步大羅天
瑤天笙鶴
破黃巾
馬陵道
董卓戲貂蟬
關大王月下斬貂蟬
雲臺觀
賢達婦京娘盜果
別虞姬
大羅天羣仙慶壽
三氣張飛

迷青瑣倩女離魂
豫章三害
客窗夜話
老更狂
子房歸山
連環記
關大王單刀會
杜牧之詩酒楊州夢
羊角哀鬼戰荊軻
李太白醉寫定夷書
麗春堂
趙子龍大鬧塔泥鎮
慶端陽誤宴龍舟會
肅清瀚海平胡傳
浩歌

諸葛亮赤壁鏖兵
齊景公夾谷大會〔「谷」原誤「國」，今改。〕
周武帝辯三教
五馬破曹
岳飛大破太行山
飛刀對箭
齊桓公九合諸侯
北鄭大王勘妬婦
楊娭復落娼
呂洞賓三度城南柳
包待制智賺三件寶
藺相如奪錦標名
渡天河織女會牽牛
莽張飛大鬧石榴園
劈華山神香救母

狗家疃五虎困彥章
范彊帳下斬張飛
掛甲朝天
卓文君私奔相如
烟花鬼判
㑳梅香論翰林風月
輔成王周公攝政
金錢記
五子胥力伏十虎將
馬孟起奮勇大報讐
存孝打虎
受顧佘請諸葛論功
十八學士登瀛洲
嚴子陵垂釣七里灘
昇仙橋

蘇子瞻風雪貶黃州
孤雁漢宮秋
孟姜女死哭長城
漢高皇濯足氣英布
三戰呂布
陳翠娥貞節賞元宵
薩真人白日飛昇
水宮慶會碧蓮池
平百夷火燒鹿川寨
劉玄德私出東吳國
開封府張昇勘頭巾
蕭何夜月追韓信
漢功臣叠土望嗣臺
楚昭公疎者下舡
張公藝九世同居

便宜行事虎頭牌
晉劉阮悞入桃花
孫玉蓮秋月鸞鳳記
莊周夢蝴蝶
玎玎璫璫盆兒鬼
像生番語罟罟旦
老萊子
降六賊伏龍虎太平仙記
志登仙左慈飛盃
岳飛三箭赫金營
漢李陵撞臺全忠孝
宋庠渡蟻
張翼德單戰呂布
諸葛亮火燒戰舡
明旌表顏母訓子

孝義感慶會迎慈堂
花間四友東坡夢
鄭月蓮秋夜雲窗夢
十探子大鬧延安府
陳琳抱粧盒
乞骸骨兩疏見幾
韓颙翠御水流紅葉
皺盆歌莊子歎骷髏
凍蘇秦衣錦還鄉
江湖遺興
坦菴長短句
介菴趙寶文雅詞
林下集
蔡氏律同
呂真人九度國一禪師

錦翠西廂 一
秋江詞
漢相如四喜俱全記
包待制智賺生金閣
會稽山越王嘗膽
泗州大聖降水母
山神廟裴度還帶記
姑真人四聖鑑白猿
錯送鴛鴦被
風月囊集
雜劇正名
介菴樂府
後村居士詩錄
和碧山詩
林泉清趣

皇明鐃歌
苑洛志樂 一
山林餘興 一
度數圖解
中麓樂府
五柳先生傳奇
葵軒詞
賽公餘漫興
湛碧樂府
文武狀元龍泉記
樂府補題
諸仙慶壽記
樂呂管見
律呂古義
董解元古西廂

張翼德力扶雷安天
氣張飛
歸田稿
詞學筌蹄
誠齋樂府
三貞三貴絨段記
東村樂府
樓居寫情集
麻餅記
古樂府解題
四時悼內
荊花記
詩禪智穩集
馮商還妾三元記 欠下本
豹子和尚自還俗

昇仙會
爲善陰隲玉帶記
林泉幽賞
樂府羣書
戲文目錄
呂洞賓花月神仙錄
西瓜記
春泉樂府
詩轉新聲掇錦集
呂洞賓度黃龍禪師記
惠禪師三度小桃紅
御製歌曲
傳奇目錄 北曲
杜子美沽酒遊春記
蘇增謁墓

羅囊記
碧山詩餘
三餘樂事
碧山樂府
攦搜判官喬斷鬼
南北錦繡賽叢珠

四六

介翁歷官表奏
四六菁華
表劄
梅亭四六標準
四六警句
古今表
宋表學繩尺

奏謝錄
璚山四六
珠璣類選
三教應用駢麗活套
心香新語
啓劄淵海 一本
簪纓四六 抄本
心香妙語
宋名賢四六叢珠
鍾石玉堂奏謝錄 四
梅亭四六 宋刻

經濟

赤城論諫錄
榆關偉績

羅山奏議
保生固本錄
馬端肅三紀
大學衍義
太平經國書
宣公奏議
白氏諷諫
策約
白氏策林
定本策
許公經略西蕃錄
渭涯疏要
註解宣公奏議
黃門諫章
西漢詔令

兩漢書疏
江西奏議
督府稿
問水集
征西奏議稿
安邊疏要
太平金鏡策
兵部揭帖
治河總考
奏行榜例
天慈見晛錄
謫官集
條例全文
集思錄
于肅愍奏牘

敷納稿
古賦題
食貨志選
桂州奏議
胡端敏奏議
救荒活民補遺
防邊事宜
馬端肅公奏議
金鑒錄
漕舡志
巡真錄
大學衍義補
本兵敷奏錄
介菴奏議
楊文懿公敷奏集

禮經會元
大儒大奏議
經濟文衡
痛定錄
商文毅疏議
明時疏
宋名臣奏議
郊祀疏
獻納編
時政萬言策
禦戎論
林莊敏公奏議
籌邊一得
陸宣公粹論
桂文襄公奏議

晉溪本兵敷奏
三原王公奏稿 揚刻
國朝榜文 洪武二年起，正統八年止
雲中疏稿
包公奏議
保安要覽
愚慮草
日食九疇疏
密勿稿
備邊會題
商文毅公奏疏略
一峰萬言策
李忠定公奏議
閉關三疏
復河套議

不經疏草
禮垣大事疏
治河奏議
浙西水利志
胡文江奏疏
三諫奏稿
刑曹聽斷
臥碑
雜錄彈文
條河錄
鹽法案驗
禮部題覆稿
復套或問
執齋奏疏錄
關中奏議

甕餘雜集
漢唐制度編
新官到任須知式樣
無名奏議
王奏議奏疏 一
端本策
兩淮鹽政疏
恤災四疏
奏辦稿
籌邊錄
北虜事跡 一
三鎮并守議
粵西議
名臣經濟
宣大山西修邊圖

呂司直奏議
劍全奏議
尹子鄉約
尹子塞語
皇明奏議
李唐惠公奏議
尚書孫公奏草
余竹城奏議
南京戶部志
范文正政府奏議
天津儲考
茶馬類考
唐漁石總制奏議
元山續選
南皋奏議

王壟菴奏議摘藁
羣公爲國錄
雙岩疏草
戡定三城錄
建置書草
奏議抄錄
李文公奏議
疏議輯略
救荒渷錄
海虞徐公奏議
三關奏記
方田略
救荒活民書
關陝奏議
督府奏議

陸宣生菁華錄
岷梁峻捷
涂水奏議
南宮疏略
宣達錄
諫垣奏議
西巡類稿
懷州疏議稿
兩淮鹽法志
平寇錄 閩廣間事
克捷贈言
陸宣公集 新刻,添製誥
王襄敏疏議輯略
碧洋摘稿
三蘇策論粹

晉溪三劾錄
禦虜略 余一鵬
中都儲志
環召新疏
制府經略三疏
西臺奏議
安南奏議
寓閩議稿
白中丞奏稿
平賊方略
招撫始末
東萊博議
余肅敏公奏議
廬陽荒政錄
唐中書奏草

備邊淺說
水泉奏稿
甘泉參贊行事

舉業

賢良進卷
禮經會元節要
說經劄記
策學總龜
八面鋒
源流至論 舊刻,劉尚書本
策學衍義 南監刻
經學隊仗
策海集成
丹墀獨對

漢唐事箋對策機要
詔誥表章機要
策學提綱
唐宋名賢策論文粹
古今論略
衍義日抄
截江網
策學蒙引
衍義摘要
策場便覽
鄭淡泉策學
保齋十科策
翰林策要
宋名公抄選策膾
宋策寶

策學輯略
策場制度通考
梁氏策要
羣書策論
新安論衡
論鼎臠指
三經要語

誠齋錦繡策
濟美錄
真儒至今三元待問集
涉史謬論 杭刻
答策祕訣
橘園李先生策目

晁氏寶文堂書目卷下

韻書

六書精蘊 蘇刻
石鼓文正誤
韻府續編
詩韻會覽
古今韻釋
洪武正韻 周府刻
韻府羣玉
佩觿
西漢字類
五音集韻

漢隸分韻
玉篇 內府刻
六書正訛
禮部韻
覽略易通二 內刻 高郵刻一，閩刻一
貫珠集
草韻辨體
瓊林雅韻
篆字楚騷
六書本義
押韻釋疑 元刻
中原音韻

釋名	
九經補韻	
經史海篇	
四聲等字	
韻補	元刻一
切字正譜	
切韻指南	
分門字苑	宋刻，不完
韻會正定	
龍龕手鏡	元刻大本
司馬公切韻指掌圖	
洪武正韻	閩舊刻
禮部韻略	
草書集韻	
草書韻	二

六書正譌	
廣韻玉篇	
大藏直韻	
六書統	
中州音韻	
大雅詩韻	
許氏說文	內府一部，外刻一部
古今韻會	近刻一
廣韻	內府刻
古字攟英	
許氏說文	
禮部玉篇	
說文字原	
正俗通三體書	一
四聲等子切韻心法	

韻經 二
四聲韻
六書本義
字類音易 綿紙
廣韻 綿紙二
轉注古音略
奇文韻
袁衰書文纂要
字義切略
高宗草韻
韻苑考遺
說文解字篆韻補
洪武正韻 似南京刻，又類陝刻
五音篇海集韻
集鐘鼎古文韻選 二

干祿字書
古音獵要
古音叢目
古音餘
韻學集成
韻纂
從古正文
集古韻考
五音集韻 內刻
韻考集成

政書

吏學指南 一
吏戒 一
御史箴

職官分紀
官箴
科場條約
長蘆醛志
政訓
爲政三事
居官一覽
教子須知
治家節要
留臺雜記
方氏女教
漕政舉要錄
大唐六典　杭刻一部，又刻係剗刻一
嶺南遺草
後鑒錄

如郊錄
耕織圖
三事忠告
官箴集要
吕居仁官箴
爲政要言
爲政要典
南船記
流民圖疏
崞政遺跡
高麗官制
採生招議
海川縣宦蹟志
吏學指南　元刻一
焦氏家訓

諸司職掌
御制官箴
爲政準則
弭唐鄉約錄
撫安事錄
夏寅政監
荒政叢言
仕宦箴規
文公政訓
泉志
牧民心鑑
風紀輯覽
朱文公鄉約
憲綱事類
御史箴解

喻義錄
令尹迁見
政跡錄

兵書

如意城略 宋刻
武經七書
司馬法
百戰奇法
將鑑論斷
武經總要
將苑
百將傳
師律提綱
武侯心書

行軍須知
奇門五總龜
綱目兵法
續百將傳
武經七書 蜀板
孫武子十三篇
八陣合變圖説
武壬兵帳賦
訓兵錄
孫子纂註
黃石公素書 一
武侯將苑 一
武法正宗
兵書論
兵法論
孫子釋文 童軒注

虎鈐經
六韜璇璣兵法
訓武輯錄
操法便覽
武經七書直解
孫武子本義
譯語
孫子十一家注
武學須知
孫武子十三篇本義
文經小學
武經節要
武經七書直解 保定刻
行軍漫録 二
武經七書 陝西刻

畜衆編練習編

黃石公玄祕兵書

兵家捷要

孫子輯釋

白石先生補漢兵志 賴太監刻

兵法心要

李衛公望江南

九賢祕典兵陣通書

百將傳 宋刻

李衛公神機武略詞

遁韜兵行訣

李衛公通纂

直說素書 賴太監刻

武經七書 閩刻

南北碎金

百將傳 陝刻

刑書

發落便覽

律例備考

律條撮要

律條疏義

洗冤錄 陝刻

祥刑要覽

承宣雜稿

律條罪名圖

刑統賦

法家要覽

官吏要覽

爲政規模

祥刑集

用法規繩論

問刑條例

大明律條例

欽明大獄條例 易州刻

欽明大獄榜文

法家哀集

刑統賦輯義

祥刑集覽 陝刻

讀律一得

桂氏棠陰比事 大刻

大明律釋義

欽恤錄

疑獄集

格獄集

律條集解

律書策要

讞獄記

理奧

會問李東山等招由

陰陽

天文志

觀象玩占

玉曆璇璣經

玉曆通政經

安宅錄

蘭臺妙選

天文祥異賦

五行統宗

步天歌

風角一覽占

十精太乙理陰晴

四時氣候集解

堪輿管見

古今識鑒

大六壬玉匱經〔「匱」原作「櫃」，今改。〕

大六壬斷經祕訣

五星巒頭砂經

七政曆

琅嘅玉軸

地里發微

星命要訣

奇門五總龜

肘後神經

玉鑑風雨賦

河洛真數

人倫奧旨

陰陽定論

天文祥異賦 內府刻

神定經

李斯篆

出師表

郭璞葬書

授時考

神課金口訣

古今夢徵

康節前定

通書大全

肘後神樞

青囊經

地理大全
原林祕要
麻衣相要
鬼眼通神萬全相
塋原總録
神應經
陰陽課書
遁甲直指
陰陽遁甲
郭璞葬經
劉江東金函經
天寶經
撥砂經
門樓經
黃石公八宅通真論

鼓角砂經
人相篇
煙波釣叟歌
月老新書
梅花數
地理正鵠
卜筮全書
六壬見知
相字心易
楊筠松畫筴圖
余樂山記師口訣
雪心賦
萬通水法
相山骨髓
金囊記

錦囊經
狐首古經
明山寶鑑
天涯海角經
疑龍經
黑囊經
龍祖經
尋龍經
三吉水法
地理明圖
天原發微
劉西窓葬書 徽州刻
大統曆法
尅擇一覽
鴻囊經

葬法拾遺
分金點穴訣
諸賢歌訣
撼龍經
洞照膽
天一經
發微論
土牛穴法
撥砂形勢
禮緯含文嘉
靈臺祕苑
回回曆
陰陽寶鑑
金函經
天人祥異賦

天元玉曆賦
出行寶鑑
定數一掌金
選葬總錄
星命總括別集續集
皇堂葬經 一
陰陽捷經
天玄賦
開井吉方圖
紫微斗數
靈棋數 新刻
曆法通書大全 江西刻
推背圖
選擇曆書 二部
地里集解

地里集要
官曜圖經
註解土牛經
三元節要
白猿經
堪輿發祕
望斗經
朱宏行軍觀象書
玄素論
九曲更漏
符應經
地理正宗 欠上本
萬年曆
占候風雲氣色祥異
盤天經

臞仙肘後神經
地理四書
葬書釋註
觀物微占一
地理囊金一
地理發微一
大易旁通天玄賦一
康節先生大定集成二
太白陰陽經
星家總括
解夢厭怪書
範圍命數歌
黃帝周書祕奧
神異賦
六壬集要袖中金 欠下本

臞仙肘後神樞
天文主管
範圍分類
地理葬書一
地理雪心賦一
天文精義一
地理樞要三
劉張心法掌中金
地理集要
曆脚捷法
解夢禳怪書
曆法統宗
選擇元龜 欠上册
風水辯
周易占法 內府刻

地理摘奇 十
演禽三世相
鬼靈經
皇極生死數
三禽感化真經
玉髓真經 閩新刻
選擇曆書 南禮部刻
地理正義
陰陽正理論
地理大全 舊刻
求太乙大遊數
康節心易梅花數
太白陽經并起例
定向書
紅儀經

資生經明堂經校正
紅鸞經
玄真骨髓羅經分金訣
四家註珞琭子消息賦 元刻
三才象占 抄
天原發微 元刻
星禽感化真經 欠一冊
經進呂才婚元大義 欠下冊
通天竅
星纏度數
推小遊太乙並雜占
太乙八門樞要
麻衣相 舊刻
三寶經集成
乾象圖 上下

發檄遺奏啓師儀文
法院預先告報符
先天一氣社令玄文
祈禱行移奏式
曆占纂要 改名之書，再查對。
太陰太陽之圖
召合運用至祕玄文行遣節次
九州社令陽雷大法
策役靈章
海法玄珠歌
讀周易參同契

醫書

儒門事親
診家樞要

玉機微義
新校續衛生方
羣書抄方
玄球經
談野翁試驗百方
萬氏經驗滋補方
眼目對證用藥心法
本草大觀
指掌珍珠囊
素問 抄
素問靈樞經
脈訣難經
醫學碎金
醫學正傳
病機藥性賦

單方本草
活幼便覽
雷公炮製
金匱鉤玄
傷寒瑣言
方外奇方
產寶論方
醫經小學
日用本草
丹溪心法
馬經 御馬監刻
通真子脈訣
鉤玄集
傷寒明理論
丹溪纂要

此事難知
明醫雜著
脾胃論
外科精要
內經類抄
格致餘論
十藥神書 寧府刻
袖珍方
乾坤生意
傷寒百問
脈訣刊誤 二本
潔古老叔和
素問玄機
紺珠經
二難寶鑑

脈訣理玄祕要
醫說 松江刻
內外傷辨
局方發揮
蘭室祕藏
外科精義
傷寒鈐法
小兒衛生總微論
世醫得效方
加減十三方
博愛心鑑撮要
小兒痘疹經驗方
玉笈二十六方
醫學管見
醫家大法

症驥通玄論
針灸集書
㳂洄集
辨惑論
湯液本草
子午流注鍼經
千金寶要
瑞竹堂方
東垣藥性賦
本草節要
醫壘元戎
蘇沈二內翰良方
明目方
醫方集論
用藥便宜

素問糾略
雜症治例
廣嗣要論
外科須知
壽域神方
註解傷寒論
保産育嬰錄
靈祕十八方
華氏中藏經
醫方大成
大法醫書
醫說抄方
醫方
痘疹方
靈祕十八方加減
立齋外科發揮

衛生易簡方
醫經撮要
小兒痘疹方
王氏脈經
備急藥方
幼科類萃
仲景金匱方
祈男種子書
養子要言
養子直訣
銅人針灸方
和劑局方 元刻
食說 宋刻
玉機微義 陝西刻
錫類鈐方 元板不全

原醫圖
脈詠集成 元刻
和劑局方 元刻與前刻不同
眼科
黃帝明堂灸經
竇漢卿鐵經指南
莊季裕灸膏肓腧穴法
神妙祕方
養生主論 建舊板
韓氏醫通
仙傳濟陰方 元刻
諸風得效方
素問要旨論
醫林集要
衛生寶鑑

嬰童百問 禮部刻
東垣試效方
永類鈐方 閩刻全
安老懷幼
西方子明堂灸經
銅人腧穴針灸圖經
本草大全 元刻
素問病機氣宜保命集
本草單方 蘇刻
濟急仙方 元刻
胎產急救方
醫學大成
家塾事親
袖珍方 舊刻

袖珍方 常州刻
黃帝素問白文 揚州刻
用藥珍珠囊詩括
理風衡尺
十腫奇方
經驗痘疹方
備遺 徽州刻
珍珠囊詩括
食物本草
救荒本草 新刻
醫經小學 舊刻
名方類證醫書大全 四
產寶論 一
本草圖經 八
壽域仙方 寧府刻

保嬰要覽
醫獸發蒙纂要
程齊醫抄撮要
地元真訣
活効口議 欠上
平治會萃方
錢氏小兒方
圖經節要本草歌括
奇効良方
婦人良方 舊刻
體仁彙編 廣西刻五
舊刻永類鈐方 四
黃帝素問靈樞經 舊刻五
小兒方
袖珍小兒方

陶華鉤玄集
壽親養老書
醫學統旨
袖珍方 舊小刻
本草集要 揚刻
醫學會傷寒活人大全
鐵灸集書
環中兩圖
仁齋傷寒類書活人總括
仁齋直指方論醫脈真經
加減十八劑
本草權度
杏林摘要
醫略證誤
諸症辨疑

新增急救易方
黃帝素問
醫學綱目 不全
孫真人千金方
全幼心鑑
華陀內照圖 大刻一
濟生拔粹方
仁存孫氏治病活法祕方
仁齋直指方論
南藥局方
丹溪心法 徽刻
儒醫精要
素問抄補正
羣方續抄
安驥集

怪證奇方

丹溪心法附餘

脈訣集成 元刻 河南布政使刻

益後全方

備急仙方 方冊

永類鈐方 抄本

難經 方冊

名醫三要

平散子方

張仲景金匱要略 新刻

神仙太乙紫丹方

經驗良方

食品集

便產須知

法天生意

黃帝素問集註 趙府刻

大德聖劑總錄 不全

內科摘要

醫學發明

急救仙方 大方冊

黃帝素問 大方冊

素問靈樞 大方冊

新刊諸症辨疑

聞人氏痘疹論

攖寧生五臟補瀉心要

名方證類醫書大全 遼庵解刻

丹溪藥案

圖注雜經 揚州刻

諸方選要

保生餘錄

敬齋醫法
醫萃
諸疾鈔微 欠上冊
集解標幽賦
流注鍼經摘英集
八穴開闔法
活幼心書明本論
孫真人枕上記
瘡料通玄論
錦囊祕奧
葛仙翁備急方 令從浦
千金寶要 石刻
玉函經
衛生益錄
傷寒要訣

急救良方
延生百補丹
資生經明堂經穴道校正
竇大師口傳心授鍼經
取四花穴法
活幼心書決證詩賦
孫真人海上備急仙方
雜集經驗方
註解病機賦 大刻
救民易方
零醫書三冊
陶節菴傷寒集
痘疹正宗
案劀方錄 欠下
活人心 舊刻

脈訣刊誤
鍼灸節要
濟陰方
醫經小學 閩舊刻
應驗醫方抄
孫真人瘡科仙方
保身節要 海上方對
古人胎產及雜症方
上清紫庭追癆方法
治疔瘡方
仙授理傷續斷祕方
寧川道人傷寒熱病 新痊保命鑑
新增眼疾諸方
丹溪纂要 舊刻
脈訣圖說

鍼灸聚英
錢氏小兒藥證直訣
類編婦人千金方
十四經絡發揮
病機藥性賦 蘇舊刻
四時調飼良馬圖 雜錄附
扶壽精方
趙真人小兒驚風應驗方
仙授理傷續斷方
祕傳李防禦五痔方
胡氏小兒痘疹方
小兒痘疹及乳子方
東坡集藥方
至寶家傳復明集 抄
劉守真加減十八劑

祕傳痘疹方論
韓氏治痰書

農圃

農桑輯要
東魯王氏農書
便民圖纂 貴州新刻
治圃須知
東方朔探春歷記
經世民事錄
耕織圖
農桑撮要
齊民要術 湖廣刻
田家五行并拾遺
紀曆撮要

藝譜

本經
爛柯經
考古圖
鼎錄
風宣玄品
圖畫要略
道復畫冊
茶譜
德隅齋畫品
畫譜
琴音註文
石湖菊譜
劉蒙菊譜

寶子野酒譜
本心疏食譜
陳仁玉玉菌譜
陸鴻漸茶經
張文新煎茶水記
洪邁歙硯譜
米芾硯史
硯譜
端硯譜
恠山蟹譜
贊寧筍譜
太音釋子大全
石湖梅譜
吳門菊譜
師曠禽經

陳思海棠譜
蔡君謨荔芝譜
韓彥直橘譜
南方草木狀
歐公牡丹記
牡丹榮辱譜
王觀芍藥譜
戴凱之竹譜
陶隱居刀劍錄
洪芻香譜
蓺經十三篇
梓人遺制 元刻
畫繼
五代名畫補遺 蘇刻
米元章書史 蘇刻

神奇祕譜 寧徽刻

墨池璣琛

德善齋菊譜

衍極

向陽寫生

夢入神機 徽

松齋梅譜 元刻，不全

茶譜 墨刻

適情錄

宣和書畫譜 雲南刻

如意輪集

促織論

唐朝畫錄 蘇刻

聖朝名畫評 蘇刻

米元章畫史 蘇刻

芸窗逸興

藝苑

歙硯志

益州名畫錄

金薤琳琅

玄棋經 徽府刻

琴譜

人倫廣鑑

歷代名畫記

蹴踘心法精要

捶丸集

蹴踘論

繪事指蒙

丰鑑遺宗

猶賢譜

相法人倫大統賦解 元刻
琴苑要録
碧潭子琴譜 二
營造法式
冠春魁卷 一
宗林水墨册
梅譜
文林登要册
茶譜
通時壺譜
詩牌譜
大明集禮射儀
神奇祕譜 寧府
勝奕圖
石室賦

人相編 舊刻
神異賦集解
山水家法
山水訓
人相編 綿紙
五孚德善齋菊譜
琴阮啓蒙
竹譜
梅譜
琴譜集成 欠一之六，又欠之尾，宋刻
發明琴譜
六合同春譜
太古遺音 恐不全，元刻，欠下册
林泉高致
霞外正宗琴譜

蘭譜
司馬溫公象棋譜
太古遺音 閩舊刻
六藝總說
梧岡琴譜
菊譜
葡萄譜
南城消遣小棋譜

算法

康節前定 見陰陽
九章大全
詳明算法
革象新書 見陰陽
九章詳注比類算法

律呂算例
範圍分類
金蟬脫殼
六門算法
範圍歌訣
賦解應用算法 元刻
萬物算數

圖誌

嬴蟲錄
太嶽志略
雄乘
鉛山縣志
應山縣志
衡嶽志

寰宇通衢 舊刻
飛來寺詩集
瓊華集
浦陽人物記
虔臺志
王官公圖集
劍閣集
武功縣集
香泉志
開州志
滁州志
山東通志
臨潁志
輿地圖
句容縣志

勅賜褒賢祠志
九疑詩集
太平人物志
澹山岩集
吉水縣志
遊山記
貴州諸夷圖
任丘志
新安文獻志
蘭谿縣志
南滁會景編
洛陽名園志
三輔黃圖
褒忠集
束阿縣志

焦山志

金山志

廬山東林寺志

白鹿洞記

太師比干記錄

維揚新志

孔孟聖蹟圖

大名郡志

天文輿地略

濬縣志

清源關志

曹娥名賢題詠

朝鮮賦

嘉禾圖序

河朔訪古記 抄本

許州志

定州志

漁溪遺芳集

河東鹽池記

義勇錄 二本新好

日本考略

山海經

興都志由

居庸等關地形圖

大同五記

九邊圖論

岳集

雍錄

大明一統賦

方輿勝覽 宋刻

海道經

樂廣平記 元刻

聖賢圖像

鴈蕩山志

兩程故里志

義勇武安王集

楚臺贅錄

一統輿圖

孟氏祖庭記

金志

平定交南錄

長垣志

陝西通志

章丘志

洞天福地志

瑞石山紫陽集

雍大記

使朝鮮錄

獻瑞集

山房墨寶

國朝進士名第

嶺海輿圖

闕里志

遼志

陋巷志

東郡志 元刻

天池寺集

河南府志

三關地里圖

百泉書院志

武夷詩集
泰興縣志
忠烈紀實
金山雜志
寧國府志
朱仙鎮岳廟集
廣東通志叙贊
國子監通志
大同志
河南總志
禹刻模
保寧府志
永州十三志
古黃遺跡
郡志遺補

尊鄉錄節要
儲政志
浦江志略
黃山圖經
邵武府志
後湖志
清泉瓶志
漕運通志
宣府志
祠山事要
諸州圖經
湖州府志
徐州志
姑蘇志
遼東總志

瑞州府志
上海志
梧州府志
順德縣志
永平府志
小方輿勝覽
濮州志
嘉州凌雲志
惠大記
洪武京城圖志
內黃志
湖廣通志
光州志
松江府志
廬州府志

蘇州志
南畿總志
溫州府志
乾州志
鴈門勝蹟詩
九華山志
蘭亭集
四川總志
高麗圖經
南樂縣志
洛陽伽藍記
大金國志 此可入史類
蓬萊閣集
武夷山詩集 舊刻
紫荊考

安慶府志
北嶽祠事錄
高郵郡志
淮安府志
岳陽郡志 元刻
百咏蠻夷詩
續花巖志詩
國朝登科錄 景泰五年刻
保定府志
古今人物志
劉文靖墓志
東明縣志
杞縣志
水經 蘇刻
大寧考

大名縣志
鳳陽府志
金山志
崑山縣志
金陵新志 元刻
獻花巖志詩
大明制科錄
四川重修總志
南京工部磚廠志
岳陽古今題樓詠
劉諫議祠詩集
溫泉詩集
清風祠集
崇安縣志
商山題錄

鉅野縣鄉文集
朝陽岩集
山海等關地形圖本
契丹國志
石鍾山集
真定府志
毘陵志 欠一本
賢關百詠
泗志備遺
南陽府志
廣信府志
精忠錄
首陽錄
歷代聖賢錄
誌夷雜詠

潞安百詠
遼東新刻總志
遊名山記
虎丘詩集
孔門師友真相
南海雜詠
孔孟顏三氏志
董子故里志
潞州志
桐廬縣志
長安志
道州志
平陽府志
北岳神祠事録
小孤山詩

南陽郡志
藁事雜詠
易陽志
震澤編
北岳編
異域志
滑縣志
三關志
會稽志
順德府志
題名記
撫州府志
襄陽府志
西湖百詠
鳳翔府志

興化府志
褒忠錄
雷陽寇祠錄
宗聖公曾子志
浮梁志
河間白氏族譜
山海關志
太和山志 二冊
嘉靖維揚志 揚刻
華岳集
朝城縣志
蒼谷祠錄
鶴山書院錄
長蘆運司志
休寧縣志

趙清獻祠祭事實

三關紀要

如皋縣志

漕運通志

闕里誌書集略

蒲坼縣志 四欠二

陳州志 二

金山新志

茶陵志 二

無錫志 四

諸暨縣志

全陝邊政志

潼關志

涪州志

饒陽名勝錄

練川圖記

金壇縣志

衢州府志

懷慶府志

南詔事略 一

嚴州府志 一

許州志 三

王川志 四

西夏圖略 六

夷地碑記 二

東家雜記 一

天文地理圖 一

新會縣志 二

新修奉節志 二

行唐縣志 一

溫州江心寺記 一
稷山縣志 四
鎮平縣志 一
沔陽志 四
徐州新志
通惠河志
青雲峰志
嵊志
建寧府志
鄒縣志
安吉州志
開建鄖陽志 一
徐州洪志 二
鴈山圖錄 一
嘉禾志 元刻十六

荊南榷志 二
寧德縣志 二
萊州府志 三
灤州志 五
新修西湖志并志餘 杭刻
北關新志 二
常德府志
鄭縣志
長沙府志
嘉善志
揭邑志
廬江縣志
天台縣志
廣德州志
總定州志

漢中府志

鄠縣志

醴泉縣志

龍門志 欠上本

臨江府志

餘杭縣志

太平縣志

勅賜齊雲山志〔「齊」原誤「齋」，今改。〕

汝州志

尉氏縣志

延安志

鄖臺志略

廣州府志

真定府新志

東泉志

永州府志提綱

崑山人物志

解州志

武寧縣志

登封縣志

東林寺記集

河南府志

盧陽志

少林古今集録

嵩縣志

蓬州志

西關志

治河通考

金山縣志

陽信縣志

恩縣志

新刻河南鹽池錄

夷齊志

邳州志

壽州志略

建昌府志

六朝事蹟編類

六合志

翼城縣志

華陰縣志

宿州志 二

韓襄毅公祠志

蠡縣志

南雍志

定遠縣志

鹿邑縣志

漢陽府志

贛州府志

鉅野縣志

閿鄉縣志

宜陽縣志

西關三鎮通志

江陰縣志

遊江心寺詩

香山志

太平府志 五

新修廣平府志

峴略

惠大紀

華山遊集

通州志略
常熟縣志
南鎮碑文
全遼地里志
遊湯泉集
滕王閣集
瑞巖古今題詠
德安縣志
南京太僕寺志
衡陽佳處詩集
博白縣志
通惠河志 一
楚紀
吳中水利通志
垣曲縣志

昌樂縣志
石鼓書院志
禹廟碑文
黃鶴樓集
西湖百詠集
六合亭唱和詩論
濂溪志
蕪湖廠志
寶應志略
江陰縣新志
九疑詩賦
兩邑城學記
忠定祠集
上巳遊雍山詩
武義縣志

嶽麓書院圖志
海寧閘河類考
汀州府志
吳郡志 范石湖修
蜀屯田志
新昌志
元氏縣志
鄢陵志
南嶽小錄
隆平縣志
三遊洞集
解梁書院志
茅山百詠詩
定海縣志
金華錄

湖南道學淵源錄
汝南志
隴州吳山志
正學書院志
石湖志略
長葛縣志
蕪江榷政志
甘肅志
巫山縣志
麻姑志
善權寺古今文錄
潊復西湖錄
伏羲臺志
易州志
山海經 舊監刻

沂州志

滸墅關志

大冶縣志

遊茅山集

南中志

孔氏家廟志

威縣志

青神縣志

海道經 附錄小卷

尤溪縣志

瀛涯勝覽

皇明舊陝西志 零冊

樂平縣新志

嘉善縣志〔「志」字原脫，今補。〕

陳州舊志

南雄府志

白鹿洞山堂講集

九華山詩集

嶺表書院志

饒州府志

修昆明縣記

東光縣志 不全

膠萊新河議略

全州志

白冶小紀

白鷺書院志

邰陽縣志

樂安縣志〔「志」字原脫，今補。〕

東鄉縣志

臨淮志

石鼓山靈源志

江津學志

新泉精舍志

香山縣志

鄒平縣志

偃師縣志

國子監通志續志

島夷志

常州府志〔「志」字原脱，今補。〕

剡錄

曹縣志

福清縣志

年譜

歷代世譜

三原王公傳

郭氏家傳

象山年譜

文山同年譜

晦菴先生年譜

緱山侯氏宗譜

周文襄公年譜

國朝登科錄

皇明開國功臣錄

孔孟聖蹟

三家世典

文公年譜

范文正年譜

素王紀事

周朱二先生年譜

六科仕籍
汪氏足徵錄
順慶公年譜
孔門事蹟
孔庭纂要
癸未同年錄
南山周氏年譜
劉氏家乘
勉齋年譜 一
四川武舉秩齒錄
左氏流芳
費氏家譜
周康惠公行業撮要
名相贊
秋崖年譜

皇明名臣贊詩
荀峰編年
東家雜記
孔氏實錄
蹇忠定公年譜
周元公年表
成化甲辰進士題名記
鄂縣王氏族譜 一
東里年譜
李文正公年譜
容思先生年譜
侯郎中行狀
洞山黃氏家訓
屠氏家乘
兩京吏部題名錄

王氏遺墨
渠陽詩註
教家要略
邵氏正派錄
雪齋姚公家譜
盧陵曾氏家乘
王氏宋朝誥勅
四明項氏家乘 旌節崇議表忠終孝

姓氏

姓源珠璣 閩刻四本
姓氏急就篇 《玉海》內分出
姓源珠璣 舊刻一，近刻二本
姓源珠璣 徽州刻
姓氏遙華

氏族大全 四本
急就章 《玉海》分出
氏族類稿 近刻，不完
千家姓

佛藏

五燈會元 元板一部，不全，今板一部
鐔津集
佛祖通載 二部，一部不全
大慧語錄
日本僧問禪
百丈清規
丹霞投子頌古白文
參同註解
悟真篇

諸經音義
月江和尚語錄
唯心訣
神僧傳 二部
御製金剛集註
圓覺梵網起信論
清浄心經註
禪林寶訓 二部
聖教目錄
通玄百問
宗門武庫
大慧普說
大慧法語
正法眼藏
浄土指歸

上生經
高僧傳
宗門法語
唱道聯芳集
玉泉志
慧山記
大藏目錄
青州百問 二部
林間錄
四十二章遺教經
釋氏要覽
維摩詰所説經
天童請益錄
蒲庵集
觀世音普門品

梁皇水懺
大寧師語錄
金剛經白文
大乘祕密經
釋咒咀經
華嚴經要解
頓悟入道要門
小涅槃經
華嚴原人論解
南極和尚語要
神光經
楞伽經
三昧水懺
净土或問
蒙山四說語錄

善權寺古今錄
妙法蓮華經
邃庵錄
佛法大明
禪宗正脉
析疑論
華嚴原人論
獨峰禪要
金剛經疏論纂要
優曇祖規集
釋門教行錄
金剛經刊定記
禪林類聚
禪宗永嘉集
空谷傳聲

佛法金湯編 二部
雪光語錄
雪軒語錄
宗門寶鑑
中峰和尚廣錄
釋氏源流
蓮宗寶鑑
古梅語錄
如如居士三教大全
踪眼機鋒語錄
龍舒居士淨土文
教範清規
緇門警訓
清涼寶傳
心藏法儀

虛堂習聽
碧巖錄
徒容庵錄
漚幻集
漳濱雪庭錄
寒燈衍義
高峰禪要
楞嚴要解
禪宗諸祖歌頌
新頌聯珠稿
惠州語錄
菴事須知
六祖壇經 二部
大藏一覽
馬祖四家語錄 二部

教乘法數 二种
楞嚴會解
尚理編
圓覺略疏
苾蒭泥毘奈耶
冥樞會要
遷神定祕訣
臍門無漏祕訣
究竟禪定
通心斷鬼祕訣
無垢子解心經
智覺禪師五賦
朝野賡歌
證道歌 二部
普庵語錄

玉峰經
涅槃經
芫絕集
尚覺編
宗境節要
四分律藏
去果禪定要門
來因禪定要門
歸真要訣
降魔祕訣
大樂祕訣
李大參註金剛經
金剛註解附錄
栢堂山居詩
護法經

破邪論
十門辨惑論
法界還源觀 二部
人本欲生經
觀總柑論頌
大乘唯識論
輔教編
不二居士語錄
釋氏通鑑
法藏碎金
廬山東林寺志 見圖志
出相金剛經
三聖諸賢詩集
宗門事要
比丘尼傳

甄正論
法顯傳
法界觀通玄記 二部
取因假設論
方便方論
唯識二十篇
續宗門統要
寒山子詩集
三教會通
三教四六
四家頌口
大慧和尚年譜
三藏法數
稽古略
古鏡三昧

頌古聯珠
百法明門論
石屋禪師語錄
萬善同歸
釋迦方志
辨偽錄
天台四教議集註 欠下
肇論中吳集解
釋迦氏譜
續集佛道論衡
梵絕直註
禪林僧寶傳
禪源諸詮集
開元釋教錄 不全
人天眼目 二種

八識規矩補註
全室外集
三教善樂集
楚山和尚語錄
隋眾經目錄
釋迦譜 共十卷，欠後三卷
梁皇寶懺解註
慧燈集
佛道論衡實錄
法苑珠林 不全
三聖詩集
楞嚴集
天如語錄
天如剩錄
夾註輔教編

六學增傳
空谷集
大明清涼通傳
祖關和尚語錄
心經慧燈集
黃蘗宛陵錄
慧覺禪師自行錄
大休集
悟空集
宋真宗註遺教經
寒山詩集
通什清淨科疏
景德傳燈錄
禪宗諸祖法語
大慧禪師書問

五家宗派圖
高麗譜照禪師修心訣
黃經傳心法要
淨土十疑論
圓覺經集註撮要
註心賦 近板，不全
禪心決凝集
四十二章經註解
華嚴經
楞嚴義海 又一套，五之十，欠一之四
五燈會元 舊板
六祖註解金剛經
三藏聖教目錄 南京刻
尊宿語要
稽古峪 淞舊刻

法華經註解
唐憲宗心地觀經序註解
禪波羅密般若傳
蒲室論集
全室內集
高庵旅泊集
華陽法界觀門
四明三佛傳 近刻
宗鏡錄節要
徑山集
法華經註解 釋守倫註
趙州真際語錄
一花五葉集
輔教編 舊刻
三藏聖教序註解

華嚴經序註解
護法折疑平心三論
維摩詰所說經註解 杭刻
桐嶼詩集
夢觀集
華嚴要解
方山昭化院記
慈渡集
石屋禪師語錄 國初刻
達磨禪師入道理門 近刻
圭峰禪師原人論
蒙山異禪師語錄 近刻
思惟要略法
迦丁比丘說當來變經
四阿含暮抄解

金剛修行儀軌經
聖賢集伽陀百詠
大的陀羅尼經
大的心陀羅尼經
天貞和尚歌頌語錄
無際道林錄
持世經
圓悟心要
中峰淨土詩
宗門要集
達磨傳心法 近刻
慈心功德錄 近刻
十二遊經
雜譬喻經
五門禪經要用

諸經要集
廣大法願頌
十不善業經
黃蘗傳心法要 抄
唯菴詩集
大方廣寶篋經 欠上
宗門要集
蘭谷遺音
大明三藏聖教目錄 書册
慈悲水懺 三卷
地藏菩薩本願經 三卷
圓覺經略疏 四卷
華嚴經 八册
禪林寶訓
尚真尚理編

禪林永嘉 舊刻

宗門武庫 牛首刻

釋氏要覽 舊刻

楞嚴管見

永嘉集 一卷

維摩詰所說經註解 三卷

百法明門論 一卷

起信論削記 六卷

非韓

大涅槃經 四冊

金光明最勝王經 十卷

普菴語錄 過面五册

傑峰和尚語錄

楞嚴經冥樞會要

萬善同歸 元刻

禪林僧寶傳 元刻配合

諸乘法數

淨土指歸

雲外禪師語錄

胎骨經 一卷

楞伽經註解 七卷，欠首一卷，又欠第八卷

起信論疏 疏五卷

四家評唱

大方廣佛華嚴經註

天台止觀

仙佛同源

金獅子章還源觀

諸佛名經

佛岩泉石禪師正宗贊

蒙山語錄

補陁洛迦山傳

百丈清規

袖珍法華經

雜集 一冊

禪關指要

松山集

成唯識論

毘尼丹經

諸佛名稱歌曲

無量壽佛經疏鈔

金剛經疏記集覽

法界觀通玄記

教乘法數 舊刻，欠八之尾

洰川文集

注妙法蓮花經

五燈會元 國初刻，不全

釋迦如來正宗大覺妙經

古拙和尚語錄

曇華和尚淨土歌

投子丹霞頌古 一冊

瑜伽師論記

法華會解 知朗註，不全

出家授近圓羯磨儀範

苾蒭習學略法

般泥洹後灌臘經

妙色王因緣經

差摩婆帝受記經

有德女所問大乘經

八部佛名經

菩薩飼虎起塔因緣經

師子月佛本生經
佛說薩羅國經
佛說十吉祥經
金剛三昧經
八大人覺經
佛說四輩經
過去佛分衛經
大迴向經
佛爲海龍王說法印
古遠塔功德經
師子王斷婦經
師子王菩薩請問經
佛臨涅槃記法住經
菩薩內習六波羅密經
金剛三昧本性清淨經

佛說長者法老妻經
師子吼耳義經
慈心不食肉經
優婆淨行法門經
三品弟子經
當來變經
滅法盡經
太子辟羅經
十二頭陀經
法常住經
選僧圖
禪宗雜毒海
玄門入道資糧
擬寒山詩
中山集

雨庵宗譜
無垢子註心經
雪竇開堂語録
大方等大集月藏經 不全
金剛經
子達捷經
萬松野老請益經
楞屋語録
樹提伽經
長壽王經
芜綱經菩薩戒律儀
宗鏡撮要
藏覽別集
放牛居士是非關
舡子和尚機緣全集 二

求生西方淨土念佛鏡 一
雪竇洞庭語録
雪竇祖英集
壽禪師心賦
頓悟法門
參禪指要
維摩經註解
華嚴經唱字母
石屋語録
青山和尚頌古集
諸經捷征簡要
菴事須知
法華要解
註解心經
宗鏡會要

眾僧經
大藏要略
華嚴合論
雪竇頌古
唯識開蒙
經律異相
大顛註解心經
全室外集
梵網經菩薩戒
天童雪竇頌古集
般若玄談
法華經
荒絕經
高峰語錄
壺山分和尚語錄

撰集百緣論
楞嚴註解
大明三藏并序讚文
高峰禪要
四十二章經
雨軒外集
踪眼機語錄
大慧和尚語錄
佛法金湯編
華嚴懸談會玄記
儀法水懺
菁莪居士集
寶峰雲菴真淨語錄
般若波羅密多心經 解註
唐僧弘秀集

有宋高僧詩
景德傳燈錄
高僧傳
明大慧和尚語錄
翻譯名義集 不全
明教大師輔教編
密哩幹巴上師道果
溫寶洗浴衆僧經
華嚴清涼疏鈔玄談 二部
圓覺大疏
法華經註解
傳法正宗記
海和尚語錄
金剛般若波羅密經註解
天台諸文類集 元刻,不全

續傳燈錄
續高僧傳
銷釋金剛科儀集註
圓覺經 舊刻
道德經取善集 不全
泗州大聖明覺傳
密哩幹巴上師道果金剛句 廣道疏
般若經九套
高僧傳 書冊抄
無門開和尚語錄
楞伽經 揚州新刻
法華經合論
楞嚴經集註節要
頌古聯珠 不全
松雲普鑑 即傑峰語錄

古竺校證諸懺補助儀
僧北磵集 宋刻
愚菴和尚語錄
師子林紀勝集 國初刻
佛果擊節雪竇拈古語要
存翁文集
虛明錄
高峰集賢語錄
大唐西域求法高僧傳 書册抄
篆字金剛經
天如別錄
續集宗門統要
西蜀東普無際道林錄
諸齋定製集
傑峰普度施食儀文

荊山和尚幽谷集
佛說心論 元刻
雨花集
寒山詩集 大刻
佛說真宗妙義經
達摩觀心論
野菴詩集續集
折疑論
三老玄唱註釋 信心名玄中銘士玄談
洛陽伽藍記
龐居士語錄
維摩詰所說經 抄
雪亭歲寒幻寄集
雪光和尚詩集 即漚幻集
楞伽經 宗泐如玘同註

緊念三時佛事
神僧傳
宗鏡錄序 智覺
定慧相資歌 智覺
宗門諸子法語
永明壽物外山居詩
天如淨土或問
幽谷老人評頌永 加證道歌
石門和尚語錄
番子玄談寶藏論
普菴心藏法儀
讀教記 宋刻,有十二之十四
三聖諸賢詩集
雪光和尚剩語
華嚴經普賢行願品疏鈔

大般涅槃經 綿紙
四大禪師語錄 天童、投子、雪竇、丹霞
唯心訣 智覺
禪宗諸祖歌頌
永明壽物外集詩讚
雍禪師和尚居詩
荊山和尚幽谷集
荊山和尚淨土詩
萬峰和尚語錄
禪宗永嘉集
佛國禪師指南圖讚
遺教經
決疑集
不二道人居家語錄
遠禪師十牛頌

六祖壇經

道院集要

石門和尚普說

古林和尚語錄 集名公書

佛祖通載 舊刻

徑山集

開元釋教錄 肥字函

禪藻集

楞嚴經冥樞會解

證道歌

三聖山居詩 永明壽布衲雍鏡中圓

中山圓禪師詩集

無著相尚涵幽集

大藏一覽 舊刻

中峰淨土詩集 名公書

人天寶鑑

藏叟摘稿

冥樞會要 綿紙

道藏

三元參贊

養生集覽

老子集解

文昌孝忠化書

規中指南

徐仙翰藻

黃石三略

金精直指

續仙傳

彭曉註參同鼎器歌

指玄篇
海客論
碧虛子親傳直指
紙丹金真直指
紫元君授道傳心法
太上九要心印妙經
修真祕訣
中和集道德經註解
黃庭內外經
稚川真人校證術
金笥寶錄
真仙通鑑 元刻
列仙傳
錄異記
陰符經

悟真篇註疏
悟真講義
白玉蟾集
梓童帝君化書
道德經正解
呂純陽文集
羣仙要語
庚辛玉冊
墨子
通幽集
修真十書
養生心法
華陀內照
錦身機要
徐仙真錄

疑仙傳

北斗諸仙註

周易參同契發揮 元俞琰註

許真君傳

真誥 五冊

許真君傳 十冊

玄帝啓聖加慶圖

大小玉冊

齋醮文檢

金丹大要

修真祕要

導引奇法

傳心法

紙舟直指

海瓊摘稿

三皇玉訣

昇仙經

瑞石山紫陽集

攝生要義

真仙通鑑 六套

長春真人語錄

漢天師世家

金丹四百字

俊靈機要

延生經註解

大霄琅書

海瓊語錄

老子化書

内丹還元訣

太上洞神五星讚

道德真經頌
諸真歌頌
度人經註解
弘道集
支離子集
靈寶畢法
悟真篇集註
磻溪集
陰符經趙弼註
至言總
玄林羣玉集
物外清音
太上感應靈篇
金玄羽章
道德篇章玄頌

破妄章頌
清淨經頌註
御註道德經
啓聖實錄
真誥 不全欠一套
還丹疑問錄
保生心鑑
觀微子內篇
抱一子丹訣
鐵柱宮紀錄類篇
宗玄先生文集
心香妙語
雲山集
明真玄要
真指玉鑰匙

集福經
金華玉液大册
太微仙君功過格
衍教集
體玄集
希夷府
丹梯
太上感應篇
淨明忠孝全書
葆光集
大成金書
科詞
三元參贊 舊刻
通玄集
太上老君中經

龍虎還丹訣
赤松子中誡經
梓潼救却寶章
道德經講義
玄珠密語
遁甲符應經
雲光集
妄有子註參同契
天髓靈經
金丹正理大全
太玄真一本際妙經
國王行道經
十行因緣經
左仙翁說神符經
生死輪轉因緣經

三十二天尊號經
白玉蟾上清武夷集
金石簿五九數訣
元君靈應寶懺
黍珠集
崔公入樂鏡註解
金丹大要 寧府刻
希夷先生五龍睡法
存運神變書
道教靈驗記
八仙王教誡經
本行宿緣經
真人間疾經
通微內思妙經
靈寶中和經

昇玄內教中和品述議號
玄幻集
上清九真中經內訣
玉宸玄範 欠首冊
旌陽石函記註解
靈劍子
玄壇必用 元刻
赤松子中誡經
玄帝垂訓并金科玉律
雷府辛天君垂訓
孫真人勸世
許真人十無益論
長春真人附錄
太上老君十齋戒日
周易參同 彭曉注

周易參同契無名子註
道門玄範
星主紫徽寶懺
洞真玄經
紫度炎光神元奕經
八景玉籙晨圖隱符
紫書籙傳
太微仙君功過格
雷霆鄧天君訓世
魏元君訓世
妙應孫真人福壽論
虛皇天尊初真十戒
老君說天童護命妙經
周易參同契朱子註
周易參同鼎器歌鏡圖

金鎖琉珠引 不全
太上諸品仙經
高上玉皇本行經
七轉八變舞天經
太上太素玉籙
太上倉元上錄
洞真黃書
白玉蟾文集 寧府刻
老子億
諸燈圖式
玄教青詞
庚道集
道情摘翠
許真君石函記
太古土兌經

胎息經
丹經纂要
金丹印證
錦身機要
道書會集
玄風錄 元刻
五老赤書玉篇真文天書經
武當福地總真集
體玄集
參同契
道德經
中和集
悟真篇
上洞心丹經訣
九丹經

太祖御註道德經
玄風慶會圖
羣仙悟道文集
風后九天玄女對敵陰符經 鬼谷註
玉清金笥寶錄
道門定制
神光經
峴泉文集
軒轅集 四
日用清規 一
真鈴總要 四
上清靈寶頒告符簡 一
道德經取善集
道德經河上公註
太清玉冊 寧府刻

陰符經註 潘府集
轉老集
宋徽宗御注西昇經
雲仙集
參同契古文
道德經原
修養祕圖
梓童帝君靈懺 一
靈劍子 一
白玉蟾分章證誤清淨經品註
玉清無極總真文昌大洞真經
道經贅言
玉樞寶經
太上諸品經懺
玄抄

龍虎經註 潘府刻
修養集要
抱朴子內篇 欠十一之終
老子西昇化胡經
道德三洞法寶諸品真經
長生久視書
玄珠密語 方冊
老子化胡經 不全
清菴先生中和集
金丹捷徑
太上老君寶錄
徐神翁語錄
水雲集
八十一品丹經
黃庭內篇

龍虎還丹訣頌

黃庭經註解

竈王經

參同契指南 _{忘有子注}

道德管窺集解

道法樞紐 _抄

道德經 _{洪武間杭巾箱刻}

修真十書 _{欠傳道集}

文昌大洞經

三元集

純陽真人渾成集

修真捷經

太乙修真玄草

金丹大要積功 _{欠一之四}

金碧占文龍虎上詩

元史附極

混然子夾頌解註陰符經 _{清天歌附}

全真宗眼方玄言

太和山啓聖實錄

衛生會纂

雅川真人棱證術 _抄

陰符經 _{杭巾箱刻}

玄門入道資糧

太上金穀歌

葛仙翁傳

道德經講義 _{大刻}

法帖

智永千文

西安石刻

楷帖
大千文帖
諸家真草隸篆
東海草千文
出師表
東海詞翰
歐公試筆
法帖釋文
海岳名言
孫過庭書譜
隸書千文
右軍十七帖
淳化帖
萬竹山房帖
東海草詩

李斯篆
正俗通三體書
古字便覽
寶章待訪錄
元章書史
書斷
堯章續書譜
黃伯思法帖刊誤
思陵翰墨志
草書辨體
草書韻寶
書史會要
坦齋法帖
嶧陰堂刻李斯小篆
陳布衣帖

聖教序三帖
子昂帖
坡居陽羡帖
月儀
思恩堂集
蘇公帖
戴竹樓千文帖
曹陶齋法帖譜系
籋陽鄭達帖
草訣百韵
東海手稿 二
密山法帖
顏書謁金天王祠帖
顏書東方朔碑
晉諸賢雜帖

羲之十七帖
程雲篆南文
米南宮帖
祝芝山洛神賦
文衡山夜坐記
篆隸千文
懷素千文
姜白石續書譜
思恩堂法帖
大觀太清樓帖
楊珙臨蘭亭帖
洪範篇帖
竹樓道人書
子昂小楷度人經
顏子多寶塔刻

韓蘇二妙
集諸家書金剛經
趙松雪書簡
唐詩草書
篆字楚騷
字學要抄
金薤琳瑯
子昂千文
禹文
小蘭亭記
坡書墨刻金剛經
篆法偏傍
西川青羊宮碑銘
山房墨寶
篆法偏傍點畫辯

趙子昂書圓覺經
東坡洋州園池帖
祝枝山懷素草書歌
蔡邕書淳于長夏承碑
周泰刻石〔「泰」疑當作「秦」。〕
蘇蕭二妙
余氏寶藏法帖
章草急就章
古今書法
書苑菁華
史籒石鼓文
書法三昧
九成宮醴泉銘
孫氏書譜
翰墨志

法帖

法帖

文衡山玉女潭山居記

泉源志略

松靈真蹟一卷四段

宋徽宗草書千文

淳化帖 十卷

夜坐記 衡山小楷

東海草書 一

子昂原樂真集

李雪菴大字帖

東海墨林

東書堂法帖 舊刻

雜集子昂法帖

法帖刊誤

法帖譜系

憩菴字法

東書堂帖零五卷

蘭亭舊帖

祝枝山法帖

衡山大小楷千文

陸氏衡文賦 小楷 蘇刻

西崖墨刻

衡山真草隸帖

元勑藏御服碑帖

絳州重修夫子廟碑 一

徵明草書千文 子昂書

長興州東岳行宮碑

赤壁賦帖 子昂書

宋名賢分寫四十二章經 石刻

子昂千文 石刻 一

四八四

漢晉唐宋名公書法 共三册

懷素千文 四刻

草書孝經墨刻

東坡陽羨帖

晉唐小楷帖 蘇新刻

崇國寺演公碑 子昂書

山谷黃龍和尚開堂帖

韓文公南海廣利廟帖 一

姜立綱早朝詩帖

重修蜀先生廟碑 王庭筠書

處州孔子廟碑 唐任迪書，宋陳孔碩重書

隸字孝經帖

閑中戲書字帖 周府刻二

姜白石續書譜 石刻一

漢東方朔畫像贊 顏真卿書並序 一

漢番君廟碑

顏真卿字法

孫而菴小篆千文 文徵明書

陳高吾訓辭帖

勿藥詩刻

朝天宮書千文 木刻

東海草書千文 崑山舊刻

趙子昂諸帖

大宋新修湯廟碑

天方府君墓文小刻

祥符御製中岳醮告文帖 劉大初書

御製靈濟宮碑 姜立綱書

釋義獻六十帖 木刻

家寶集

柳書玄密塔銘

四八五

百川書志　晁氏寶文堂書目

表忠觀碑　東坡書
翰墨志譜
遊翁醉亭記石
孫過庭書譜　江陰刻佳
東坡懷子由詩刻
黃達卿楷書
詹前山小傳　衡山書
松石道人法帖
山谷次韻斌老帖
坡翁二絕
停雲館法帖
張旭酒德頌　周府刻
西涯假岩詩刻
古今碑刻
麓山寺碑　李邕書

秦相李斯嶧山碑
宋高宗七十二賢像贊石刻　龍眠畫
泰山銘　唐玄宗製並書
鮮于伯機草千文
八關齋碑
翰墨良規
麻姑仙壇記　舊刻、新刻共一部
真賞齋帖
寶晉齋法帖　宋刻
王中書篆千文
二王帖
顏魯公乞米帖　舊刻不全
東坡書金剛經
草訣百韻帖
趙余張楊帖

四八六

西涯待隱園賦刻
書學會要
松雪張真人碑
陽明墨蹟
古隸集韵
文衡山真草千文帖
國初諸賢帖
十七帖 蘇刻
三賢祠記帖
邃菴解刻
前出塞帖 宋克書
聖教序 舊刻
黃庭經帖 沈石田家刻
趙張行草法帖
臨池神助草書集法

嶽麓書院石壁禹刻
書學會編
遊黃山記 木刻
學古編
許氏說文 內刻
松皋棧道雜詩刻
嘉興路重修儒學碑
張即之息心銘刻
蔣廷暉黃州竹樓記 子昂書
御製新建大學碑
古書法綱目三昧 刻
大宋絳州重修夫子廟碑
滕王閣序 隸古
集古隸書千字文
去思亭記帖 周白溪書

百川書志　晁氏寶文堂書目

序古千文帖　劉定之集右軍書
御製真武廟碑　沈度書
沂州普照禪寺修造記　集柳公權書
嵩戒壇茶榜　雲庵書
古相思曲　宋方信儒書
草韻粹精
說文字原
廣川書跋
喬白岩詩帖
東坡三過堂帖
崇安縣學田記　朱文公
湖州路總管郝中儀生祀記

千文隸刻　西涯隸
水監石銘
崇正雅言帖　真卿
解縉紳草書
憇安永字八法帖
元祐黨籍碑　廣西大刻
商韶洞記　宋張敬夫書
吏科題名錄
存古篆體
朱子太極圖　常德府舊刻
孔聖七十二賢贊刻
柳溪書院真蹟

四八八

晁氏寶文堂書目叙錄

焦竑《國史經籍志》簿錄類

晁氏寶文堂書目三卷

黃虞稷《千頃堂書目》簿錄類

晁氏寶文堂書目三卷 晁瑮

曹寅《楝亭書目》書目類

寶文堂書目 明晁氏家藏 三卷三册

古典文學出版社輯

四庫全書總目提要 目錄類存目

寶文堂分類書目三卷 編修程晉芳家藏本

明晁瑮撰。瑮字君石,號春陵,開州人。宋太子太傅迥之後。嘉靖辛丑進士,官至國子監司業。其子東吳,字叔權,嘉靖癸丑進士,選翰林院庶吉士。父子皆喜儲藏,嘗刊行諸書,有「飲月圖」「百忍堂」諸版。此本以御製爲首,上卷分總經、五經、四書、性理、史、子、文集、詩詞等十二目,中卷分類書、子雜、樂府、四六、經濟、舉業等六目,下卷分韻書、政書、兵書、刑書、陰陽、醫書、農圃、藝譜、算法、圖誌、年譜、姓氏、佛藏、道藏、法帖等十五目。其著錄極富,雖不能盡屬古本,而每書下間皆註明某刻,亦足以考見明人版本源流。特其編次無法,類目叢雜,複見錯出者,不一而足,殊妨檢閱,蓋愛博而未能精者也。

莫友芝《邵亭知見傳本書目》 目錄類

寶文堂分類書目三卷

明晁瑮撰,每書下間著明某刻,可考明人板刻源流。《存目》有。

周貞亮、李之鼎《書目舉要》版刻之屬

寶文堂分類書目三卷

　　明晁瑮。每書下間有著明某刻，可考見明代版刻源流。

趙萬里《北平圖書館善本書目》目錄類

晁氏寶文堂分類書目三卷　明晁瑮撰　明鈔本

蕭璋《國立北平圖書館目錄類書目》

晁氏寶文堂書目三卷

　　明晁瑮藏　明鈔本　三冊

趙萬里《跋晁氏寶文堂書目》

　　右明鈔本《寶文堂分類書目》三卷，明晁瑮撰。瑮字君石，號春陵，開州人。宋太子太傅迥之後。嘉靖辛丑進士，官至國子監司業。其子東吳字叔權，嘉靖癸丑進士，選

晁氏寶文堂書目叙錄

四九一

晁氏寶文堂書目

翰林院庶吉士。父子皆喜藏書，今所傳嘉靖刊《法藏碎金錄》《具茨集》，版心上方有「寶文堂」三字者，皆晁氏所刻也。此目以御製諸書冠首，上卷分總經、五經、四書、性理、史、子、文集、詩詞等十二目，中卷分類書、子雜、樂府、四六、經濟、舉業六目，下卷分韻書、政書、兵書、刑書、陰陽、醫書、農圃、藝譜、算法、圖誌、年譜、姓氏、佛藏、道藏、法帖等十五目。其中子雜、樂府二門，所收元明話本小說雜劇傳奇至多，為明代書目中所僅見，至可貴也。此本舊為貴池劉氏藏書，有「大明貴池劉氏藏書」「餾城鑑藏」二印。城字伯宗，明季諸生，入清不仕，著有《嶧桐集》。萬里記。

葉昌熾《藏書紀事詩》

晁瑮君石　子東吳叔權

昭德先生書滿家，自言梨味不如楂。禮堂翻定童烏本，痛極優曇頃刻花。_{東吳，瑮次子，弱冠第進士，年二十三卒。其父瑮手錄其遺文，總四卷，墨蹟一卷，名曰《誠痛錄》。}

四九二

古典文學出版社出版說明

本册合印明代著名的私家藏書目録二種：一、嘉靖間公曆一五二二至一五六六年晁瑮及其子東吴的藏書目《晁氏寶文堂書目》三卷，二、萬曆三十年壬寅一六〇二年徐𤊹編的《徐氏紅雨樓書目》四卷，包括他父兄徐㭿、徐熥以及主要是他自己所收藏的書籍目録。

這兩部藏書目録有一個共同的特點，就是都著録了很多的小説、戲曲目録：晁目分别著録在子雜門及樂府門中；徐目著録在傳奇類中。這些部分，久爲研究我國古代小説史和戲曲史者視作重要的史料。

《寶文堂書目》另有一個特點，就是書名下邊多注明板刻，足以考見明代板本源流。

晁氏收藏宏富，頗有在其他著録中不見或罕見的書名，如子雜門著録《東軒筆録、續録》，《續録》除見於《宋史·藝文志》而外，别處幾未見過；樂府類著録《稼軒餘興》，恐怕是辛棄疾詞的别一個本子，而這個本子幾乎僅見於本目的著録；醫書類著録《東坡集藥方》，可能是「蘇沈二内翰良方」蘇軾醫方部分的藍本，沈括醫方部分的藍本是很清楚

的，蘇軾的却一直沒有搞明白，這材料就有助於說明這問題。

《寶文堂書目》和《紅雨樓書目》都用傳鈔本校印。《寶文堂書目》爲明末清初諸大藏書家所珍視的簿錄之一，黃虞稷、曹寅、程晉芳諸家都有藏本，但至今日，北京圖書館所藏的明寫本一部（顯微膠卷），已成爲僅有的一個舊本了。

古典文學出版社

一九五七年七月

9408₁ 慎

00　～言集訓　348

9501₄ 性

16　～理彝訓　267
　　～理文錦　267
　　～理三書　268
　　～理三解　269
　　～理五書補註　269
　　～理羣書　268
　　～理羣書補註　267
　　～理大全　267
　　～理本原　267
　　～理吟　267
　　～理纂要　267

9503₀ 快

61　～嘴李翠蓮　370

9592₇ 精

50　～忠錄　442

9601₃ 愧

00　～庵讀書錄　343

9680₀ 烟

44　～花鬼判　394

9701₀ 恤

22　～災四疏　402

9701₄ 怪

02　～證奇方　428

9702₀ 憫

40　～志稿　329

9708₆ 懶

10　～雲傳奇　387
13　～殘詠史詩　311

9782₀ 爛

41　～柯山王質觀碁　392
　　～柯經　431

9782₀ 灼

44　～艾集續集餘集別集　342

9824₀ 敝

17　～帚集　311

9910₄ 塋

71　～原總錄　416

9921₇ 罃

27　～絕集　457

9960₆ 營

34　～造法式　434
　　～造法式撮要　341

9990₃ 縈

44　～蒲別意　381

9990₄ 榮

00　～哀錄　382
40　～壽詩集　331
47　～穀集　330
76　～陽世美錄　386

～春雅集 351, 389	**常**	40 ～真篇 453, 478
～素千文 482, 485	01 ～評事集 319	～真篇註疏 472
77 ～賢錄 377	04 ～熟縣志 448	～真篇集註 474
9020₀ 少	24 ～德府志 445	～真講義 472
23 ～傅野亭劉公摘稿 301	32 ～州府志 451	**9148₆ 類**
26 ～泉詩集 305	**9050₀ 半**	23 ～編古今詠物詩 316
27 ～鵠詩集 331	31 ～江集 298	～編婦人千金方 430
28 ～微通鑑 271, 276	32 ～洲稿 332	43 ～博稿 293, 303
～微通鑑白文 277	**9060₂ 省**	52 ～拙 373
～微通鑑節要 278	33 ～心詮要 344	**9181₄ 煙**
～微宗元鑑 275	41 ～垣稿 324	10 ～霞集 323
30 ～室夢言 329	**9060₆ 當**	34 ～波釣叟歌 416
37 ～湖文集 287	23 ～代名臣錄 278	**9182₇ 炳**
44 ～林古今集錄 446	30 ～官劄記 373	10 ～靈公斷丹客燒銀 391
～華山人集 292	40 ～來變經 465	**9280₀ 剡**
9021₁ 光	**9090₄ 米**	32 ～溪詩話 308
32 ～州志 440	10 ～元章畫史 433	87 ～錄 451
72 ～岳英華 333	～元章書史 432	**9281₈ 燈**
9022₇ 尚	40 ～南宮帖 482	44 ～花婆婆 361
08 ～論編 355, 371	44 ～芾硯史 432	**9306₀ 怡**
16 ～理編 457	**棠**	44 ～菴文集 291
40 ～真尚理編 462	44 ～林世稿 332	**9401₄ 恠**
50 ～書正義 259	74 ～陵實錄 365	22 ～山蟹譜 432
～書白文 259	**9101₆ 恒**	
～書通考 260	76 ～陽集 309	
～書纂言 260	**9106₁ 悟**	
～書說要 260	30 ～空集 460	
～書旁註 259		
～書孫公奏議 403		
77 ～覺編 457		

64 ～疇 349	49 ～杭縣志 446	～學句讀 338
8851₂ 範	77 ～興集 320	～學内外篇 342
60 ～圍歌訣 435	**8890₆ 策**	～學書解 344, 370
～圍命數歌 419	10 ～元經濟 339	～學旁註 353
～圍分類 419, 435	27 ～約 399	～學日記故事 357
8852₇ 籥	～役靈章 421	～學淵源 356
76 ～陽鄭達帖 482	30 ～寶精華 287	～學集解 338
8854₀ 敏	38 ～海集成 405	～學集成 367
43 ～求機要 341	46 ～場便覽 405	～學集註大全 358
8860₁ 簪	48 ～場制度通考 406	～學講語 371
26 ～纓四六 399	77 ～學輯略 406	～學啓蒙 372
答	～學提綱 405	～學故事 378
88 ～策秘訣 406	～學衍義 405	～學摘易詩圖 382
8864₁ 籌	～學蒙引 405	～學書圖檃括纂要 385
36 ～邊一得 401	～學總龜 405	～學韻語 386
～邊錄 402	**8912₇ 銷**	～兒方 426
8872₇ 節	26 ～釋金剛科儀集註 468	～兒痘疹經驗方 423
44 ～菴存稿 313	**9000₀ 小**	～兒痘疹方 424
8877₇ 管	00 ～方輿勝覽 440	～兒衛生總微論 423
17 ～子 280	10 ～爾雅 256	80 ～金錢記 368
～子白文 281	12 ～孤山詩 442	**9003₂ 懷**
30 ～窺外編 266	27 ～名錄 354	00 ～慶府志 444
37 ～郎中詩集 326	37 ～通鑑 276	10 ～雪集 327
8879₄ 餘	～涅槃經 455	～玉山亭記 335
27 ～冬序錄 348	44 ～荀子 281	32 ～州疏議稿 404
～清集 391	～蘭亭記 483	40 ～古集 289
	50 ～書經 259	～古錄 354
	57 ～搜神記 352	44 ～麓堂稿 287
	60 ～四書 339	～麓堂續稿詩集 333
	72 ～隱餘音 390	
	77 ～學史斷 271, 276	50 ～春雜集 351

8713_2 錄
26 ～鬼簿 355
60 ～異記 472

8716_1 鉛
22 ～山縣志 435

8718_2 欽
67 ～明大獄錄 363
　～明大獄榜文 414
97 ～恤錄 414

8728_2 歙
16 ～硯志 433

8742_7 鄭
22 ～巖山詩集 326
39 ～淡泉策學 405
62 ～縣志 445
72 ～氏孝經 256
　～氏□溪集 282
　～氏旌義編 366
77 ～月蓮秋夜雲窗夢 396

8762_2 舒
40 ～梓溪文 300

8762_7 卻
57 ～掃編 360

郘
76 ～陽縣志 450

8778_2 飲
31 ～河集 326
78 ～膳正要 370

8810_4 篁
48 ～墩文集 287, 298
　～墩集 294
　～墩錄 359

8810_8 笠
36 ～澤叢書 290

8812_7 鈐
04 ～詩山選 335
22 ～山堂集 306, 385
　～山堂詩選 329

8822_0 竹
00 ～齋詩集 317
　～廬詩集 327
08 ～譜 434
10 ～下寱言 379
24 ～先生傳 374
31 ～源卷集 384
33 ～心亭錄 331
44 ～坡幽顯集 293
　～坡詩話 311
45 ～樓道人書 482
50 ～軒記 294
77 ～居詩集 327

8822_7 簡
00 ～齋錄 304
　～齋集 312

～齋詩經 312
～庵榮終錄 383
41 ～帖和尚 360

8822_7 箐
00 ～齋讀書記 369
　～齋讀書錄 372

8823_2 篆
30 ～字六經 256
　～字楚騷 407, 483
　～字金剛經 469
34 ～法偏傍 483
　～法偏傍點畫辯 483
45 ～隸千文 482

8824_0 符
00 ～應經 418
40 ～臺外集 311

8826_1 簷
66 ～曝偶談 347, 366

8832_7 篤
00 ～齋詩集 326

8843_2 笑
38 ～海叢珠 360, 371

8850_3 箋
27 ～解千家詩選 315

8850_7 筆
44 ～坡叢脞 341, 348

8091₇ 氣

11 ～張飛　397

8111₇ 鉅

67 ～野縣志　447
　～野縣鄉文集　442

8114₆ 鐔

35 ～津集　453

8178₆ 頌

40 ～古聯珠　459, 468

8211₄ 鍾

10 ～石玉堂奏謝錄
　　399
29 ～嶸詩品　356
57 ～輅前定錄　349
72 ～氏五良詩　308
95 ～情麗集　351, 389

8280₈ 劍

40 ～南續稿　334
77 ～閣集　436
80 ～全奏議　403

8315₀ 鐵

16 ～硯齋詩　332
22 ～崖樂府　387
27 ～灸集書　427
40 ～柱宮紀錄類篇
　　474
56 ～拐李　392
　～拐李度金童玉女
　　392

鍼

27 ～灸聚英　430
　～灸節要　430

8315₃ 錢

37 ～郎中詩　327
40 ～考功詩　325
47 ～起詩集　314
72 ～氏小兒方　426
　～氏小兒藥證真訣
　　430
77 ～學士遺愛錄　382

8377₇ 館

62 ～則　362
77 ～閣漫錄　376

8410₀ 針

27 ～灸集書　423

8416₁ 錯

38 ～送鴛鴦被　396
52 ～斬崔寧　361

8418₁ 鎮

10 ～平縣志　445

8471₁ 饒

32 ～州府志　450
76 ～陽名勝錄　444

8612₇ 錦

17 ～翠西廂　396
22 ～繡策　352
25 ～繡百事箴　357
27 ～身機要　472, 478
50 ～囊經　417
　～囊秘奧　429

錫

30 ～宴倡和　330
91 ～類鈴方　424

8614₁ 鐸

02 ～訓敷言　383

8680₀ 知

11 ～非齋詩集　336
80 ～命錄　364
88 ～竹集　320

8660₀ 智

30 ～永千文　480
77 ～覺禪師五賦　457

8712₀ 釣

12 ～磯立談　354
40 ～臺集　310

鈎

00 ～玄集　422

銅

80 ～人針灸方　424
　～人腧穴針灸圖經
　　425
82 ～劍讚　375

8040₄ 姜

- 00 ～立綱早朝詩帖 485
- 26 ～白石續書譜 482, 485

8022₇ 禽

- 50 ～虫述 377

8050₁ 羊

- 27 ～角哀鬼戰荊軻 368, 393

8055₃ 義

- 17 ～勇錄 437
  ～勇武安王集 438
- 27 ～烏人物記 272
- 28 ～俗成訓 356
- 80 ～金箴規 353
- 97 ～鄰九老會詩 321

8060₁ 普

- 00 ～庵語錄 457, 463
- 44 ～菴心藏法儀 470

合

- 27 ～色鞋兒 368, 370
- 77 ～同記 365
  ～同文字記 368

8060₂ 首

- 76 ～陽錄 442

8060₁ 善

- 44 ～權寺古今文錄 449
  ～權寺古今錄 455

8060₆ 會

- 23 ～稽三賦 287, 295
  ～稽古懷詩集 329
  ～稽山越王嘗膽 396
  ～稽志 443
- 33 ～心編 299
- 37 ～通館校正選詩 323
- 40 ～真記 351
- 77 ～問李東山等招由 414

曾

- 40 ～南豐刺齊州集 282
  ～南峰文集 297

8060₈ 谷

- 00 ～音 307
- 10 ～平目錄 366

8071₇ 乞

- 70 ～骸骨兩疏見幾 396

8073₂ 公

- 12 ～孫龍子 282
- 17 ～子書 344

食

- 08 ～説 424
- 24 ～貨志選 400
- 27 ～物本草 426
- 60 ～品集 428

養

- 10 ～正錄 343
- 17 ～子直訣 424
  ～子要言 424
- 25 ～生類纂 340, 367
  ～生月覽 365
  ～生集覽 365, 471
  ～生主論 425
  ～生心法 472
- 33 ～心書院書記 376
- 44 ～蒙大訓 357
- 77 ～閑自勵 366
- 88 ～餘錄 347

8077₂ 缶

- 67 ～鳴集 308, 322

8080₆ 貧

- 30 ～寓興衰記 388

8090₄ 余

- 22 ～樂山記師口訣 416
- 50 ～肅敏公奏議 404
- 72 ～氏三巖樵語 326
  ～氏寶藏法帖 483
- 88 ～竹城奏議 403

77	~丹大要 473, 476		396	20	~雙傳 346
	~丹大要積功 480	80	~翁歷官表奏 398	21	~能子 282
	~丹四百字 473		**8022₇ 剪**	27	~名奏議 402
	~丹正理大全 475	22	~綵集 334	37	~逸賦 296
	~丹印證 478	79	~勝舊聞 347	42	~垢子解心經 457
	~丹捷徑 479		~勝野聞 357		~垢子註心經 466
78	~鑒錄 400	92	~燈錄 340, 362	44	~著相尚涵幽集 471
83	~錢記 394		~燈奇錄 344	57	~豔女刀撲胭脂馬 392
88	~笥寶錄 472		~燈新話 346		
89	~鎖琉珠引 477		~燈新語 386	60	~量壽佛經疏鈔 464
90	~光明最勝王經 463		~燈餘話 346, 386	77	~閬先生遺文 292
95	~精直指 471	96	~燭清談 344		~際道林錄 462
	釜		**分**		~門開和尚語錄 468
22	~川詩稿 330	77	~門集註杜詩 325	86	~錫顏彥夫雜文 303
	8011₆ 鏡		~門字苑 408		~錫志 444
22	~山小稿 336	80	~金點穴訣 417		
90	~光唱和集 327	91	~類通鑑 270		**8033₃ 慈**
	8020₇ 今		~類宋學士文集 300	11	~悲水懺 462
77	~賢彙說 375		~類補注太白詩 319	21	~貞堂集 384
	8022₀ 前		**8025₃ 義**	30	~渡集 461
22	~出塞帖 487	30	~之十七帖 482	33	~心功德錄 462
23	~編綱目 271		**8030₇ 令**		~心不食內經 465
34	~漢書 278	17	~尹迂見 411		**8034₆ 尊**
	~漢白文 273	33	~浦文纂 379	27	~鄉錄節要 439
	介		**8033₁ 無**	30	~宿語要 460
32	~溪使郢集 334	00	~意文稿 303		**8040₀ 午**
44	~菴奏議 400		~意詩稿 330	80	~谷山人集 325
	~菴樂府 396	08	~敵手詩 340		
	~菴趙寶文雅詞				

八

- 03 ～識規矩補註 459
- 07 ～部佛名經 464
- 10 ～面鋒 352, 405
- 22 ～仙王教誡經 476
- 30 ～穴開闔法 429
- 40 ～十一傳 376
- ～大人覺經 465
- ～十一品丹經 479
- 60 ～景玉籙晨圖隱符 477
- 75 ～陣合變圖說 412
- 77 ～賢事實 343
- ～關齋碑 486
- 88 ～節記 389

入

- 43 ～越稿 304

8010₁ 差

- 00 ～摩婆帝受記經 464

8010₄ 全

- 00 ～唐詩話 305, 320
- ～唐詩選 320
- 24 ～幼心鑑 427
- 30 ～室內集 461
- ～室外集 459, 467
- 32 ～州志 450
- 34 ～遼地里志 448
- 40 ～真宗眼方玄言 480
- 47 ～懿堂集 283
- 60 ～蜀戀勳記事 378
- 70 ～璧君臣故事 339
- 74 ～陝邊政志 444

8010₇ 益

- 22 ～後全方 428
- 32 ～州名畫錄 433

8010₉ 金

- 00 ～文靖公集 295
- ～玄羽章 474
- 10 ～石古文 283
- ～石新編 290
- ～石文 300
- ～石錄 340
- ～石例 342, 373, 376
- ～石契 347
- ～石簿五九數訣 476
- ～函經 417
- 16 ～碧占文龍虎上詩 480
- 17 ～子有集 330
- 21 ～衢稿 336
- 22 ～山先賢傳 272
- ～山續集 327
- ～山還蜀贈言 386
- ～山志 437, 441
- ～山雜志 439
- ～山新志 444
- ～山縣志 446
- ～川玉屑集 290
- 23 ～佗粹編 271
- 26 ～鰻記 369
- 39 ～沙賦 290
- 40 ～臺紀聞 364
- ～志 438
- ～壇縣志 444
- 41 ～獅子章還源觀 463
- 44 ～華正學 291
- ～華文統 297
- ～華錄 449
- ～華玉液大冊 475
- ～薤琳瑯 483
- ～薤琳琅 433
- 50 ～史 274
- ～囊記 416
- 51 ～振遠疎財仗義 391
- 56 ～蟬脫殼 435
- 71 ～匱鈎玄 422
- 72 ～剛經 466
- ～剛經白文 455
- ～剛經疏論纂要 455
- ～剛經刊定記 455
- ～剛註解附錄 457
- ～剛修行儀軌經 462
- ～剛經疏記集覽 464
- ～剛三昧本性清淨經 465
- ～剛三昧經 465
- ～剛般若波羅密經註解 468
- 74 ～陵新志 441

7780₁ 具

44　～茨集　314

巽

27　～峰集　298
72　～隱集　294

興

03　～詠物新題　320
22　～樂要論　390
24　～化府志　443
28　～復哈密記　357, 363
46　～觀集　323
　　～觀詩集　320
47　～都志由　437

輿

44　～地圖　436

7780₆ 貫

15　～珠編具　373
　　～珠集　407
21　～經　262

賢

03　～識錄　366
30　～良進卷　405
34　～達婦京娘盜果　393
77　～關百詠　442

7780₇ 尺

24　～牘法言　341, 358

　　～牘筌蹄　358, 380

7790₃ 緊

80　～念三時佛事　470

7790₄ 閑

00　～亭讀史餘論　277
44　～燕常談　357, 367
50　～中雜詠　333
　　～中新錄　352
　　～中語錄段錦　368
　　～中戲書字帖　485
77　～居錄　353

桑

48　～楡漫思引　343
　　～楡漫志　379

7810₇ 鹽

10　～石新論　384
34　～法案驗　402
83　～鐵論　280, 342

7810₉ 鑒

40　～古錄　356

7821₆ 覽

67　～略易通　407

7823₁ 陰

21　～何詩集　313
72　～氏讀書抄　269
76　～陽定論　415
　　～陽遁甲　416
　　～陽課書　416

　　～陽寶鑑　417
　　～陽捷經　418
　　～陽正理論　420
79　～隲積善　380
88　～符經　472, 480
　　～符經註　479
　　～符經趙弼註　474

7876₆ 臨

21　～穎志　436
30　～安集　308
　　～安詩集　319
　　～淮志　450
31　～江府志　446
34　～池神助草書集法　487

7922₇ 勝

00　～奕圖　434

7923₂ 滕

10　～王閣集　283, 448
　　～王閣序　487

8000₀ 人

10　～天眼目　459
　　～天寶鑑　471
27　～物志　279
28　～倫奧旨　415
　　～倫廣鑑　433
34　～蓬集　329
46　～相篇　416, 434
50　～本欲生經　458

	～溪纂要 422, 430	21	～經小學 422, 426, 430		**7771₇ 巳**
	～溪藥案 428		～經撮要 424	60	～易 258
47	～埤獨對 405	30	～家大法 423		**7772₇ 鷗**
48	～梯 475	44	～林集要 425		
87	～鉛餘錄 359		～萃 429	31	～汀集 326
	～鉛續錄 361	60	～甓元戎 423		**7774₇ 民**
	～鉛摘錄 373	63	～獸發蒙纂要 426		
	7744₁ 開	67	～略證誤 427	25	～生利用 342, 367
		77	～閭集 288		**7777₂ 關**
01	～顏集 354		～閭漫記 379		
10	～元天寶遺事 345		～學碎金 421	10	～雲長義勇辭金 388
	～天傳信記 350		～學正傳 421	17	～尹子 280
	～元釋教錄 459, 471		～學管見 423	40	～大王單刀會 393
15	～建邸陽志 445		～學大成 425		～大王月下斬貂蟬 393
32	～州志 436		～學會傷寒活人大全 427	50	～中友義 370
44	～封張暠勘頭巾 395		～學統旨 427		～中奏議 402
55	～井吉方圖 418		～學綱目 427	72	～氏易傳 257
	7748₂ 闕		～學發明 428	74	～陝奏議 403
60	～里志 438		**7760₂ 留**		**7778₂ 歐**
	～里誌書集略 444	40	～臺雜記 410	44	～蘇手簡 367
	7750₈ 舉	55	～耕榮哀錄 382	67	～明尺牘 366
32	～業啓蒙 286, 363	73	～院錄 366	76	～陽文集 288
	～業筌蹄 344		**7760₆ 閭**		～陽居士文集 289
	～業詳說 373				～陽澈撰飄然集 294
	～業贅論 374	76	～陽稿 325		～陽行周文集 300
	7760₁ 醫		**7760₇ 問**		～陽文粹 302
00	～方集論 423	12	～刑條例 414		～陽學士賞海棠 369
	～方大成 424		～水集 400	80	～公牡丹記 432
08	～說 423		～疑錄 351		～公試筆 481
	～說抄方 424				

44	～恭介公神道碑 381		**閉**		**7736₄ 駱**
	～華鈞玄集 427	77	～關三疏 401	30	～賓王集 283
60	～園錄 336		**2725₄ 降**		**7740₀ 閔**
72	～隱居刀劍錄 432	00	～六賊伏龍虎太平仙記 395	10	～雨錄 375
	～氏四節婦詩集 321		～魔秘訣 457		**7740₁ 聞**
77	～學士文集 294		**7726₄ 居**	37	～過齋集 291
80	～父寄興集 324	00	～庸等關地形圖 437	60	～見善善錄 344
	～公還金述註解 365	21	～仁叟化愚作賢記 391	80	～人氏痘疹論 428
88	～節菴傷寒集 429	30	～家必用 339		**7740₇ 學**
95	～情樂府 389		～官一覽 410	00	～庸指南 265
	7722₂ 膠	32	～業錄 267		～齋佔畢 350
44	～萊新河議略 450		～業錄類編 269	27	～的 266
	7722₇ 局	88	～竹軒詩 324		～約古文 352
00	～方發揮 423		**屠**	32	～業須知 383
	7724₁ 屏	32	～漸山集 301	40	～古詩 317
10	～石古今題詠集 326	72	～氏家乘 452		～古編 356,487
22	～山文集 283,293		**7726₇ 眉**	60	～易明心 257
	7724₇ 履	44	～菴集 290	62	～則 356
10	～霜集 325		**7728₀ 欣**	67	～鳴詩集 323
	殿	90	～賞編 340,343	88	～範 360
03	～試賡和詩集 310		**7732₀ 駒**		**閿**
	～閣詞林記 276,373	78	～陰冗記 379	27	～鄉縣志 447
	～閣詞林續紀 341,374		**7733₆ 騷**		**7744₀ 丹**
		40	～壇備用 327	10	～霞投子頌古白文 453
				21	～經纂要 478
				22	～崖集 302
				32	～溪心法 422,427
					～溪心法附餘 428

夙

	~雅廣逸 326	44	~老新書 416		~易古註 257
72	~后九天玄女對敵陰符經 478	80	~令通纂 356, 385		~易古文 258
77	~月錦囊 369		**同**		~易說翼 258
	~月相思 370	47	~聲集 312		~易程文附錄 258
	~月瑞仙亭 370	60	~異錄 364		~易翼傳 258
	~月機關集 375	80	~年會詩集 310		~易窺餘 258
	~月囊集 396		**周**		~易圖釋 258

夙

77	~興夜寐箴 352	00	~文襄公年譜 451		~易占法 419
			~康惠公行業撮要 452		~易參同契發揮 473

鳳

32	~洲唱和集 322	04	~詩遺軌 315		~易參同契朱子註 477
34	~池吟稿 306	10	~平西忠義集 385		
76	~陽府志 441		~元公年表 452		~易參同 476
87	~翔府志 443	13	~職方集 318		~易參同鼎器歌鏡圖 477

7721₄ 隆

			~武帝辯三教 394		~易參同契無名子註 477
10	~平縣志 449	21	~此山集 289		
			~此山詩集 313	80	~益公玉堂類稿 295

7721₆ 覺

11	~非齋文集 293	25	~朱二先生年譜 451		~益公玉堂雜記 350
		27	~約庵覽勝集 329		~美成詞 389

7722₀ 月

		35	~禮輯集註 262		**用**
20	~香亭詩集 325		~禮復古編 262		
	~香小橋 388		~禮集說 263	34	~法規繩論 414
22	~後後稿 318		~禮 262, 263	44	~藥便宜 423
26	~泉吟社 311		~禮定本 263		~藥珍珠囊詩括 426
28	~儀 482		~禮全文 263		
31	~河所聞 353		~禮句解 264	50	~書外傳 371
	~江和尚語錄 454	44	~恭肅公文集 303		**陶**
37	~湖四稿 299		~恭肅公詩集 333		
	~湖淨稿 300	50	~書秘奧 260	05	~靖節集 297
			~泰刻石 483	10	~一庵別集 284
	~湖六稿 302	60	~易兼義 257	20	~集 336
			~易本義 257	25	~朱新錄 357

7422₇ 隋

- 00 ～唐嘉話 345
- 26 ～衆經目錄 459
- 50 ～書 273
-   ～書詳節 272

7423₂ 隨

- 20 ～航集 379
- 40 ～志 344, 374
- 72 ～隱漫錄 384

7423₈ 陝

- 10 ～西貢士錄 360
-   ～西通志 438

7424₇ 陵

- 30 ～寢禮儀定式 263
- 76 ～陽室中語 383

7521₈ 體

- 00 ～玄集 475, 478
- 21 ～仁彙編 426

7529₆ 陳

- 00 ～高吾訓辭帖 485
- 10 ～石綱集 300
- 12 ～水部詩 310
-   ～水部詩集 321
- 14 ～琳抱粧盒 390, 396
- 17 ～子上先生存稿 295
-   ～子平勉學詩 317
-   ～子容仁義交朋記 390
-   ～翠娥貞節賞元宵 395
- 20 ～季卿悟道竹葉舟傳 368
- 21 ～仁玉菌譜 432
- 22 ～山人小集 310
- 26 ～伯玉文集 285
- 32 ～巡檢梅嶺失妻 380
-   ～州志 444
-   ～州舊志 450
- 38 ～浴江遺稿 304
- 40 ～布衣帖 481
- 41 ～堅續資治通錄 274
- 44 ～恭愍公傳叙 278
-   ～恭敏公詩集 319
-   ～莊敏公集 319
-   ～孝婦守節荊釵 392
- 60 ～思海棠譜 432
- 72 ～剛中詩 307
-   ～所安遺集 332
-   ～氏潛德錄 381
- 77 ～學士吟窗錄 340
- 87 ～錄善誘文 350

7621₄ 腪

- 22 ～仙史略 273
-   ～仙文譜 283
-   ～仙詩譜 306
-   ～仙肘後神樞 419
-   ～仙肘後神經 419

7622₇ 陽

- 20 ～信縣志 446
- 27 ～山新錄 345
-   ～峰詩集 315
- 67 ～明草堂賦 302
-   ～明文 288
-   ～明文集 283
-   ～明墨蹟 487
- 77 ～關三疊記 389

7624₀ 脾

- 60 ～胃論 422

7700₁ 門

- 45 ～樓經 416

7710₄ 閨

- 95 ～情二十四詠 333

7712₀ 鬭

- 22 ～刀樓記 360

7713₆ 閩

- 87 ～鄭湖峰家規 373

7721₀ 風

- 12 ～水辯 419
- 27 ～紀輯覽 411
-   ～角一覽占 415
- 28 ～俗通 351, 356
- 30 ～宣玄品 431
- 67 ～吹轎兒 361
- 70 ～雅逸篇 309
-   ～雅遺音 314

27	～向新序説苑 279		**7224₇ 反**		**7332₂ 驂**
	～向新序 280	71	～反離騷 286	22	～鷥錄 349
	～向説苑 357		**7260₂ 鬐**		**7370₀ 卧**
30	～賓客嘉話 347	38	～遊聯句錄 323	00	～病江皋 388
	～賓客因論 350		**7274₀ 氏**	10	～憂志 348
	～守真加減十八劑 431	08	～族大全 453		～雲韻雨 374
31	～江東金函經 416		～族類稿 453	16	～碑 402
44	～夢得文集 289		**7277₂ 岳**	38	～遊錄 347
	～蒙菊譜 431	12	～飛大破太行山 394		**7420₀ 肘**
46	～如傳 367		～飛三箭赫金營 395	22	～後神樞 415
48	～翰林集 296	20	～集 437		～後神經 415
50	～忠宣宣召錄 376	76	～陽古今題樓詠 441		**附**
52	～靜脩集 288		～陽郡志 441	71	～驥錄 359
71	～阮仙記 370		**7280₁ 兵**		**尉**
72	～氏家乘 452	07	～部集 298	72	～氏縣志 446
74	～隨州集 330		～部揭帖 400		**7421₄ 陸**
80	～義詩 319		～部覆奏韓襄毅功次 278	04	～謝詩集 313
83	～鐵山傳 373	30	～家捷要 413	10	～賈新語 280
90	～尚賓文集 298	34	～法正宗 412	26	～儼山文集 293
	7222₁ 所		～法心要 413	30	～宣公粹論 401
00	～庵遺集 296	50	～書論 412		～宣公集 404
	7221₇ 戹		**7326₀ 胎**		～宣生菁華錄 404
22	～山集錄 304	00	～產急救方 425	37	～鴻漸茶經 432
	7223₂ 脈	26	～息經 478	72	～氏通鑑 276
03	～詠集成 425	77	～骨經 463		～氏書粹 335
05	～訣刊誤 422, 430				～氏衡文賦 484
	～訣難經 421			77	～學訂疑 269
	～訣理玄秘要 423				
	～訣集成 428				
	～訣圖説 430				

7121_4 厓

- 40 ～南先生詩集　332
- 50 ～東遺稿　327

壓

- 77 ～關樓迭掛午時牌　392

7122_7 鴈

- 22 ～山圖錄　445
- 37 ～湖文集　304
- 44 ～塔題名記　381
- ～蕩山志　438
- 77 ～門勝蹟詩　440

7126_9 曆

- 21 ～占篡要　421
- 34 ～法通書大全　418
- ～法統宗　419
- 77 ～脚捷法　419

7128_6 願

- 22 ～豐堂漫錄　364

7129_6 原

- 00 ～齋遺稿　286
- 14 ～聽錄　346
- 44 ～林秘要　416
- 60 ～四詩集　306
- 77 ～醫圖　425

7132_7 馬

- 02 ～端肅三紀　399
- ～端肅公奏議　400
- 10 ～石田文集　304
- 17 ～孟起奮勇大報讐　394
- 21 ～經　422
- 37 ～瀣軒文集　298
- ～祖四家語錄　456
- 74 ～陵道　393

7171_1 匡

- 77 ～閻先生集　296

7171_7 甌

- 30 ～賓遊覽詩　332
- 50 ～東續錄　299

臣

- 78 ～鑒　255

7173_2 長

- 25 ～生久視書　479
- 30 ～安志　442
- 39 ～沙府志　445
- 40 ～壽王經　466
- 41 ～垣志　438
- 44 ～蘆醛志　410
- ～葛縣志　449
- ～蘆運司志　443
- 50 ～春真人語錄　473
- ～春真人附錄　476
- 77 ～興州東岳行宮碑　484
- 97 ～恨傳　345

7178_6 頤

- 00 ～庵文選　282
- 21 ～庵居士集　287
- ～貞回文詩　320
- 22 ～山詩話　320, 380

7210_0 劉

- 00 ～文簡公事行錄　276
- ～文簡公錄要　353
- ～文公詩集　324
- ～文靖公文集　294
- ～文靖墓志　441
- ～文靖公碑誌　381
- ～亭湖稿　301
- ～玄德私出東吳國　395
- 05 ～諫議本傳　277
- ～諫議祠詩集　441
- 10 ～一庵文集　282
- ～貢父詩話　310
- ～西陂集　334
- ～西窗葬書　417
- 11 ～張心法掌中金　419
- 12 ～弘嫁婢　388
- 13 ～職方詩　316
- 17 ～子　280
- ～子書　280
- 21 ～須溪文集　297
- ～須溪批點杜詩　306
- ～須溪杜選　333
- ～盧泉文稿　301
- 22 ～崇明詩選　317
- 24 ～先生邇言　367
- ～先生通言　370

6716₄ 路

44　～董重勸錄　355
50　～史　278

6732₇ 鷟

32　～溪詩稿　325

6772₇ 鶡

37　～冠子　281

6782₇ 郎

40　～臺志略　446

6802₁ 喻

80　～義錄　411

6802₇ 吟

23　～編彙集　335
29　～秋稿　331
30　～窗涉趣錄　354
90　～堂博咲集　342

6804₆ 唵

64　～嚘集　324

6805₇ 晦

00　～庵詩抄　310, 311
　　～菴文抄　292
　　～菴文集　296
　　～庵先生行狀　278
　　～庵先生詩話　321
44　～菴先生刪古文孝
　　經　256
　　～菴語錄　268
　　～菴心學錄　269
　　～菴先生年譜　451
60　～跡翁墓誌銘　381
80　～翁文抄　282

6832₇ 黔

30　～寧行實　275

7010₃ 璧

12　～水羣英　339

7010₄ 壁

21　～經詳說　259

7021₄ 雅

00　～音會編　311, 323
22　～樂燕樂府　390
　　～川真人棱證術
　　480
33　～述　372

7022₃ 臍

77　～門無漏秘訣　457

7022₇ 防

36　～邊事宜　400

劈

44　～華山神香救母
　　394

7023₆ 膪

00　～言　269

7064₁ 辟

00　～雍稿　304
28　～俗編　356

7071₇ 甓

88　～餘雜集　402

7121₁ 歷

23　～代序略　270
　　～代叙略　274, 279
　　～代世譜　271, 451
　　～代史譜　276
　　～代紀年　272
　　～代志略　275
　　～代紹運圖　275
　　～代一覽　276
　　～代確論　301
　　～代宮詞　320
　　～代蒙求　362
　　～代忠義錄　376
　　～代宮殿名　384
　　～代名畫記　433
　　～代聖賢錄　442

7121₁ 阮

21　～步兵集　315
67　～嗣宗集　325

隴

32　～州吳山志　449

7121₂ 陋

44　～巷志　438

	6386₀ 貽		**6632₇ 罵**	77	～醫雜著　422
44	～燕錄　370	66	～傳　346		**6702₇ 鳴**
	6404₁ 時		**6640₄ 嬰**	17	～蛩集　332
18	～政萬言策　401	00	～童百問　425	26	～皋集　304
	6402₇ 晞		**6650₆ 單**	30	～寃錄　267
01	～顔先生行實　276	00	～方本草　422	37	～鶴餘音　320
72	～髮集　286，295		**6682₇ 賜**	40	～志集　316，330
	6502₇ 嘯	30	～宴倡和　314	53	～盛集　317
21	～旨　347，382	38	～遊西苑記　362	67	～野集　329
	6502₇ 晴	80	～養堂集　383		**哪**
80	～谷漫錄　361		**6702₀ 明**	62	～吒神力擒巡使　392
	6519₆ 疎	04	～詩正體　306		**6703₂ 眼**
30	～寮子略　350		～詩選粹　309	24	～科　425
	～林衛正稿　369		～詩選粹　312	60	～目對證用藥心法　421
	6606₀ 唱	08	～旌表顔母訓子　395		**6706₂ 昭**
38	～道聯芳集　454	21	～儒警語　363	24	～德讀書志　339
	6621₄ 瞿	22	～斷編　379	05	～忠錄　272
30	～宗吉樂府遺音　389		～山草亭集　383		**6708₂ 吹**
			～山寶鑑　417	82	～劍錄　360
	6624₈ 嚴	26	～皇十七事　355		**6710₄ 墅**
17	～子陵垂釣七里灘　394	33	～心寶鑑　338	09	～談　365
32	～州府志　444	38	～道雜志　347		**6712₂ 野**
72	～氏詩緝　260	40	～大慧和尚語錄　468	30	～客叢書　352
			～真玄要　474	44	～菴詩集續集　469
		48	～教大師輔教編　468		
		60	～目方　423		
		64	～時疏　401		

50	～書質疑 267		454	**6180₈ 題**	
	～書易解 268		～覺略疏 457	27	～名記 443
	～書四辨 269		～覺經集註撮要	**6208₄ 暌**	
	～書式 366		460	50	～車志 383
	～畫要略 431		～覺經略疏 462	**6240₀ 別**	
6071₁ 毘			～覺大疏 468	21	～虞姬 393
74	～陵人品記 272	91	～悟心要 462	60	～國洞宴記 346
	～陵志 442	**6090₃ 累**		**6220₀ 剔**	
77	～尼丹經 464	44	～世忠貞録 377	40	～古豁今 355
6073₁ 曇		47	～朝恩命録 382	**7233₉ 懸**	
44	～華和尚浄土歌	**6090₄ 困**		88	～筍㼒探 348
	464	77	～學紀聞 338	**6303₂ 咏**	
6073₂ 畏		86	～知記 267	10	～雪唱和 331
00	～齋文集 303	**6090₆ 景**		**6311₄ 蹴**	
44	～菴周先生文集	21	～行録 342	67	～鞠文 355
	301	24	～德傳燈録 460,		～鞠論 433
51	～軒劄記 342		468		～鞠心法精要 433
6080₁ 異		27	～仰撮書 348	**6319₁ 踪**	
02	～端辨正 342		～仰撮要 359	67	～眼機鋒語録 467
27	～物彙苑 355	**6091₄ 羅**			～眼機語録 456
43	～域志 443	10	～一峰集 286	**6355₀ 戰**	
77	～聞集 367	22	～山詩集 308	60	～國策 281
	～聞總録 341		川剪雪 319	**6384₀ 賦**	
足			～山自志 343	27	～解應用算法 435
28	～徵録 377		～山奏議 399	61	～題星鳳 366, 385
圓		32	～浮同游録 294		
42	～機活法 339	49	～妙娟恨題卜算子		
77	～覺經 468		392		
	～覺梵網起信論	50	～囊記 398		
		67	～鄂州小集 289		
		72	～隱甲乙集 329		

26 ～泉漫稿 336	**6040₁ 旻**	義號 476
44 ～菴先生文粹 305		10 ～平詞 391
51 ～軒文集 282	00 ～齋集 299	22 ～仙橋 394
60 ～恩堂集 482	**6040₄ 晏**	～仙會 398
～恩堂法帖 482		～仙經 473
74 ～陵翰墨志 481	17 ～子 281	
77 ～賢錄 377	～子春秋 280	**6060₀ 呂**
90 ～惟要略法 461	**6043₀ 吳**	17 ～司直奏議 403
恩		25 ～純陽文集 472
27 ～紀含春堂詩 255	00 ～文端公集 299	37 ～洞賓三度城南柳 394
33 ～治錄 382	～文恪公大全集 303	～洞賓度黃龍禪師記 398
62 ～縣志 447	17 ～郡王夏納涼亭 368	～洞賓花月神仙錄 398
66 ～賜名額記 380	～郡志 449	
99 ～榮錄 382	21 ～穎川外集 292	40 ～真人九度國一禪師 396
6033₁ 黑	～舡錄 384	
08 ～旋風仗義踈財 390	30 ～家遺文 289	50 ～東萊文集 293
50 ～囊經 417	31 ～江集 329	～東萊詩話 310
6033₂ 愚	43 ～越春秋 271, 355	72 ～氏讀詩記 260
21 ～慮草 401	44 ～草廬文集 286	～氏春秋 271, 281
44 ～莊先生文集 295	50 ～中小說 342	～氏童蒙訓 384
～菴和尚語錄 469	～中往哲記 348	77 ～居仁詩集 330
6040₀ 田	～中舊事 357	～居仁官箴 410
30 ～家五行 359	～中水利通志 448	**回**
～家五行并拾遺 431	77 ～門志別 321	60 ～回曆 417
6040₀ 早	～興明賢錄 362	**昌**
47 ～朝詩 312	～興名賢錄 385	22 ～樂縣志 448
	～門菊譜 432	**6060₄ 圖**
	6080₄ 因	21 ～經節要本草歌括 426
	02 ～話錄 358	30 ～注雜經 428
	6044₀ 昇	
	00 ～玄內教中和品述	

47	～初諸賢帖 487	50	～聲韻 409		見
	～朝榜文 401		～書白文 264	500	～素續集 299
	～朝進士名第 438		～書集註 264，265		
	～朝登科錄 441，		～書通義 264	**6022₇ 易**
	451		～書通證 264	02	～訓詳略 258
6021₀ 四		～書大全 264(2)	08	～謙卦圖 257
			～書旁音 265		～説 259
00	～六通式 338		～書詳説 265		～説紀成問答 259
	～六警句 338，398		～書隉括 264	21	～經集傳 257
	～六菁華 398		～書旁訓句解 265		～經大旨 257
17	～子譿遊錄 325		～書因問 264		～經大全 257
21	～經序引 257		～書舊程文 265		～經註疏 258
	～貞傳 346		～書述意 265		～經傳義 259
22	～川總志 440		～書句解 266		～占經緯 258
	～川重修總志 441		～書蒙引 266	23	～外別傳 257
	～川武舉秩齒錄	60	～圖用説 390	25	～傳 257
	452	64	～時氣候集解 363，	27	～解原命易覽 258
27	～峰樵唱 328		415		～疑初筮 258
30	～家註珞琭子消息		～時花月賽嬌容	32	～州志 449
	賦 420		388	40	～大象説 258
	～家頌口 458		～時悼内 397	60	～圖識漏 258
	～家評唱 463		～時調飼良馬圖	70	～雅 258
37	～溟旅人詩集		430	71	～原 259
	321	67	～明尊堯集 273	76	～陽志 443
40	～十二章經 467		～明文獻錄 342	77	～學洗心 258
	～十二章遺教經		～明項氏家乘 453		～學便考 258
	454		～明三佛傳 461		
	～十二章經註解	71	～阿含暮抄解 461	**園**
	460	75	～體官體 308	44	～林午夢 385
	～大禪師語錄 470	80	～分律藏 457	47	～趣存稿 336
47	～朝名臣言行錄		～金圖解 390		
	276	88	～節記 386	**6033₀ 思**
	～聲等字 408			00	～玄先生詩集 321
	～聲等子切韻心法	**兄**	17	～召錄 384
	408	80	～弟論 378		

5708₁ 擬

- 00 〜廣菊詩　322
- 30 〜寒山詩　465
- 34 〜漢樂府　387
- 35 〜連珠　289, 379
- 40 〜古樂府　387

撰

- 20 〜集百緣論　467

5712₀ 蜩

- 58 〜蛻外稿　352

5712₇ 螷

- 12 〜磯集　333

5743₀ 契

- 77 〜丹國志　442
- 80 〜翁中説　258

5802₂ 軫

- 44 〜埜集　290

5803₁ 撫

- 21 〜上郡集　321
- 30 〜安東夷記　277, 411
- 〜安事録　411
- 32 〜州府志　443
- 70 〜雅　322

5811₆ 蜕

- 44 〜菴詩　304

5824₀ 敷

- 24 〜納稿　400

5833₆ 鰲

- 27 〜峰類稿　297

5840₁ 聱

- 76 〜隅子　282

5894₀ 敕

- 08 〜諭録　255

6010₀ 日

- 07 〜詢手鏡　345
- 50 〜本考略　437
- 〜本僧問禪　453
- 77 〜用便覽　375
- 〜用本草　422
- 〜用清規　478
- 78 〜鑒堂録　385
- 80 〜食九疇疏　401

6001₄ 唯

- 00 〜庵詩集　317
- 03 〜識二十篇　458
- 〜識開蒙　467
- 33 〜心訣　454, 470
- 44 〜菴詩集　462

6010₄ 星

- 00 〜主紫徽寶懺　477
- 21 〜纏度數　420
- 30 〜家總括　419
- 80 〜命總括別集續集 418
- 〜禽感化真經　420
- 〜命要訣　415

墨

- 17 〜子　281, 472
- 34 〜池編　341
- 〜池璅琛　433
- 44 〜莊漫録　360

6010₇ 疊

- 22 〜山文集　283, 291, 295

6011₃ 晁

- 33 〜補之續楚辭　289
- 37 〜氏閑適集　289
- 72 〜氏客語　349

6012₇ 蜀

- 34 〜漢本末　270
- 40 〜大板左傳　261
- 47 〜都雜抄　364
- 50 〜屯田志　449
- 88 〜鑑　274

6015₃ 國

- 01 〜語　256, 262
- 10 〜王行道經　475
- 17 〜子同宮録　374
- 〜子監通志　439
- 〜子監通志續志 451
- 30 〜寶新編　348, 378
- 37 〜初事蹟　358

5533₇ 慧

- 22 ～山記 454
- 77 ～覺禪師自行錄 460
- 92 ～燈集 459

5560₀ 曲

- 31 ～江集 316
- 34 ～洧舊聞 375

5560₆ 曹

- 17 ～子建文集 286
  - ～子建集 288
  - ～子建各集 293
  - ～孟德一瓜斬三妾 374
- 43 ～娥碑 366
  - ～娥名賢題詠 437
- 62 ～縣志 451
- 77 ～陶齋法帖譜系 482

5580₂ 費

- 72 ～氏家譜 452

5580₉ 棐

- 80 ～人辯 383

5590₀ 耕

- 23 ～織圖 410, 431
- 88 ～餘博覽 340

5600₀ 扣

- 20 ～舷集 334

5601₀ 規

- 50 ～中指南 471

5602₇ 揭

- 00 ～文安公文粹 288
- 60 ～曼碩詩 316
  - ～邑志 445

5604₄ 攖

- 30 ～寧生五臟補瀉心要 428

5604₇ 撮

- 25 ～生要義 473

5605₀ 押

- 06 ～韻淵海 338
  - ～韻釋凝 407

5608₆ 損

- 00 ～齋備忘錄 342

5609₄ 操

- 34 ～法便覽 412

5619₃ 螺

- 43 ～城集 320

5701₂ 抱

- 10 ～一子丹訣 474
- 43 ～朴子 282
  - ～朴子內篇 479

5702₀ 捫

- 17 ～蝨新話 338, 374

拘

- 21 ～虛寤言 379

輥

- 22 ～川集 312, 332

抑

- 44 ～菴文集 296

5704₇ 投

- 17 ～子丹霞頌古 464
- 53 ～轄錄 355

搜

- 10 ～玉集 316
- 35 ～神廣記 353

掇

- 44 ～菌私錄 385
- 86 ～錦集 387

輟

- 55 ～耕錄 342, 360, 369

5702₇ 撖

- 57 ～搜判官喬斷鬼 398

5706₂ 招

- 58 ～撫始末 404

授

64　～時考　415

5206₄ 括

50　～囊稿　320
60　～異志　344，384

5207₂ 拙

44　～菴集　297
　　～菴文集　304

5209₄ 採

25　～生招議　410
44　～芝吟　305

5210₀ 蚓

10　～巖集　312
30　～竅餘音　335
　　～竅清娛　388
67　～鳴集　335

5211₀ 虬

72　～髯客傳　345

5216₉ 蟠

42　～桃宴　388

5225₇ 静

44　～芳亭摘藁　287
51　～軒文集　298

5300₀ 掛

60　～甲朝天　394

5302₇ 捕

37　～盜公移　381

輔

48　～教編　458，461
53　～成王周公攝政　394

5303₅ 撼

01　～龍經　417

5318₆ 蟓

47　～聲集　321

5310₇ 盛

44　～世新聲　388

5320₀ 戊

20　～航雜記　333

成

21　～仁遺稿　348
24　～化甲辰進士題名記　452
47　～都文類　292
60　～唯識論　464

5320₀ 威

62　～縣志　450

5333₀ 感

00　～應類編　383
10　～天動地寶娥冤　392

77　～興詩　317

5322₇ 甫

60　～里文集　292

5340₀ 戒

17　～子通錄　358
44　～菴文集　291

5404₁ 持

44　～世經　462

5408₁ 拱

60　～日亭賦　291

5411₇ 豔

95　～情集　334

5492₇ 勑

66　～賜齊雲山志　446

5500₀ 井

30　～窺集　302

5508₀ 扶

40　～壽精方　430

5504₃ 轉

30　～注古音略　409
44　～老集　479

5523₂ 農

77　～桑撮要　385，431
　　～桑輯要　431

	300		～村三賦 301		**東**
	～遊集 322		～村樂府 397		
	～海詞翰 481		～萊博義 261，404	24	～牘大全 346
	～海草千文 481		～萊大事記 272		**5101₀ 批**
	～海草詩 481	45	～坤演連珠 372		
	～海手稿 482	46	～觀奏記 371	37	～選杜詩 316
	～海墨林 484		～觀餘論 374	61	～點唐音 315
	～海草書 484		～觀錄 378		**5101₁ 排**
	～海草書千文 485	47	～都事略 279		
39	～湫雜詠 326	50	～書堂帖 484	88	～節宮詞 320
40	～塘詩集 308		～書堂法帖 484		**5103₂ 振**
41	～垣藥性賦 423	51	～軒詩集 321		
	～垣試効方 425		～軒筆錄續錄 369	00	～衣亭稿 325
43	～城老父傳 347	60	～里文集 284		**5104₀ 軒**
44	～坡易傳 259		～里詩集 307，336		
	～坡寓惠集 309		～里續稿 300	54	～轅傳 351
	～坡律詩 313		～里年譜 452		～轅集 478
	～坡律詩集註 315		～田文集 297		**5206₁ 指**
	～坡詩白文 320		～田遺稿 303		
	～坡詩選 334		～田漫稿 310	00	～玄篇 472
	～坡詩集 336		～園聯句 314	90	～掌珍珠囊 421
	～坡墨蹟 343		～園客談 354		**5178₆ 頓**
	～坡尺牘 347		～國雜詠 385		
	～坡志林 350	67	～明縣志 441	91	～悟入道要門 455
	～坡笑苑千金 371	71	～甌詩 326		～悟法門 466
	～坡夢 393		～明縣志 441		**5201₄ 捶**
	～坡集藥方 431	76	～陽文獻錄 285		
	～坡洋州園池帖 483		～陽夜怪錄 347	40	～丸集 433
	～坡陽羨帖 485	80	～谷遺稿 291		**5202₁ 折**
	～坡懷子由詩刻 486		～谷贅言 382		
	～坡書金剛經 486	90	～堂老勸破家子 393	27	～疑論 469
	～坡三過堂帖 488		～光縣志 450		**5204₇ 撥**
	～林寺記集 446				
				19	～砂經 416
					～砂形勢 417

	~秋穀梁傳 260		**5090₃ 素**		431
	~秋龍虎正印 261			07	~郭文集 287
	~秋纂例 262	00	~庵遺行集 343		~郭草亭宴集詩
	~秋全意 261	10	~王祀禮通集 263		336
	~秋集傳 261		~王紀事 451	10	~雲日錄 361
	~秋五論 261	43	~樸子詩集 318	17	~郡志 438
	~秋別傳 273	50	~書直説 360	22	~岑子 281
	~秋繁露 261,362	77	~問 421		~崖文稿 303
	~秋繁露節解 359		~問靈樞經 421		~川詩集 305
	~秋繁露求雨止雨		~問玄機 422		~山詩集 312
	節解 376		~問糾略 424		~山集 325
44	~夢錄 353		~問要旨論 425		~崖集 328
67	~明退朝錄 350		~問病機氣宜保命	26	~皋錄 298
77	~岡詩集 291		集 425		~皋詩集 312
	~風堂隨筆 364		~問抄補正 427		~皋先生詩集 331
			~問靈樞 428		~白張先生集 302
	5073₂ 表				~吳雙偶 351
10	~正風化輪迴記		**5090₄ 秦**		~吳小橋哭周瑜
	391	10	~五峰遺稿 290		392
42	~劄 398		~王妃哀榮錄 383		~泉志 446
50	~忠觀碑 486	34	~漢文 294	27	~魯王氏農書 431
		40	~太師東窗事犯		~鄉縣志 450
	5080₆ 責		392	30	~安李公濟美集
24	~備餘談 378	44	~藩應教 313		301
		46	~相李斯嶧山碑		~賓遺德 386
	貴		486		~家雜記 444,452
32	~州諸夷圖 436	77	~月娥誤失金環記		~江使南詩集 330
			390	31	~州初稿 299
	5090₀ 未			32	~巡錄 327
30	~濟小稿 334		**5090₆ 東**		~巡倡和詞 334
		00	~廓續摘稿 299		~溪日談錄 338
	末		~京夢華錄 348	34	~漢詳節 272
00	~齋雜言 379		~方朔神異經 374		~漢會要 277
	~齋奉心集 378		~齋記事 378	37	~祀錄 349
			~方朔探春歷記	38	~海翁集 286,296,

45	～樓集 355	13	～武錄 278	22	～斷 481
50	～囊經 415	21	～經 256	25	～傳 259
60	～田三傳 366		～經註解 257		～傳會選 259
76	～陽文集 291	25	～純紀略 371	27	～鄉小步 340
88	～箱雜記 354	30	～濟堂集 334	34	～法三昧 483
			～定祠集 448	44	～林事類 339

5023_0 本

		44	～孝廉節 384		～苑菁華 483
21	～經 431	80	～義集 313	50	～史會要 481
	～行宿緣經 476		～義水滸傳 351	56	～輯 364
33	～心疏食譜 432		～義直言 366	77	～學會編 487
44	～草大觀 421	88	～節祠錄 384		～學會要 487
	～草節要 423	95	～精□靈應錄 367	80	～義卓躍 259
	～草單方 425				～義庭訓 260
	～草大全 425	### 5040_1 專		87	～叙指南 339
	～草圖經 426			88	～簡通用活套 372
	～草權度 427	43	～城稿 323		
	～草集要 427			### 5060_3 春	
50	～事詩 309	### 5043_0 奏			
72	～兵敷奏錄 400	00	～辦稿 402	10	～雨軒集 301
		04	～謝錄 399		～雨堂雜抄 364

5033_3 惠

		08	～議抄錄 403	26	～泉樂府 398
32	～州語錄 456	21	～行榜例 400	29	～秋一覽 261
36	～禪師三度小桃紅				～秋會傳 261
	398	### 5060_1 書			～秋詞命 261
40	～大記 440,447	00	～言故事 337		～秋傳 260,261
53	～威錄 376		～言大全 352		～秋古文 261

5033_6 忠

			～齋夜話 354		～秋列傳 261
00	～文公小傳 278	21	～經蔡傳 259		～秋諸國統紀 261
03	～誠錄 376		～經發隱 259		～秋公羊傳 261
	～誠伯茹公行實		～經旁音 259		～秋明經 261
	381		～經訓解 259		～秋筆削大旨 261
05	～靖冠服圖説 262		～經講義 259		～秋屬辭 261
12	～烈編 270		～經註疏 259		～秋左傳類解 261
	～烈紀實 439		～經大全 259,260		～秋國語 260,273
			～經旨略 260		～秋大全 260,261
			～經舉業 260		～秋胡傳 261

	~州啓劄 362	77	~堅志 339	22	~繼 432
	~州樂府集 387, 391		~堅續志 351	46	~墁錄 354
	~州音韻 408	**5004₆ 史**		**5010₇ 盡**	
	~洲野錄 378	07	~記 271	50	~忠錄 358, 372
37	~軍論 281		~記詳節 272		~忠孝路冲教子 392
44	~華古今註 349		~記考要 275		
	~麓山人小令 388		~記定評 278	**5013₂ 泰**	
	~麓樂府 397	12	~弘肇傳 361		
47	~朝故事 374	27	~疑 279	22	~山銘 486
	~都儲志 404	34	~漢異同 274	26	~泉鄉禮 263
50	~中子詩 319	37	~通 271	77	~興縣志 439
71	~原音韻 388, 407		~通會要 275	**5013₆ 蟲**	
77	~興十三處戰功錄 274		~略 274		
			~略音什 272	54	~技集 314
	~興間氣集 306		~略音釋 278	**5022₇ 肅**	
	~興江湖集 335	77	~學提要 275		
5000₇ 事		80	~義拾遺 270	00	~雍集 336
		81	~鑑類編 273	35	~清瀚海平胡傳 393
00	~文類聚 338	83	~鉞 272		
27	~物紀原 338, 355, 367	88	~餘 271	**青**	
			~鑑 277		
44	~林廣記 337		~籀石鼓文 483	01	~龍文集 283
91	~類賦 338	89	~鈔 271	10	~雲峰志 445
	~類蒙求 358	**吏**		20	~雞漫稿 306
5001₄ 推				22	~山瘴玉 383
		24	~科題名錄 488		~山和尚頌古集 466
11	~背圖 418	53	~戒 409		
90	~小遊太乙並雜占 420	77	~學指南 409, 410	32	~溪寇軌 352
		5004₈ 較			~州百問 454
5003₂ 夷				35	~神縣志 450
		00	~奕集 315	43	~城山人詩集 318
00	~齊志 447	**5010₆ 畫**			~城梅花三百詠 323
26	~白堂詩話 346				
44	~地碑記 444	08	~譜 431		~城詩 326

26	～皋逸興集 314	
	～皋棧道雜詩刻 487	
27	～峰時議 280	
30	～窗雜錄 344	
	～窗寱言 349，371	
31	～江府志 440	
34	～漠記聞 272，355，377	
44	～坡續集 331	
	～林暢懷詞 391	
74	～陵集 292，295	
76	～膃詩集 316	
77	～風禪月詩 325	

4894₁ 枡

47	～櫚先生文集 296	

4895₇ 梅

00	～亭四六 338，399	
	～亭四六標準 398	
08	～譜 434	
17	～磵詩話 373	
40	～杏爭春 380	
	～杏爭先 363	
44	～花集句 314	
	～花集詩 319	
	～花清韻 369	
	～花數 416	
47	～妃傳 345	
51	～軒集 303	
77	～屋詩稿 309	
	～屋獻集 350	

4942₀ 妙

00	～應孫真人福壽論 477	
27	～絕古今 296	
	～色王因緣經 464	
34	～法蓮華經 455	

4980₂ 趙

10	～元素鷄肋 350	
	～正侯興 361	
11	～張行草法帖 487	
12	～飛燕外傳 345	
17	～子昂文集 283	
	～子龍大鬧塔泥鎮 393	
	～子昂書圓覺經 483	
	～子昂諸帖 485	
32	～州石橋詩 322	
	～州真際語錄 461	
35	～清獻文集 282	
	～清獻公集 292	
	～清獻祠祭事實 444	
40	～真人小兒驚風應驗方 430	
46	～旭遇仁宗傳 379	
48	～松雪書簡 483	
49	～妙喜謀殺親夫 392	
80	～余張楊帖 486	

5000₀ 丰

88	～鑑遺宗 433	

5000₆ 中

00	～庸輯略 264，268	
	～庸啓蒙 265	
	～庸一助 265	
	～庸解義 265	
	～庸訓測 265	
	～庸訓測難語 265	
	～庸原 265	
	～庸心法 265	
	～庸古本 265	
	～庸傳 265	
	～庸便覽 266	
	～庸旁註難說 265	
	～唐十二家詩 334	
08	～說 280	
	～說考 279	
22	～山集 465	
	～山圓禪師詩集 471	
26	～吳孕靈 318	
	～吳紀聞 343	
	～和堂隨筆 364	
	～和集 478	
	～和集道德經註解 472	
27	～峰淨土詩 462	
	～峰淨土詩集 471	
	～峰和尚廣錄 456	
32	～州集 276，341，361	
	～州文表 293	
	～州集詠 310	
	～州弔古詞 323	
	～州弔古錄 359	

4792₀ 桐

- 00 ～廬縣志 442
- 22 ～山詩集 371
- 27 ～嶼詩集 461

桐

- 22 ～山雜辯 358

4792₇ 橘

- 60 ～園李先生策目 406

4793₂ 椽

- 55 ～曹名臣錄 367

4794₀ 椒

- 72 ～丘文集 284

4794₇ 穀

- 71 ～原詩集 324
- 76 ～陽雜稿 304

4796₄ 格

- 18 ～致餘論 422
- 40 ～古要論 340
- 43 ～獄集 414

4814₀ 救

- 44 ～荒活民補遺 400
- ～荒潯錄 403
- ～荒活民書 403
- ～荒本草 426
- 77 ～民易方 429

4816₆ 增

- 00 ～註唐文集 290
- ～廣唐皷吹詩 316
- ～廣箋註名賢草堂詩餘 334
- ～廣事聯詩學大成 336
- 27 ～修坤雅 256
- 37 ～選唐宋千家詩 328
- 56 ～損呂氏鄉約 372

4826₁ 猶

- 77 ～賢譜 433

4841₇ 乾

- 00 ～齋遺稿 328
- 27 ～象圖 420
- 32 ～州志 440
- 45 ～坤鑿度 343
- ～坤生意 422

4842₇ 翰

- 44 ～林珠玉 310
- ～苑倡和詩 328
- ～林策要 405
- 60 ～墨志 483
- ～墨易見 347
- ～墨良規 372, 486
- ～墨志譜 486
- ～墨大全 337

4844₀ 教

- 17 ～子須知 410
- 20 ～乘法數 457, 464
- 30 ～家要略 371, 453
- 40 ～坊記 387
- 77 ～民二十四事 374
- 80 ～養全編 366
- 88 ～範清規 456

4860₁ 警

- 33 ～心叢說 344
- 64 ～時新錄 361

4864₀ 敬

- 00 ～齋集 296
- ～齋醫法 429

故

- 43 ～城文翰 293

4891₁ 槎

- 51 ～軒集 294
- ～軒高太史詩 331
- 80 ～翁文集 300

4892₁ 榆

- 77 ～關偉績 399

4893₂ 松

- 00 ～齋梅譜 433
- 10 ～石軒錄 294
- ～石軒詩評 365
- ～雲普鑑 468
- ～靈真蹟 484
- ～石道人法帖 486
- ～雪張真人碑 487
- 22 ～山集 464

4722₀ 狗

30　～家噇五虎困彥章　394

4722₇ 郁

00　～離子　280

4732₇ 郝

74　～陵川文集　293

4734₇ 斅

00　～音集　333

4740₁ 聲

17　～承籍　373
40　～文會選　314
50　～畫集　334

4742₀ 朝

10　～天便覽　323
　　～正唱和　325
　　～天宮重修紀成碑　485
27　～祭服圖　264
28　～儀錄　263
　　～鮮賦　437
43　～城縣志　443
67　～野類要　354
　　～野雜記　358
　　～野虞歌　457
76　～陽岩集　442

4742₇ 婦

80　～人良方　426

4744₇ 報

00　～應事類韻語　362

4762₀ 胡

00　～文穆公文集　295
　　～文江奏疏　402
02　～端敏奏議　400
10　～三省音註通鑑　273
　　～雲峰文集　291
18　～致堂崇正辯　342
25　～仲子集　292
　　～仲伸信安集　302
27　～祭酒文集　294
　　～祭酒續文集　295
40　～九峰文集　304
　　～九峰詩集　334
44　～蒙谿集　294
60　～國器畊祿稿　350
72　～氏小兒痘疹及乳子方　431
80　～舍人集　298

4762₇ 都

00　～玄敬詩話　325
40　～南濠詩話　372
72　～氏節義編　375
80　～公譚纂　365

4772₀ 切

06　～韻指南　408
10　～要故事　375
30　～字正譜　408

4780₁ 起

20　～信論疏　463
　　～信論削記　463

4780₆ 超

23　～然臺集　296

4791₁ 楓

44　～林拙稿　332

4791₄ 極

00　～玄集　306

4791₇ 杞

62　～縣志　441

4792₀ 柳

00　～文　285
07　～毅傳　345
32　～溪書院真蹟　488
44　～莊行實類編　275
　　～菴文集　292
　　～黃同聲集　317
　　～莊先生詩集　318
　　～莊詩集　318
　　～莊類編　381
　　～耆卿記　365
　　～耆卿斷蘭芳菊　368
48　～梅成仙記　391
50　～書玄密塔銘　485
72　～氏傳　346
80　～公樂章　389
88　～筆傳唱集　294

21	～上翁傳 385		**4643₄ 娱**	72	～氏世美園詩集 331
27	～歸集 386	50	～書堂詩話 335		～氏家傳 371
44	～菴長短句 396		**4690₀ 相**	80	～公筆錄 354
	4614₀ 埤	22	～山骨髓 416	83	～鐵崖文集 287
70	～雅 342,360,367		～山文集 304	88	～筠松筮圖 416
	4621₀ 觀	30	～字心易 416	99	～榮和唐音 320
22	～樂生詩集 324	34	～法人倫大統賦解 434		**楞**
26	～總柑論頌 458		**4691₄ 桯**	26	～伽經 455,468,469
27	～象玩占 414	50	～史 344,366		～伽經註解 463
	～物微占 419		**4692₇ 楊**	66	～嚴要解 456
28	～微子内篇 474	00	～文敏公事實 273		～嚴會解 457
44	～菴文齋 302		～文敏公集 300		～嚴集 459
	～世音普門品 454		～文懿公文集 284		～嚴義海 460
53	～感集 361		～文懿公講學集 288		～嚴經冥樞會要 463
55	～井瑣言 379		～文懿公敷奏集 400		～嚴管見 463
64	～時集 366		～文恪公文集 299		～嚴註解 467
90	～光詩集 324	03	～誠齋文集 294		～嚴經集註節要 468
	4622₇ 獨	14	～珙臨蘭亭帖 482		～嚴經冥樞會解 471
22	～峰禪要 455	17	～子折衷 269	77	～屋語錄 466
57	～契集 300		～孟載眉菴詩 333		**均**
	4640₀ 如	24	～升佳遇嬌鶯記 351	00	～奕集 324
00	～意城略 411	25	～仲弘詩集 312		**4713₈ 懿**
	～意輪集 433		～仲弘詩 316	88	～範錄 386
07	～郊錄 410	36	～温欄路虎傳 368		**4721₂ 鮑**
26	～皋縣志 444	40	～太真外傳 347	80	～翁家藏集 284
46	～如居三教大全 456	43	～娱復落娼 394		
	4641₃ 媿	46	～娼傳 346		
97	～郯錄 366				

	～律摘旨　334		**4492₇ 菊**	77	～間錄　454
28	～牧之詩酒楊州夢　393	08	～譜　435		～屋集　306
37	～選　325	44	～花詩集　317	78	～膳部詩集　309，317
44	～樊川集　296		～莊集　329		
72	～氏通典　339		～坡叢話　338		**4513₂ 埭**
	～氏通典纂要　341		**勅**	28	～谿文獻集　379
76	～陽雜編　357	66	～賜褒賢祠志　436		**4528₇ 犒**
	～陽編　367，375		**楠**	50	～東集錄　299
77	～學詩抄　309，367	90	～堂山居詩　457		**4541₀ 姓**
	～學禮抄　373		**4494₇ 枝**	31	～源珠璣　453
	4491₂ 枕	22	～前聞記　378		～源珠璣（徽州刻）453
74	～肱先生集　301		**菽**		～源珠璣（舊刻）453
	4491₄ 桂	60	～園雜記　366，383	72	～氏急就篇　453
00	～文襄公事實　277		**4498₆ 横**		～氏瑤華　453
	～文襄公奏議　401	31	～渠易說　257		**4599₉ 隸**
20	～香集　324		**4499₀ 林**	30	～字孝經帖　485
32	～州集　343	10	～霜柏文集　299	50	～書千文　481
	～州詞　387		～霽山文集　304		**4594₄ 樓**
	～州奏議　400		～下集　396	18	～攻媿文集　304
34	～波集　305，334	25	～生文略　376	77	～居寫情集　397
40	～古山文集　301	26	～泉清趣　396		**4600₀ 加**
44	～苑叢談　357		～泉幽賞　398	33	～減十三方　423
	～坡遇錄　366		～泉高致　434		～減十八劑　427
	～坡紀遊錄　374	44	～艾軒文集　298		**4611₀ 坦**
72	～氏棠陰比事　414		～莊敏公奏議　401	00	～齋詩選　319
	蘿	50	～東城文集　304		～齋法帖　481
22	～山雜言　379	60	～畏齋存稿　305		
	權		～見素西征集　313		
24	～德輿文集　286				

	296	44	～蘗宛陵錄 460	16	～硯莊茌山行稿 332
	～文獻公別錄 292		～蘗傳心法要 462		
	～文獻公筆記 370	48	～梅集 384	72	～氏貞節記 390
	～帝周書秘奧 419	50	～忠宣公文集 284	77	～母還金傳 349
	～帝明堂灸經 425		～忠宣公詩集 320		～賢婦錄 379
	～帝素問 427, 428	72	～氏日抄 337		**萁**
	～帝素問白文 426	77	～學士蘭坡集 302	21	～經十三篇 432
	～帝素問集註 428		～門諫章 399		**藁**
	～帝素問靈樞經 426		**4490₀ 樹**	50	～事雜永 443
	～庭内外經 472	56	～提伽經 466		
	～庭經註解 480		**4490₁ 蔡**		**4490₈ 萊**
	～庭内篇 479	02	～端明集 294	32	～州府志 445
	～庭經帖 487	10	～石岡詩集 325		**4491₀ 杜**
10	～石公素書 412		～元偉當官劄記 385	04	～詩趙註 307
	～石公玄秘兵書 413	17	～君謨荔支譜 432		～詩類選 312
	～石公八宅通真論 416	21	～虛齋圖解 258		～詩董養性註 311
	～石三略 471	22	～邕獨斷 349		～詩集註 312, 319
22	～仁峰集 287		～邕書淳于長夏承碑 483		～詩長古註解 313
	～經傳心法要 460	23	～我齋居莆集 298		～詩千家詩 316
	～山圖經 439	50	～中郎集 298, 313		～詩釋義 330
24	～勉齋集 294	72	～氏齋東 373	10	～工部詩 313
25	～仲元四如先生文稿 285		～氏律同 396		～工部詩白文 319
26	～伯思法帖刊誤 481		**4490₄ 茶**	11	～麗娘記 365
27	～御史集 313	08	～譜 431, 433, 434	17	～子美沽酒遊春記 398
	～久菴明道編 373	71	～馬類考 403	22	～催言三集 312
30	～寶詩山 309	74	～陵志 444	25	～律 311
33	～梁夢 363		**葉**		～律虞趙註 306
34	～達卿楷書 486	10	～石林建康錄 295		～律演義 318, 333
37	～鶴樓集 448	12	～水心文集 286		～律白文 324
40	～太史精華錄 308				～律趙註 326
					～律五言白文 327

4426₇ 蒼

80 ～谷祠錄 443

4460₈ 蓉

26 ～泉漫稿 331

4462₇ 蓓

00 ～齋先生文集 295

荀

17 ～子 280
27 ～峰編年 452
98 ～悦申鑒 281

葫

44 ～蘆鬼 369

4471₁ 老

10 ～更狂 393
17 ～子憶 281
　～子憶 477
　～子集解 471
　～子化書 473
　～君説天童護命妙經 477
　～子西昇化胡經 479
　～子化胡經 479
26 ～泉文妙 295
44 ～蘇文 289
　～萊子 395
77 ～學菴筆記 358

4471₆ 菴

50 ～事須知 456, 466

4471₇ 世

08 ～説新語 342
　～説新語註解 338
50 ～史正綱 270
　～史積疑 277
77 ～醫得效方 423

4472₇ 葛

22 ～仙翁傳 480
　～仙翁備急方 429

勘

44 ～靴兒 361

4473₁ 藝

00 ～文類聚 337
24 ～贊 366
44 ～林 373
　～苑 433

芸

30 ～窗逸典 322
　～窗逸興 433
　～窗三嗜 355
77 ～閣稿續禮 328

4474₁ 薛

00 ～文清讀書錄 268, 355
　～文清擬古集 327
　～文清公從祀議 374
26 ～稷宮詞 307
44 ～考功全集 292
46 ～楊清粹錄 269
72 ～氏元包經傳 258

4477₀ 甘

10 ～露多景樓詩 317
26 ～泉二論 281
　～泉參贊行事 405
　～泉岳遊紀行錄 385
50 ～蕭志 449
90 ～棠書院 376

4477₇ 舊

00 ～唐書 274
02 ～刻永類鈐方 426
90 ～少微通鑑 277

4480₁ 楚

10 ～王雲夢遇仁鹿 369
　～西木則 385
20 ～辭 284, 289
22 ～山和尚語錄 459
27 ～紀 448
36 ～澤謠 321
40 ～臺贅錄 438
50 ～史檮杌 270, 367
67 ～昭公踈者下舡 395

4480₆ 黃

00 ～文獻公集 294,

40 ～南溟詩集 312	～壽鑰香記 390	468
72 ～氏集 292	44 ～蘇二妙 483	～嚴經普賢行願品
英	47 ～柳白文 290	疏鈔 470
30 ～宗實錄 271	～柳文全集 292	72 ～氏中藏經 424
葵	50 ～忠獻公遺事 349	～岳集 443
	72 ～氏醫通 425	73 ～陀內照圖 427
51 ～軒詞 397	～氏治痰書 431	～陀內照 472
4444₁ 葬	**4460₄ 若**	76 ～陽外史集 323
34 ～法拾遺 417	17 ～耶溪漁樵閒話	～陽法界觀門 461
50 ～書釋註 419	392	78 ～陰縣志 447
4444₃ 莽	**4446₀ 姑**	**4450₀ 革**
11 ～張飛大鬧石榴園	40 ～真人四聖鑑白猿	27 ～象新書 435
394	396	47 ～朝遺忠錄 278
44 ～樊噲大鬧鴻門會	44 ～蘇志 439	78 ～除遺事 356
392	**4450₂ 華**	**4453₀ 芙**
4445₆ 韓	21 ～衡齋壽集 333	44 ～蓉屏記 391
00 ～襄毅公傳 277	22 ～山遊記 386	**4460₁ 耆**
～文 285	～山吟 321	28 ～齡考終錄 359
～彥直橘譜 432	～山遊集 447	**薈**
～襄毅公祠志 447	26 ～泉詩集 312	40 ～臺詩集 335
～文公南海廣利廟	50 ～夷譯語 353	**4460₁ 菩**
帖 485	66 ～嚴經要解 455	44 ～薩內習六波羅密
04 ～詩外傳 260	～嚴原人論 455	經 465
10 ～五泉詩 306	～嚴原人論解 455	～薩飼虎起塔因緣
11 ～非子 280	～嚴要解 461	經 464
21 ～犟翠御水流紅葉	～嚴經 460，462	**4460₂ 苕**
396	～嚴經序註解 461	32 ～溪漁隱叢話 360，
23 ～俊遺金 368	～嚴經唱字母 466	367
26 ～魏公家傳 273	～嚴合論 467	
～魏公德政碑 279	～嚴懸談會玄記	
40 ～內翰香奩集 314	467	
	～嚴清涼疏鈔玄談	

4430₅ 蓬

32　～州志　446
44　～萊閣集　440
51　～軒類紀　380

蓮

30　～宗寶鑑　456
80　～谷八詠　330

4430₇ 芝

22　～山野語　269
　　～岩集　294
44　～草真形圖辨　385
60　～田集　329

4433₀ 苾

44　～蒭泥毘柰耶　457
　　～蒭習學略法　464

4433₁ 燕

00　～言略　324
01　～語考異　341
10　～石稿　312
12　～磯唱和詩　323
22　～山逢故人鄭意娘傳　369
　　～山逢故人　370
24　～射古禮全書　263
26　～泉註陶詩　307

蕪

31　～江權政志　449
37　～湖廠志　448

4433₇ 蒹

44　～葭倚玉集　314

4439₄ 蘇

00　～文忠公表啓　285
　　～文粹選　297
　　～文忠公文集　298
08　～許公詩　313
09　～談　348
17　～子美文集　296
　　～子瞻風雪貶黃州　395
32　～州志　440
34　～沈二内翰良方　423
44　～老泉批點孟子　265
　　～黃門龍川略志　350
　　～蕭二妙　483
48　～增謁墓　398
50　～秦戲文大全　389
67　～顆演義　358
77　～門六君子文粹　304
80　～公帖　482

4440₀ 艾

17　～子　345
51　～軒南行稿　302

4440₆ 草

05　～訣百韻　482
　　～訣百韻帖　486

06　～韻辨體　407
　　～韻粹精　488
07　～韻辨體　481
30　～窗梅花詩　315
40　～木子　343
50　～書韻　408
　　～書集韻　408
　　～書韻寶　481
　　～書孝經墨刻　485
90　～堂遺稿集　296
　　～堂詩餘　387, 389

4440₇ 孝

21　～經正誤　256
　　～經考註　256
　　～經大義　256
　　～經述解　256
　　～經刊誤　257
80　～慈錄　255
　　～義感慶會迎慈堂　396

4440₉ 苹

67　～野纂聞　357

4541₇ 執

00　～齋先生文集　299
　　～齋奏疏錄　402

蒭

44　～蕘餘論　377

4443₀ 樊

22　～川文集　285
27　～侯政績錄　377

蘆

- ～絕經 467
- 40 ～南詩集 335
- 77 ～岡南巡詩集 331

4422₁ 荷

- 00 ～亭論辨 343
- ～亭後錄 373

4422₂ 茅

- 22 ～山百詠詩 449

4422₇ 蘭

- 00 ～亭集 333, 440
- ～亭考 340
- ～亭舊帖 484
- 08 ～譜 435
- 28 ～谿縣志 436
- 30 ～室秘藏 423
- 40 ～臺妙選 414
- 44 ～莊詩話 380
- 51 ～軒詩集 334
- 60 ～昌幽會 370
- 80 ～谷新詞 387
- ～谷遺音 462

勸

- 17 ～忍百箴 363

蕭

- 21 ～何夜月追韓信 395
- 22 ～山魏氏先德錄 275

- 60 ～回覓水記 365

葡

- 44 ～萄譜 435

菁

- 44 ～莪居士集 467

4422₇ 萬

- 17 ～翼和唐音 319
- 27 ～物算數 435
- ～峰和尚語錄 470
- 37 ～通水法 416
- 44 ～花谷 337
- 48 ～松野老請益經 466
- 72 ～氏經驗滋補方 421
- 80 ～首唐人絕句 320
- ～年曆 418
- ～善同歸 459, 463
- 88 ～竹山房帖 481

蘭

- 46 ～相如奪錦標名 394

4422₈ 芥

- 72 ～隱筆記 384
- ～隱信筆 344

4423₂ 蒙

- 00 ～齋文集 302
- ～齋筆談 362
- 26 ～泉雜言 379

- 22 ～山語錄 463
- ～山四說語錄 455
- ～山異禪師語錄 461
- 43 ～求 341
- ～求圖註 355
- 54 ～韃備錄 353

4424₂ 蔣

- 12 ～廷暉黃州竹樓記 487
- 17 ～琛傳 347
- 30 ～宗誼紀行詩 322
- 40 ～南泠集 301
- 88 ～節齋祈雨有感詩 376

8040₇ 夔

- 77 ～關姚卞吊諸葛 374

4425₃ 茂

- 36 ～邊紀事 377

藏

- 10 ～一話腴 361
- 50 ～春詩集 319
- ～書目錄 364
- 77 ～叟摘稿 471
- 78 ～覽別集 466

4429₄ 葆

- 90 ～光祿 345
- ～光集 475

～理發微　415
　　～理雪心賦　419
　　～理樞要　419
　　～理集要　418
　　～理摘奇　420
　　～理正義　420
44　～藏菩薩本願經　462
60　～里發微　415
　　～里集解　418
　　～里集要　418

4411₈ 堪

77　～興管見　415
　　～興發秘　418

4412₇ 蒲

00　～庵集　454
22　～山牧唱集　316
30　～室論集　461
42　～圻縣志　444

勤

40　～有文集　303

4413₂ 菜

88　～竹堂書目　340

4414₇ 鼓

27　～角砂經　416

皷

67　～吹續編　312
80　～盆歌莊子歎骷髏　396

坡

50　～書墨刻金剛經　483
77　～居陽羡帖　482
80　～翁二絕　486

4414₉ 萍

34　～蓬紀略　386
77　～居集　333

4416₄ 落

44　～花唱和詩　324
　　～花詩集　326

4420₇ 夢

28　～谿筆談（舊板）　376
40　～樵詩話　370
44　～蕉文集　297
　　～蘭集　306
46　～觀集　461
60　～墨稿　286，321
80　～入神機　433
88　～竹拙草　330

4421₁ 荒

18　～政叢言　411

4421₂ 麓

22　～山寺碑　486
90　～堂續稿　292

4421₂ 苑

04　～詩類選　321

　　～樂餘音　390
37　～洛志樂　397

4421₄ 莊

17　～子　295
　　～子節文旁註　281
20　～季裕灸膏肓腧穴法　425
30　～定山絕句　306
52　～靜先生遺集　290
77　～周夢蝴蝶　395

花

28　～谿集　333
44　～蕊夫人宮詞　307
62　～影集　344
77　～間四友東坡夢　396

尅

56　～擇一覽　417

薩

40　～真人夜斷碧桃花　391
　　～真人白日飛昇　395

梵

27　～絕直註　459
　　～網經菩薩戒　467

芃

27　～網經菩薩戒律儀　466

4313_2 埌
22　～嶽記　352

4390_9 求
25　～生西方淨土念佛鏡　466
40　～太乙大遊數　420

4325_0 截
31　～江網　405

4346_0 始
22　～豐稿　284

4375_0 戡
30　～定三城錄　403

裁
44　～菴賦　290

4380_5 越
22　～山鍾秀集　308
27　～絶書　281
　　～絶　348

4385_0 戴
27　～凱之竹譜　432
33　～邃谷文集　299
60　～星集　315
72　～氏鼠璞　349
88　～竹樓千文帖　482

4390_0 朴
00　～庵詩集　329

4394_7 梭
22　～山家制　386

4396_8 榕
43　～城鄉約　343

4402_7 考
10　～工記　263，264
40　～古編　340，382
　　～古圖　431

4410_0 封
72　～氏聞見錄　360

4410_4 董
00　～文僖公集　288
17　～子故里志　442
21　～卓戲貂蟬　393
27　～解元古西廂　397

荃
80　～翁貴耳集　353

墓
38　～道楊元素逢妖傳　368
87　～銘舉例　385

4410_7 藍
22　～山詩集　318
37　～潤詩集　319
42　～橋記　370
60　～田王摩詰詩　335
　　～田鄉約　344

4411_2 范
00　～文正公文集　299
　　～文正公尺牘　343，353
　　～文正公尺牘及諸賢贊頌疏　375
　　～文正鄱陽遺事　375
　　～文正言行拾遺事錄　375
　　～文正褒賢祠紀　375
　　～文正政府奏議　403
　　～文正年譜　451
11　～張雞黍死生交　368
　　～彊帳下斬張飛　394
37　～祖禹唐鑑　270
　　～選李詩　308
44　～恭惠公誌銘　381
50　～忠宣公文集　300
　　～忠宣遺文　299

地
10　～元真訣　426
16　～理正鵠　416
　　～理大全　416，420
　　～理明圖　417
　　～理正宗　418，420
　　～理四書　419
　　～理葬書　419
　　～理囊金　419

4094_8 校

- 30 ～定晦翁感興詩 322
- 40 ～士北還錄 309

4111_6 垣

- 55 ～曲縣志 448

4141_6 姬

- 24 ～侍對偶 353

4144_0 奸

- 71 ～臣錄 361

4192_7 樗

- 00 ～齋隨筆錄 288
- ～齋詩集 324

4196_0 栢

- 00 ～齋三書 267

柘

- 51 ～軒詩集 291

4196_1 梧

- 22 ～崖詩集 331
- 32 ～州府志 440
- 67 ～野山人乙巳稿 327
- 77 ～岡琴譜 435

4296_2 楷

- 41 ～帖 481

4212_2 彭

- 00 ～文獻公集 283
- ～文公筆記 348
- 40 ～幸庵懷古文 313
- ～太保平蜀詩 322
- 43 ～城降鶴記 371
- 50 ～惠安公文集 294
- 64 ～曉註參同鼎器歌 471

4223_0 狐

- 26 ～白裘 343
- 80 ～首古經 417

4240_0 荊

- 22 ～山和尚幽谷集 469, 470
- ～山和尚淨土詩 470
- 32 ～溪外紀 370
- ～溪林下偶談 373
- 40 ～南詩社倡和集 336
- ～南權志 445
- 44 ～花記 397
- 84 ～釵記 387

4241_3 姚

- 00 ～文敏公集 288
- 10 ～玉厓詩集 334
- 12 ～刑部哀挽集 371

4242_7 嬌

- 21 ～紅記 351

4282_1 斯

- 38 ～道書 268

4291_3 桃

- 12 ～飛雲見石錄 293
- 31 ～源洞詩 310
- 32 ～溪淨稿 288
- ～溪類稿 297
- ～溪唱和集 332
- 44 ～花源記 369
- ～花女雜記 391
- ～花女 392

4292_1 析

- 27 ～疑論 455

4292_7 橋

- 40 ～梓榮壽賦 285

4301_0 尤

- 32 ～溪縣志 450

4304_2 博

- 20 ～愛心鑑撮要 423
- 26 ～白縣志 448
- 27 ～物志 360, 366
- 37 ～選唐七言律詩 326
- 50 ～事志 341
- 60 ～異志 347
- 70 ～雅 313, 348
- 88 ～笑編 361

	～鏡三昧 458	40	～十二子粹言 280	88	～鈐總要 478
	～人胎産及雜症方 430	55	～轉八變舞天經 477	90	～賞齋帖 486
88	～竺校證諸懺補助儀 469	80	～人聯句 348		**走**
	4060₁ 吉		**4071₅ 雄**	77	～鴉路 392
12	～水縣志 436	20	～乘 435		**4090₀ 木**
	4060₉ 杏		**4073₁ 去**	10	～天禁語 334
40	～壇記 363	60	～果禪定要門 457	44	～蘭堂集 328
	～林摘要 427		～思亭記帖 487	80	～鐘集 269
	～東歸田稿 331		**4073₂ 袁**	82	～鍾集 288
	～園春式集 386	00	～袁書文纂要 409		**4090₈ 來**
	4062₁ 奇	30	～永之文類 298	60	～因禪定要門 457
04	～効良方 426	38	～海叟詩選詩補 325		**4091₆ 檀**
30	～文韻 409	72	～氏世範 349, 366	17	～弓蠻訓 264
50	～事訓釋 356		**4080₁ 真**		**4092₇ 檣**
77	～門五總龜 412, 415	04	～誥 473, 474	40	～李英華 313
	4064₁ 壽	10	～西山讀書記 266		**4093₁ 樵**
06	～親養老書 427		～西山心政經 267, 352	10	～一談 352
32	～州志略 447		～西山文集 283, 293		～雲獨唱集 317
34	～祺錄 372	15	～珠匣兒 369	22	～樂存稿 328
43	～域神方 424	21	～儒至今三元待問集 406	44	～林摘稿 331
	～域仙方 426	22	～仙通鑑 472, 473		**4094₁ 梓**
	～萱集 287	30	～宗慕道記 368	00	～童帝君化書 472
46	～禪師心賦 466		～定府志 442		～童帝君靈懺 479
99	～榮錄 372		～定府新志 446	26	～吳 343
	4071₀ 七	51	～指玉鑰匙 474	30	～潼救却寶章 475
18	～政曆 415	80	～人問疾經 476	80	～人遺制 432
21	～經白文 256				

支

- 00 ～離子詩集 316
  ～離子集 474
- 38 ～道林集 329

4041₄ 難

- 21 ～經 428

4046₅ 嘉

- 05 ～靖維揚志 443
- 20 ～禾志 445
  ～禾圖序 437
- 32 ～州凌雲志 440
- 77 ～興路重修儒學碑 487
- 80 ～善志 445
  ～善縣志 450
  ～善勝覽 358

4050₆ 韋

- 30 ～安道傳 346
- 44 ～蘇州集 308

4060₀ 古

- 00 ～文會編 283
  ～文關鍵 282, 292
  ～文 294
  ～文集 289
  ～文苑 284
  ～文短篇 287
  ～文精粹 290
  ～文類選 297
  ～文真寶 302
  ～文會選 303
  ～文法則 342, 363
  ～文釋疑 359
  ～文筌蹄 390
  ～廉文集 289
  ～廉詩集 318, 332
  ～音餘 409
  ～音叢目 409
  ～音獵要 409
- 10 ～三墳書 343, 373
- 12 ～烈女傳 381
- 16 ～硯箋 341
- 20 ～穰集 283
  ～集宮詞 391
- 22 ～崖詩選 313
  ～崖先生詩集 317
  ～樂府 325, 387
  ～樂府解題 397
- 30 ～字擷英 408
  ～字便覽 481
- 34 ～遠塔功德經 465
- 40 ～本大學旁註難語 266
  ～直文集 300
  ～杭夢遊錄 354
  ～奇器錄 364
- 44 ～黃遺迹 439
  ～林和尚語錄 471
- 45 ～隸集韵 487
- 46 ～相思曲 488
- 48 ～梅語錄 456
- 50 ～史通略 271
  ～史通斷 274
  ～書法綱目三昧 487
- 52 ～拙和尚語錄 464
- 60 ～景文集 288
  ～禺詠物詩 328
- 63 ～賦辨體 284
  ～賦題 400
- 77 ～學選註 267
- 80 ～今紀要 270
  ～今通略 275
  ～今通略句解 273
  ～今類選規鑑 289
  ～今選要 293
  ～今文章精義 297
  ～今賢詠物詩選 305
  ～今詠物詩選 312
  ～今詩法 317
  ～今詩材 329
  ～今合璧事類 340
  ～今相鑑發揮 341
  ～今紀夢事覽 341
  ～今文章精義 355
  ～今合璧故事 359
  ～今烈女傳 363
  ～今雜記 367
  ～今謎驪珠錦囊 374
  ～今表 398
  ～今論略 405
  ～今韻釋 407
  ～今韻會 408
  ～今夢徵 415
  ～今識鑒 415
  ～今人物志 441
  ～今書法 483
  ～今碑刻 486
  ～鏡記 346

88	~簡尺牘 347		~城論諫錄 399	26	413
		48	~松子 354	26	~白文集 283
	有		~松子中誡經 475,	30	~空同文集 293
24	~德女所問大乘經		476		~涪刊誤 349
	464	70	~壁賦帖 484	38	~肇翰林志 350
30	~宋高僧詩 468			40	~燾續宋編年資治
			4040₀ 女		通鑑 274
	希	02	~訓 255		~嘉祐嘉閣集 329
31	~迂子 344	08	~論語 374		~南莊壽椿堂集
44	~董先生遺集 296	10	~元師掛甲朝天		382
50	~夷府 475		392		~太白醉寫定夷書
	~夷先生五龍睡法	47	~報冤 361		393
	476				~大參註金剛經
			4040₇ 李		457
	4024₇ 存	00	~唐五代通俗演義	42	~斯篆 415,481
00	~齋集語 312		278		~彭村詩 335
	~誠齋寶墨集 380		~廣世號將軍 369	44	~杜全集白文 286
33	~心錄 262		~唐惠公奏草 403		~杜律集 315
37	~運神變書 476		~文公集 288		~杜白文 321
40	~古篆體 488		~文公奏議 403		~杜全集 322
44	~孝打虎 394		~文正公年譜 452		~娃傳 346
80	~翁文集 469	01	~語五言辨律 326		~戀欽妻志銘 382
88	~餘堂詩話 380	04	~詩 315	46	~賀錦囊集 331
			~詩近體 306	48	~翰林詩集 305
	4033₁ 志		~詩類編 311,318		~翰林絕句 307
12	~登仙左慈飛盃		~詩選 326	50	~東谷所見 350
	395	10	~元賓文集 300		~忠敏公誌銘 381
30	~窮錄 375		~亞仙記 365		~忠定公奏議 401
70	~雅堂雜抄 354		~元吳江救朱蛇	60	~國紀聖門事業圖
94	~恠錄 377		368		349
97	~怪 357		~雪菴大字帖 484	61	~盱江文集 283
		15	~建州詩 333	71	~長吉集 314
	赤	21	~衛公望江南 413	72	~氏弘德集 299
43	~城夏評事集 298		~衛公通纂 413	97	~焕生五陣雨記
	~城集 313		~衛公神機武略詞		368

臺

- 22 ～獎贈言 376
- 50 ～中錄 284
- ～中文議 344,366

4010₇ 直

- 08 ～説通略 275
- ～説古今事略 367
- ～説素書 413
- 38 ～道編 297
- 44 ～菴存稿 300
- 47 ～趣文集 292

壺

- 22 ～山分和尚語錄 467

盍

- 88 ～簪留詠 313
- ～簪集 322

4021₁ 堯

- 00 ～章續書譜 481

4021₄ 在

- 00 ～齋樂全詩稿 326
- 67 ～野集 307

4021₆ 克

- 55 ～捷贈言 404

4022₇ 南

- 00 ～唐書 274
- ～齊書 276
- ～京十詠 311
- ～京户部志 403
- ～京工部磚廠志 441
- ～京太僕寺志 448
- ～唐近事 354
- ～方草木狀 432
- ～雍志 447
- 07 ～郭子 281
- ～部新書 360,371
- ～詔事略 444
- 10 ～西廂記 388
- 11 ～北錦繡賽叢珠 398
- ～北碎金 413
- 22 ～豐先生文集 285
- ～豐文集 299
- ～川漫遊稿 328
- ～山類編 329
- ～山素言 379
- ～山周氏年譜 452
- ～嶠陰德傳 375
- ～畿總志 440
- ～樂縣志 440
- ～嶽小錄 449
- 23 ～畿學政 371
- 26 ～皋奏議 403
- 27 ～船記 410
- 30 ～窗記談 384
- ～宮疏略 404
- 31 ～遷日記 364
- 32 ～溪詩話 306
- ～溪稿 309
- 37 ～湖人楚吟 306
- ～澗詩餘 389
- ～澗樂府 391
- 38 ～滁會景編 436
- ～海雜詠 442
- 40 ～雄府志 450
- 41 ～柯記 347
- ～極星度海棠花吟晚海棠仙 388
- ～極和尚語要 455
- 43 ～城消遣小棋譜 435
- 44 ～華真經 280
- ～村輟耕錄 353
- ～藥局方 427
- 47 ～塢詩集 291
- 50 ～史 275
- ～史詳節 272,277
- ～中志 450
- 51 ～軒文集 286
- 55 ～曲 389
- ～曲次韻 389
- 60 ～園漫錄 349
- 72 ～岳魏夫人傳 346
- 76 ～陽府志 442
- ～陽郡志 443
- 80 ～翁夢錄 358,361
- ～金才東 369
- 84 ～鎮碑文 448

内

- 02 ～訓 255
- 21 ～經類抄 422
- 23 ～外傷辨 423
- 24 ～科摘要 428
- 44 ～黃志 440
- 77 ～丹還元訣 473

太夾友右士土圭 4003_8–4010_4

	～學心法 265		～上洞神五星讚 473		～古土兌經 477
	～學疑 265	41	～極通書 266
	～學解義 266		～上感應篇 475		～極西銘解 268
	～學集註標題 265		～上老君中經 475	50	～史蘇先生文集 291
	～學進修錄 372		～上倉元上錄 477
	～學衍義 399		～上太素玉籙 477	78	～陰太陽之圖 421
	～學衍義補 400		～上老君十齋戒日 476	80	～倉文略 287
	～同五記 437				～倉稿 323
	～同志 439		～上諸品仙經 477	90	～常總覽 264
80	～金國志 440		～上諸品經懺 479		
90	～小玉册 473		～上老君寶錄 479		**4003_8 夾**
			～上金穀歌 480	00	～註輔教編 459
	太	22	～嶽志略 435		
		26	～和全集 294		**4004_7 友**
00	～玄本旨 257, 266		～和正音譜 387	10	～石亭稿 332
	～玄經 257, 266		～和正音(寧府刻) 391	80	～會談叢 357
	～玄真一本際妙經 475		～白陰陽經 419		**4006_0 右**
	～音釋子大全 432		～白陽經并起例 420	37	～軍十七帖 481
10	～平紀事本末 274		～白山人漫稿 308		**4010_0 士**
	～平御覽 340		～和山志 443	00	～齋詩集 312
	～平鄉約 378		～和山啓聖實錄 480	17	～翼 374
	～平仙記 388	28	～微仙君功臣過格 475, 477	44	～林詩選 308, 316
	～平樂府 388				～林甌鏡 337
	～平經國書 399	30	～宗實錄 270		
	～平金鏡策 400	35	～清玉册 478		**土**
	～平人物志 436	37	～祖實錄 271	25	～牛穴法 417
	～平縣志 446		～祖寶訓 279	44	～苴集 314, 323
	～平府志 447		～祖高皇帝寶訓 279		**4010_4 圭**
17	～乙八門樞要 420		～祖御註道德經 478	00	～齋文集 286
	～子辟羅經 465			22	～峰文集 284
	～乙修真玄草 480	40	～古遺音 434	27	～峰禪師原人論 461
21	～師比干記錄 437				
	～上九要心印妙經 472				
	～上感應靈篇 474				

106　4003₀ 大

27	～峰書院詩 331		～千文帖 481	50	～中或問 264
	～疑詩集 436	21	～儒大奏議 401		～事記通釋 270
	～疑詩賦 448	22	～樂秘訣 457	53	～成釋奠儀譜 262
32	～州社令陽雷大法 421	24	～德聖劑總録 428		～成金書 475
			～休集 460	55	～慧語録 453
36	～邊圖論 437	27	～名郡志 437		～慧法語 454
44	～華山志 440		～名縣志 441		～慧普説 454
	～華山詩集 450		～的心陀羅尼經 462		～慧和尚年譜 458
53	～成宮醴泉銘 483		～的陀羅尼經 462		～慧禪師書問 460
55	～曲更漏 418		～般涅槃經 470		～慧和尚語録 467
77	～卿唱和 309	30	～家文選 298	60	～易鉤玄 257
	～賢秘典兵陣通書 413		～寧考 441		～易旁通天玄賦 419
	～丹經 478		～寧師語録 455		～羅天羣仙慶壽 393
			～宋新修湯廟碑 485		
	4003₀ 大		～宋絳州重修夫子廟碑 487	67	～明高皇后傳 255
00	～唐傳載 348				～明集禮射儀 264, 434
	～唐六典 410	32	～業雜記 368		～明神武崇勳頌 381
	～六壬玉匱經 415	33	～冶縣治 450		～明律釋義 414
	～六壬斷經秘訣 415	34	～法醫書 424		～明律條例 414
	～方廣寶篋經 462	35	～禮纂要集議 262		～明一統賦 437
	～方廣佛華嚴經註 463		～禮初議 263		～明清凉通傳 460
	～方等大集月藏經 466		～禮集議 263		～明三藏聖教目録 462
	～唐西域求法高僧傳 469	36	～迴向經 465		～明三藏并序讚文 467
		37	～涅槃經 463		
10	～霄琅書 473	41	～顛註解心經 467		～明制科録 441
16	～理戰書 354	43	～戴禮 262	70	～雅詩韻 408
17	～司馬三原王公傳 367		～戴禮記 264	77	～學古本 265
20	～統厯法 417	44	～藏直韻 408		～學衍義會補節要 265
	～乘秘密經 455		～藏目録 454		
	～乘唯識論 458		～藏一覽 456, 471		～學括説 264
			～藏要略 467		
		46	～駕北還録 364		～學明解 265
			～觀太清樓帖 482		

	真經 479		356	77	～門辨惑論 458
	～德管窺集解 480		～劄清錢 340	80	～八史略 271, 275,
	～德篇帝玄頌 474		～劄束牘大全 347		278, 279
28	～復畫冊 431		**3912₀ 沙**		～八學士登瀛洲 394
31	～源集覽 353	77	～門島張生煮海	95	～精太乙理陰晴 415
32	～州志 442		392		
34	～法樞紐 480		**3930₂ 逍**		**4000₁ 左**
40	～南書院并延平八景詩 376	32	～遙傳記 362	10	～晉贈言 322
	～南三書 266		**3930₉ 迷**	21	～經臣集 315
48	～教靈驗記 476			22	～仙翁說神符經 475
50	～書會集 478	16	～魂陣飄經 384	25	～傳 261
60	～園學古錄 285	45	～樓記 362		～傳節解 261
	～園類稿 290	50	～青瑣倩女離魂 393		～傳春秋直解 261
73	～院集要 471				～傳句解 261
77	～學仰止 269		**4000₀ 十**	37	～選 261
	～門玄範 477	10	～一經問對 367	40	～克明古樂府 389
	～門定式 478		～二先生詩 311		～克明集古樂府 391
80	～命錄 362		～二遊經 462		
95	～情摘翠 477		～二頭陀經 465	44	～慈飛盃 388
	3834₃ 導		～三經註疏 257	50	～史叙略 277
12	～引奇法 473		～不善業經 462	72	～氏流芳 452
	3850₇ 肇	21	～處士傳 375	90	～粹類纂 262
08	～論中吳集解 459		～行因緣經 475		**4001₇ 九**
	3860₄ 啓	40	～七史詳節 271	00	～章詳注比類算法 435
16	～聖實錄 474		～九世略 271		～章大全 435
44	～蒙故事 356, 369		～七史纂 273	01	～龍和集韻梅花詩 327
	～蒙手簡 369		～七帖 487		
	～蒙意見 258	44	～藥神書 422	10	～靈山房集 285
82	～劄淵海 399	57	～探子大鬧延安府 396		～三嘉刻 328
	～劄雲錦棠 337	60	～四遊記 376		
	～劄青錢（山西板）	72	～腫奇方 426	21	～經補韻 408

3813₇ 冷

00　～齋夜話　349

3814₀ 湝

10　～西山人初度錄　390
67　～墅關志　450

激

44　～楚遺歌　387

3814₇ 游

00　～文小史　348
10　～醉翁亭記石　486
13　～武當山詩　317
22　～嵩集　314
　　～山記　436
27　～名山記　356,383,442
31　～江心寺詩　447
36　～湯泉集　448
44　～燕稿　324
　　～茅山集　450
　　～黃山記　487
60　～蜀吟稿　307

3815₇ 海

00　～市唱和集　322
　　～市詩　326
　　～市辭　351
01　～語　376
10　～石文集　300
17　～瓊摘稿　473
　　～瓊語錄　473

21　～虞陳氏義慈集　371
　　～虞徐公奏議　403
22　～川縣宦蹟志　410
26　～和尚語錄　468
30　～寧闡河類考　449
　　～客論　472
31　～涵萬象錄　376
34　～法玄珠歌　421
37　～湖耆英集　311
　　～鶴亭詩話　328
38　～道經　438,450
40　～樵子　280
　　～樵律詩　332
　　～內十洲記　345
　　～樵讕語　351
48　～槎餘錄　345
72　～岳陳先生行狀　376
　　～岳名言　481
74　～陵周公集　297
77　～叟集　315
87　～釣遺風　296
　　～錄碎事　340

3816₇ 滄

32　～州漁隱集　283
　　～州詩集續集　312
　　～州詩集　319
33　～浪吟卷　305
38　～海遺珠集　310
　　～海遺珠　314

3819₄ 涂

12　～水奏議　404

17　～子類稿　297

滁

32　～州志　436

3825₁ 祥

12　～刑要覽　413
　　～刑集覽　414
　　～刑集　414
88　～符御製中岳醮告文帖　485

8830₃ 籧

00　～庵錄　455

遵

38　～道錄　266
77　～聞錄　366

3830₆ 道

10　～一編　266
20　～統傳　267
21　～經贅言　479
22　～山清話　349
24　～德經　478,480
　　～德經正解　472
　　～德真經頌　474
　　～德經講義　475,480
　　～德經取善集　468,478
　　～德經河上公註　478
　　～德經原　479
　　～德三洞法寶諸品

3722₇ 祁

10 〜雪集 319

4722₇ 鶴

22 〜山書院錄 443
　〜山雅言 354
43 〜城集 301
44 〜林玉露 349
60 〜圃清音 310
　〜田稿 313
　〜田雜稿 324
80 〜年先生詩集 317

3730₂ 通

00 〜玄百問 454
　〜玄集 475
10 〜天竅 420
22 〜幽集 472
24 〜什清淨科疏 460
28 〜俗演義 351
　〜微內思妙經 476
32 〜州志略 448
33 〜心斷鬼秘訣 457
40 〜志略 339
　〜真子脈訣 422
50 〜書問 269
　〜史補遺 275
　〜書大全 415
　〜惠河志 445, 448
60 〜□論註解 279
64 〜時壺譜 434
88 〜鑑 277
　〜鑑博論 269, 279
　〜鑑紀事本末 271
　〜鑑總類 271
　〜鑑什義 273
　〜鑑纂要 274
　〜鑑總論註解 275
　〜鑑別紀考疑 277
　〜鑑集要 278
　〜鑑斷義全集 278
　〜鑑前紀綱目 278
　〜鑑前編 276
　〜鑑續編 275
　〜鑑綱目 271
　〜鑑綱領 275
　〜鑑綱目鐫誤 270
　〜鑑綱目事類 274
　〜鑑綱目前編 276
　〜鑑綱目測海 277
　〜鑑綱目書法 278

過

40 〜去佛分衛經 465

3730₃ 退

44 〜菴事實 273
　〜菴遺文集 290
51 〜軒集 294

運

24 〜化玄樞 344
70 〜甓漫稿 310

3730₈ 選

04 〜詩拾遺 309
　〜詩 331
　〜詩演義 327
28 〜僧圖 465

44 〜葬總錄 418
56 〜擇曆書 418, 420
　〜擇元龜 419

3772₇ 郎

40 〜士元詩集 313

3780₀ 冥

00 〜音錄 347
41 〜樞會要 457, 471

3780₆ 資

25 〜生經明堂經校正 420
　〜生經明堂經穴道校正 429
33 〜治通鑑 275
　〜治通鑑節要 275
　〜治通鑑綱目 274, 279
　〜通治鑑白文 276
　〜通治鑑節要續編 279
67 〜暇錄 345

3811₇ 濫

88 〜竽集 309

3812₁ 渝

44 〜蒙歌 322

3818₄ 渼

74 〜陂續集 289

	3714₇ 没	**3718₀ 溟**
～山雜詠　309		
32　～州府志　439	27　～縫靴兒記　369	40　～南皷詞　320
～州路總管郝中儀	**3714₇ 汲**	**3718₁ 凝**
生祀記　488		
38　～海奇聞　344	31　～福井集　331	40　～眞稿全集　300
40　～南道學淵源録	～福井續集　330	～凈樓詩　323
449	37　～冢周書　259	**3718₂ 次**
潤	**3715₇ 凈**	
		40　～古詠物詩　325
21　～經　356	40　～土指歸　454, 463	47　～柳氏舊聞　345
32　～州先賢集　352	～土或問　455	**3719₃ 潔**
瀾	～土十疑論　460	
	67　～明忠孝全書　475	40　～古老叔和　422
71　～厓集　323	**3716₁ 澹**	**3719₄ 深**
3712₇ 鴻		
	22　～山岩集　436	00　～衣考正　262
00　～慶文集　299	23　～然文集　291	～衣纂語　263
～慶居士文詩　304	44　～菴文集　291	10　～雪偶談　347
32　～州集　326	～菴紀行續集　336	**3721₀ 祖**
37　～泥堂集　327	**3716₄ 洛**	
48　～墩集　385		77　～關和尚語録　460
50　～囊經　417	00　～京王煥　360	**3721₄ 冠**
3712₇ 滑	71　～原白公葬録　379	
	76　～陽才子　276	38　～涂水詩文遺稿
23　～稽餘韻　388	～陽三怪　360	302
62　～縣志　443	～陽名園志　436	50　～春魁卷　434
3713₆ 漁	～陽伽藍記　440,	**3722₀ 祠**
	469	
10　～石關中稿　305	**3716₄ 潞**	22　～山事要　439
32　～溪遺芳集　437		**初**
33　～梁集　308	30　～安百詠　442	
40　～樵問對　349	32　～州志　442	77　～學文則　301
～樵閑話　358		～學記　337, 341

	468			**3614₇ 漫**			**3630₂ 遇**	
40	～志備遺	442	77	～叟拾遺	378	40	～真紀	359
	泊			**3621₀ 祝**			**遏**	
44	～菴文集	295	44	～芝山夜坐記	482	10	～惡傳	386
	～菴詩集	332		～枝山懷素草書歌 483			**3630₃ 還**	
	3611₁ 混			～枝山法帖	484	22	～山遺稿	290
23	～然子註解陰符經 281			**3624₆ 禪**		30	～淳嘯詠集	316
	～然子夾頌解註陰符經 480		30	～宗正脈	455	77	～丹疑問錄	474
	3611₄ 湟			～宗雜毒海	465		**3711₄ 濯**	
22	～川八詠	316		～宗永嘉集	455, 470	26	～纓亭筆記	385
	3611₇ 溫			～宗諸祖歌頌	456, 470		**3611₄ 涅**	
00	～庭筠詩	305		～宗諸祖法語	460	27	～槃經	457
26	～泉詩集	441	31	～源諸詮集	456		**3711₇ 澠**	
30	～室洗浴衆僧經 468	33	～心決凝集	460	12	～水燕談	378
32	～州府志	440	34	～波羅密般若傳 461		**3712₀ 洞**	
	～州江心寺記 445	44	～林寶訓	454, 462	00	～庭漁人集	300
50	～中谷集	327		～林類聚	455		～庭湖詩集	332
74	～陵集	328		～林僧寶傳	459, 463	10	～天清錄	338
80	～公詩話	311		～林永嘉	463		～天玄記	391
	～公書儀	356		～藻集	471		～天福地志	438
	～公徽言	359		～關指要	464	22	～山黃氏家訓	452
	3612₇ 湯			**3630₀ 迦**		40	～真玄經	477
30	～液本草	423	10	～丁比丘說當來變經 461		～真黃書	477
	渭						～照膽	417
31	～涯疏要	399					**湖**	
						00	～廣通志	440
						22	～山唱和	321

3430₉ 遼

- 40 ～志 438
- 50 ～東總志 439
- ～東新刻總志 442

3510₆ 冲

- 34 ～漢子獨步大羅天 393

3512₇ 清

- 00 ～夜錄 345
- 12 ～刑日記 356
- 26 ～泉瓿志 439
- 29 ～秋唱和卷 318
- 30 ～涼寶傳 456
- 31 ～源關志 437
- 32 ～溪暇筆 347
- ～净心經註 454
- ～净經頌註 474
- 40 ～臺錄 381
- 44 ～菴先生中和集 479
- 47 ～都侍慶圖詩 382
- 77 ～風亭稿 307
- ～風祠集 441

3512₇ 溝

- 22 ～斷集 325

3513₀ 決

- 27 ～疑集 470

3516₆ 漕

- 18 ～政舉要錄 410
- 21 ～舡志 400
- 37 ～運通志 439, 444

3519₆ 凍

- 44 ～蘇秦衣錦還鄉 396

3520₆ 神

- 00 ～應經 416
- 06 ～課金口訣 415
- 22 ～仙太乙紫丹方 428
- 28 ～僧傳 454, 470
- 30 ～定經 415
- 40 ～奇秘譜 433, 434
- 49 ～妙秘方 425
- 60 ～異經 355
- ～異賦 419
- ～異賦集解 434
- 72 ～隱 360
- 90 ～光經 455, 478

3521₈ 禮

- 00 ～庭吟稿 308
- 07 ～記大全 262, 263
- ～記纂言 262
- ～記集註 262
- ～記集說 263
- ～記集說辯疑 264
- ～記集說便蒙 264
- ～部題覆稿 402
- ～部韻 407
- ～部韻略 408
- ～部玉篇 408
- 10 ～要樂則音註 264
- 21 ～經會元 262, 401
- ～經會元節要 405
- 22 ～制集要 255, 264
- ～樂書 262, 263
- 24 ～緯含文嘉 417
- 28 ～儀定式 255, 263
- ～儀榜文 263
- 41 ～垣大事疏 402
- 48 ～教儀節 262
- 77 ～問 264

3526₀ 袖

- 18 ～珍詩經集註 260
- ～珍方 422, 425, 426, 427
- ～珍小兒方 426
- ～珍法華經 464

3530₀ 連

- 15 ～珠集 383
- 16 ～環記 393

3530₈ 遺

- 20 ～愛集 377
- 28 ～徽錄 377
- 48 ～教經 470
- 60 ～思編 333

3610₀ 湘

- 22 ～山野錄 360

泗

- 32 ～州大聖降水母 396
- ～州大聖明覺傳

3411_8 湛

16　～碧樂府　397

3413_1 法

00　～言中說　281
10　～天生意　428
27　～象變通　267
30　～家要覽　413
　　～家裒集　414
41　～帖　484
　　～帖釋文　481
　　～帖刊誤　484
　　～帖譜系　484
44　～苑珠林　459
　　～藏碎金　458
　　～華經　467
　　～華經註解　461
　　　（2），468
　　～華要解　466
　　～華會解　464
　　～華經合論　468
60　～界還源觀　458
　　～界觀通玄記　458，464
61　～顯傳　458
73　～院預先告報符　421
90　～常住經　465

3413_4 漢

00　～唐秘史　271
　　～唐通鑑品藻　274
　　～文選　287
　　～高皇濯足氣英布

395
　　～唐制度編　402
　　～唐事箋對策機要　405
10　～天師世家　473
　　～晉唐宋名公書法　485
13　～武故事　353
14　～功臣叠土望嗣臺　395
20　～雋　337
26　～魏六朝詩　315
27　～紀　273
40　～南集　382
　　～李陵撞臺全忠孝　395
45　～隸分韻　407
46　～相如題橋記　390
　　～相如四喜俱全記　396
50　～中府志　446
　　～東方朔畫像贊　485
63　～賦　288
76　～陽府志　447

3414_0 汝

32　～州志　446
40　～南詩話　358
　　～南志　449

3414_7 波

10　～石徐先生集　301

3416_0 渚

30　～宮故事　378

3416_1 浩

17　～歌　393

3418_1 洪

13　～武正韻　407，408，409
　　～武京城圖志　440
27　～芻香譜　432
34　～邁歙硯譜　432
40　～内翰經筵唐千家詩　332
77　～興祖補註楚辭　293
88　～範圖解　258
　　～範考疑　259
　　～範篇帖　482

3425_3 襪

26　～線集　294

3430_3 遠

00　～齋告蒙　374
　　～齋遺文　299
36　～禪師十牛頌　470

3430_4 達

00　～磨禪師入道理門　461
　　～磨傳心法　462
　　～摩觀心論　469

3230₉ 逐

- 40　～志齋集　284

3300₀ 心

- 00　～齋先生遺錄　385
- 20　～統圖義　269
- 　　～香新語　399
- 　　～香妙語　399, 474
- 21　～經附註　266
- 　　～經慧燈集　460
- 44　～藏法儀　456
- 77　～學圖說　267
- 　　～學纂言　269
- 　　～學先生詩集　318
- 78　～鑒警語　366

3311₁ 浣

- 44　～花集　387

3312₇ 浦

- 31　～江人物志　277
- 　　～江志略　439
- 44　～桂岩先生行狀　381
- 76　～陽人物記　436

3314₇ 浚

- 26　～泉吟稿　332

3315₀ 滅

- 34　～法盡經　465

3316₀ 治

- 00　～疔瘡方　430
- 30　～安通義　356
- 　　～家節要　410
- 31　～河總考　400
- 　　～河奏議　402
- 　　～河通考　446
- 33　～心要語　372
- 44　～世龜鑑　351
- 60　～圃須知　431

3318₆ 演

- 35　～連珠　379
- 80　～禽三世相　420

3322₇ 補

- 00　～齋詩集　290
- 　　～齋易說　258
- 　　～註古文大全　304
- 78　～陁洛迦山傳　464
- 88　～筆談　355

黼

- 44　～菴遺稿　299

3330₂ 遘

- 22　～後寄思錄　382

3330₃ 邃

- 00　～庵集　282
- 44　～庵解刻　487

3330₉ 述

- 00　～異記　354

3390₄ 梁

- 10　～石門集　300
- 26　～皇水懺　455
- 　　～皇寶懺解註　459
- 60　～園寓稿　324
- 72　～劉孝綽集　325
- 　　～氏策要　406
- 88　～簡文帝昭明太子集　289

3400₀ 斗

- 40　～南詩集　330

3410₀ 對

- 00　～床夜話　357, 384
- 22　～崖摘稿　335
- 91　～類　359
- 　　～類大全　338

3411₁ 洗

- 30　～寃錄　413

3411₂ 沈

- 04　～詩補遺　332
- 10　～雲卿詩　307
- 27　～烏兒畫眉記　369
- 31　～潛齋詩集　333
- 40　～存中筆談　351
- 77　～鳳峰雜集續補　301
- 　　～鳳峰詩稿　331

池

- 40　～南按集　330

3411₄ 灌

- 64　～畦暇語　354

3130₁ 遷
35 ～神定秘訣　457

3130₃ 遯
22 ～樂詩集　332
61 ～點荒音　326

3133₂ 憑
77 ～几集　301, 307

3190₄ 渠
76 ～陽詩註　453

3210₀ 淵
16 ～聖要錄　274
21 ～穎文集　287

3211₈ 澄
31 ～江文集　305
92 ～懷錄　354

3212₁ 漸
00 ～齋詩草　333

浙
10 ～元三會錄　292
　 ～西水利志　402

沂
32 ～州志　450
　 ～州普照禪寺修造記　488
80 ～公筆錄　375

沍
50 ～東樂府後錄　390

3212₇ 涔
31 ～涯懷古文集　302
　 ～涯懷古詩集　330

3213₄ 溪
22 ～蠻叢笑　352
67 ～野問答　351

3213₅ 濮
32 ～州志　440

3214₇ 浮
32 ～溪文粹　284
33 ～梁志　443
36 ～湘稿　323
72 ～丘四賦　295

叢
40 ～志錄　359

3216₄ 活
04 ～効口議　426
12 ～水集　334
24 ～幼便覽　422
　 ～幼心書明本論　429
　 ～幼心書決證詩賦　429
25 ～生四事　358
30 ～字大板合璧事類　340

80 ～人心　429

3216₉ 潘
28 ～价卿文集　301
72 ～氏慈德錄　381

3219₄ 潫
32 ～州志　445

3222₁ 祈
34 ～禱行移奏式　421
60 ～男種子書　424

3223₀ 冰
40 ～壺摘稿　318

3230₁ 逃
21 ～虛子詩　320

3230₂ 近
00 ～言　280
22 ～峰聞略　366
37 ～湖集　335
60 ～思錄　266
75 ～體宮詞附錄　313, 391

3230₃ 巡
21 ～行江淮錄　316
40 ～真錄　400

3230₆ 遁
50 ～甲符應經　475
52 ～韜兵行訣　413
60 ～甲直指　416

40 ~南春詞 336	37 ~洛易數 259	沔
~南別錄 353	~洛真數 415	
74 ~陵百詠 308	38 ~汾諸老詩 311	76 ~陽志 445
78 ~陰縣志 447	~汾詩 316	
~陰縣新志 448	~汾燕間錄 364	**3114₉ 潯**
3111₁ 涇	40 ~南詠古集 313	40 ~南書經 259
50 ~東藁 286	~南壬子武科錄 381	**3116₀ 酒**
67 ~野論語因問 265	~南總志 439	88 ~籌詩 324
~野別集 287	~南府志 438,446	**3116₁ 潛**
3111₄ 汪	50 ~東先生龍城錄 349	00 ~齋詩經 305
00 ~文定公集 304	~東馬氏宗典 372	~庵集 330
12 ~水雲詩集 320	~東鹽池記 437	21 ~虛衍義 259
26 ~白泉中丞集 301	77 ~間白氏族譜 443	32 ~溪集 300
72 ~氏足徵錄 452	87 ~朔訪古記 437	~夫論 280
77 ~閑齋遺稿 299	**3112₁ 涉**	**3116₈ 濬**
3111₆ 洹	50 ~史隨筆 271,346,362	28 ~復西湖錄 449
07 ~詞 289	~史謬論 273,406	62 ~縣志 437
42 ~橋同音 330	60 ~異志 378	**3117₂ 游**
漚	**3112₇ 馮**	36 ~泂集 423
27 ~幻集 456	00 ~唐直諫漢文帝 369	**3119₆ 源**
3111₇ 洰	~商還妾三元記 397	30 ~流至論 339,405
22 ~川文集 464	10 ~玉梅記 365	**3126₆ 福**
3112₀ 汀	26 ~伯玉子弟棄煙花 390	35 ~清縣志 451
32 ~州府志 449	38 ~海粟梅花百詠 311	**3128₆ 顧**
河	40 ~大師集 297	50 ~東橋全稿 302
22 ~嶽英靈集 309		86 ~錫岩瀛海集 331
~嵩神靈芝慶壽 388		

80	～善卷　355		**3090₄ 案**	40	～真宗註遺教經　460	
	賽	88	～劄方錄　429	47	～朝燕翼詒謀錄　350	
80	～公餘漫興　397		**3090₄ 宋**	49	～梢公案　360	
	賓	00	～文鑑　285	50	～史辨　270	
88	～竹小鳴稿　292		～庠渡蟻　395		～史筆斷　272,276	
	賔		～高宗七十二賢像贊石刻　486		～史闡幽　273	
17	～子野酒譜　432				～史斷　275	
34	～漢卿鐵經指南　425	04	～詩話　305		～史道學傳　279	
			～詩正體　306		～書　274	
40	～大師口傳心授鍼經　429		～諸家詩話　358		～書（舊板）　275	
		08	～論　276		～表學繩尺　398	
	3090₁ 宗	10	～元綱目　271	60	～景濂文集　288	
00	～玄先生文集　474		～元品藻　274		～景文公筆記　350	
16	～聖公曾子志　443	20	～季三朝政要　273	72	～氏貞孝實錄　371	
28	～儀　372	21	～元官綱目　274	77	～學士文粹　293	
44	～林水墨冊　434		～元通鑑節要　274		～學士文集　297	
50	～忠簡文集　293	27	～名臣琬琰錄　276,361		～賢古義　385	
	～忠簡公集　303		～名臣言行錄　279	80	～人口議　360	
77	～門法語　454		～名臣奏議　401	88	～策寶　405	
	～門寶鑑　456		～名賢四六叢珠　399		**3111₀ 江**	
	～門事要　458		～名公抄選策臠　405	10	～西奏議　400	
	～門要集　462(2)				～西紀行詩集　317	
	～門武庫　454,463		～名賢分寫四十二章經　484	21	～上錄　323	
	～門諸子法語　454	28	～徽宗御注西昇經　479	30	～淮異人錄　357	
80	～會堂圖説要義　374		～徽宗草書千文　484	34	～淹文集　285	
	～鏡節要　457			35	～津學志　451	
	～鏡錄節要　461	30	～之問集　312	37	～湖前後續集　310	
	～鏡撮要　466	35	～遺民錄　342		～湖遺興集　312	
	～鏡會要　466	37	～祀受終考　343		～湖切要　389	
	～鏡錄序　470				～湖遺興　396	
				38	～海湖聞　351	
					～海瀕渠記　374	

3040₄ 安

- 00 ～慶府志　441
- 30 ～宅錄　414
- 36 ～邊疏要　400
- 40 ～南奏議　404
-    ～吉州志　445
- 44 ～老懷幼　425
- 50 ～東李都憲文集　291
- 70 ～雅文集　287
-    ～雅堂集　293
- 71 ～驥集　427
- 76 ～陽集　290
-    ～陽文　296

3041₇ 究

- 00 ～竟禪定　457

字

- 77 ～學要抄　483
- 80 ～義切略　409
- 91 ～類音易　409

3051₆ 窺

- 27 ～豹集　336

3060₄ 客

- 30 ～窗夜話　363, 393
- 37 ～湖小集　300
- 60 ～星山房詩集　325
- 88 ～坐新聞　359

3060₆ 宮

- 24 ～僚倡和集　334

3060₈ 容

- 00 ～齋隨筆　337
- 22 ～山鍾秀詩　332
- 50 ～春堂前集後集別集　304
-    ～春堂續集　291
- 51 ～軒集　301
- 60 ～思先生年譜　452

3071₇ 宦

- 38 ～遊紀聞　348
- 58 ～轍聯句　321

3071₇ 竈

- 10 ～王經　480

3073₂ 寰

- 30 ～宇通衢　436
-    ～宇通衢書　363

3077₂ 密

- 00 ～庵文集　295
- 22 ～山法帖　482
- 27 ～勿稿　401
- 44 ～菴文薹　295
- 66 ～哩幹巴上師道果　468
-    ～哩幹巴上師道果金剛句　468

3077₇ 官

- 50 ～吏要覽　413
- 67 ～曜圖經　418
- 88 ～箴　410
-    ～箴集要　410

3080₁ 定

- 22 ～山先生集　284
- 27 ～向書　420
- 32 ～州志　437
- 34 ～遠縣志　447
- 38 ～海縣志　449
- 50 ～本策　399
- 51 ～軒存稿　293
-    ～軒黃公遺錄　371
- 55 ～慧相資歌　470
- 58 ～數一掌金　418
- 77 ～興王平定交南錄　276
- 95 ～性書　268
-    ～性書發蒙　268

蹇

- 00 ～庵自鳴藁　372
- 50 ～忠定公年譜　452

3080₆ 實

- 00 ～齋梅花詩　308
- 30 ～賓錄　339

寶

- 00 ～應志略　448
-    ～章待訪錄　481
- 10 ～晉齋法帖　486
- 21 ～經堂存稿　302
- 27 ～峰遺集　296
-    ～峰云菴真淨語錄　467
- 44 ～櫝記　348

3014₇ 渡

10 ～天河織女會牽牛 394

3014₇ 淳

24 ～化帖 481, 484

3016₁ 涪

32 ～州志 444

3020₁ 寧

00 ～庵詩 320
24 ～化老三省家範 372
　～德縣志 445
44 ～藩書目 339
60 ～國府志 439
76 ～陽王行狀 277

3021₁ 完

00 ～庵詩集 288

寵

99 ～榮錄 383

3021₂ 宛

74 ～陵先生詩集 308

3021₃ 冤

16 ～魂志 354

3021₄ 寇

44 ～萊公遺事 374
50 ～忠愍詩集 309

　～忠愍詩集（陝西新刻） 325

3021₇ 扈

66 ～蹕小紀 309
　～蹕稿 330

3022₇ 寓

00 ～庵文集 285
　～意編 348
20 ～信江集 303
60 ～圃雜記 379
77 ～閩議稿 404

3023₂ 宸

00 ～章集錄 353

家

01 ～語 362
04 ～塾事親 346, 425
30 ～寶集 485
35 ～禮節要 262
　～禮儀節 262
　～禮集說 263
　～禮會通 263
　～禮四要 263
　～禮證論 264
　～禮鄉約 264
44 ～塾記 372
56 ～規輯略 262, 380

3023₂ 永

10 ～平府志 440
22 ～樂三年聖諭 255
　～樂北征錄 276

32 ～州十三志 439
　～州府志提綱 446
40 ～嘉集 463
60 ～昌二芳記 349
67 ～明壽物外山居詩 470
　～明壽物外集詩讀 470
91 ～類鈐方 425, 428

3026₁ 宿

20 ～香亭記 369
32 ～州志 447

3030₁ 進

28 ～修遺集 329
48 ～梅賦 363

3030₂ 適

95 ～情錄 433

3030₃ 寒

22 ～山子詩集 458
　～山詩集 460, 469
92 ～燈衍義 456

3030₄ 避

53 ～戎夜話 345

3032₇ 寫

95 ～情集 388

3033₆ 憲

27 ～綱事類 411

44 ～蘇傳 351	**3010₄ 塞**	～南子白文 282
48 ～幹中論 280	10 ～下謠 385	～南王白日飛昇 393
88 ～節孝文集 291		44 ～封日記 364
90 ～少湖蒙訓 376	**3010₆ 宣**	
	00 ～府雜詠 322	**注**
2835₁ 鮮	～府志 439	49 ～妙法蓮花經 464
10 ～于伯機草千文 486	26 ～和書譜 341	
	～和遺事 352, 385	**潼**
2846₈ 谿	～和書畫譜 433	77 ～關志 444
22 ～山聯句 307	30 ～宗實錄 270	
～山餘話 364	～室誌 375	**3011₇ 瀛**
	34 ～達錄 404	31 ～涯勝覽 354, 450
2854₀ 牧	40 ～大山西修邊圖 402	40 ～奎律髓 309, 318
77 ～民心鑑 411	80 ～公奏議 399	**3012₃ 濟**
～羊圖傳 383		25 ～生拔粹方 427
2896₆ 繪	**3010₇ 宜**	27 ～急仙方 425
50 ～事指蒙 433	00 ～齋野乘 347	34 ～瀆靈異辯 361
	17 ～司記 352	40 ～南七十二泉詩 316
2998₀ 秋	76 ～陽縣志 447	～南師友談記 349
16 ～碧樂府 387, 391	77 ～閑集 367	～南賦 363
～碧軒集 391		78 ～陰方 430
20 ～香百詠 310	**3011₃ 流**	80 ～美錄 359, 406
22 ～崖年譜 452	30 ～注鍼經摘英集 429	**3013₇ 濂**
31 ～江詞 396	77 ～民圖疏 410	32 ～溪集 290
37 ～澗唱和集 325	90 ～光錄 383	～溪遺芳集 385
77 ～風詩集 335		～溪志 448
	3011₄ 淮	37 ～洛風雅 315
3010₁ 空	30 ～安府志 441	
77 ～同文集 283	36 ～泗小稿 322	**3014₆ 漳**
～同詩選 326	38 ～海先生集 285	31 ～源東巡稿 315
～同記 362	～海世德編 359	33 ～濱雪庭錄 456
80 ～谷傳聲 455	40 ～南子 279	
～谷集 460		

2774₇ 岷

- 33 ～梁峻捷　404
- 40 ～臺錄　328

2790₁ 禦

- 21 ～虜略　404
- 53 ～戎論　401

2791₇ 絕

- 27 ～句千家詩選　333

紀

- 38 ～遊錄　377
- 50 ～事本末　276
- ～事文華　378
- 71 ～曆撮要　431
- 80 ～善錄　380

2792₀ 絇

- 00 ～庵邇言　343

綱

- 44 ～菴易詠　258
- 60 ～目愚管　272
- ～目大全　273
- ～目述史斷要　273
- ～目兵法　412

2793₂ 綠

- 10 ～雪亭雜言　366
- 15 ～珠記　365
- 30 ～窗紀事　355
- ～窗新話　361

2793₄ 緱

- 22 ～山侯氏宗譜　451

2794₇ 綴

- 86 ～錦　362

2795₄ 絳

- 30 ～守居園池記註解　344, 372
- 32 ～州重修夫子廟碑　484

2796₂ 紹

- 00 ～文堂集　299

2822₇ 傷

- 30 ～寒瑣言　422
- ～寒百問　422
- ～寒明理論　422
- ～寒鈐法　423
- ～寒要訣　429

2824₀ 徽

- 32 ～州科第題名錄　381

徵

- 67 ～明草書千文　484

2824₇ 復

- 00 ～齋郭公言行錄　276
- ～齋遺集　301
- ～庵存稿　328
- ～齋日記　354
- 31 ～河套議　401
- 40 ～套或問　402

2825₃ 儀

- 00 ～註全集　262, 264
- 34 ～法水懺　467
- 35 ～禮　262
- ～禮註疏　264

2826₆ 僧

- 00 ～辨　371
- 11 ～北磵集　469

2826₇ 僋

- 80 ～父詩集　306

2828₁ 從

- 37 ～祀傳　380
- 40 ～古道人詩稿語錄　290
- ～古正文　409

2829₄ 徐

- 00 ～文節集　286
- ～文秀尹州令記　368
- 17 ～子仁詩集　327
- 22 ～仙翰藻　471
- ～仙真錄　472
- 32 ～州志　439
- ～州新志　445
- ～州洪志　445
- 35 ～迪功五集　300
- ～神翁語錄　479

2726₁ 詹

80 ～前山小傳 486

2729₄ 條

22 ～例全文 278, 400
31 ～河錄 402

2732₇ 烏

40 ～臺詩案 356

2733₇ 急

03 ～就章 453
　～就編新 373
48 ～救仙方 428
　～救良方 429

2742₇ 鄒

10 ～平縣志 451
38 ～道鄉文集 288
62 ～縣志 445
72 ～氏旌義編 373
86 ～知縣肖山湘湖記 391

2744₇ 般

37 ～泥洹後灌臘經 464
44 ～若玄談 467
　～若波羅密多心經 467
　～若經九套 468

2748₁ 疑

00 ～辯錄 356

01 ～龍經 417
22 ～仙傳 473
32 ～浄樓詩 323
43 ～獄集 414
50 ～史自質 372

2752₀ 物

23 ～外清音 474

2760₀ 名

00 ～方類證醫書大全 426
　～方證類醫書大全 428
07 ～詞類編 334
21 ～儒集議通鑑詳節 279
22 ～山百詠詩集 331
46 ～相贊 452
71 ～臣經濟 402
77 ～賢珠玉 314
　～醫三要 428
80 ～義通考 341, 359

2760₃ 魯

00 ～齋大學要略 265
　～齋研幾圖 267
　～齋遺書 267
　～齋全書 297
　～齋王文憲公集 304
34 ～蓮北勸善俗言 382
40 ～志深喜賞黃花女 392

44 ～藩望洋詩稿 334
60 ～國安平生十二詠 327

2760₄ 督

00 ～府稿 400
　～府奏議 403

2762₀ 翻

06 ～譯名義集 468

2762₀ 句

30 ～容縣志 436

2762₇ 鷗

22 ～峰續集 330
　～峰雜著 342

鄱

76 ～陽劉彥昺詩 317

2771₂ 包

24 ～待制智賺三件寶 394
　～待制智賺生金閣 396
80 ～公奏議 401

2772₀ 勾

26 ～吳顧可久讀禮集 328

2772₇ 島

50 ～夷志 451

2722₀ 仰

- 21 ～止集　322
- 22 ～山脞録　378

御

- 00 ～註道德經　474
- ～襄陽四景歌　255
- 22 ～製峴山漢水賦　255
- ～製聖政記補亡　255
- ～製榜訓　255
- ～制官箴　255, 411
- ～制帝訓　255
- ～製孝慈録　255
- ～製歌曲　398
- ～製金剛集註　454
- ～製靈濟宮碑　485
- ～製真武廟碑　488
- ～製新建大學碑　487
- 50 ～史箴　409
- ～史箴解　411

豹

- 17 ～子和尚自還俗　397

勿

- 44 ～藥編　362
- ～藥詩刻　485

侗

- 51 ～軒集　291

向

- 76 ～陽寫生　433

2722₂ 修

- 20 ～辭鑑衡　348
- 40 ～真秘訣　472
- ～真秘要　473
- ～真十書　472, 480
- ～真捷經　480
- 60 ～昆明縣記　450
- 72 ～髯自烏稿　381
- 80 ～養秘圖　479
- ～養集要　479

2722₇ 鄉

- 24 ～射禮集要　262
- 27 ～約集成　371
- 28 ～儀　371

角

- 40 ～力記　354

2722₇ 儌

- 48 ～梅香謅翰林風月　394

2723₂ 象

- 17 ～羣學的　268
- 22 ～山類語　268
- ～山先生略　268
- ～山先生文集　285
- ～山文集　290
- ～山語録　349
- ～山年譜　451

像

- 25 ～生番語罟罟旦　395

衆

- 28 ～僧經　467

2723₄ 侯

- 25 ～鯖録　344, 377
- 30 ～寶盜甲記　368
- 37 ～郎中行狀　452
- 50 ～蟲鳴　330
- 88 ～斯齋杜詩解　332

2724₂ 將

- 44 ～苑　411
- 88 ～鑑論斷　411

2724₇ 殷

- 44 ～芸小説　375

2725₁ 解

- 21 ～縉紳集　286
- ～縉紳草書　488
- 32 ～州志　446
- 37 ～梁院志　449
- 44 ～夢厭怪書　374, 419
- ～夢襄怪書　419

2725₇ 伊

- 37 ～洛淵源　266
- ～洛淵源續録　267

2674₁ 嶧

78 ～陰堂刻李斯小篆 481

2690₀ 和

00 ～唐音 307, 318
　～唐詩皷吹 315
　～唐三體五言律詩 326
02 ～劑局方 424, 425
16 ～碧山詩 396
38 ～遊五臺詩集 321
40 ～李詩 319
44 ～杜詩 321
48 ～梅花詩 308

2691₄ 程

00 ～文憲公文集 292
　～齋近稿 299
　～齊醫抄撮要 426
10 ～雲篆南文 482
26 ～伯子書 268
72 ～氏易傳 257
　～氏貽範集 287
　～氏考古編 365, 384
　～氏續考古編 365
　～氏範餘集 380
80 ～念齋文集 299
88 ～篁墩文集 285

2692₂ 穆

00 ～文簡公大學千慮 265

10 ～天子傳 353, 360, 373

2693₀ 總

18 ～珍錄 384
30 ～定州志 445

2694₀ 稗

50 ～史 345

2694₁ 釋

00 ～文三註 337, 339
27 ～名 408
36 ～迦氏譜 459
　～迦譜 459
　～迦方志 459
　～迦汝來正宗大覺妙經 464
66 ～咒咀經 455
72 ～氏要覽 454, 463
　～氏源流 456
　～氏通鑑 458
77 ～門教行錄 455
80 ～義獻六十帖 485
90 ～常談 350

2694₇ 稷

22 ～山縣志 445

2710₇ 盤

10 ～天經 418

2711₇ 鼉

22 ～山語錄 267, 286
　～山先生語錄 268

～巢稿 288
27 ～峰詩集 324
74 ～陵文集 304

2712₇ 歸

40 ～真要訣 457
47 ～朝樂天 389
60 ～田稿 293, 333, 397
　～田錄 377
　～田詩話 315
　～田雜識 342
77 ～閒文纂 303

2713₆ 蠡

62 ～縣志 447

2720₇ 粵

10 ～西議 402

2720₇ 多

21 ～能鄙事 367

2721₀ 佩

22 ～觿 407
44 ～蘭子文集 298

2721₂ 梟

44 ～藻集 286

2721₇ 倪

00 ～文僖集節要 285
50 ～青谿集 286
72 ～氏月樓集 336
　～氏静寄集 335

	～中丞奏稿　404		279		**2624₁ 得**
56	～蜘蛛記　387		～明文衡　285，295		
67	～鷺書院志　450		～明文篆　291	77	～月稿　322
72	～氏長慶集　284		～明詩抄　309		**2628₁ 促**
	～氏諷諫　320，399		～明風雅　309		
	～氏策林　399		～明詩選　310	23	～纖論　433
99	～鶯行孝　369		～明名臣贊詩		**2629₄ 保**
	自		314，452		
			～明羣英詩粹　317	00	～齋十科策　405
48	～警編　337，363		～明江西詩選　318		～産育嬰錄　424
	～警集要　366		～明珠玉　319	25	～生固本錄　399
90	～省三書　343		～明諸學記　361		～生餘錄　428
93	～怡集　292		～明青宮樂調　390		～生心鑑　474
	2610₄ 皇		～明鐃歌　397	27	～身節要　430
			～明奏議　403	30	～安要覽　401
10	～天熬極書　267		～明舊陝西志　450		～寧府志　439
41	～極經世書　267	90	～堂葬經　418		～定府志　441
	～極經世觀物外篇		**2621₃ 鬼**	66	～嬰要覽　426
	釋義　268				**2633₀ 息**
	～極生死數　420	10	～靈經　420		
44	～華集　306	67	～眼通神萬全相	60	～園存稿　288
47	～朝類苑　339		416		～園詩稿　330
53	～甫持正文集　297	80	～谷子　281		**2641₃ 魏**
	～甫少玄集　299		**2622₇ 偶**		
	～甫百泉禪棲集			10	～元君訓世　477
	334	50	～書編　380	44	～莊渠體仁說　269
67	～明近年詔赦　255		**2623₂ 泉**		**2643₃ 臭**
	～明近年詔書　255				
	～明制書　255	00	～齋簡端錄　256	44	～蘭集　386
	～明名臣言行錄		～齋勿藥集　303		**2671₀ 峴**
	270		～亭存稿　303		
	～明開國功臣錄	01	～評茶辯　386	26	～泉文集　478
	277，451	31	～源志略　484		**2672₇ 嵋**
	～明名臣錄圖　278	40	～志　411		
	～明名臣言行新編	80	～翁筆草　379	67	～略　447

24 ~先録 382	~子語類大全 268, 286	32 ~溪集 303
27 ~疑録 364	~子語略 268	**2600₀ 白**
33 ~心法 473	~子語録 268, 286	00 ~齋詩集 326
34 ~法正宗記 468	~子格致餘論 269	~註荊釵記 390
38 ~道四子書 268	~子文抄 283	~鹿洞記 437
~道粹言 268	~子大全 295	~鹿洞山堂講集 450
40 ~奇目録 398	~子抄 296	10 ~雲稿 287, 304
60 ~國璽譜 357	~子大同集 349	~雲集 289
2524₆ 使	~子與王梅溪書 358	~露集 302
00 ~交録 383	~子實紀 374, 382	~雲樵唱 317
10 ~雲貴録 333	~子太極圖 488	~石先生補漢兵志 413
~西日記 342	22 ~仙鎮岳廟集 439	~玉蟾集 472
~琉球録 359	30 ~宏行軍觀象書 418	~玉蟾上清武夷集 476
13 ~職昭鑒 373	36 ~澤民存復齋集 300	~玉蟾文集 477
47 ~朝鮮録 356, 438	37 ~淑真斷腸集 311	~玉蟾分章證誤清淨經品註 479
54 ~韡日録 361, 367	40 ~韋齋集 291	12 ~孔六帖 340
56 ~規 338	~希真春閨有感 368	21 ~虎通 351
~規附使緬甸書 364	53 ~或可談 349	22 ~樂天詩集 315
67 ~郢稿 306	74 ~陵谿先生集 300	33 ~冶小紀 450
2529₄ 傑	80 ~善真生死姻緣記 390	35 ~遺□言 269
27 ~峰普度施食儀文 469	**2591₇ 純**	39 ~沙緒言 269
~峰和尚語録 463	10 ~正蒙求 356	~沙子 281
2580₀ 失	76 ~陽真人渾成集 480	~沙詩教 305
07 ~記章臺柳 370	**2599₆ 練**	~沙詩集 305
2590₀ 朱	22 ~川文纂 287	~沙律解 319
00 ~文公鄉約 411	~川圖記 444	44 ~猿傳 347
17 ~子晚年定論 266		~猿經 418
~子成法 266		47 ~獺髓 357, 377
~子成書 266		50 ~中丞文集 303
		~中丞詩遺 324

2480₆ 贊

30 ～寧筍譜　432

2490₀ 科

07 ～詞　475
46 ～場條貫　364
　～場條約　410

2496₁ 結

76 ～腸集　325

2497₀ 紺

15 ～珠經　422
　～珠集　356

2498₆ 續

00 ～文章正宗　282, 296
　～齋集　333
　～齊譜記　346
　～高士傳　375
　～高僧傳　468
04 ～讀書錄　363
10 ～三體詩　316
　～百將傳　412
20 ～停驂錄　364
　～集佛道論衡　459
　～集宗門統要　469
22 ～仙傳　471
25 ～傳燈錄　468
30 ～宋紀　272
　～宋編年通鑑　274
　～宗門統要　458
32 ～澄懷錄　383

37 ～通鑑節要　277, 278
　～次古詠物　326
38 ～游仙詩　314
　～遊編　356
40 ～大事記　273
44 ～蒙求故事　341
　～世說　375
　～孝感錄　382
　～花嚴志詩　441
46 ～觀感錄　352
50 ～史百詠詩　329
　～夷堅志　384
57 ～搜神記　354
80 ～曾子　280

2510₀ 生

10 ～死輪轉因緣經　475

2520₆ 仲

60 ～景金匱方　424

伸

30 ～冤錄　377

2520₇ 律

22 ～例備考　413
27 ～身規鑑　386
　～條疏義　413
　～條撮要　413
　～條罪名圖　413
　～條集解　414
50 ～書策要　414
60 ～呂直解　388

～呂元聲　389
～呂解注　389
～呂新書補註　390
～呂古義　397
～呂算例　435
77 ～同　389

2522₇ 佛

08 ～說四輩經　465
　～說十吉祥經　465
　～說薩羅國經　465
　～說長者法老妻經　465
　～說真宗妙義經　469
　～說心論　469
22 ～岩泉石禪師正宗贊　463
34 ～法大明　455
　～法金湯編　456, 467
　～爲海龍王說法印　465
37 ～祖通載　453, 471
38 ～道論衡實錄　459
60 ～果繫節雪竇拈古語要　469
　～國禪師指南圖讚　470
78 ～臨涅槃記法住經　465

2524₃ 傳

17 ～習錄　266, 269
　～習錄節要　269

2360₀ 台

- 22 ～山靈異錄　362
- 77 ～學朔望講義　381

2371₁ 崆

- 27 ～峒子　281

2390₀ 秘

- 25 ～傳李防禦五痔方　431
- ～傳痘疹方論　431

2393₂ 稼

- 44 ～村類稿　287
- 51 ～軒餘興　387
- ～軒長短句　389

2395₀ 織

- 86 ～錦迴文詩　307
- ～錦回文讀法　316

2396₁ 稽

- 40 ～古錄　270，276
- ～古略　458，460
- 50 ～中散文集　286

2420₀ 射

- 35 ～禮集要　262

2421₀ 仕

- 30 ～宦箴規　411
- 38 ～塗吟嘯集　332
- ～塗類對　378
- 77 ～學規範　337，386
- ～學堂長言　384

2421₀ 化

- 41 ～妬神呪經　380

2421₁ 先

- 10 ～天一氣社令玄文　421
- 21 ～儒學範　359，363，371
- 80 ～公十峰集　335

2421₂ 勉

- 00 ～齋年譜　452
- 77 ～學集　382

2422₇ 備

- 00 ～忘錄　366
- 27 ～急藥方　424
- ～急仙方　428
- 35 ～遺　426
- ～遺錄　271
- 36 ～邊會題　401
- ～邊淺說　405

2423₁ 德

- 10 ～正格天詩　322
- 30 ～安縣志　448
- 76 ～隅齋畫品　431
- 80 ～善齋菊譜　433

2426₀ 儲

- 00 ～文懿公集　284
- ～文懿集　286
- 18 ～政志　439

2426₀ 儲（續）

- 44 ～華谷袪疑說　350
- 90 ～光義詩集　323

2426₁ 借

- 22 ～山散稿　377

2428₁ 徒

- 30 ～容庵錄　456

2429₀ 休

- 00 ～庵全集　335
- 24 ～休庵集　320
- 30 ～寧縣志　443
- 44 ～庵哀榮錄　371

2432₇ 勳

- 25 ～績錄　380

2433₇ 憩

- 30 ～安永字八法帖　488
- 44 ～菴字法　484

2440₀ 升

- 00 ～庵詩話　319
- 44 ～菴詩集　316

2451₀ 牡

- 77 ～丹百詠　310
- ～丹榮辱譜　432

2472₇ 幼

- 24 ～壯俚語　305
- ～科類萃　424

	～府指迷 387		**2292₇ 綉**		～同契指南 480
	～府詩集 387	34	～法 340		**2323₄ 狀**
	～府雜詩 388		**2294₀ 紙**	10	～元任先生遺稿 327
	～府補題 397	27	～舟直指 473		～元紀事 359
	～府羣書 398	77	～丹金真直指 472		**獻**
	～廣平記 438		**2294₇ 緩**	12	～瑞集 438
07	～記補說 390	94	～慟集 378	27	～納編 401
10	～平縣新志 450		**2296₃ 緇**	44	～花嚴志詩 441
17	～歌 389	77	～門警訓 456	60	～園睿製集 288
30	～安縣志 450		**2299₄ 綵**		**伏**
44	～菴語錄 370	22	～鶯燈記 380	80	～羲臺志 449
60	～圃餘稿 324		**2300₀ 卜**		**2324₀ 代**
	～呂管見 397	88	～筮全書 416	82	～劍錄 352
77	～閑遺稿 301		**2302₇ 牖**		**2324₂ 傳**
	～閑先生遺稿 321	44	～蒙聯韻 364	00	～文毅公傳 277
80	～善錄 384		～見錄 324	10	～玉英賢女配姚期 392
	梨		**2320₀ 外**	77	～與礪詩集 317
10	～雲寄傲 387	24	～科精要 422		**2324 俊**
22	～嶽詩集 308		～科精義 423	10	～靈機要 473
77	～眉公集 311		～科須知 424		**2325₀ 伐**
	巢	53	～戚事鑒 255	40	～檀集 289
65	～睫集 311		**2320₂ 參**		**戲**
	欒	36	～禪指要 466	00	～文目錄 398
43	～城集 296	77	～同註解 453		
	2291₄ 種		～同契 478		
72	～瓜張老 361		～同契古文 479		
	2292₂ 彩				
22	～鶯燈記 388				

50	～吏私録 343		396	25	～使紀行 358
	2227₀ 仙	38	～海經 437, 449	30	～塞詩 329
25	～傳濟陰方 425		～海等關地形圖本 442		～家授近圓羯磨儀範 464
	～佛同源 463		～海關志 443	46	～相金剛經 458
52	～授理傷續斷方 430	40	～南六桂集 330		**2279₁ 嵊**
	～授理傷續斷秘方 430	44	～林餘興 397	40	～志 445
	2238₆ 嶺	50	～中集 329		**2290₁ 崇**
			～東通志 436		
38	～海輿圖 438	77	～居倡和詩 328	10	～正辯 353
40	～南遺草 410		～居四要 357, 372, 376		～正辨 368
50	～表書院志 450	80	～谷詩 315		～正雅言帖 488
	2271₁ 崑		～谷刀筆 343	30	～安縣志 441
00	～齋小稿 377, 383		～谷簡尺 370		～安縣學田記 488
22	～崙圖説 259		～谷黃龍和尚開堂帖 485	40	～古文訣 285, 300
	～崙山人詩 314		～谷次韻斌老帖 486	50	～本録 331
	～山縣志 441	90	～堂續稿 297	60	～國寺演公碑 485
	～山人物志 446		～堂考索 339	77	～岡餘稿 328
	2277₀ 山		～堂瑣語 382, 384		**2290₃ 紫**
00	～齋吟稿 327		**幽**	00	～度炎光神元奕經 477
	～亭兒 361	37	～冥神報應風流鬼 392	10	～元君授道傳心法 472
12	～水家法 434	77	～居答述録 269	26	～泉文集 303
	～水訓 434		～閑鼓吹 345	27	～峰文集 301
30	～窓餘稿 306	80	～谷老人評頌永 470	28	～微斗數 418
	～家清事 347, 358	97	～怪録 348	42	～荆考 440
	～房十友譜 347		**2277₂ 出**	50	～書簶傳 477
	～房隨筆 353	21	～師表 415, 481	60	～羅蓋頭 361
	～家清供 358		～行寶鑑 418	76	～陽先生東遊記 366
	～房墨寶 438, 483				**2290₄ 樂**
33	～淙文集 295			00	～府雜録 387
35	～神廟裴度還帶記				

	～進呂才婚元大義 420		**2220₀ 制**		**2222₇ 嵩**
35	～禮補遺　263	00	～府經略三疏　404	22	～山集　289
44	～世民事錄　431		**刎**		～山景遷文集　290
50	～書補注　256	17	～鸂鶒鴛鴦會　369		～戒壇茶榜　488
	～史通譜　279		**2220₇ 岑**	62	～縣志　446
	～書後語　304	40	～嘉州詩集　307	72	～岳嫁女記　345
	～史要言　352		～嘉州集　321		**鼎**
	～史文編　339, 361, 362		**2221₀ 亂**	87	～錄　431
	～史餘談　376	44	～世清風錄　379		**2223₄ 嶽**
	～史海篇　408		**2221₄ 任**	44	～麓書院圖志　449
	～學隊仗　286, 405	14	～珪五顆頭記　380		～麓書院石壁禹刻 487
77	～學理窟　267	23	～狀元遺集　287		**2224₇ 後**
78	～驗藥方　425	72	～丘志　436	22	～山先生集　284
	～驗良方　428		～氏傳　347		～山詩集　308
	～驗痘疹方　426		**崔**		～山詩話　310
80	～義模範　256	27	～豹古今註　344, 367	31	～渠大學全文　266
84	～鋤堂雜志　371	35	～清獻公言行錄　270	37	～湖志　439
88	～籍考　341		～清獻公全錄　289	44	～村居士詩錄　396
	～籍格言　343	37	～淑卿海棠亭記　368	77	～周書　275
	2196₁ 繒	61	～顥詩集　306	78	～鑒錄　410
10	～雲文集　290	72	～氏洗冤錄　367		**變**
	2198₆ 穎	80	～公入樂鏡註解 476	27	～象新書　389
26	～泉文集　298	90	～少玄傳　346		**2224₈ 嚴**
	2210₈ 豐			10	～下放言　354
35	～清敏遺事　270				**2226₄ 循**
43	～城名宦錄　276			30	～良興頌集　324
	2210₉ 鑾				～良彙編　374
43	～城遺言　350				

衡

22　～嶽志　435
　　～山大小楷千文　484
　　～山真草隸帖　484
76　～陽佳處詩集　448

2122_7 儒

40　～志編　308，362，372
44　～者八字類　376
48　～教應用　338
77　～學樞要　359
　　～學警悟　360
　　～門事親　421
　　～醫精要　427

2124_0 虔

40　～臺志　436

2124_1 處

32　～州孔子廟碑　485

2124_6 便

00　～産須知　428
30　～宜行事虎頭牌　395
77　～民圖纂　431

2124_7 優

34　～婆淨行法門經　465
60　～曇祖規集　455

2125_3 歲

30　～寒集　320
　　～寒四友傳　377
64　～時雜詠　321
　　～時廣記　341
　　～時樂事　364

2128_6 傾

14　～聽録　346

2133_1 熊

22　～峰先生文集　285
27　～勿軒文集　305
40　～士選詩　306

2140_6 卓

00　～文君私奔相如　394
60　～異記　345

2141_0 舡

17　～子和尚機緣全集　466

2160_0 占

27　～候風雲氣色祥異　418

2171_0 比

21　～紅兒詩　307
72　～丘尼傳　458

2172_7 師

17　～子吼耳義經　465

～子月佛本生經　465
～子王菩薩請問經　465
～子王斷婦經　465
～子林紀勝集　469
22　～山先生文集　284
25　～律提綱　411
40　～友格言　352
60　～曠禽經　432

2180_6 貞

10　～一子　281
12　～烈詩集　331
46　～觀政要　270
80　～義錄　381
88　～節堂集　378

2191_0 紅

22　～鶯經　420
25　～情難濟顛　380
26　～白蜘蛛記　379
　　～線傳　345
28　～儀經　420
34　～蓮記　365
48　～梅記　390

2191_1 經

25　～傳對語　256
　　～傳警語　352，361，384
　　～律異相　467
27　～疑大義　256
30　～濟文集　304
　　～濟文衡　401

2110₀ 上

- 00 ～廟堂元老詩 322
- 17 ～巳遊甕山詩 448
- 25 ～生經 454
- 35 ～清紫庭追癆方法 430
- ～清九真中經内訣 476
- ～清靈寶頒告符籙 478
- 37 ～洞心丹經訣 478
- 38 ～海志 440
- 44 ～蔡語録 268
- 47 ～都稿 309
- 90 ～黨庚寅集 312

止

- 00 ～齋文集 288
- 12 ～水評 344
- 44 ～菴集 335

2111₀ 此

- 50 ～事難知 422

2120₁ 步

- 10 ～天歌 414
- 21 ～虛集 322

2121₀ 仁

- 00 ～齋直指方論 427
- ～齋直指方論醫詠真經 427
- ～齋傷寒類書活人總括 427
- 30 ～宗實録 271
- 40 ～存孫氏治病活法秘方 427

2121₁ 征

- 10 ～西奏議稿 400
- 50 ～東紀行 380

2221₂ 能

- 18 ～改齋漫録 365

2121₂ 徑

- 22 ～山集 461, 471

2121₄ 偃

- 21 ～師縣志 451

2121₇ 虎

- 72 ～丘詩集 442
- 80 ～谷先生墓誌 277
- 88 ～鈐經 412

虛

- 00 ～齋圖解 267
- 26 ～皇天尊初真十戒 477
- 67 ～明録 469
- 90 ～堂習聽 456

盧

- 20 ～愛兒傳 368
- 32 ～溪文集 298
- 67 ～照鄰詩集 322
- 74 ～陵曾氏家乘 453
- 76 ～陽志 446

2122₀ 何

- 00 ～註陶詩 315
- ～文煥宮詞 329
- 11 ～非齋文集 295
- 12 ～水部詩集 322
- 25 ～仲默集 283
- 40 ～大復論 280
- 60 ～晏論語 265
- 72 ～氏全集 289
- 80 ～公世行 293

2122₁ 衢

- 32 ～州府志 444

行

- 00 ～唐縣志 444
- 37 ～軍漫録 412
- ～軍須知 412
- 40 ～臺小稿 335

衍

- 41 ～極 257, 433
- 48 ～教集 475
- 80 ～義日抄 405
- ～義摘要 405

衛

- 22 ～嵩元包經傳 259
- 25 ～生易簡方 424
- ～生寶鑑 425
- ～生益録 429
- ～生會纂 480

2040₇ 受

31　～顧夯請諸葛論功　394

雙

22　～崖文集　295
　　～岩疏草　403
27　～峰樂府　388
31　～涯陳先生集　292
32　～溪雜記　355
35　～清集　319
41　～梧文集　301
46　～槐歲抄　376
50　～忠記　391
71　～匡詩集　317
88　～節集　386

2041₄ 雞

74　～肋集　295

2042₇ 禹

00　～廟碑文　448
　　～文　483
02　～刻模　439
10　～貢詳略　260
22　～山詩　321

2050₀ 手

88　～簡通式　347

2060₉ 番

17　～子玄談寶藏論　470

香

22　～山志　447
　　～山縣志　451
26　～泉志　436
32　～溪范賢良文集　287
40　～臺集　363
50　～囊記　387
60　～羅記　351

2071₄ 毛

04　～詩說序　260
47　～塢雜志　353, 372

2074₇ 崢

18　～政遺跡　410

2090₄ 集

00　～註分類杜詩　327
　　～言　341
03　～詠雪詩　320
04　～諸家書金剛經　483
27　～解唐宋千家詩　323
　　～句香閨集　335
　　～解標幽賦　429
31　～福經　475
40　～古漁父詞　315
　　～古宮詞　323
　　～古韻考　409
　　～古隸書千字文　487
50　～事淵海　339

　　～事詩鑒　353
60　～異記　346
　　～思錄　400
80　～鐘鼎古文韻選　409

禾

77　～風　386

采

77　～風集　315

2090₇ 秉

30　～憲西江詩稿　331
96　～燭清談　344

2091₄ 稚

22　～川外制集　302
　　～川真人校證術　472

2091₄ 維

00　～摩詰所說經　454, 469
　　～摩詰所說經註解　461, 463
　　～摩經註解　466
56　～揚集　331
　　～揚新志　437

2108₆ 順

00　～慶公年譜　452
24　～德縣志　440
　　～德府志　443

25	～仲子清泉録 312		**1918₀ 耿**		～政要言 410
72	～氏聞見録 360				～政準則 411
	～氏正派録 453	30	～永明事實 363		～政規模 413
	1762₇ 郡		**1918₆ 瑣**	80	～善陰隲玉帶記 398
40	～志遺補 439	10	～碎録 338		**2024₁ 辭**
	1771₀ 乙	27	～綴録 351	99	～榮録 371
77	～巳春遊稿 322		**2010₄ 壬**		**2024₇ 愛**
	～卯避暑録 358	80	～午功臣爵賞録 276	10	～石編 346,385
	1771₇ 巳		**重**	35	～禮文集 295
40	～有園小稿 323	00	～齋先生文集 295		**2025₂ 舜**
	～有小園稿 330	27	～修蜀先生廟碑 485	36	～澤江西山西詩 324
	～有園續小稿 330	44	～華紀事 255		～澤緒言 333
	1780₁ 翼		**2013₂ 黍**		**2033₁ 焦**
43	～城縣志 447	15	～珠集 476	22	～山志 437
	1812₁ 瑜		**2022₁ 停**	72	～氏易林 257
16	～珈師論記 464	10	～雲館法帖 486		～氏家訓 410
	1812₂ 珍	73	～驂録 364		**2040₀ 千**
15	～珠囊詩括 426		**2022₇ 喬**	00	～文註釋 363
	1814₀ 政	26	～白岩詩帖 488		～文隸刻 488
02	～訓 410		**秀**	10	～一齋分類百詠雪詩 328
60	～跡録 411	67	～野園續文稿 304	29	～秋日鑒録 364
	1818₁ 璇		～野園續詩稿 333	30	～家註杜詩 326
12	～璣回文詩 312		**爲**		～家錦 391
	1874₀ 改	18	～政三事 410		～家姓 453
10	～元考 357		～政要典 410	80	～金寶要 423,429

承

30　~宣雜稿　413

聚

77　~賢堂　363

1732₇ 鄢

74　~陵志　449

1733₂ 忍

50　~書　365, 371
71　~辱道士集　287

1734₆ 尋

01　~龍經　417

1740₇ 子

10　~夏易傳　258
30　~房歸山　393
34　~達捷經　466
44　~華子　281
50　~史要抄　352
60　~昻帖　482
　　~昻千文　483, 484
　　~昻小楷度人經　482
　　~昻原樂真集　484
80　~俞子螢雪叢説　350
　　~午流注鍼經　423

1740₈ 翠

21　~紅鄉兒女兩團圓　390

22　~岩吟稿　335
31　~渠先生摘稿　301
77　~屏集　293

1742₇ 邢

77　~鳳此堂君遇仙傳　368

1750₁ 羣

00　~方續抄　427
10　~玉之府　353
15　~珠摘粹　317
22　~仙要語　472
　　~仙悟道文集　478
44　~英會詠　336
　　~英雜著　383
　　~英詩餘　391
　　~花會　392
50　~史品藻　273
　　~忠備遺錄　279
　　~書糟粕集　280
　　~書纂要　337
　　~書鉤玄　338
　　~書備數　339
　　~書一覽　339
　　~書集事淵海　339
　　~書事苑　340
　　~忠錄　386
　　~書策論　406
　　~書抄方　421
80　~公會詠集　314
　　~公小簡　338, 349
　　~公手簡　379
　　~公爲國錄　403

1750₇ 尹

00　~文子　282
17　~子鄉約　403
　　~子塞語　403
26　~和靖文集　289
　　~和靜詩集　312
40　~喜蓮嫌夫記　390

1760₂ 召

80　~合運用至秘玄文行遣節次　421

1762₀ 司

30　~空燕貽錄　386
71　~馬温公集略　288
　　~馬傳家集　292
　　~馬家範　341
　　~馬相如題橋記　391
　　~馬公切韻指掌圖　408
　　~馬法　411
　　~馬温公象棋譜　435

1762₇ 邵

00　~康節心易梅花數　258
02　~端峰遺範錄　386
10　~二泉崇正堂錄　302
　　~二泉七言杜律抄　327
13　~武府志　439

60 ～置書草 403	**1660₁ 碧**	**邳**
～昌府志 447	10 ～雲騣 346	32 ～州志 447
90 ～炎時政記 272	21 ～虛子親傳直指 472	**鄧**
1561₈ 醴	22 ～川文選 284	42 ～析子 282
26 ～泉縣志 446	～山樂府 387, 398	**1714₀ 取**
1610₄ 聖	～岩錄 456	60 ～四花穴法 429
08 ～諭解 383	31 ～潭子琴譜 434	～因假設論 458
30 ～宋掇遺 375	32 ～溪賦略 296	**1714₇ 瓊**
46 ～駕南巡錄 364	38 ～洋摘稿 334, 404	40 ～臺類稿 305
～駕臨雍錄 376	60 ～里鳴存 328	44 ～林雅韻 407
47 ～朝名畫評 433	**1661₀ 硯**	～華集 436
48 ～教目錄 454	08 ～譜 432	**1720₂ 予**
～教序 487	60 ～田餘耕 338	80 ～谷漫稿 300
～教序三帖 482	～田日耕 352	**1722₇ 弼**
77 ～賢精義 267, 370	**1661₄ 醒**	00 ～唐鄉約錄 411
～賢圖像 385, 438	33 ～心六集 383	**鷟**
～賢集伽陀百詠 462	**1710₇ 孟**	17 ～子 281
1611₄ 理	17 ～子或問 265	**鄂**
27 ～奧 414	40 ～有涯集 289	62 ～縣志 446
58 ～數起鑰 268	72 ～氏祖庭記 438	～縣王氏族譜 452
77 ～學類編 266	80 ～姜女集 382	**1723₂ 豫**
～學天關 268	～姜女貞烈戲文 391	00 ～章存稿 282
～學名臣通鑑 273	～姜女死哭長城 395	～章既白詩集 329
～學名臣言行錄 273	**1712₇ 璟**	～章漫抄 364
～風衡尺 426	22 ～山四六 399	～章三害 393
1613₂ 環		44 ～章文集 291
17 ～召新疏 404		
50 ～中兩圖 427		

1280₄ 癸

- 00 ～辛雜識　365
- ～辛雜識零册　374
- 50 ～未同年錄　452

孤

- 44 ～樹哀談　352
- 71 ～雁漢宮秋　395
- 88 ～竹賓談　371

1249₃ 孫

- 07 ～毅齋鑑吉韻語　376
- 10 ～可之集　283
- ～石磯集　334
- ～玉蓮秋月鸞鳳記　395
- ～而菴小篆千文　485
- 13 ～武子十三篇　412
- ～武子本義　412
- ～武子十三篇本義　412
- 17 ～子十一家注　412
- ～君孚談圃　350
- ～子纂註　412
- ～子釋文　412
- ～子輯釋　413
- 35 ～清簡公遺行　383
- 37 ～過庭書譜　481, 486
- 40 ～真人　370
- ～真人千金方　427
- ～真人海上備急仙方　429
- ～真人枕上記　429
- ～真人瘡科仙方　430
- ～真人勸世　479
- 47 ～都闌名公薦疏錄　386
- 50 ～忠烈公行狀　381
- ～忠烈楊夫人碑志　382
- 72 ～氏家譜　374
- ～氏書譜　483

1266₉ 磻

- 32 ～溪集　474

1313₂ 琅

- 10 ～嘔玉軸　415
- 17 ～琊漫抄　347

1314₀ 武

- 00 ～庫集　377
- 05 ～靖侯詩集　319
- 14 ～功縣集　436
- 20 ～壬兵帳賦　412
- 21 ～經總要　411
- ～經七書　411, 412, 413
- ～經七書直解　412(2)
- ～經節要　412
- 24 ～科策式　284
- 27 ～侯心書　411
- ～侯將苑　412
- 30 ～寧縣志　446
- 32 ～溪集　296
- 44 ～林舊事　349
- 50 ～夷詩集　335, 439
- ～夷山詩集　440
- 77 ～學須知　412
- 80 ～義縣志　448
- 90 ～當福地總真集　478

1315₀ 職

- 00 ～方集　297
- 30 ～官分紀　410

聽

- 10 ～雨記談　345
- 48 ～松軒詩集　329

1464₇ 破

- 00 ～安章頌　474
- 17 ～邪論　458
- 44 ～黃巾　393
- 80 ～鏡重圓記　386

1519₀ 珠

- 12 ～璣類選　399
- 22 ～崖集　328
- ～川摘稿　332

1519₆ 疎

- 30 ～寮選詩句圖　310
- ～寮騷略　350

1540₀ 建

- 30 ～寧人物傳　272
- ～寧府志　445

1212₇ 瑞

- 10 ～石山紫陽集 438, 473
- 22 ～岩古今題詠 448
- 32 ～州府志 440
- 44 ～燕集 328
- 51 ～虹文抄 298
- 88 ～竹堂方 423

1213₄ 璞

- 10 ～玉新書 367

1217₂ 瑶

- 10 ～天笙鶴 393

聯

- 15 ～珠野史 352
- 27 ～句録 309
- 86 ～錦詩集 321
- ～錦續集 310, 320

1219₄ 瓅

- 01 ～語 379

1220₀ 列

- 22 ～仙傳 472

引

- 88 ～笑集 334

1290₀ 水

- 07 ～部稿 323
- 10 ～雲遺珠 303
- ～雲録 351
- ～雲集 479
- 21 ～衡餘興詩 312
- ～經 441
- ～經碑目 367
- 26 ～泉奏稿 405
- 30 ～宮慶會碧蓮池 388, 395
- 37 ～次愄言集 324
- 38 ～滸傳 360
- 50 ～東日記 342
- 78 ～監石銘 488

1223₀ 弘

- 00 ～文子 281
- 33 ～治甲子山西賓興哲集 376
- 38 ～道録 385
- ～道集 474

1224₇ 發

- 28 ～微論 417
- 44 ～落便覽 413
- 48 ～檄遣奏啓師儀文 421
- 67 ～明琴譜 434

1233₀ 烈

- 40 ～女傳 351

1240₀ 刑

- 20 ～統賦 413
- ～統賦輯義 414
- 55 ～曹聽斷 402

1240₁ 延

- 10 ～平問答 266
- 25 ～生至寶 352
- ～生百補丹 429
- ～生經註解 473
- 30 ～安志 446
- 40 ～壽故事 374

1241₀ 孔

- 00 ～文谷履霜集 331
- ～庭纂要 452
- 16 ～聖七十二賢贊刻 488
- 17 ～子祀典集議 263
- ～子家語 357, 375
- ～子家語註釋 371
- ～子集語 386
- ～孟聖蹟 451
- ～孟聖蹟圖 362, 437
- ～孟顏三氏志 442
- 32 ～叢子 280
- 37 ～淑芳記 365
- 72 ～氏説苑 367
- ～氏家廟志 450
- ～氏實録 452
- 77 ～門師友真相 442
- ～門事蹟 452

1241₃ 飛

- 17 ～刀對箭 394
- 50 ～來寺詩集 436
- 82 ～劍斬黃龍 388

非

- 44 ～韓 463
- 91 ～煙傳 346

1111₄ 班

- 47 ～超投筆記 389

1111₇ 甄

- 10 ～正論 458

1112₀ 玎

- 11 ～玎璫璫盆兒鬼 395

1112₇ 翡

- 17 ～翠軒記 370

1113₆ 蠶

- 00 ～衣 279

1120₇ 琴

- 00 ～音註文 431
- 08 ～譜 433
  - ～譜集成 434
- 44 ～棋書畫小說 372
  - ～苑要錄 434
- 63 ～賦 293
- 71 ～阮啟蒙 434

1121₁ 麗

- 22 ～峰會詩集 331
- 50 ～春堂 393
- 95 ～情集 361

1123₂ 張

- 00 ～文潛文集 284
  - ～文忠集 304
  - ～文忠公集 303
  - ～文忠公文集 294
  - ～文定公文集 296
  - ～文僖公詠史詩 335
  - ～文新煎茶水記 432
- 10 ～于湖文集 295
  - ～于湖悮宿女觀記 369
  - ～天師斷風花雪月 392
- 12 ～孔覽勝嗣音 328
- 17 ～子語錄 267
  - ～子房慕道 370
  - ～翼德單戰呂布 395
  - ～翼德力扶雷安天 397
- 20 ～乖崖文集 298
  - ～乖崖事文錄 353
- 21 ～處士全歸集 319
- 22 ～繼宗怒殺煙花女記 390
- 25 ～仲景金匱要略 428
- 27 ～御史和唐音 336
- 30 ～良辭朝佐漢記 384
- 40 ～右史文集 302
- 41 ～楷紀行詩集 319
- 44 ～燕公集 283
- 46 ～旭酒德頌 486
- 50 ～東海文集 290
- 60 ～昇智勘磨盒羅 393
  - ～畏之一段風流事 392
- 72 ～氏至寶集 383
- 77 ～即之息心銘刻 487
- 80 ～愈光文集 302
  - ～愈光詩選 332
  - ～養浩雲莊樂府 389
  - ～公藝九世同居 395
- 90 ～光弼詩 317

1164₀ 研

- 77 ～岡集 283

1171₁ 琵

- 11 ～琶記 387

1173₂ 裴

- 90 ～少俊墻頭馬上 392

1180₁ 冀

- 43 ～越通 379
  - ～越集 357, 371

1210₈ 登

- 44 ～封縣志 446
- 80 ～會錄 339

雷

- 00 ～府辛天君垂訓 476
- 10 ～霆鄧天君訓世 477
- 76 ～陽寇祠錄 443
- 80 ～公炮製 422

1062_0 可

- 00 ～齋雜記 362
- 26 ～泉擬漢樂府 387

1064_8 碎

- 80 ～金 359
- ～金集 359

醉

- 80 ～翁談錄 363

1073_1 雲

- 00 ～魔洞四女爭夫 391
- 22 ～仙散錄 357, 368
- ～仙性談 373
- ～山集 474
- ～仙集 479
- 23 ～外禪師語錄 463
- 27 ～峰手簡 353
- 32 ～洲集 302
- ～溪友議 363
- 37 ～湖詠史錄 311
- 40 ～臺集 307
- ～臺觀 393
- 41 ～坪集 303
- 44 ～林詩集 319
- ～林遺事 345
- ～麓漫抄 375
- ～林石譜 384
- ～林清賞 388
- 46 ～駕重幸太學錄 365
- 47 ～塢山人稿 298
- 50 ～中璇璣回文詩 313
- ～中疏稿 401
- 76 ～陽李先生文集 300
- 90 ～堂酒令 360
- ～光集 475
- 96 ～烟過眼錄 355

1080_6 賈

- 27 ～島破風詩 365
- 71 ～長江集 329
- 72 ～氏談錄 357
- ～氏家乘 373

貢

- 73 ～院中秋唱和 323

1090_0 不

- 10 ～二道人居家語錄 470
- ～平鳴 377
- ～二居士語錄 458
- 21 ～經疏草 402

1111_0 北

- 00 ～齊書 277
- 10 ～平錄 380
- 21 ～征錄後錄北征記 270
- ～征詩集 318
- ～上稿 328
- ～虜事跡 402
- 22 ～山詩話 309
- ～畿周公學政 372
- ～嶽祠事錄 441
- 27 ～鄷大王勘妬婦 394
- 30 ～戶錄 354
- 32 ～溪先生性理字義節要 363
- ～溪先生字義詳講 363
- 34 ～斗諸仙註 473
- 36 ～還詩 320
- ～邊備對 352
- 38 ～遊紀行詩 316
- 43 ～狩事蹟 357
- 50 ～史 274
- ～史詳節 272
- ～事摘錄 380
- 60 ～里志 353
- 72 ～岳神祠事錄 442
- ～岳編 443
- 77 ～關新志 445
- 90 ～堂書抄 340

1111_1 玩

- 00 ～齋集 291
- 44 ～芳堂摘稿 302
- 60 ～易意見 258

82	~鍾山集 442		~征石城記 357		~田語略 371
90	~堂遺集 287	22	~山讀書記 267, 340		~昌雜言 377
			~崑酬唱集 325		~蜀東普無際道林錄 469
百			~岩遺稿 327	64	~疇常言 350, 362, 372
10	~可漫志 380		~川青羊宮碑銘 483		
17	~忍圖 373		~崖墨刻 484	67	~野詩略 335
	~忍箴 382	30	~安石刻 480	71	~原約言 266
22	~川學海 338	31	~涯擬古樂府 387	72	~隱文集 288
	~川學海全集 363		~涯假岩詩刻 486		~瓜記 398
	~將傳 411		~涯待隱園賦刻 487	77	~關三鎮通志 447
	~將傳(陝刻) 413				~關志 446
	~將傳(宋刻) 413	32	~溪叢話 362		
26	~泉書院志 438		~巡類稿 404	**西**	
30	~家唐詩 308	34	~漢詳節 272	76	~陽雜俎 348, 363
34	~法明門論 459, 463		~漢會要 277		
			~漢卷 278	**1060₁ 晉**	
40	~壽字圖 343		~漢文鑑 302	00	~文春秋 271
50	~夷傳 359		~漢詔令 399		~唐小楷帖 485
	~丈清規 453, 464		~漢字類 407	04	~諸賢雜帖 482
53	~感錄 377	37	~澗存稿 292	32	~溪本兵敷奏 401
63	~戰奇法 411		~湖三塔記 370		~溪三刼錄 404
	~咏蠻夷詩 441		~湖百詠 443	50	~書 274, 277
77	~段錦 337		~湖百詠集 448		~書詳節 272
		38	~遊記 390	72	~劉阮悞入桃花 395
西		40	~樵子稿 267		
00	~玄詩集 324		~樵野記 366	74	~陸士龍集 284
	~京雜記 353		~南陞屺集 374		
	~廂記 386		~臺奏議 404	**霅**	
	~廂摘錦 390	44	~村集 289	22	~川蕭琛貶霸王 368
	~方子明堂炙經 425		~楂集 325		
10	~夏圖略 444	48	~槎彙草 296	**1060₃ 否**	
21	~征集 328	51	~軒客談 379	50	~泰錄 270, 342
	~行別稿 331	60	~田文集 289		
	~征記 345				

天石　1080₄–1060₀　69

50	～夷錄　380		～寶經　416		～經毛詩　260	
60	～蜀記　377	31	～涯海角經　417		～經尚書　260	
63	～賊方略　404	33	～心仁愛錄　346		～經左傳　261	
76	～陽府志　442	34	～池寺集　438		～經公羊傳　261	

1080₄ 天

		35	～津儲考　403		～經穀梁傳　261	
		37	～運紹統　270		～經周禮　263	
00	～文祥異賦　414, 415	38	～游文集　302	27	～徂徠文集　305	
	～文志　414		～遊山人初稿　325	30	～室賦　434	
	～文精義　419		～游別集　358	31	～渠老人履歷　273	
	～文主管　419	44	～地萬物造化論　267		～潭存稿　297	
	～文輿地略　437		～葩集　333	32	～溪偉續　379	
	～文地理圖　444		～地正氣　338	33	～淙先生行臺稿　283	
	～方府君墓文小刻　485		～慈見睍錄　343, 400		～淙吏部稿　326	
	～玄賦　418	46	～如剩錄　459	37	～梁文集　296	
	～童請益錄　454		～如語錄　459		～湖文略　298	
	～童雪寶頌古集　467		～如別錄　469		～湖居士集　336	
01	～語錄　381		～如淨土或問　470		～湖菊譜　431	
10	～雷無妄　385	71	～厨禁臠　365		～湖梅譜　432	
	～一經　417		～原發微　417, 420		～湖志略　449	
	～元玉曆賦　418	72	～隱子　357	44	～林建康集　303	
21	～順實錄　271	74	～髓靈經　475		～林詩話　311	
	～衢舒嘯集　317	80	～全先生遺事　346		～林燕語　369	
	～順日錄　362		～人圖考　382		～皷文正誤　344	
	～貞和尚歌頌語錄　462		～人祥異賦　417		～鼓文正誤　407	

1060₀ 石

23	～台縣志　445				～鼓書院志　448	
	～台四教議集註　459	00	～齋詩集　326		～鼓山靈源志　451	
	～台止觀　463	01	～龍集　296	60	～田清嘯　328	
	～台諸文類集　468	21	～經禮記　263		～田雜記　357	
30	～寶亂離西幸記　360		～經儀禮　263	77	～屋禪師語錄　459, 461	
			～經爾雅　257		～屋語錄　466	
			～經孝經　257		～門和尚語錄　470	
			～經論語　257		～門和尚普說　471	
				80	～翁淨稿　293	

	484		～漢博聞 276		～忠靖公集 297
50	～史會極 268		～漢文鑑 291, 302	90	～小正解 263
	～史略 270				**1030₇ 零**
	～史續編 273, 279		～漢書疏 400		
	～史節要 275	60	～邑城學記 448	77	～醫書三冊 429
	～史闡幽 278	90	～堂遺稿 333		**1040₀ 干**
	～史附極 480		**爾**		
72	～氏長慶集 284, 305	46	～埤雅 256	37	～禄字書 409
	～氏縣志 449	70	～雅註說 256		**于**
	1021₄ 霍		～雅錄 256	21	～紫岩詩集 328
			～雅 256	50	～肅愍公集 288
72	～氏家訓 373		～雅翼 341		～肅愍奏牘 400
90	～小玉傳 346		**1023₂ 震**		**1040₄ 要**
	1022₇ 丙	36	～澤語錄 268	01	～語韻語錄 356
72	～子集 334		～澤文集 291		**1040₉ 平**
	雨		～澤長語 348		
00	～庵宗譜 466		～澤紀聞 351	10	～夏錄 353
32	～溪詩集 323		～澤編 443		～百夷火燒鹿川寨 395
44	～花集 469		**1024₇ 覆**	20	～番始末 273, 372
51	～軒外集 467	00	～庵詠梅集 320		
	兩	01	～瓿拾遺 318	26	～吳錄 354
00	～京賦 285, 293		～瓿詩集 318		～吳凱旋錄 382
	～京吏部題名錄 452		**霞**	30	～定交南錄 379, 438
12	～巡紀行稿 314	23	～外雜俎 348	31	～江紀事 356
22	～山墨談 348		～外正宗琴譜 434	33	～治會萃方 426
26	～程故里志 438		**夏**	37	～寇錄 404
30	～淮鹽政疏 402	30	～寅政監 411	38	～海紀事 360
	～淮鹽法志 404	38	～裕軒文稿 304	40	～真外史 377
32	～溪文集 293		～遊記 378	44	～坡詩集 336
34	～漢精華 274	50	～忠靖逸事 270	47	～胡錄 364
				48	～散子方 428

	~經序文 302		**靈**	44	~菴詩集 335
	~經疏傳序 303			51	~軒語錄 456
	~行統宗 414	23	~秘十八方 424	71	~厓先生詩集 318
22	~岩子詩 334		~秘十八方加減 424	90	~光語錄 456
23	~代史 274(2), 278	30	~寶畢法 474		~光和尚剩語 470
	~代史詳節 272	40	~寶中和經 476		~光和尚詩集 469
	~代史闕文 276	40	~臺秘苑 417	**1020₀ 丁**	
	~代殘唐記 389	44	~棋數 418	10	~晉公談錄 350
	~代名畫補遺 432	56	~蝗詩集 329	37	~鶴年詩 310
27	~色線集 344	80	~金秋集 324	72	~卯集 308
28	~倫詩集 319	82	~劍子 476, 479	**1021₁ 元**	
	~倫詩選 340	**1011₁ 霏**		00	~文類 286, 290
	~倫全備 391	10	~雪錄 351, 362		~音 315, 318
30	~家宗派圖 460	**1011₃ 疏**			~章書史 481
40	~真集 332	08	~議輯略 403	02	~刻三子口議 281
43	~城前集 312	**1017₇ 雪**		04	~詩正體 306
	~城集 322	00	~齋姚公家譜 453		~詩體要 311, 318
44	~老赤書玉篇真文天書經 478		~亭歲寒幻寄集 469	17	~君靈應寶懺 476
47	~柳先生傳奇 397	20	~航膚見 270	21	~經薛氏傳 279, 281
53	~戒禪師私紅蓮 380		~航集 330	22	~山文選 300
60	~星巒頭砂經 415	22	~岩先生遺集 282		~山續選 403
71	~馬破曹 394	28	~谿漁唱集 308	24	~佑幸學詩 313
77	~門禪經要用 462	30	~寶祖英集 466	30	~宵編金盞 368
92	~燈會元 453, 460, 464		~寶開堂語錄 466	34	~祐黨籍碑 488
			~寶洞庭語錄 466	35	~遺山文集 288
1010₈ 巫			~寶頌古 467		~遺山詩集 314
22	~山縣志 449	32	~溪漁唱 319		~遺山夷堅續志 376
43	~娥醉赴陽臺夢 392		~溪漁唱集 292		~遺山樂府 389
		33	~浪集 290	37	~次山文集 289
			~心賦 416	43	~城語錄解 351
				44	~勅藏御服碑帖

	~海精粹　340	10	~西樓野菜譜　369		~氏談錄　354
40	~臺新詠　306，315，327		~西樓樂府　390		~氏文獻世錄　381
	~壺冰　349	15	~建宮詞　307		~氏世美錄　383
41	~樞寶經　479	17	~弼周易　257		~氏脈經　424
42	~機微義　421，424		~君玉國老談苑　349		~氏宋朝誥勅　453
46	~觀音　369		~子年拾遺記　358		~氏遺墨　453
67	~照新誌　375	18	~改齋文集　299	77	~履吉集　307
71	~曆通政經　414	20	~舜渠文集　299	78	~臨川文集　291
	~曆璿璣經　414		~舜夫詩集　329	80	~公四六話　350
74	~髓真經　420	22	~川志　444	90	~常宗集　294
88	~笥集　323	24	~先生詩選　305		**至**
	~簫女兩世姻緣　369	25	~生藝草　293	00	~言總　474
	~篇　407	29	~秋澗文集　288	30	~寶家傳復明集　431
	~鑑風雨賦　415	30	~官公圖集　436		
	~笈二十六方　423	37	~逸註楚辭　283		**1010₇　五**
90	~堂賞花會集　312		~鶴山文江集　301	00	~言律祖　309
	~堂漫華　364		~鶴庵墓碑　383		~音集韻　407，409
	1010₄　王	38	~遵岩文集　301		~音篇海集韻　409
00	~充論衡　281，342	40	~大傅選詩　307	10	~百家名賢播芳文粹　282
	~文正公筆錄　350	42	~荊公文集　288	17	~子書　279
	~文正公遺事　350		~荊文公詩　333		~子胥力伏十虎將　394
	~文憲公集　291		~彭衙詩集　332	20	~孚德善齋菊譜　434
	~襄敏詩文輯略　303	43	~城山人詩　321	21	~經舊程文　256
	~襄敏辭賦輯略　303	44	~蒼谷文集　299		~經私錄　256
	~襄敏疏議輯略　404		~蘭卿真烈傳奇　389		~經傍訓　256
	~襄簡公文集　303	46	~觀芍藥譜　432		~經四書顯義　256
	~豐菴奏議摘藁　403	50	~忠文公集　293		~經白文　256
09	~麟原文集　305		~奏議奏疏　402		~經巾箱板白文　257
			~中書篆千文　486		~經序　284
		57	~抑庵詩集　311		
		67	~明清揮塵錄　368		
		72	~氏家藏集　285		
			~氏雜存　301		

21	～貞三貴絨段記 397		～朝北盟會編 275		**1010₁ 正**
	～經要語 406	48	～教應用 340	06	～韻詩押 309
22	～峰宦遊二京集 335		～教應用駢麗活套 399	27	～紀世年表 276
					～紀錄 343
24	～先生詩集 318		～教四六 458	28	～俗通三體書 408，481
26	～皇玉訣 473		～教會通 458		
30	～家註綱目 278		～教善樂集 459	34	～法眼藏 454
	～寶經集成 420	50	～史文類 295，298	40	～內篇 370
	～家世典 451		～事記 381	44	～蒙會稿 266
32	～業合一訓 268		～事忠告 410		～蒙拾遺 269
	～業通 269	53	～輔黃圖 436		～蒙謬解 269
36	～湘紀遊集 330	60	～國衍義 270	48	～教編 362
38	～遂平妖傳 359		～國志詳節 272	77	～學發軔 269
	～遂平妖傳（南京刻） 383		～國志 273		～學階梯 359
			～國志文類 298		～學編 367
	～遊洞集 449		～國通俗演義 360		～學發軔 370
40	～吉水法 417		～品弟子經 465		～學書院志 449
	～才象占 420	63	～戰呂布 395		
	～十二天尊號經 476	65	～昧水懺 455		**1010₃ 玉**
		71	～原王公奏稿 401	00	～亭文集 290，295
44	～華集 282		～原王公傳 451		～亭題名記 385
	～蘇文集 283，287	72	～劉漢書標註 277	10	～雪堂詩集 335
	～蘇文粹 291		～隱聯句 327		～函經 429
	～蘇論粹 297	75	～體唐詩 307	15	～玦記 389
	～蘇策論粹 404	77	～殿錄 377	22	～岑詩 317
	～夢僧記 380		～關志 443	26	～泉常言 268
	～楚新錄 352		～關奏記 403		～泉志 454
	～藏法數 458		～關地里圖 438	27	～峰經 457
	～藏聖教序註解 461		～關紀要 444	30	～宸玄範 476
			～賢祠記帖 487	32	～溪師傳錄 268
	～藏聖教目錄 460	80	～氣張飛 393	35	～清金笥寶錄 478
	～老玄唱註釋 469		～禽感化真經 420		～清無極總真文昌大洞真經 479
46	～場文選 297	84	～鎮并守議 402		
47	～朝聖諭錄 271	88	～餘贅筆 355	38	～海 337
			～餘樂事 398		

0861₆ 説

- 00 ～文字原 408, 488
- ～文解字篆韻補 409
- 21 ～經剳記 405
- 27 ～郛 340

0861₇ 謚

- 34 ～法 361

0862₁ 諭

- 00 ～高才生文 376
- 28 ～俗切要詩 311
- ～俗編 351

0862₂ 診

- 30 ～家樞要 421

0862₇ 論

- 01 ～語類抄 266
- 17 ～孟古義 264
- 60 ～鼎臠指 406
- 77 ～學繩尺 297, 353

0863₇ 謙

- 00 ～齋存稿 293

0864₀ 許

- 00 ～襄毅公傳 277
- ～文簡公集 300
- ～襄毅公異政録 343
- 12 ～水部文集 302
- ～水部詩集 330

- 27 ～魯齋直説大學要略 265
- 32 ～州志 437, 444
- 40 ～真君傳 473
- ～真人十無益論 476
- ～真君石函記 477
- 50 ～忠公實記 274
- ～忠節公誌銘 381
- ～東魯詩集 308
- 72 ～氏説文 408, 487
- 80 ～公經略西蕃録 399

0865₁ 詳

- 67 ～明算法 435

0925₉ 麟

- 27 ～角集 378
- 40 ～臺故事 375
- 60 ～趾遺韻 352

0968₉ 談

- 44 ～藝録 345, 353
- ～藪 367
- 67 ～野翁試驗百方 421

1000₀ 一

- 00 ～齋詩集 318
- ～文錢纏到底 390
- 20 ～統興圖 438
- 22 ～峰文集 291
- ～峰萬言策 401
- ～山文集 305

- 32 ～溪黃公集 302
- 44 ～菴雜問録 384
- ～花五葉集 461

1010₀ 二

- 10 ～王帖 486
- 24 ～科志 348
- 26 ～程全書 268
- ～程文集 285
- 40 ～十二全史 275
- ～友詩集 328
- ～難寶鑑 422
- 44 ～蘇和陶詩 323
- 49 ～妙集 292, 320
- ～妙先生集 289
- ～妙王先生詩 317
- 77 ～賢録 288, 384

1010₁ 三

- 04 ～謝詩集 307
- 05 ～諫奏稿 402
- 10 ～元集 480
- ～元延壽書 365
- ～元節要 418
- ～元參贊 471, 475
- ～醉岳陽樓 392
- 12 ～水小牘 375
- ～水小牘略 365
- ～瑞集 377
- 16 ～聖諸賢詩集 458, 470
- ～聖詩集 459
- ～聖山居詩 471
- 17 ～子口義 280
- ～子至文 286

77 ～周易參同契 421	77 ～學詩 381	**詢**
88 ～鑑私見 279	**0724₇ 毅**	27 ～芻錄 379
90 ～卷詩集 308, 322	00 ～齋文集 292	**0762₇ 誦**
0468₉ 詃	**0742₇ 郊**	04 ～詩續談 364
01 ～諧謾錄 375	00 ～廟賦 282	**0766₂ 詔**
0512₇ 靖	～亭詩話 380	04 ～誥表章機要 405
00 ～康要鑑 275	～亭偶見 380	**0766₂ 韶**
0569₆ 諫	23 ～外農談 348	10 ～石贈言錄 313
40 ～臺倡和 332	37 ～祀奏議 262, 263	**0821₂ 施**
41 ～垣奏議 404	～祀考議 263	20 ～信陽文集 298
0664₁ 譯	～祀疏 401	78 ～陰功神助拜天恩
01 ～語 412	**0742₇ 郭**	392
0668₆ 韻	12 ～璞葬書 415	**0821₄ 旌**
00 ～府羣玉 338, 407	～璞葬經 416	14 ～功錄 271
～府續編 339, 407	40 ～大舍人記 365	76 ～陽石函記註解
01 ～語陽秋 337	48 ～翰遇仙 370	476
21 ～經 409	72 ～氏遺芳集 297	77 ～賢錄 382
33 ～補 408	～氏聯珠集 314	88 ～節錄 378
44 ～苑考遺 409	～氏家傳 451	**0824₀ 放**
～考集成 409	**0748₆ 贛**	25 ～牛居士是非關
77 ～學集成 409	32 ～州府志 447	466
80 ～會正定 408	**0762₀ 詞**	80 ～翁詩選 307
88 ～纂 409	02 ～話總龜 391	～翁詩話 321
0710₄ 望	44 ～林萬選 328	**0844₀ 效**
34 ～斗經 418	～林摘艷 388	21 ～顰集 364
0712₀ 翊	77 ～學筌蹄 397	
00 ～言編 343	**讕**	
37 ～運錄 272, 291	00 ～言長語 351	

20	~韻會覽 407		~學大成 337,338		~葛亮赤壁鏖兵 394
20	~集傳疏義 260		~學階梯 341		~葛亮火燒戰舡 395
21	~經旁音 260		~學梯航 372		
	~經大全 260	80	~人玉屑 309,318,340	50	~史節要 270
25	~傳 260		~人膏馥 310		~史會編 271
	~傳(巾箱板) 260	88	~餘圖譜 310,387,391		~史偶論 272
	~律鈞玄 316				~事摘錦 337
	~律武庫 340		**0464₇ 護**		~書粹語 355
26	~牌譜 434			77	~賢歌訣 417
30	~家精選 307	34	~法經 457		~風得效方 425
	~家一指 316,356,365		~法折疑平心三論 461	80	~公贈言 378
	~準 388			92	~燈圖式 477
31	~源攝要 321		**0466₀ 諸**		
34	~法 308				**0468₆ 讀**
	~法源流 306,318	00	~症辨疑 427		
	~對押韻 321,356		~方選要 428	04	~諸儒講義 269
	~法拾英 329		~疾鈔微 429	25	~律一得 414
	~對故事 338		~齋定制集 469	30	~宋論 270
35	~禮訓蒙 383	17	~子纂要 282,339	44	~杜愚得 311
36	~禪智穩集 397		~子菁華 341		~教記 470
37	~選則要 315		~司職掌 411	50	~書管見 272
40	~壇叢韻 339	20	~乘法數 463		~書叢說 260
44	~林萬言 311	21	~儒文要 303		~書錄要語 266
	~林類選 315,340		~暨縣志 444		~書類聚 272
	~林辯體 335		~經音義 454		~書辨疑 278
	~苑叢 317		~經要集 462		~書劄記 342,369
47	~塚唱和集 336		~經捷征簡要 466		~書分年日程 355
55	~轉新聲掇錦集 398	22	~仙慶壽記 397		~書疑 378
		25	~佛名經 463		~書繪記 382
60	~品 310		~佛名稱歌曲 464		~史備忘 270
77	~學體要 308	30	~家真草隸篆 481		~史管見 272
	~學權輿 311	32	~州圖經 439		~史膚談 278
	~學集蠙 315	40	~真歌頌 474		~史續談 365
	~學題詠 329	44	~葛傳 273	60	~易備忘 258
					~易餘言 258

72	～氏辛巳集 320		～刻河南鹽池録 447		**0365₀ 誠**
	～氏家訓 344, 378	22	～刊諸症辨疑 428	00	～齋易傳 257
	0164₆ 譚	25	～倩籍 345		～齋文膾 292, 378
17	～子化書 280	26	～泉精舍志 451		～齋揮塵録 349
	0164₉ 評	27	～修奉節志 444		～齋樂府 388, 397
50	～史心見 273		～修西湖志并志餘 445		～齋牡丹梅花百詠 389
	0166₁ 語		～修廣平府志 447		～齋新録 389
74	～助發明 372	30	～安文粹 292		～齋錦繡策 406
	0173₂ 襲		～安汪氏師友翰墨 370		**0442₇ 効**
44	～芳續録 386		～官到任須知式樣 402	50	～忠集 373
	0212₇ 端		～安論衡 406		**0460₀ 謝**
16	～硯譜 432		～安文獻志 436	00	～玄暉詩集 314
40	～友齋録 359	31	～河壩妖怪録 368	10	～靈運集 326
50	～本策 402	37	～選唐三體詩 332		～西山類稿 332
	0260₀ 訓	40	～校續衛生方 421	17	～子象詩集 309
13	～武輯録 412	48	～增急救易方 427	27	～約庵詠古詩 319
44	～蒙詩要 334		～增眼疾諸方 430		～伋四六談塵 350
	～蒙對偶 356	60	～昌志 449	30	～宗可詠物詩 311, 336
	～蒙習對歌 374	80	～會縣志 444		～宣城集 313
	～蒙要編 378	81	～頌聯珠稿 456	90	～小娥傳 346
72	～兵録 412		**0363₂ 詠**		**0463₁ 誌**
	0261₈ 證	27	～物新題 321	50	～夷雜詠 442
38	～道歌 457, 471		～物比題詩集 329		**0464₁ 詩**
	0292₁ 新	48	～梅集 330	01	～評 307
02	～刻古文會編 297	50	～史絕句 315	02	～話總龜 333, 338
	～刻杜律集註 314		**0363₄ 讞**	06	～韻會什 306
	～刻杜詩集註 314	43	～獄記 414		～韻指南 319
					～韻註疏 329

	訣 420		~壬集要袖中金 419	20	~集經驗方 429
	~壇必用 476				~集 464
44	~棋經 433	21	~經圖 256		~集子昂法帖 484
	~林羣玉集 474		~經圖辨 256	22	~劇正名 396
48	~教青詞 477		~經圖全集 294	63	~賦 286
50	~素論 418		~經正誤 373	70	~譬喻經 462
	~素子講幄集 294	24	~科仕籍 452	87	~錄彈文 402
	~素子詩集 323	30	~家文選 298		
59	~抄 479		~家唐詩 306	**0121₁ 龍**	
77	~門入道資糧 465, 480	35	~禮纂要 263	10	~雲文集 285
		37	~祖壇經 456, 471	12	~飛紀略 276
	~風錄 478		~祖註解金剛經 460		~飛四遇 328
	~風慶會圖 478			21	~虎還丹訣 475
哀		42	~韜璇璣兵法 412		~虎經註 479
		44	~藝類要 341		~虎還丹訣頌 480
44	~萱集 381		~藝總說 435	22	~川文集 284
	~孝錄 382	47	~朝聲偶集 305	31	~江夢餘錄 373
襄			~朝樂府 387	37	~祖經 417
			~朝事蹟編類 447	77	~門子 280
07	~毅乞祠錄功二疏 277	50	~書精蘊 407		~門志 446
			~書本義 407, 409	80	~龕手鏡 408
74	~陵分司題詠 335		~書正訛 407	87	~舒居士淨土文 456
76	~陽耆舊傳 372		~書正譌 408		
	~陽府志 443		~書統 408	88	~筋鳳髓判 282, 356
褒		71	~臣文選 290		
			~臣註文選 297	**0128₆ 顏**	
50	~忠集 436	77	~門算法 435		
	~忠錄 443		~學增傳 460	17	~子 280
0080₀ 六		80	~合同春譜 434		~子多寶塔刻 482
			~合志 447	21	~師古隋遺錄 350
07	~詔紀聞 358		~合亭唱和詩論 448	27	~魯公乞米帖 486
10	~一詩話 310			40	~真卿字法 485
17	~子書 279	**0091₄ 雜**		50	~書東方朔碑 482
	~子摘鈔 281				~書謁金天王詞帖 482
20	~壬見知 416	00	~症治例 424		

	487		～公政訓 411		**音**
	～經小學 412		～公先生訓蒙絶句		
22	～斷 342		322	61	～點白文左傳 261
	～山同年譜 451		～公小學 373		**0060₃ 畜**
23	～獻通考 338		～公語録摘要 381		
30	～房四友除授集		～公年譜 451	24	～德録 378
	350	87	～録 347	26	～衆編練習編 413
32	～溪集 292	88	～筌 370		**0061₄ 註**
	～淵閣新查書目				
	340		**0040₄ 妄**	27	～解宣公奏議 399
33	～心雕龍 280,337	40	～有子註參同契		～解土牛經 418
36	～溫州詩集 327		475		～解病機賦 429
37	～選 285,287				～解心經 466
	～選精義 283		**0040₆ 章**		～解傷寒論 424
	～選六臣註 294	37	～逢清樂 327	33	～心賦 460
	～選雙字類要 339	44	～草急就章 483		
	～潞公集 290	47	～楓山遺文 303		**0062₇ 謫**
43	～式 342,385	72	～氏傳文獻集 295	22	～仙詩集 309
44	～莊行實類編 275		～丘志 438	30	～官集 400
	～華盛紀 255				
	～苑英華纂要 284		**0040₈ 交**		**0071₀ 亡**
	～苑英華摘要 356	10	～石類稿 301	27	～烏子 377
	～林珠玉 377	40	～南録 314		
	～林登要册 434	50	～泰録 270		**0073₂ 玄**
48	～翰類選大成 337			00	～庵莫先生遺稿
50	～中子 280,282		**0044₁ 辨**		325
60	～墨集 323	01	～誣録 381		～帝啓聖加慶圖
	～昌雜録 358	04	～訛録 384		473
	～昌孝忠化書 471	24	～僞録 459		～帝垂訓并金科玉
	～昌大洞經 480	53	～惑論 423		律 476
62	～則 354		～惑續編 357	13	～球經 421
63	～跋 284		～惑編 361	15	～珠密語 475,479
74	～髓 287			27	～幻集 476
80	～公家禮 262		**0060₁ 言**	40	～真子 280
	～公經世大訓 362	50	～史慎餘 278		～真骨髓羅經分金

	~詩三體白文 308	40	~皮日休文藪 283		~東通志叙贊 439
	~詩正聲 310		~十子詩 325	67	~嗣要論 424
	~詩別刻 310		~李益詩集 336	74	~陵妖亂志 345
	~詩類編 310, 316	42	~荊川文集 299	80	~益聚集寶論 341
	~詩類抄 313, 326	47	~朝畫錄 433		
	~詩皷吹 314	50	~書詳節 272		**0029₄ 麻**
	~詩皷吹續編 317		~忠臣錄 375	00	~衣相要 416
	~詩紀事 313, 316		~摭言 384		~衣相 420
	~詩行世紀 355		~中書奏章 404	44	~姑志 449
	~詩草書 483	53	~甫里文集 294		~姑仙壇記 486
10	~玉錄 298	66	~瞿經頌錄 355	88	~餅記 397
	~三體集 313	70	~雅 305		
	~三體詩 314	72	~氏文選 296		**0033₆ 意**
	~三僧詩 315		~氏三先生集 300, 324	44	~林 342
	~平黃巢 368				
12	~水部麟角集 283	77	~闕史 275		**0040₀ 文**
17	~子西詩集 318	88	~鑑 272, 277	00	~章軌範 282, 363
	~司業張籍詩 326		~餘紀傳 274		~章類選 283
25	~律詩 324	90	~小說 355		~文山文集 284
	~律類抄 324				~章辨體 285
26	~伯虎集 311		**0028₆ 廣**		~章正宗 287
27	~絕句詩選 306	00	~文選 284, 296		~章備覽 304
	~絕奇 316	06	~韻 408, 409		~章甌冶 344
	~絕句附註 316		~韻玉篇 408	12	~瑞集 289
28	~僧弘秀集 467	20	~信先賢事實 274	13	~武兩朝獻替記 375
30	~宋元表集 285		~信府志 442		~武狀元龍泉記 397
	~宋詞選 333	22	~川畫跋 358		
	~宋名賢策論文粹 405		~川書跋 382, 488	15	~殊菩薩降獅子 388
	~憲宗心地觀經序註解 461	24	~德州志 445	17	~子 281
		30	~客談 357		
37	~漁石集 309	32	~州人物傳 278	21	~衡山洛神賦 482
	~漁石詩集 327		~州府志 446		~衡山玉女潭山居記 484
	~漁石總制奏議 403	40	~大法願頌 462		
		50	~東刻兩漢 272		~衡山真草千文帖
			~中新錄 376		

50	～蛟峰文集 284	27	～峰禪要 456, 467		～節先生大定集成 419
	～蛟峰集 289		～郵郡志 441		～節心易梅花數 420
60	～田略 403		～峰語錄 467		
72	～氏女教 410		～峰集賢語錄 469		
77	～興勝覽 437				**0023₇ 庚**
83	～鐵菴文集 299	28	～僧傳 454, 468	00	～辛玉冊 472
			～僧傳(書冊) 468	17	～巳編 355
	帝	30	～宗草韻 409	32	～溪詩話 311
02	～訓 255	36	～漫士嘯臺集 319	38	～道集 477
20	～統紀年 275	40	～力士傳 345	50	～申外史 362
			～太史文集 288		
	席		～士傳 277		**0024₇ 慶**
21	～上寢語 307	44	～蘇門集 283	02	～端陽誤宴龍舟會 393
	～上腐談 371	50	～東溪文集 286		
		72	～氏子午集 322		**夜**
	商	77	～風錄 358	10	～雨催花記 368
00	～文毅疏議 401	88	～節庵詩集 318	88	～坐記 484
	～文毅公奏疏略 401		**庸**		**度**
07	～韶洞記 488	00	～齋集卷 384	58	～數圖解 397
17	～子 281	44	～菴隨筆 378	80	～人經註解 474
22	～山三賦 297		**0023₀ 卞**		**0026₇ 唐**
	～山題錄 441	37	～郎中詩集 323	00	～文粹 285, 298
	高		**0023₁ 庶**		～文類 286
00	～育齋文集 303	00	～齋老學叢談 360		～文鑑 290
	～菴旅泊集 461		**應**		～音 307
10	～吾詩集 327	22	～山縣志 435		～音大成 331
	～五宜全歸錄 380	78	～驗醫方抄 430	01	～語林 344
11	～麗官制 410		**0023₂ 康**	04	～詩正體 305
	～麗圖經 440	00	～齋文集 287		～詩品彙 307, 322, 339
	～麗譜照禪師修心訣 460	88	～節前定 415, 435		～詩三體 314, 321
21	～上玉皇本行經 477				

0010₄ 童

17　～子習　370
30　～家手簡　347
44　～蒙習句　365
　　～蒙易知　362

0010₇ 亶

20　～爰集　298

0010₈ 立

00　～齋遺文　294
　　～齋閑錄　344
　　～齋外科發揮　424
47　～朝心印　355

0011₁ 症

71　～騐通玄論　423

0011₄ 瘞

37　～鶴銘考　348, 358

0011₈ 痘

00　～疹方　424
　　～疹正宗　429

0012₇ 痛

30　～定錄　401

病

37　～逸漫記　346
42　～機藥性賦　421, 430
77　～叟扈言集　383

0016₇ 瘡

94　～料通玄論　429

0021₁ 鹿

40　～皮子詩　330
60　～邑縣志　447
67　～鳴儀節　343
77　～門子　282

龎

77　～居士語錄　469

0021₄ 産

30　～寶論方　422
　　～寶論　426

離

16　～魂記　346

雍

36　～禪師和尚山居詩　470
40　～大記　438
77　～熙樂府　387
87　～錄　437

0021₇ 廬

22　～山東林寺志　437, 458
31　～江縣志　445
32　～州府志　440
74　～陵先賢事實錄　277
76　～陽客記　359

　　～陽荒政錄　404

亢

80　～倉子　279

贏

50　～蟲錄　435

0022₂ 序

40　～古千文帖　488
43　～卦傳測　258

0022₃ 齊

01　～諧記　345
27　～魯雜詠　327
41　～桓公九合諸侯　394
50　～東埜語　348
60　～晏子二桃殺三學士　369
　　～景公夾谷大會　394
77　～民要術　431

齋

10　～醮文檢　473

0022₇ 方

00　～玄英集　293
　　～言　342
21　～便方論　458
22　～山昭化院記　461
23　～外奇方　422
32　～洲文集　290
　　～洲後集　301

晁氏寶文堂書目書名
四角號碼索引

50	～春雅集　83	40	～直編　130		**9106₁ 悟**
60	～星堂　147	50	～書旁註　34		
98	～悦　202，214		～書正義註疏　33	40	～真篇集註　128
	9020₀ 少		**9043₆ 尖**		**9148₆ 類**
26	～保于公奏議　192	27	～峰集　181	43	～博稿　148，177
28	～微先生　56		**9050₀ 半**		**9408₁ 慎**
	～微通鑑　56	31	～江集　149，180	00	～言　86
	～微通鑑外紀　56，	32	～洲稿　179		～言集訓　106
	57		**9060₂ 省**		**9501₀ 性**
	～微通鑑節要　57	17	～己錄　105	16	～理字訓　52
37	～湖文集　151	21	～愆詞　196		～理大全書　40
	～湖語錄　50		～愆集　180		**9592₇ 精**
	～湖詩集　189	33	～心詮要　105	37	～選良方　121
80	～谷奏議　192	80	～貪簡要錄　108		**9596₆ 糟**
	9022₇ 常		**9090₄ 米**	96	～粕集　53
01	～評事集　176	10	～元章硯史　110		**9782₀ 灼**
15	～建詩集　156	44	～芾　110，111，112	44	～艾集　97
28	～倫　176		**棠**		
	尚	78	～陰比事　74		
08	～論編　64				
16	～理編　130				
30	～寶集　177				

8778₂ 飲

04	～詩 176	08	～譜 116		**8871₃ 篋**
10	～元佐 167	28	～谿 110	50	～中集 209
21	～綽 185	30	～室外集 184		**8872₇ 節**
22	～巢集 163		～室內集 130	44	～孝先生語 48
24	～德輝 79(2)	44	～坡詩話 199		～菴集 150, 184
26	～僑吳集 143		～坡律詩稿 185		**8877₇ 管**
30	～宣 63		**8822₇ 簡**	17	～子 89
	～濟 179	00	～齋詩集 166	25	～仲 89
44	～芝 221		**篇**	64	～時敏 173, 221
46	～柏 205	06	～韻重數字令 46		**8879₄ 餘**
48	～敬甫 71		～韻貫珠集 46	35	～清詞集 195
53	～威 149, 180		**箐**		**8890₂ 策**
60	～景望 102	00	～齋讀書錄 103	77	～學矜式五段錦 102, 220
72	～氏 42		**8824₀ 符**		
	～岳 181	46	～觀 212(3)		**9000₀ 小**
80	～善夫 148, 176, 192		**8850₇ 筆**	10	～爾雅 43
	～谷 161	64	～疇 104		～天香半夜朝元傳奇 81
99	～榮 65		**笒**	72	～隱樂農集 197
	8778₂ 飲	08	～譜 116		～隱餘音 197
78	～膳正要 122		**8851₇ 範**	77	～兒疹痘方 120
	8811₂ 鑑	60	～圍數 125		～學 39
37	～湖集 171		**8860₁ 答**		～學撮要 40
	8812₇ 鈐	88	～策秘訣 87		～學日記故事 52
22	～山堂續集 186		**簪**		～學醫經 118
	筠	44	～萍錄 221		**9003₂ 懷**
51	～軒詩 187			00	～讓 181
	8822₀ 竹			40	～古詩 224
00	～齋詠梅詩 220				
	～齋集 170				

8060₂ 含

50　～春堂稿　172

8060₆ 曾

17　～子　47
98　～悔軒　193

會

23　～稽懷古詩　223
　　～稽三賦　216
40　～真詩詠　66
　　～真詩紀　66
60　～昌進士詩　160
63　～賦三賦　216

8060₈ 谷

00　～音　213
22　～繼宗　185
35　～神子還古　95

8073₂ 公

12　～孫龍子　89
　　～孫龍子註　89
　　～孫軒轅　33

食

27　～物本草　123
　　～品集　123

養

25　～生雜纂　123
　　～生月覽　75
44　～老奉親書　121

8090₄ 余

05　～靖　140
17　～子俊　192
50　～肅愍公奏議　192

8141₈ 短

88　～竹卷鈔　225

8211₅ 鍾

29　～嶸　199
57　～輅　96
60　～呂修仙傳道集　129
　　～呂神仙戲術　129
95　～情麗集　83

8315₀ 鐵

22　～崖詠史　77
　　～崖先生復古詩集　219
　　～崖先生古樂府　219

8315₃ 錢

　　～仁夫　148, 178, 196
23　～狀元鶴灘文集　151
31　～福　151
40　～塘夢　79
47　～起詩集　164
64　～曄　180
77　～學　214

8612₇ 錦

10　～雲清嘯　194
30　～窠老人　117, 172, 197
50　～囊集　159
　　～囊詩對故事　52
60　～里幽求巷　52

錫

22　～山遺響　214

8660₀ 智

30　～永禪師　113

8712₀ 釣

23　～台集　222

8713₂ 錄

60　～異記　99

8716₂ 鎦

25　～績　98

8718₂ 歙

32　～州硯譜　110

欽

44　～禁奢侈　42

8742₇ 鄭

00　～文　148
　　～文寶　69
　　～玄　33, 34, 35(2), 39

7823₂ 陰

50　～中夫　135
64　～時夫　135
76　～陽捷徑　126
87　～鏗　153
90　～常侍集　153

8000₀ 八

10　～面鋒　101, 219

人

27　～物志　89
46　～相編　127

8010₄ 全

00　～唐詩話　201
　　～陽翁　79

8010₉ 金

10　～雲鴻　114
17　～盈之　102
22　～川玉屑詩　175
　　～川玉屑集　147
23　～台稿　189
24　～幼孜　40, 60
30　～實　148, 176
39　～沙賦　101, 219
40　～志甫　79
48　～櫛　185
50　～史　56
56　～蟬脫殼縱橫算法　131
70　～璧故事　52
74　～陵稿　182
77　～闍　185
　　～履祥　212
　　～丹大要　128
　　～丹大成集　128
83　～鍼集　199
95　～精直指註論　123

8012₇ 翦

82　～鐙新話　82
　　～鐙奇錄　99
　　～鐙餘話　83

翁

33　～浦　71

8022₁ 前

30　～定錄　96
34　～漢書　54

俞

00　～文豹　101
05　～靖　167
19　～琰　101
53　～成德　98

8022₇ 分

17　～司題詠　223
91　～類經進近思錄集解　50

8026₇ 倉

41　～頡　33

8030₂ 令

42　～狐德棻　55

8033₁ 無

10　～可　163
20　～住詞　194
　　～雙傳　67
21　～能子　89
27　～名氏詩集　164
50　～盡居士註素書　89
　　～本詩　163

8033₂ 煎

44　～茶水記　116

8033₃ 慈

37　～湖文集　48, 141

8040₄ 姜

80　～夔　111

8043₀ 美

46　～姻緣風月桃源景傳奇　80

8050₁ 羊

21　～衒之　73
40　～士諤集　158

8051₃ 毓

30　～慶勳懿集　224

8055₃ 義

28　～谿世稿　188

閒

77　～居常談　100

7724₁ 屛

22　～山文集　141

7726₄ 居

77　～學齋詩　182
88　～竹軒詩　168

屠

24　～勳　148, 178, 191

7726₇ 眉

44　～菴詩集　189
　　～菴詞　196

7736₄ 駱

30　～賓王　138, 154
　　～賓王文集　138
　　～賓王詩　154

7740₀ 閔

00　～文振　78, 109

7740₇ 學

00　～齋呫嗶　99
21　～行稿　185
27　～的　50
　　～約古文　207
40　～古編　113

7744₀ 丹

32　～溪心法　119
　　～溪金匱鈎玄　122
　　～溪纂要　119

7744₁ 開

10　～元天寶遺事　65
　　～天傳信記　65
41　～堰集　186

7744₇ 段

53　～成式　94

7748₂ 闕

50　～史　58

7760₄ 醫

08　～説妙方　119
21　～經溯洄集　120
44　～林集要　118

7760₆ 閻

88　～簹□笑　198

7777₂ 關

10　～王事蹟義勇錄　222
　　～雲長義勇辭金傳奇　81
17　～尹子　89
34　～漢卿　79(3)
40　～南雜興詩　187
　　～大王單刀赴會記　80

7777₇ 閶

25　～仲實　184

7778₂ 歐

76　～陽文忠公集　140
　　～陽玄　142, 169
　　～陽詢　133
　　～陽修　55(2), 111, 116, 140, 192, 199
　　～陽友山　125
　　～陽忠　125
　　～陽公試筆　111
　　～陽小簡　192

7780₁ 興

28　～復哈密國王記　61
46　～觀詩　168
　　～觀詩集　182

7780₆ 貫

24　～休　163

7790₄ 桑

48　～榆漫志　99
87　～欽　70
98　～悦　150

閑

50　～中今古　98

7810₂ 鹽

83　～鐵論　86

7821₂ 脱

78　～脱　56

	119，121，127，129，132，172，200，201，214		～淵明桃花源記 68	21	～衡之 171
					～此山先生詩 171
	～仙文譜 200	44	～華 120	24	～德清 45
	～仙詩譜 201	53	～輔 83，99，101，105，197，198，218，219	30	～憲 48
	～仙宮詞 172				～守忠 75，123
	～仙神奇秘譜 51	67	～照 151，186		～密 94
		77	～鳳儀 225	33	～必大 70
	7624₀ 脾		～學士詩 173	34	～洪謨 42
60	～胃論 119		～學士先生集 146	35	～禮 83
	7721₀ 風		～學士事蹟 146		～禮疏 35
10	～雅遺音 195	95	～性 69，101，219		～禮句解 35
	～雅逸篇 207		**同**		～禮考註 35
28	～俗通義 91	47	～聲集 221		～禮考工記解 35
30	～憲忠告 107		**月**	40	～南老 223
77	～月始終詩 79	26	～泉吟社 203		～木 48
	～月囊集 79	30	～窟東行稿 189	44	～世子 111
	鳳	37	～湖後稿 150，186	46	～賀 159，164
34	～池吟稿 174	47	～塢萃言 223		～賀集 159
	7721₂ 覺	77	～屋樵吟 170	50	～秦行紀 66
11	～非齋文集 148	80	～令通纂 75		～秦行紀論 66
	～非齋詩 176		**周**	60	～日用 109
	7722₀ 陶	00	～應龍 206		～易古文 33
05	～靖節集 137		～應璧 221		～易乾鑿度 33
30	～安 146，173	10	～王 123，144，172，196，220		～易本義 33
	～宏景 110				～易略例 33
	～宗儀 96，111，170		～王褎集 153		～易兼義 33
31	～潛 61	12	～瑞 124		～思德 150（參見"周思得"條）
	～潛詩 152		～孔 43		～思得 185
32	～淵明 137	14	～瓘 205		～曇 162
			～瑛 106	90	～少隱 199
		17	～弼 210		**7722₇ 局**
				00	～方發揮 120

17	～羽 116	17	～孟誠 213		～根 187
	～子淵 174		～子昂 138,154	42	～櫟 53
24	～德明 33,34,		～君直 121	44	～基 143
	35(2),36(2),	18	～致虛 128	46	～梱 187
	88		～璩 183		～相 107
	～續述玄 85	20	～孚 169	47	～墀 188
26	～佃 43		～維新 147		～郁 101
27	～龜蒙 162	21	～師道 49,95,	48	～翰 100
30	～宣公制詔 190		141,166,194,	50	～書 55
34	～法言 44		199	51	～振 187
38	～游 141,166,194	23	～傅良 101,141,	56	～操 221
40	～九淵 48		166,217,219	60	～□ 188
	～士龍集 137		～獻章 147,174,		～思 112,117
	～士衡集 137		188,203		～思王詩 152
	～奎章 151,218		～獻章詩 188		～思王集 137
	～森 124		～後山詩註 165	67	～明 178
42	～機 137,152	24	～德武 195	71	～頎 98
	～機詩 152	26	～伯玉 117	72	～騤 200
44	～贄 190		～伯玉文集 138		～剛中詩集 169
97	～煥章 98		～伯玉詩 154	77	～與義 166,194
			～侃 61	80	～善 95
	7422₇ 隋		～繹曾 200	83	～鉞 179
00	～唐嘉話 95		～衆仲安雅堂集	86	～鐸 189,196,
			143		197(2)
	7529₆ 陳	30	～淳 50(2)	87	～録善誘文 104
04	～謹 121		～寅 62	88	～鑑 205
08	～旅 143,170	34	～澔 35		～纂 97
10	～元靚 136		～達 188	90	～焞 188
	～天策 92		～達善 115	93	～烒 188
11	～珂 92,93	37	～鴻 66	94	～烓 188
	～璠 93		～週 187	95	～燁 187,188
12	～水部鵠湖詩稿		～壽 78		
	178		～真人 129		**7621₅ 朦**
13	～瓛 93		～樵 171	22	～仙 45,51(2),
14	～瓘 187	41	～樫 56		57,75,108,

	~完素 117		~静修文集 142		**7277₂ 岳**
	~宇 121		~絜 184		
	~安 90	60	~因 143, 168	10	~正 87, 148, 177
	~安世 48	61	~晒 90		~元善 98
	~賓客嘉話 95	68	~盼春守志香囊傳奇 80	11	~珂 60, 165
	~賓客因論 104			12	~飛 166
	~寅 92	71	~辰翁 94, 155	13	~武穆詩 166
	~寅三略直解 92		~長卿 139, 156	28	~倫 207
	~寅孫子直解 92	74	~隨州文集 139	76	~陽樓詩集 223
	~寅解李衛公問對 92		~隨州詩 156		~陽樓紀事 223
	~寅吳子直解 92	76	~駟 38, 150, 185		**7280₁ 兵**
	~寅尉繚子直解 92	77	~履 207	34	~法要略八門遁法機 93
	~宗厚 120		~熙 44		~法心要十論 93
35	~清之 191		~叉集 159		~法八寶箋 93
	~迪簡 37, 147, 174		~開 118		**7326₀ 胎**
37	~次莊 112	80	~兼集 163	26	~息經註 129
38	~滄集 160		~義慶 94		~息秘要歌訣 129
40	~大夏 176	85	~悚 95, 100		**7370₀ 卧**
	~大經 79	86	~知幾 58	01	~龍文集 138
44	~基 36, 86, 131, 146, 173, 195, 218	87	~錄 150, 184	38	~游錄 108
		88	~鑑 45		
			~攽 199		**7420₀ 尉**
	~薦 146, 173	90	~尚賓文集 147	24	~繚子 92
	~蒙 116		~尚賓詩 174		**肘**
	~孝標 94		**7210₂ 丘**	22	~後神樞 127
	~英 180	31	~濬 37(2), 50, 52, 56, 60, 82, 116, 119, 179		**7421₄ 陸**
46	~駕集 160			10	~雲 137, 152
	~𤇆 91, 198	98	~燧 99		~雲詩 152
50	~書 91		**7260₁ 嚳**		~賈新語 87
53	~成德 208	38	~游聯句錄 221		
	~威集 163				
57	~静修 195, 218				

90 ～堂遺稿 183	**7121₂ 阮**	**7173₂ 長**
～堂拾遺集 149	67 ～嗣宗詩 152	97 ～恨傳 66
6772₇ 鶡	88 ～籍 152	**7178₆ 頤**
37 ～冠子 88	**7121₅ 雁**	44 ～菴居士集 166
6802₁ 喻	77 ～門勝蹟詩集 223	**7210₀ 劉**
27 ～鳧詩 160	**7122₀ 阿**	00 ～亭湖集稿 184
6802₇ 吟	27 ～魯國 56	～亭湖稿 150
56 ～押易覽 45	30 ～房宮賦 113	～彥昺 144, 169, 195
78 ～覽詩餘 189	**7124₇ 厚**	～應李 71, 171
90 ～堂博笑集 203	24 ～德錄 104	～應時 166
6805₇ 晦	**7132₇ 馬**	03 ～謐 130
44 ～菴文鈔 141	00 ～文昇 61	05 ～靖修詩 168
～菴詩鈔 166	02 ～端臨 135	10 ～一菴先生集 184
～菴朱子語錄類書 48	10 ～玉麟 171	～醇 148, 176
7021₄ 雅	～石田文集 144	12 ～延世 96
33 ～述 87	～石田章疏 191	15 ～璉 173
～頌正音 213	～石田詩 169	16 ～璟 146, 173
7024₁ 辟	15 ～融 39	17 ～孟會 166
00 ～雍稿 150, 185	21 ～滔 103, 189	～子 91
7121₁ 歷	26 ～總 132	～子翬 141
23 ～代紀年帝皇纂要 56	27 ～紹榮 113	～邵 90
～代志略 59	30 ～永卿 48, 102	20 ～禹錫 104
～代蒙求 53	31 ～滔 103	21 ～須溪批點杜詩 155
～代臣鑒 59	37 ～祖常 144, 169, 191	25 ～純 118
～代叙略 57	43 ～戴 160	～秩 183
30 ～瀘通書 126	80 ～鎬 109	26 ～侗 171, 196
	90 ～惟厚 79	27 ～向 66, 85, 88, 90, 128
		～仔肩 214
		30 ～淳 119

6080₁ 異

27　～物彙苑　109
43　～域志　71
77　～聞集　100

6090₄ 果

44　～菴詩　187

困

77　～學記聞　91

6090₆ 景

21　～行錄　105，224
26　～伯歙硯說　110
27　～仰撮書　64

6091₄ 羅

08　～謙甫　122
24　～先登　110
28　～倫　150，183
　　～從彥　47
37　～鄴集　161
40　～大經　94
44　～椅　166
52　～虬比紅兒詩　161
72　～隱　67
77　～閈玄　183

6338₄ 默

44　～菴詩　188

6355₀ 戰

60　～國策　90

6401₄ 畦

22　～樂詩集　180

6402₇ 晞

72　～髮集　142，168

6404₁ 時

77　～學存稿　185

6502₇ 嘯

21　～旨　108

6621₄ 瞿

10　～霆　183
　　～佑　56，68，82，195，202，217
　　（參見"瞿祐"條）
　　～祐　183(2)

6624₈ 嚴

13　～武詩集　155
17　～羽　167，200
20　～維集　158
22　～嵩　186
38　～滄浪詩談　200
74　～陵講義　50

6632₇ 騖

66　～騖傳　66

6650₀ 單

28　～復　155

6682₇ 賜

80　～谷漫錄　102

6702₀ 明

04　～詩正體　212
　　～詩粹選　214
16　～理續論　120
28　～倫大典　62
30　～宣宗　39
33　～心寶鑑　52
38　～道雜志　97
40　～太宗　40
　　～太祖　144，172
44　～世宗　41，50，104，172
　　～英宗　172
53　～成祖　57，62，172
77　～醫雜著　122

6702₇ 鳴

47　～鶴餘音　194
53　～盛詞　196
　　～盛集　174

6706₂ 昭

78　～鑒錄　59

6708₂ 吹

82　～劍錄　101

6712₂ 野

37　～逸吟稿　178
44　～菴詩集　181

40	～大象説　33	17	～子　92	37	～洞賓　163, 164
43	～卦並葬穿地林錦	21	～處學　102		～洞賓戲白牡丹飛
	126		～澄　35(3), 126,		劍斬黃龍　79
60	～見雜字　52		143, 169		～洞賓花月神仙會
62	～影歌斷卜筮元甌	32	～淵穎集　143		傳奇　81
	124	34	～沈　76		～祖謙　36, 48, 50,
		36	～渭　203		91, 141, 192,
	6033₀ 恩	37	～淑　100		204, 205
00	～慶集　224		～祿　123	45	～柟　107
27	～紀詩集　172	40	～枋　97	50	～本中　42, 107
		43	～越春秋　58	72	～氏春秋　90
	思		～椷　44	77	～居仁　108, 199
00	～玄文賦　150	44	～兢　59	80	～翁枕中記　67
03	～誠齋詩集　182		～草廬文集　143	90	～莹　184
44	～菴文集　147		～草廬詩　169		
74	～陵翰墨志　112		～世忠　34		**6060₄ 固**
		47	～起　92	50	～本迂談　93
	6033₁ 黑		～鮑庵文集　175	51	～軒存稿　185
08	～旋風仗義疏財傳	77	～興詩選　214		～軒附錄　185
	奇　81	88	～筠　95		
					圖
	6040₄ 晏		**因**	08	～説　33
00	～彥　63	02	～話錄　99	28	～繪寶鑑　130
17	～子春秋　90				～繪寶鑑續編　131
66	～嬰　90		**6060₀ 回**	50	～畫要略　131
70	～璧　63	76	～陽子　127		
86	～鐸　107, 220				**6066₀ 品**
			呂	27	～級錄　70
	6043₀ 吳	07	～望　91		
00	～亮　104	10	～不韋　90		**6071₂ 毘**
	～庸　61		～不用　171	74	～陵集　156
	～度　59	21	～衡州集　159		
02	～端　123	22	～巖　163		**6073₂ 畏**
04	～訥　141, 143, 147	26	～溫　158	44	～菴詩　188
15	～融　162		～伯恭　50		

5590₀ 耕

- 23 ～織圖 115
- 87 ～錄稿 117

5599₂ 棘

- 00 ～亭漫稿 149
- ～庭漫稿 180

5602₇ 揚

- 17 ～子法言 85
- 32 ～州芍藥譜 116
- 40 ～雄 44,85,137

5608₁ 提

- 12 ～刑洗冤錄 74

5608₆ 損

- 00 ～齋備忘錄 98

5702₀ 拘

- 21 ～虛集 181

押

- 17 ～蠽新語 95

抑

- 00 ～齋詩 187

5725₇ 靜

- 51 ～軒詩 180
- ～軒先生文集 149

102
～狀元錦囊試問卷 220

5702₇ 搊

- 55 ～搜判官喬斷鬼傳奇 81

5704₇ 搜

- 10 ～玉小集 209
- 35 ～神記 128

5705₂ 揮

- 00 ～麈錄 95

5708₁ 擬

- 16 ～彈駁四友除授集 110

5806₁ 拾

- 26 ～得詩 164

5806₄ 輶

- 51 ～軒使者絕代語釋別國方言 44

5824₀ 敖

- 22 ～山 184
- 44 ～英 106

6000₀ □

- 44 ～菴別集 151

6010₀ 日

- 77 ～用本草 123

6010₄ 墨

- 17 ～翟 90

- ～子 90
- 30 ～客揮犀 94
- 44 ～莊漫錄 102

6010₄ 星

- 80 ～命秘訣望斗真經 125

6010₇ 疊

- 22 ～山成仁稿 142
- ～山成仁詩稿 167

6011₃ 晁

- 72 ～氏客語 96

6015₃ 國

- 01 ～語 36
- ～語補音 36
- 20 ～秀集 209
- 37 ～初詔令 190
- 44 ～老談苑 98
- 47 ～朝文類 204

6021₀ 四

- 00 ～言獨步 125
- ～六談麈 200
- 02 ～端通俗詩詞 101,219
- 50 ～書辨疑 40
- 64 ～時花月賽姣容傳奇 81
- ～時氣候集解 75

6022₇ 易

- 00 ～齋稿 146,173

	～遊詩　182	**5103₂ 振**		**5322₇ 甫**	
41	～垣方指掌珍珠囊	67	～鷟集　224	60	～田集　147
	118	**5206₁ 指**		**5340₀ 戎**	
	～垣藥性賦　118	67	～明算法　131	51	～軒小註　93
43	～城老父傳　67	**5206₄ 括**		60	～昱　158
44	～坡文粹　140	50	～囊稿　183	**5492₇ 勅**	
	～坡樂府　194	**5209₄ 採**		08	～諭錄　107
	～坡編類歌詩　165	40	～真機要　129	**5523₂ 農**	
	～坡律詩　165	**5210₀ 蚓**		66	～器圖譜二十集
	～坡和陶詩　217	30	～竅集　173		115
	～坡志林　64		～竅清娛　197	77	～桑通訣六集　115
	～坡奏議　191	**5211₀ 虬**			～桑四時撮要　115
	～華仙三度十長生	72	～髯客傳　66	**5560₀ 曲**	
	傳奇　81	**5310₂ 盛**		35	～禮考註　35
	～萊文集　141	44	～世新聲九宮曲	**5560₆ 曹**	
	～萊詩話　199		198	00	～唐　161
	～萊師友問答　48		～世新聲南曲　198	02	～唐集　161
	～萊博議　36		～世新聲萬花集	10	～元冕　112
	～萊呂氏家範　42		198	30	～安　98, 222
	～萊尺牘　192	46	～如梓　102	37	～鄴集　160
	～萊年譜　141	53	～彧　144, 171	44	～植　137, 152
45	～坤雜文　150	**5320₀ 成**		48	～松集　162
	～坤演連珠　218	43	～始終　181, 196	67	～昭　111
50	～書堂　113	71	～原常　168	**5580₁ 典**	
	～書堂集古法帖	80	～無已　122	88	～籍格言　106
	111			**5580₆ 費**	
51	～軒詩集　172, 177			23	～狀元錦囊試問
60	～里文集　147				
76	～陽夜怪錄　67				
77	～關地理圖　72				
	5102₀ 打				
71	～馬圖　131				

5033₃ 惠

- 34 ～洪 94
- 36 ～禪師三度小桃紅傳奇 81
- 40 ～大記 71

5033₆ 忠

- 03 ～誠伯詩 189
- 13 ～武錄 222
- 80 ～義水滸傳 79
- ～義直言 61
- 88 ～節流芳集 171

5040₄ 婁

- 40 ～克讓 42
- 95 ～性 59

5050₃ 奉

- 10 ～天靖難記 61
- 21 ～行珪 95

5060₁ 書

- 00 ～齋夜話 101
- ～言故事 136
- 08 ～說綱領 34
- ～譜 111
- 21 ～經集註 34
- ～經洪範考疑 34
- ～經大全 34
- ～經大全圖 34
- 22 ～斷 111
- 25 ～傳古文 34
- 34 ～法三昧 112
- ～法百韻 114
- 44 ～苑菁華 112
- ～莊記 76
- ～林外集 170
- 50 ～史 111
- ～史會要 111

5060₃ 春

- 10 ～雨軒文 144
- ～雨軒詩集 169
- ～雨軒詞 195
- 20 ～香百詠 220
- 29 ～秋詞命 36
- ～秋左傳 36
- ～秋左氏註疏 36
- ～秋古文 36
- ～秋胡傳 36
- ～秋穀梁傳註疏 36
- ～秋提要 36
- ～秋明經 36
- ～秋公羊傳註疏 36
- 30 ～窗巧對類編 193
- 38 ～游詠和集 172
- 67 ～明退朝錄 95

5080₆ 貴

- 32 ～州諸夷圖 71
- 76 ～陽紀行錄 186

5090₃ 素

- 50 ～書 88, 92
- 77 ～問論 123
- ～問元機原病式 117

5090₄ 秦

- 10 ～霖 178
- 20 ～系 157
- 34 ～漢文 205
- 40 ～太師東牕事犯 80
- 42 ～韜玉集 162
- 44 ～藩應教詩 177
- 46 ～觀 141, 166
- 50 ～中友山王公 211
- 72 ～隱君集 157
- 77 ～月娥誤失金環記 79

5090₆ 東

- 00 ～方朔 71, 73, 114
- ～京夢華錄 72
- 21 ～行稿 183
- 22 ～山詩集 176
- 26 ～皋子詩集 167
- ～皋先生詩集 171
- 32 ～溪試茶錄 116
- 34 ～漢文鑑 205
- ～漢詔令 190
- ～漢書疏 205
- 37 ～湖詩 178
- ～湖遺稿 148
- ～湖內奏 191
- ～祀紀行雜志 186
- ～祀奏議 186
- ～祀錄 186
- 38 ～海文集 147
- ～海詩集 174

30	～汸 155	44	～華古今註 109		吏
	～寬 149，180	47	～都志 71	07	～部四司職掌 70
31	～遷 63	60	～吳紀聞 95		
32	～州石橋詩集 223	71	～原音韻 45		**5010₆ 畫**
35	～清獻公文集 141	77	～興聞氣集 209	60	～品目錄 132
	～清獻公奏議表狀 191		**5000₇ 事**		畫
	～清曠小簡 193	00	～文類聚啓劄青錢 193	88	～簾緒論 107
40	～克用 165		～文類集 134		**5010₇ 盡**
	～希鵠 108	27	～物紀原集類 109	50	～忠錄 225
	～嘉佑 157		～物紀原刪定 109		**5013₂ 泰**
	～古則 44	91	～類廣記 136	30	～安州志 71
44	～蕃 210		**5002₇ 摘**		**5014₈ 蛟**
47	～鶴 222	17	～翠百詠小春秋 80	27	～峰文集 142
48	～松雪詩選 168				～峰詩 167
50	～抃 141，191		**5003₂ 夷**		～峰奏劄 142，191
67	～明遠 82	26	～白堂集 143		**5022₇ 青**
77	～與皆 94	77	～堅續志 99	27	～烏子 126
80	～公松雪齋文集 143		**5004₆ 史**	43	～城山人詩集 189
	～善璙 105	07	～記 54		～城梅花三百詠 220
94	～燁 58	10	～正志 117	44	～華子 93
	5000₆ 申	17	～弼 105	76	～陽子 45
78	～鑒 86	21	～經 39	88	～箱雜記 102
	中	22	～斷 63		**5023₀ 本**
00	～庸章句 38	26	～繩祖 99	33	～心齋蔬食譜 115
	～庸章句大全 38	27	～嵩之 69	44	～草衍義補遺 119
	～庸說 38	37	～通 58	50	～事詩 199
	～庸古文 38	77	～學提要 53		
	～庸或問大全 38	80	～義拾遺 64		
08	～說考 86	83	～鉞 63		
32	～州集 213	89	～鈔 59		
	～州樂府 194				

4780₆ 超

23　～然臺集　223

4791₄ 極

00　～玄集　209

4792₀ 柳

00　～應辰　221
07　～毅傳　67
14　～瑛　71
17　～子厚文集　139
　　～子厚河間傳　68
30　～宗元　36，96，158
　　～宗元詩　159

4792₇ 橘

87　～錄　117

4794₇ 穀

08　～譜十一集　115

4796₄ 格

40　～古要論　111

4814₀ 救

44　～荒本草　123
80　～命索　129

4816₆ 增

00　～廣唐詩鼓吹續編　215
　　～廣草木蟲魚雜詠　211
56　～損呂氏鄉約　41

4841₇ 乾

37　～鑿度　33
45　～坤生意秘韜　121

4842₇ 翰

44　～林廣積聖賢成語　52
　　～林志　70
　　～林醫眼方　121
　　～林策要　102，220
60　～墨全書　134

4844₀ 教

40　～坊記　100
77　～民榜　107

4860₁ 警

24　～勉集　42

4864₀ 敬

00　～齋詩集　183
51　～軒輯錄　225

4893₂ 松

30　～窗雜錄　66
34　～漠紀聞　65
44　～林暢懷詞　197
74　～陵集　162
76　～朧詩集　185
88　～籌堂集　147

4894₀ 枚

20　～乘　208

4895₇ 梅

00　～市唱和集　223
08　～譜　116
16　～聖俞宛陵集　140
25　～純　98
32　～溪文集　141
　　～溪奏議　191
40　～堯臣　96，140，165
44　～花百詠　220
　　～花集詠　220
　　～林雜詩　180
77　～屋詞　195
　　～屋獻醜集　142

4942₀ 妙

67　～明子成　130

4980₂ 趙

10　～元暉　83
　　～天麟　87
12　～飛燕外傳　65
17　～孟頫　113，143，168
　　～弼　63，83，109
19　～璘　99
21　～貞姬身後團圓夢傳奇　80
22　～崇絢　99
　　～崇祚　196
24　～歧　38
　　～德麟　94
27　～緣督　125
　　～叔向　103

	4691₄ 桯	64	～時 47, 63, 141, 166	67	～野新聲太平樂府 196
50	～史 60	72	～氏 35		**4748₆ 嬾**
	4692₇ 楊	77	～輿 184		
		83	～鐵崖文集 143	40	～真子 102
00	～齊賢集註李白詩 155	88	～簡 48, 141, 142		**4762₀ 胡**
	～廉 49, 59, 77, 150, 186		～節居 218	00	～廣 34(2), 37, 38(2), 39, 40
	～廉夫 64, 219	90	～光溥 220	08	～謙厚 110
	～文懿公文集 146	94	～慎 188, 207, 208	10	～天游 170
10	～一清 42, 62, 187, 221(2)	97	～炯詩 153	14	～琦 222
17	～珣 119	99	～榮 40	17	～瓊故 74
	～子法言 85		**栲**	22	～繼宗 136
	～子器 215	44	～栲山人集 169	24	～纘宗 186
18	～玠 100		**4712₀ 均**	30	～安國 37
20	～倞註荀子 85				～寅 63, 106
	～維楨 143, 219	22	～山先生 193	40	～太初 107
25	～仲宏 202		**4722₇ 郝**	72	～氏小兒方 120
26	～伯嵒 45	10	～天挺 210	80	～曾詠史詩 161
	～循吉 147, 221		**鶴**	84	～鎮 178
28	～復 41	39	～沙詩集 189	88	～筠 117
40	～太真外傳 65	44	～林玉露 94	90	～憕 128
	～士諤 158	60	～田稿 177	91	～炳文 144, 170
	～士弘 210		**郁**		**4762₇ 都**
	～士奇 60, 147	00	～離子 86	00	～玄敬詩話 202
	～士勛 36		**4740₁ 聲**	17	～邛 97
44	～基 189, 196	25	～律啓蒙 193	26	～穆 60, 72, 97, 108, 202, 219
	～夢瑛 73		**4742₀ 朝**		**4772₀ 切**
	～萬里 95	10	～正歸途唱和 222	06	～韻指掌圖 46
46	～娼傳 67		～正唱和 222		
47	～妃傳 65				
	～朝英 196				
58	～撫 207				

77 ～具圖贊 116	**4491₄ 桂**	**4594₄ 樓**
87 ～錄 116	44 ～萼 73	60 ～昉 190
葉	～萬榮 74	**4596₈ 椿**
00 ～文莊公文集 149	**4491₅ 權**	42 ～荊聯桂集 224
～文莊公行實類編 225	21 ～衡 58	**4599₆ 棟**
17 ～子奇 96	24 ～德輿詩 158	44 ～菴詩集 182
40 ～士龍 48	**4492₇ 菊**	**4600₀ 加**
44 ～夢得 95, 101, 199	08 ～譜 116	33 ～減十三方 119
53 ～盛 99, 149, 180	44 ～莊詩 175	**4612₇ 場**
77 ～留 107	～莊集 148	77 ～屋準繩 102, 220
4491₀ 杜	**4498₁ 棋**	**4614₀ 坤**
04 ～詩史目錄 155	21 ～經 131	10 ～雅 43
～詩類選 155	**4499₀ 林**	～雅釋文 43
10 ～工部詩集 155	00 ～齋老學課 218	**4621₂ 觀**
11 ～預 36	10 ～正大 195	22 ～樂生詩集 174
13 ～琮 72	12 ～廷玉 195	38 ～海詩集 187
25 ～律虞註 155	21 ～慮 190	**4622₇ 獨**
28 ～牧 66, 160	25 ～仲璧 40	12 ～孤及 156
30 ～審言詩 154	26 ～和靖詩集 165	21 ～步總論詳註 126
～寶 69	30 ～寬集 162	**4680₆ 賀**
45 ～枏 178	33 ～逋 105, 165	14 ～確 179
50 ～本 213	34 ～洪 108, 110	50 ～泰 205
53 ～甫 140, 155	37 ～鴻 174, 196	**4690₂ 柏**
～甫年譜 155	40 ～希逸 35, 88	22 ～崖詩 188
60 ～旻 222	43 ～越 58	
74 ～陵詩律 202	60 ～景平 52	
76 ～陽雜編 69	～景熙 144, 168	
90 ～少陵文集 140	**4510₆ 坤**	
～光庭 66, 102	37 ～鑿度 33	

4450₆ 革		**芸**		~石公 89	
27	~象新書 125	77	~閣稿 177	~石公三略 92	
4453₅ 韃		**4474₁ 薛**		17	~鞏 188
46	~靼譯音字譜 45	00	~章憲 149, 180	22	~繼善 53
4460₀ 菌		13	~瑄 49	26	~伯思 112, 131
08	~譜 117	17	~子粹言 49	28	~綸 49
苗		24	~侍郎集 153	30	~淮 180
12	~發時 158	38	~道衡 153		~宗豫 196
4462₇ 荀		44	~蕙 87	31	~溍 146
17	~子 85	77	~用弼 95	40	~太史精華錄 165
36	~況 85	**4477₀ 甘**		46	~楊集 168
98	~悅 56, 86	26	~泉文錄類選 149	47	~鶴樓集 224
4471₂ 老			~泉詩 183	72	~氏日鈔 134
17	~子道德經 88		~泉二業通 49	74	~陵一覽事蹟 223
	~子口義 88		~泉樵語 50	77	~堅 171
26	~泉文粹 140	**4480₁ 楚**		80	~金 59
60	~圃菊譜 117	07	~詞辨證 207		~公紹 134
4471₇ 世			~詞集註 207	**4490₁ 蔡**	
08	~說新語 94		~詞後語集註 207	00	~襄 116, 117
12	~烈錄前集 225	50	~史檮杌 58	10	~正 211
50	~史正綱 56	**4480₆ 黃**			~震 42
4472₇ 葛		00	~庭内景五臟六腑圖 128	21	~經 179
00	~立方 200		~庭堅 113, 165, 192, 194	22	~邕 41, 137
34	~洪 57, 63		~庚 170		~邕獨斷 41
4473₂ 藝			~文獻公筆記 103	25	~仲實 184
00	~文類聚 133	05	~諫 57, 75	26	~伯喈琵琶記 82
		10	~震 58, 134	30	~宗兗 149, 183, 193
			~晉卿 103	34	~沈 34
				42	~圻 177
				50	~中郎文集 137
				4490₄ 茶	
				21	~經 115

4430₅ 蓮

30 ～宗寶鑑 129
35 ～津子 91

蓬

44 ～萊閣詩集 223

4430₇ 芝

60 ～田集 182

4433₁ 燕

34 ～對錄 60
77 ～几圖 131

4433₇ 蒹

44 ～葭倚玉集 221

4439₄ 蘇

08 ～許公集 154
11 ～頲詩 154
17 ～子瞻東坡集 140
26 ～伯修 204
37 ～洞 140
44 ～蕙 216
　～蕙織錦迴文詩 216
　～黃門龍川略志 97
53 ～軾 64, 95, 97, 140, 165, 191, 192, 194, 217
57 ～拯集 163
58 ～轍 58, 140
67 ～鶚 69

80 ～公小簡 192
88 ～籀 98

4440₀ 艾

17 ～子雜記 95

4440₆ 草

00 ～廬文粹 143
40 ～木子 96
90 ～堂詩餘 194
　～堂餘意 196

4440₇ 孝

21 ～經註疏 39
　～經註解 39
80 ～慈錄 43

4442₇ 荔

44 ～枝譜 117

4443₀ 樊

00 ～應魁 83
22 ～川詩集 160
37 ～深 179, 218
77 ～鵬 212

葵

51 ～軒詞 196, 197

莫

60 ～旦 217
86 ～錫載 214

4444₁ 葬

50 ～書便覽 126

4445₆ 韓

00 ～彥直 117
　～康伯 33
　～文公雪擁藍關記 82
04 ～詩外傳 34
07 ～翊 157
11 ～非子 89
17 ～君平集 157
37 ～淲 210
　～祠錄 222
　～退之毛穎傳 68
38 ～道昭 45, 46
40 ～壽籛香 82
44 ～蘇石鼓歌 114
　～孝彥 46
46 ～楊 215
50 ～忠獻公遺事 78
60 ～昌黎文集 139
　～昂 131
66 ～嬰 34
80 ～愈 57, 139, 158
　～愈詩 159

4446₀ 姑

44 ～蘇雜詠 223

茹

19 ～瑺 189

4450₄ 華

24 ～幼武 168
76 ～陽真逸集 158

37 ～祖禹 39	62 ～影集 83	50 ～表 97
40 ～檸 202	71 ～間集 196	88 ～竹山房集帖 114
51 ～攄 102	**莊**	**蕭**
53 ～成大 116，117	17 ～子釋音 88	00 ～庭芝 128
94 ～燁 54	～子南華真經 88	17 ～子顯 54
4412₇ 蒲	～子口義 88	20 ～統 204
10 ～王 172	30 ～定山詩續集 173	24 ～綺序 94
22 ～山牧唱集 176	36 ～昶詩 188	28 ～儀 181
44 ～菴詩集 186	60 ～泉 147，173	44 ～世賢 180
50 ～東崔張珠玉詩 79	77 ～周 88	**4422₈ 芥**
	薩	72 ～隱筆記 98
4414₇ 鼓	10 ～天錫詩集 169	**4423₂ 蒙**
44 ～枻稿 147	40 ～真人夜斷碧桃花記 79	00 ～齋筆談 102
4414₉ 萍	47 ～都剌 169	43 ～求集註 51
32 ～洲可談 96	**4422₇ 蘭**	44 ～菴詩 188
4416₄ 落	10 ～亭序 113	**4424₂ 蔣**
44 ～花詩集 221	21 ～紅葉從良煙花夢傳奇 81	12 ～廷暉 113
4420₇ 夢	30 ～室秘藏 119	17 ～琛傳 67
32 ～溪筆談 94	44 ～坡聚珍集 215	70 ～防霍小玉傳 67
考	**勸**	**4425₃ 藏**
14 ～功詩集 184	28 ～懲錄 107	10 ～一話腴 101
4421₂ 麓	77 ～學文 51	50 ～春詞 196
90 ～堂詩話 202	**芮**	～春集 171
4421₄ 花	12 ～廷章 209	**4428₆ 蘋**
28 ～谿文 144	**萬**	32 ～溪集 177
～谿集 171	17 ～翼 219	**4429₄ 葆**
44 ～蕊夫人詩集 164	44 ～葉 219	90 ～光禄 97

44 ～菴詞 195	**4282₁ 斯**	44 ～埴 96
4094₈ 校	40 ～存稿 176	72 ～氏鼠璞 96
00 ～文詩集 224	～存和梅稿 220	88 ～敏 167
4191₆ 桓	**4291₃ 桃**	90 ～少望 64
00 ～寬 86	28 ～谿净稿 148	**4390₀ 朴**
4212₂ 彭	32 ～溪净稿 176	44 ～菴詩集 185
20 ～乘 94	**4292₁ 析**	**4394₇ 梭**
36 ～澤原 224	27 ～疑論 130	22 ～山家制 42
43 ～城降鶴記 224	44 ～桂 93	**4410₅ 董**
4240₀ 荊	**4292₇ 檮**	25 ～仲舒集 137
40 ～南詩社唱和集 221	40 ～李英華 215	31 ～迺 132
80 ～公詞 194	**4301₂ 尤**	34 ～漢醇 128
～公奏議 191	00 ～袤 201	42 ～彬才 52
4241₃ 姚	**4304₂ 博**	43 ～越 187
00 ～廣孝 130	27 ～物志 109	80 ～弇 100
～廣孝詩 186	60 ～異記 95	～養性杜詩選註 155
27 ～鵠集 160	**4355₀ 載**	～銖 51
30 ～寬 102	37 ～冠 223	**4410₇ 藍**
～察 55	**4380₅ 越**	60 ～田王摩詰詩集 156
60 ～思廉 55(2)	27 ～絕書 58	**4411₂ 地**
80 ～鉉 204	**4385₀ 戴**	16 ～理分金十二龍穴法 127
～夒 42	16 ～璟 101, 219	**范**
～合 209	27 ～凱之 116	07 ～望 85
90 ～堂 68	～叔倫集 158	16 ～理 63
4242₇ 嬌	28 ～復古 167, 194	24 ～德機 202
21 ～紅記 83	30 ～良 143, 170	30 ～寧 36

	～善　204	40	～杭夢遊錄　72		**4071₀ 七**
	～善注文選　204	43	～城文略　148	10	～一居士　197
	～公佐謝小娥傳 　67		～城詩略　179 ～城奏議　191	40	～十二候　75
86	～錦　71	50	～史　58		**4073₂ 喪**
90	～尚書濟陰方　120	60	～愚詠物詩　217	35	～禮事宜　42
95	～性學古今文章精 　義　200	77 80	～局象棋圖　131 ～鏡記　67		**袁**
	4050₆ 韋		～今應驗異夢全書 　127	12	～廷　185
00	～應物　157		～今識鑒　127	20	～采　104
27	～絢　95		～今詠物詩選　214	27	～凱　174
30	～安道傳　67		～今韻釋　45	34	～遠　150
44	～蘇州集　157		～今韻會舉要　134	40	～士元　170
	4060₀ 古		～今列女傳　66 ～今刀劍錄　110	44 47	～孝政　91 ～均哲　136
00	～文集　205		～今習對歌　193	50	～忠徹　127
	～文大全　206		～今紀要　58	72	～氏世範　104
	～文苑　206		～今嘉言善行　121		**4080₁ 真**
	～文孝經　39 ～文孝經說　39		～今纂要夢珍故事 　127	21	～儒奏議　192
	～文關鍵　205		**4060₁ 吉**	24	～德秀　37，205
	～文會編　206			30	～空　46
	～文小學　39	50	～中孚詩　157	44	～草千字文　113
	～文精選　206		**4060₉ 杏**		**4090₀ 木**
	～文精粹　206	44	～林摘要方　122	10	～天禁語　202
04	～詩　208		**4062₁ 奇**	44	～菴存稿　178
	～詩辨體　209	60	～見異聞筆坡叢脞		**4090₈ 來**
10	～三墳書　34		83		
	～玉圖　109		**4064₁ 壽**	28	～復　186
12	～列女傳　66				**4093₁ 樵**
22	～崖詩選　179	06	～親養老新書　121		
	～樂府　208(2)			09	～談　105
30	～字　44			10	～雲獨唱詩集　169
37	～通略句解　57				

4033₁ 志

97　~怪錄　103

赤

24　~牘清裁　112
43　~城詩集　214
　　~城夏先生律選　186

4040₇ 李

00　~彥　49
　　~高　119
　　~商隱詩集　164
　　~薦　131
　　~文山　157
　　~文利　51
　　~文叔　70
02　~端集　157
10　~亞仙花酒曲江池傳奇　81
　　~元壽　45
　　~元綱　42
　　~耳　88
　　~百藥　55
　　~石　109
　　~雲陽集　170
12　~廷相　184
　　~廷平　47
　　~延壽　55
15　~建勳　162
　　~建州梨嶽詩集　164
17　~孟陽　174
　　~丞相集　162

　　~子中　82
　　~君虞集　158
　　~羣玉　157
21　~頻德　164
22　~嶠詩　154
　　~山甫集　162
24　~德裕　65
　　~德恢　150, 184
25　~紳　66
26　~白　139, 155
　　~白先生　189
　　~皞　95
27　~侗　47
　　~綱　42, 65, 191
28　~徵伯存稿　150, 183
30　~淳　112
　　~涪刊誤　41
　　~之彥　104
　　~宗召　109
31　~濬　66
32　~兆先　150, 183
34　~汝含詩　179
　　~漢　139
　　~遠集　160
35　~清照　131
37　~洞集　162
　　~祁　144, 170
38　~塗　200
　　~裕　59
　　~肇　70
40　~士謙　45
　　~直夫　79
　　~嘉祐詩卷　157
42　~嬌玉香羅記　83

44　~夢陽　87, 147
　　~薦　96
　　~娃傳　67
　　~林甫　69
46　~賀詩歌　159
48　~翰林集　139
49　~妙清花裏悟真如傳奇　81
50　~中　157
　　~推官披沙集　162
　　~忠定公奏議　190
　　~忠定公擬制誥　190
　　~東陽　60, 70, 77, 186, 202, 221
　　~東谷所見　104
　　~泰　75
53　~咸用　162
54　~軌　85
60　~日華南西廂記　82
　　~國紀　104
　　~昌祺　83
　　~昌符　161
　　~昌符詩　161
　　~杲　118, 119
71　~頎詩集　156
　　~原名　43
　　~匡義　96
77　~鵬飛　122
　　~賢　54
　　~堅　188
80　~益　158(2)
　　~益章　179
　　~益集　158

44	~藏真音 45		**4010₀ 士**	22	~嶽魏夫人傳 67
67	~明章聖皇太后女訓 43	00	~齋詩集 186		~山松柏集 224
	~明諸司衙門官制 70		~齋集 151	26	~山野唱集 183
	~明一統賦 217		~林詩選 214	30	~濠居士文跋 219
	~明仁孝皇后內訓 43		**4010₁ 左**	32	~宮靖一 63
	~明律 74	25	~傳要語 36		~溪散人 197
	~明律解附例 74	40	~克明 208		~溪筆錄羣賢詩話前集 201
	~明儀註 42	72	~丘明 36(2)	37	~澗詩餘 195
	~明官制增註 70		**4010₄ 圭**	40	~樵遇仙記 224
	~明孝慈高皇后傳 57	00	~齋文集 142	41	~柯記 67
	~明輿地指掌圖 73		~齋詩 169	44	~村輟耕錄 96
	~明令 74	40	~塘欸乃 195	45	~樓賽和詩集 223
	~明會典 70		~塘小稿 143, 170	47	~都聯句 184
	~明會典序例目錄 70		**臺**		~極星度海棠仙傳奇 81
77	~同府志 71	50	~史集 175	50	~史 55
	~學章句 37	71	~歷百中經 125	88	~銓稿 184
	~學章句大全 37		**4010₇ 直**		**內**
	~學衍義 37	40	~古存稿 179	23	~外傷辨 119
	~學衍義補 37	51	~指玉鑰匙門法 46	48	~翰林稿 188
	~學衍義補目錄 37		**4022₇ 南**		~翰尺牘 193
	~學衍義古文 37	00	~齊書 54		**4024₇ 存**
	~學古文 37		~方草木狀 116	00	~齋文集 144
	~學或問大全 37		~唐近事 69		~齋詠物詩 217
	4004₇ 友	07	~郭子 97		~齋集 170
44	~菊賀先生詩集 179		~部煙花錄 65		~齋歸田詩話 202
		21	~征別錄 187		**皮**
			~征錄 187	60	~日休 105, 139, 162, 164
			~行錄 151, 186		~日休詩 164

3780₆ 資

33　～治通鑑綱目集覽鐫誤　56
　　～暇錄　96

3813₂ 冷

00　～齋夜話　94

3813₄ 渼

10　～西集　147
74　～陂集　175

3814₇ 游

00　～文小史　78

3815₇ 海

00　～底眼　125
21　～上仙方　121
　　～虞陳氏義慈集　225
38　～道經　73
40　～内十洲記　71
72　～岳名言　112
77　～叟詩集　174
　　～叟在野集選　174
80　～翁詩集　79
90　～棠譜　117

3816₇ 滄

32　～州詩集　176
33　～浪詩話　167
　　～浪歌　170
　　～浪逸詩文　167
　　～浪吟　167
38　～海遺珠集　214

3830₄ 遊

23　～崆峒詩　223
27　～名山記　72

遵

38　～道錄　49

3830₆ 道

22　～山清話　96
34　～法權衡玄髓歌　128
53　～成　130
60　～園樂府　194
　　～園遺稿　169
　　～園學古錄　142，169

3912₀ 沙

50　～中金　202

3930₉ 迷

45　～樓記　68

4000₀ 十

10　～一經問對　40
40　～九史略　56
80　～美人慶賞牡丹園傳奇　81

4001₇ 九

00　～章算法詳註　132
10　～靈山房詩　170
　　～靈山房集　143

21　～經補韻　45
36　～邊圖論　73
46　～柏存稿　184

4003₀ 太

00　～玄經　85
　　～玄經釋文　85
10　～平金鏡策　87
17　～乙丹房　121
21　～上黃庭外景玉經　128
　　～上黃庭内景玉經　128
　　～上感應編　128
26　～白山人漫稿　176
　　～白樓集　222
　　～和正音譜　201
30　～宗詩　153
37　～湖志　71
40　～古遺音　51
44　～華希逸志　68
72　～岳太和山志　71

大

00　～唐六典　69
　　～唐西京千佛寺多寶佛塔感應碑文　113
　　～廣益會玉篇　44
04　～誥三編　75
　　～誥武臣　75
　　～誥續編　75
22　～樂律呂元聲　51
　　～樂律呂考註　51
32　～業雜記　69

26 ～穆 133	**3716₄ 洛**	**3730₂ 通**
38 ～肇 67	76 ～陽牡丹記 116	10 ～靈真人 128
40 ～堯君 209	～陽伽藍記 73	30 ～濟方 119
67 ～明 193	～陽名園記 70	50 ～史補遺 77
72 ～氏集 147	～陽風月牡丹仙傳奇 81	88 ～鑑續編 56
3630₃ 還		～鑑博論 57
40 ～真集 129	**3717₂ 涵**	～鑑分類撮要 59
3712₀ 洞	21 ～虛子 51，119（參見"臞仙""誠齋"條）	**3730₄ 退**
00 ～庭湖文集 223	～素詩集 178	28 ～齡洞天太乙丹房 121
～庭湖詩集 223	**3718₁ 凝**	**3730₅ 運**
～庭湖紀事 223	40 ～真軒 215	24 ～化玄樞 75
10 ～天清錄 108	**3718₂ 次**	**3730₈ 選**
湖	47 ～柳氏舊聞 65	04 ～詩 215
10 ～西散人詩集 180	**3719₄ 深**	～詩外編 208
22 ～山類稿 167	10 ～雪偶談 98	～詩續編 207
38 ～海奇聞 83	**3721₂ 祖**	～詩補註 207
澗	03 ～詠集 156	～詩補遺 207
80 ～谷陸放翁詩選 166	**3722₀ 初**	44 ～葬編錄 126
3712₇ 鴻	00 ～唐詩 212	56 ～擇歷書 125
37 ～泥堂小稿 149，180	77 ～學記 133	**3750₆ 軍**
滑	**祠**	50 ～中備急方 121
23 ～稽餘音 197	22 ～山雜辨 106	**3772₇ 郎**
3715₇ 淨	90 ～堂題詠 87	40 ～士元集 157
28 ～倫 130，184		**3780₀ 冥**
72 ～髮須知 132		00 ～音錄 67

04	～詩 208		**3512₇ 清**		**3521₈ 禮**
10	～晉印章圖譜 109	00	～夜錄 101	07	～記註疏 35
13	～武帝別國洞冥記 95	14	～珙 168		～記集註 35
20	～雋 58	21	～虛雜著修真捷徑 129		～記古文 35
26	～魏古辭 208	26	～泉真空 46	28	～儀定式 43
27	～紀 56	30	～塞集 163		**3530₀ 連**
45	～隸例 44	31	～河縣繼母大賢傳奇 80	15	～珠集 215，218
	～隸分韻 44	77	～風亭稿 176	24	～猗亭擬連珠 218
	～隸精華 44		～風祠集 223	32	～叢 87
	3414₀ 汝	80	～尊錄 101		**3530₈ 遺**
40	～南詩話 203		**3513₀ 漣**	27	～鄉 167
	3418₁ 洪	34	～漪亭稿 179		**3611₂ 混**
13	～武正韻 44		**3514₇ 溝**	23	～然子 129
	～武聖政紀 60	22	～斷集 175		**3611₇ 溫**
	～武禮制 41		**3516₆ 漕**	00	～庭筠詩集 160
24	～皓 66	37	～運錄 72		～庭筠別集 160
27	～芻 110		**3520₆ 神**	80	～公續詩話 199
34	～邁辨歙石說 110	43	～機天罡時課 124		**3612₇ 湯**
38	～遵 131	49	～妙秘方 121	30	～液本草 118
60	～景伯 110	60	～口金課訣 124		**渭**
80	～鐘 186		～口金課訣別錄 124	40	～南文集 141
	3419₀ 沐		～異經 73		～南詩 166
60	～景顥 214		～異賦解 127		**3614₇ 漫**
	3426₀ 褚	72	～隱 108	77	～叟拾遺 216
32	～澄 123		～后山秋獮得驪虞傳奇 81		**3621₂ 祝**
72	～氏遺書 123			23	～允明 103，177
	3430₉ 遼				
50	～遼史 56				

67 ～野王 44	**3300₀ 心**	**3410₀ 對**
72 ～氏七記 218	80 ～夔齋集 177	26 ～偶叶音 193
3130₃ 遞	88 ～鑑警語 105	91 ～類 136
44 ～菴詩 188	**3300₄ 必**	**3411₂ 沈**
～世遺音 171	79 ～勝奇法 93	04 ～詩補遺 186
3190₄ 渠	**3313₂ 浪**	09 ～麟 44
76 ～陽詩註 222	22 ～仙長江集 164	10 ～雲卿詩 154
3213₄ 溪	**3314₇ 浚**	21 ～行 220
22 ～蠻叢笑 73	22 ～川子 175	24 ～休文文集 138
3213₀ 冰	**3322₇ 補**	～休文詩集 153
22 ～崖雜錄 189	12 ～刊袁海叟在野集	27 ～約 54,138,153
77 ～堅遺稿 167	174	28 ～佺期 154
3216₄ 活	**䰞**	44 ～夢麟 144,171
80 ～人心 119	44 ～藻文章百段錦	52 ～括 94
3216₉ 潘	203	77 ～周 186,218
00 ～亨 167	**3390₄ 梁**	**池**
26 ～自牧 134	30 ～寅 57	50 ～本理 93
52 ～援 211	42 ～橋 76	**3411₄ 灌**
3222₁ 祈	～橋宇 39	60 ～圃耐得翁 72
22 ～山小稿 185	44 ～蘭 180	**3411₈ 湛**
3230₂ 近	50 ～書 54	44 ～若水 37,39,
23 ～代名臣言行錄	72 ～丘子 128	49,50,149,183
62	～丘子解黃庭外景	**3413₁ 法**
3230₉ 遜	玉經 128	41 ～帖譜系雜說 112
40 ～志齋集 175	～丘解黃庭内景玉	～帖刊誤 112
	經 128	～帖釋文 112
		3413₅ 漢
		00 ～唐秘史 57

3090₁ 宗

44　～林　130

察

77　～罕　57

3090₄ 宋

00　～高宗　112
　　～庠　36
　　～文鑑一百五十篇　204
　　～讓　79
04　～詩正體　212
　　～詩絶句選　212
17　～孟清　201
26　～伯貞　51
27　～魯珍　126
28　～徽宗　131
30　～濂　44，56，60，86，146
　　～之問詩　154
40　～克真草法帖　114
44　～藝文志　76
47　～朝燕翼貽謀録　65
50　～書　54
60　～景文公筆説　98
68　～晦菴先生同年録　76
72　～氏傳芳録　224
77　～學士潛溪文集　146
80　～人真跡　112
　　～慈　74

　　～公傅　213
88　～敏求　95

3111₀ 江

10　～西詩法　201
37　～湖紀聞　99
48　～斅英　106
67　～暉　149，180

3111₁ 涇

50　～東小稿　180

3111₄ 汪

00　～廣洋　174
02　～端禮　48
10　～元亨　197
　　～元量　167，196
12　～水雲詩　167
20　～舜民　149，180
30　～淳叔　134
34　～汝懋　108
35　～神童詩　167

3112₀ 河

21　～上丈人　88
　　～上公註老子　88
22　～嵩神靈芝獻壽傳奇　81
28　～汾諸老詩集　213
50　～東先生龍城録　96
72　～岳英靈集　209

3112₁ 涉

50　～史隨筆　63

3112₇ 馮

35　～清　93，187
38　～海粟梅花百詠　219
44　～蘭　77
　　～贄　101
80　～善　41

3113₂ 涿

32　～州志　71

3116₀ 酒

08　～譜　115
88　～籌　131

3116₁ 潛

50　～夫　72

3116₈ 濬

28　～復西湖録　73

3126₆ 福

31　～源石屋琪禪師語録　130
　　～禄壽仙官慶會傳奇　81

3128₆ 顧

00　～諒　105
10　～元慶　112
12　～發齋　203
19　～璘　218
22　～鼎臣　121
36　～況集　158

3013₇ 濂

37　～洛風雅　212

3014₇ 淳

77　～熙玉堂雜記　70

3020₁ 寧

10　～王　57

3021₂ 完

01　～顏章　51

3021₂ 宛

74　～陵詩　165

3021₇ 扈

28　～從巡邊詩　223
32　～巡自慰小稿　187

3022₇ 房

34　～淇　213

3023₂ 家

04　～塾事親　118
　　～記　48
35　～禮集說　41
　　～禮補註　41
　　～禮節要　41
　　～求人　211
　　～規輯要　42
　　～居集　175

3090₂ 永

22　～樂聖政記　61

40　～嘉先生　82, 101, 219
　　～壽王　46, 113, 114, 172
　　～壽王詩韻　32

3026₂ 宿

00　～齋談錄　103

3030₃ 寒

22　～山子集　164
82　～鐙衍義　130

3030₄ 避

44　～菴詩集　180

3032₇ 寫

95　～情集　195

3033₆ 憲

27　～綱　74

3040₄ 安

10　～雅堂詩集　170
44　～老懷幼書　121
67　～晚　110

3060₂ 宕

37　～渠唱和　187

3060₄ 客

30　～窗夜話　79

3060₀ 宮

40　～大用　79

3060₈ 容

22　～山鍾秀集　214

3071₇ 宦

38　～游稿　185

3077₇ 官

88　～箴　107

3080₁ 定

00　～襄詠物詩　218
　　～襄集　177
22　～山先生詩集　173
　　～山先生集　147
77　～興王平定交南錄　60

3080₆ 寶

10　～章待訪錄　111
77　～賢堂集古法帖　111

寶

00　～齋梅花詩　220
22　～山詩集　180
37　～退錄　94
88　～竹詩餘　177, 196
　　～竹稿　177
　　～竹遺行錄　78

寶

44　～苹　115
90　～惟遠　213

	～寒瑣言 120	20	～皎然杼山集 163	77	～月 83
	～寒家秘的本 120	35	～清江詩 164		**3010₂ 空**
	～寒家秘殺車槌法 120	60	～貫休集 163	77	～同詩文全集 147
	～寒治例 120	80	～無可集 163		～同子 87
	～寒明理方論 122	90	～懷讓 181	80	～谷景隆 130
	～寒明理論 121		～尚顔集 164		**3010₆ 宣**
	2823₇ 伶		**2829₄ 徐**	10	～平巷劉金兒復落娼傳奇 80
00	～玄 65	10	～霖 74	26	～和牌譜 131
	2824₀ 傲	14	～瓘 126		～和遺事 68
51	～軒詩集 170	17	～子平 125		～和畫譜 132
	徽	23	～獻志 215		～和奉使高麗圖經 72
30	～宗宮詞詩集 165	25	～積 48, 141		**3010₇ 宣**
	2824₇ 復	31	～禎卿 147, 175, 222	10	～齋野乘 97
40	～真劉三點脈訣 118	34	～遠 183		**3011₄ 淮**
44	～菴詠梅詩 220		～達左 47	31	～江異人錄 99
	2825₃ 儀	35	～迪功詩 175	38	～海文集 140
00	～註 190		～迪功集 147		～海詩 166
35	～禮旁通圖 35	40	～大昇 126(2)		～南子鴻烈解 90
	～禮註疏 35	44	～兢 72		**3011₇ 瀛**
	～禮傳 35	48	～幹中論 86	32	～洲集 182
	～禮逸註 35	53	～咸 62	40	～奎律髓 211
	～禮考註 35	60	～昌穀 202		**3012₃ 濟**
	～禮圖 35	72	～氏胎産方 120	25	～生産寶諸方 122
	2826₆ 僧	74	～陵 208	27	～急仙方 121
00	～齊己集 163	77	～堅 133	40	～南先生師友談記 96
	～廣宣詩 164	88	～節孝文集 141	78	～陰方 120
10	～靈一集 163		**2854₀ 牧**		
		77	～民忠告 107		
			2998₀ 秋		
		16	～碧樂府 197		
			～碧軒集 189		

2725₂ 解

21 ～縉　147, 175
77 ～學士詩　175
　　～學士先生春雨堂集　147

2725₇ 伊

22 ～川擊壤集　165
37 ～洛淵源錄　62

2731₂ 鮑

23 ～參軍集　138
　　～照　138, 152
　　～照詩　152

2732₇ 烏

23 ～台詩案　201

2733₂ 忽

60 ～思慧　122

2733₆ 魚

00 ～玄機詩集　164

2733₇ 急

48 ～救易方　119
60 ～見　52

2741₂ 免

27 ～疑字韻　45

2742₇ 鄒

27 ～魯　214
30 ～賽貞　151, 186

70 ～璧　77
84 ～鈜　121(2)

2748₁ 疑

43 ～獄三集　74
　　～獄集　74
　　～獄續集　74

2750₂ 犁

77 ～眉公集　146

2752₀ 物

27 ～象通占　124

2760₂ 名

22 ～山洞天福地記　71
27 ～物蒙求　52
46 ～相贊　217

2760₃ 魯

00 ～齋文集　143
　　～齋詩　168
　　～齋遺書　49
10 ～至剛　129

2762₇ 鷫

27 ～峰雜著　98
　　～峰續錄　225
　　～峰別錄　225
　　～峰錄　225

2771₂ 包

21 ～何　157
　　～何集　157

24 ～估集　157
40 ～孝肅公奏議　190
57 ～拯　190

2790₄ 彙

40 ～吉和鳴集　221

2791₇ 紀

17 ～君祥　82
21 ～行雜志　187
　　～行詩餘　181
　　～行詞　196
　　～行錄　181

絶

27 ～句博選　211

2792₀ 綱

60 ～目前編　56

絅

00 ～齋詩　187

約

00 ～言　87
17 ～子和尚自還俗傳奇　81

2793₂ 綠

15 ～珠內傳　66

2822₇ 傷

30 ～寒證脈藥截江網　120
　　～寒一提金　120

	130	76	~陽王太傅集錄 149,182		~製明堂或問 41 ~製箴 104
37	~净倫 184		**2713₆ 蟹**	44	~著大狩龍飛錄 62
38	~道泰 45	08	~譜 117		**2722₂ 修**
40	~來復 186		**2720₀ 夕**	20	~辭鑑衡 201
80	~普太 181	22	~川詠物詩 217	72	~髩子 45
90	~常談 95		~川愚特 105		**2722₇ 僞**
	繹		**2720₇ 多**	48	~梅香騙翰林風月雜劇 80
37	~過亭聯句稿 222	21	~能鄙事 131		**2723₂ 象**
	2710₇ 盤		**2721₀ 佩**	22	~山語錄 48
22	~山棲雲大師語錄 129	22	~觽 44		~山先生略 48
80	~谷詩 173	44	~蘭子文集 150	44	~棋勢譜爛柯經 132
	~谷集 146		~蘭子詩 185		~棋金鵬十八變 132
	2711₇ 龜		**2721₇ 倪**		**2723₄ 侯**
22	~山文集 141	40	~希程 209	25	~鯖錄 94
	~山詩 166		**島**		**2724₂ 將**
	~山先生語錄 47	44	~藻集 146	88	~鑑博議論斷 64
	~山先生書 47		**2722₀ 勿**		**2724₇ 殷**
	~山史論 63	51	~軒文集 142	00	~文珪集 162
	2712₇ 歸		**御**	10	~雲 149
24	~休稿 254	22	~製文集 145		~雲霄 183
37	~湖岡文 144		~製文集類編 145	12	~璠 209
	~湖岡詩 171		~製爲善陰隲 62	40	~太史比干錄 222
40	~去來辭 113		~製詩集 172(2)	48	~敬順 88
60	~田集稿 168		~製大誥 74		
77	~閑文篆 148		~製孝順事實 62		
	~閑詞 196		~製賦歌 172		
	2713₂ 黎				
10	~雲寄傲詞 197				
40	~堯卿 133				

34	~蓮集　163		59	**2641₃ 魏**	
39	~沙詩近稿　174		~明漕船志　72	00	~慶之　201
	~沙詩教　203		~明祖訓條章　75	04	~詩　208
44	~猿傳　67		~明資世通訓　50	13	~武帝註孫子　92
72	~氏長慶集　139		~明忠誠伯錄　225	17	~君用　121
	~氏策林　216		~明開國功臣錄　59	28	~收　55
77	~居易　139，158，199，216		~明慈谿詩選　215	40	~壽　222
				46	~觀　176
	自		**2621₃ 鬼**	50	~書　55
48	~警要語　105	80	~谷子　90		**2690₀ 和**
	~警編　105		~谷先生前定數　125	00	~唐詩絶句　218
93	~怡集　173			24	~㠀　74
	2610₄ 皇		**2623₂ 泉**	37	~凝　74
10	~王大學通指舉要　37	21	~上稿　175	44	~杜詩　219
47	~極經世書說　86		**2624₁ 得**	77	~陶詩　218
53	~甫謐　66	77	~月稿　171		**2691₄ 程**
	~甫放非煙傳　67		**2628₁ 促**	02	~端蒙　51
	~甫湜　139	23	~織論　117	10	~雪樓集　143
	~甫枚遵　100		**2629₄ 保**	44	~董二先生學則　51
	~甫冉集　157	25	~生備錄　120		~若庸　52
	~甫持正文集　139		~生管見　93	48	~梅屋詩集　167
	~甫曾集　157	66	~嬰集驗方　122	50	~本　91
	~甫錄　177		**2633₀ 憩**		~貴卿　195
67	~明文衡　206	44	~菴字法　112	72	~氏訓　50
	~明詔赦　190		**2640₀ 卑**		~氏外書　49
	~明一覽　62	28	~牧吟稿　178		~氏遺書分類　49
	~明西江詩選　215			88	~敏政　207，213
	~明政要　59				**2694₁ 釋**
	~明御製樂府　195			27	~名　44
	~明御製箴　49			36	~迦如來成道記
	~明御製策要　76				
	~明名臣言行錄				

2498₆ 續

- 00 ～齊諧記　95
- ～文章正宗　205
- ～文房職官圖贊　110
- 03 ～詠雪唱和　221
- 10 ～百將傳　66
- 22 ～斷　63
- 37 ～洞天清錄　108
- ～資治通鑑綱目　57
- 43 ～博物志　109
- 46 ～觀感錄　105
- 50 ～書譜　111
- 80 ～前定錄　96

2500₀ 牛

- 28 ～僧孺　66,99

2522₇ 佛

- 34 ～法不可滅論　130

2524₃ 傳

- 17 ～習錄　49
- 40 ～奇　100
- ～奇辨證　67
- ～奇傍記　67

2524₆ 使

- 10 ～琉球錄　61
- ～西日記　97
- 44 ～韃日錄　69
- 50 ～東日錄　186
- 67 ～郢稿　186

2590₀ 朱

- 00 ～彥修　122
- ～彥修格致餘論　120
- ～應祥　174
- ～慶餘集　159
- ～文公全集　166
- 10 ～震亨　119
- ～可久　159
- ～廷立　41
- 17 ～子家禮集註　41
- ～子大學或問　37
- ～子中庸或問　38
- 21 ～虛白　51
- 24 ～德潤　109
- ～升　53
- 27 ～凱　131
- ～淑貞　167
- 36 ～澤民集　143
- 40 ～希晦　170
- ～熹　33,34,37,38(3),39,41(2),42,47,48,51,62,139,166,207,208
- ～韋齋詩集　166
- ～韋齋奏議　191
- ～韋齋小集　141
- 46 ～槔　166
- 48 ～翰　215
- ～松　141,166,191
- 50 ～申　35
- 53 ～輔　73
- ～彧　96
- 60 ～景玄　132
- 72 ～隱老　86

2591₇ 純

- 76 ～陽真人混成集　164
- ～陽呂真人文集　163
- ～陽呂真人傳　68

2592₇ 繡

- 34 ～法　132
- 80 ～谷清隱坊　52

2599₆ 練

- 30 ～安　147,175

2600₀ 白

- 00 ～鹿洞書院揭示　42
- 10 ～玉蟾武夷集　129
- ～玉蟾海瓊問道　129
- ～雪遺音　195
- ～石稿　144
- ～雲許文懿公文集　144
- ～雲許文懿公集　171
- 21 ～虎通　39
- 22 ～樂天詩　159
- ～樂天諷諫　216
- 24 ～先生指玄篇　129
- ～先生金丹火候圖　129

幽

77　～閒鼓吹　65
97　～怪錄　99

2290₁ 崇

10　～正辨　106

2290₄ 欒

43　～城先生遺言　98

欒

00　～府餘音　195
07　～韶鳳　44
30　～安語錄　49
50　～史　65, 66
80　～全詩集　182
　　～全續集　182

2294₇ 稱

62　～呼語類　53

2320₀ 外

24　～科精義　120

2320₂ 參

00　～玄續集　213
　　～玄別集　213

2323₄ 狀

10　～元記事　68

2324₂ 傅

74　～肱　144

2350₀ 牟

15　～融集　163

2355₀ 我

00　～齋寓莆詩　183
　　～齋寓莆手簡　193
　　～齋寓莆集　149

2360₀ 台

50　～中文議　202

2371₂ 峒

27　～峒集　174

2390₄ 秘

25　～傳經驗方　121
　　～傳外科方　120

2396₁ 稽

40　～古定制　42

2397₂ 嵇

00　～康　137
　　～康詩　152
50　～中散集　137
80　～含　116

2411₇ 黦

94　～情集　83

2420₀ 射

35　～禮儀節　42

2421₁ 先

21　～儒學範　42

2421₇ 仇

34　～遠　168

2422₇ 備

35　～遺錄　60

2423₁ 德

30　～宗詩　153
76　～隅齋畫品　131

2424₁ 待

72　～隱園集　223

2426₀ 儲

03　～泳　106
44　～華谷祛疑說　106
67　～嗣宗集　160
90　～光義詩集　156

2451₀ 牡

77　～丹譜　220
　　～丹百詠　220
　　～丹榮辱志　116

2460₁ 告

27　～條民要　107

2480₆ 贊

30　～寧　116

2133₁ 熊

27　～峰集　150，184
　　～勿軒集　143
82　～鈇　142

2140₆ 卓

60　～異記　95

2172₇ 師

25　～律提綱　93
60　～曠禽經　110

2180₆ 貞

37　～淑秀拜月訴衷腸　80
46　～觀故事政要　59

2190₃ 紫

21　～虛崔真人脈訣　118
　　～陽仙三度常春檮傳奇　81

2191₀ 紅

26　～線傳　67

2191₄ 經

25　～傳警語　40
30　～進周曇詠史詩　162
50　～史正音切韻指南　45
　　～史動靜字音　45
　　～史海篇直音　46

55　～典釋文　33
78　～驗良方　119(2)
88　～筵餘旨　49

2210₈ 豐

10　～干長老詩　164

2220₇ 岑

23　～參　156
40　～嘉州集　156

2221₄ 任

00　～亨泰　179
23　～狀元遺稿　179
26　～自垣　71
32　～淵　165
60　～昉　203
72　～氏傳　67

2221₅ 崔

27　～豹古今註　109
　　～峒集　158
35　～清獻公奏劄　191
　　～清獻公全錄　142
38　～塗集　161
60　～國輔詩　156
61　～顥詩集　156
64　～時佩　82
66　～曙集　161
77　～與之　142，191
80　～令欽　100
84　～銑　33，86
90　～少玄傳　67

2222₇ 鼎

87　～錄　110

嵩

72　～岳嫁女記　67

2224₇ 後

22　～山文集　141
　　～山詩話　199
　　～山詩集　166
　　～山詞　194
　　～山談叢　95
　　～山理究　49
34　～漢書　54
77　～同聲集　221
　　～周書　55

2227₀ 仙

25　～傳外科集驗方　120

2272₁ 斷

76　～腸詩　167

2277₀ 山

30　～家清事　108
38　～海經注　70
　　～海經圖　72
77　～居四要　108
80　～谷老人刀筆　192
　　～谷黃太史詩註　165
90　～堂考索　135

2110₀ 上

35 ～清紫庭追瘵仙方 121
44 ～蔡先生語錄 48

止

00 ～庵詩集 223
～齋 101，219
～齋文集 141
～齋詩 166
～齋論祖 217
44 ～菴觀感詩 77
90 ～卷論訣 217

2121₂ 盧

00 ～襄 148，178，192
26 ～和 119
28 ～綸集 157
41 ～楷 149，180
47 ～柳南小簡 193
67 ～照隣詩 153
77 ～民表 83
80 ～全詩 159
～全別集 159

伍

20 ～喬集 163

虛

26 ～舟詞 198
～舟集 178
30 ～窗詩 188

2121₇ 虎

44 ～林高隱集 171

2122₀ 何

12 ～水部集 138，153
17 ～孟春 61，77，119，121，138
～子 87
20 ～喬新 66
24 ～休 36
25 ～仲默集 175
27 ～粲註亢倉子 88
32 ～遜 138，153
40 ～士泰 126
～大復論 91
41 ～垣 104
60 ～晏 38
～景明 71，87，91，147，175，205，209
72 ～氏集 147，174
80 ～無適 209

2122₁ 衛

25 ～生寶鑑 122
30 ～宏 34

行

37 ～軍須知 93

衍

80 ～義補摘要 37

2121₇ 虎

60 ～見餘論 63

肯

38 ～綮錄 103

儒

77 ～學樞要 136

2123₄ 虞

07 ～韶 52
17 ～邵菴批點文選心訣 206
20 ～集 142，155，169，194，206
26 ～伯生 83
27 ～紹菴 194
44 ～荔 110
～堪 147
～世南詩 153

2123₇ 優

60 ～曇 129

2124₆ 便

00 ～產須知 122

2128₆ 須

32 ～溪精選放翁詩集 166

穎

33 ～濱文粹 140

199

1762₇ 邵

00　～雍　86，165
　　～文伯　99
06　～謁集　161
　　～謁傳　68
30　～寶　39，183
40　～奎　179
60　～國寶　149
90　～半江詩集　179

1771₀ 乙

77　～卯避暑錄　101

1812₂ 珍

15　～珠龍鳳汗衫記　80

1814₀ 政

26　～和經史證類備用本草　118
88　～鑑　59

1818₁ 璇

12　～璣回文詩詞　214

1918₀ 耿

25　～純　193
　　～湋集　157

2010₄ 壬

80　～午功臣爵賞錄　60
　　～午功臣別錄　60

重

00　～慶堂詩　224
　　～慶堂詩恩慶集　224

2022₇ 喬

44　～夢符　79
86　～知之詩　154

爲

18　～政準則　107
　　～政勸懲錄前集、後集　107

2024₇ 愛

35　～禮文集　150
　　～禮詩　185

2033₁ 焦

99　～榮　126

2040₀ 千

00　～文四通　113
10　～一齋次韻百詠梅詩　221
　　～一齋分類百詠雪詩　221
29　～秋金鑑祠堂題詠　87
　　～秋金鑑錄　87
30　～家姓　76

2040₇ 雙

26　～偶集　83

～泉詩集　172

2041₄ 雞

74　～肋　99

2050₀ 手

36　～澤聚芳　171

2060₉ 香

08　～譜　110
40　～臺集　68

2071₄ 毛

04　～詩註疏　34
　　～詩古文　34
30　～良　177
40　～直方　134

2090₄ 采

77　～風集　184

集

16　～聖賢羣輔錄　61
40　～古兵法　92
50　～事詩鑒　104
60　～異記　95
80　～鐘鼎古文韻選　45

2090₇ 秉

21　～衡　106
96　～燭清談　83

2092₇ 稿

50　～事詩詠　223

34	～子古文 38	21	～熊 88		～書纂數 136	
	～浩然詩 155		**1723₂ 豫**		～書鈔方 118	
	～浩然踏雪尋梅傳奇 81	00	～章先生書 47		**1750₇ 尹**	
38	～榮 199		～章黃山谷詞 194	00	～文子 89	
50	～東野文集 139		**1733₂ 忍**	26	～和靖文集 141	
	～東野詩 159	50	～書 104		～和靖奏劄 191	
60	～貫集 163		**1740₇ 子**		～和靖年譜 141	
	1712₇ 鄧	10	～平三命通變 125	40	～直 217	
27	～伯道棄子留姪 79		～平淵海大全 125		～喜 89	
42	～析子 90	44	～華子 91	57	～邦憲 194	
	耶	60	～思子 47	90	～焞 141, 191	
25	～律純 126	67	～略目 76		**1760₇ 君**	
	～律學士星命秘訣 126	80	～俞子螢雪叢說 98	71	～臣表忠故事 52	
	1714₀ 珊		**1740₈ 翠**		**1762₀ 司**	
17	～瑚鉤詩話 199	21	～虛編 129	28	～牧馬經痊驥通玄論 122	
	1714₇ 瓊	77	～屏集 144, 170	30	～空曙集 157	
40	～臺吟稿 179		**1742₇ 邢**		～空圖詩 157	
44	～林雅韻 45	00	～讓 150, 185	71	～馬文正公集略 140	
83	～館白玉蟾玉隆集 129	60	～昺 38, 39, 43		～馬文正公奏議 191	
	～館白玉蟾上清集 129		**1750₁ 羣**		～馬稑苴 91	
	1716₄ 珞	22	～仙慶壽蟠桃會傳奇 81		～馬先輩集 160	
17	～琭子消息賦 125		～仙要語 128		～馬微言 133	
	1722₇ 鸞	44	～英會詠集 224		～馬遷 54	
17	～子 88	50	～書集事淵海 135		～馬法 92	
			～書備數 135		～馬法解 92	
			～書續鈔 119		～馬札 160	
			～書鉤玄 136		～馬氏居家雜儀 42	
					～馬光 42, 46, 131, 133, 140, 191,	

1249₃ 孫

53　～臧　87
72　～氏談苑　100

10　～一元　176
　　～璽　185
　　～可之文集　139
　　～武子　92
　　～強　44
17　～子斷註　92
21　～仁　69
24　～升　96
25　～仲益尚書小簡　193
30　～賓　124
37　～過庭　111
38　～榮　100
40　～真人藥性賦　118
　　～樵　139
　　～奭　38
44　～蔓　217
46　～覿　193
60　～思邈　121
71　～原理　213
80　～公談圃　96
86　～錦　176, 220
91　～恂　44

1314₀ 武

10　～三思詩　154
　　～元衡集　158
　　～平一詩　154
11　～甄　154
21　～經節要發揮　93
27　～侯將苑　92
　　～侯十六策　92
　　～侯十策　92
30　～定侯　76
32　～溪詩　167
　　～溪集　140
44　～黃條例　70
　　～林舊事　72
50　～夷詩集　223
77　～舉奏議　192

1340₀ 恥

44　～菴詩　187

1413₁ 聽

10　～雨紀談　97

1420₀ 耐

26　～得翁　72

1519₆ 疎

30　～寮選詩句圖　200
　　～寮騷略　216

1540₀ 建

00　～康路三茅山崇禧萬壽宮記　113
90　～炎進退志　65
　　～炎時政記　65

1610₄ 聖

46　～駕臨雍錄　61
47　～朝頒降洗冤錄　74
　　～朝欽定儀注　41
60　～跡錄　62

77　～門事業圖　42
　　～學心法　40
　　～學格物通　37
　　～賢格語碎金集　99
　　～賢精義　40

1611₅ 理

28　～傷續斷方　121
77　～學正編　106
　　～學續編　106

1623₆ 強

10　～至　78
24　～佐史文　148
40　～左史詩集　177
60　～晟　78, 148, 177, 203

1660₂ 碧

10　～雲散仙　129
　　～雲騢　96

1661₂ 硯

08　～譜　110

1710₂ 孟

07　～郊　139
10　～郊　158
　　～元老　72
　　～雲卿詩集　156
17　～子　47
　　～子正義　38
　　～子集註　38
　　～子集註大全　39

17	~弼　147, 174, 188		~耒　97	**1220₀ 列**	
	~弼詩　188		~泰　176	17	~子　88
	~子語錄　48	53	~蠙　162		~子口義　88
	~子壽曲江集　138		~蠙詩集　162	22	~仙傳　128
	~君房　100	57	~邦基　102	27	~禦寇　88
	~司業集　159		~輅　68	**1223₀ 水**	
20	~喬　161	60	~昇　131, 218		
	~喬集　161		~昌　144, 170	07	~部詩曆　178
	~維　119		~固　65	10	~雲詞　196
21	~處士集　159		~景　74	21	~經　70
	~穎　45	77	~間　198	50	~東日記　99
30	~憲　169		~又新　116	**弘**	
	~良　124		~賢　187		
33	~治道　175	80	~養浩　49, 107,	38	~道集　150, 185
34	~湛　88		144, 168, 197	**1240₀ 刑**	
	~湛註列子冲虛至	87	~欽　71		
	德真經　88	88	~籍　158	20	~統賦　74
	~祐　159	90	~光弼　169	**1240₁ 延**	
37	~祿　198		~光弼詩　169		
38	~道洽　220	**1164₀ 研**		10	~平先生書　47
40	~九韶　106, 135				~平李先生師弟子
	~九齡　87, 138,	77	~岡集　178		答問　47
	154	**1173₂ 裴**			~平答問後錄　48
	~九齡詩　154				~平答問補錄　48
	~克修　191	76	~駰　54	**1241₀ 孔**	
	~志和　89	82	~鉶　100		
	~志道　144, 170	**1217₂ 瑤**		10	~平仲　100
	~吉　148			17	~子家語　38
	~吉堯　179	34	~池會八仙慶壽傳	21	~穎達　33(2), 34,
44	~芹　60		奇　81		35, 36
	~茂　73	**聯**		24	~鮒　43, 87
	~戀賢　178			30	~安國　33
	~華　109, 110	15	~珠集　177		~安國書序　34
48	~幹山　68, 127		~珠野史蠡測古事	32	~叢子　87
50	~表臣　199		52		

1062₀ 可

10　～齋集　180

1064₈ 碎

80　～金　105

醉

60　～思鄉王粲登樓雜劇　80
80　～翁談錄　102

1073₁ 雲

22　～巖詩集　222
　　～仙散錄　101
27　～峰詩　170
　　～峰胡先生文集　144
32　～溪友議　102
40　～臺編　161
　　～南諸夷圖　71
44　～莊休居自適小樂府　197
　　～林清賞　197
48　～松巢先生詩集　170
76　～陽李先生文集　144

1080₆ 貢

00　～文清公雲林詩集　169
40　～奎章　169
80　～父詩話　199

賈

03　～誼　85
　　～誼新書　85
20　～信　125
27　～島　163, 164
60　～昉　134
　　～思勰　115
80　～公彥　35(2)

1111₀ 北

00　～齊書　55
21　～上稿　186
　　～征記　60
　　～征錄　60
32　～溪先生字義詳講　50
38　～游集　181
50　～史　55
60　～里志　100

1111₁ 非

60　～國語　36
72　～丘子琴譜　51

1111₄ 班

60　～固　54

1111₇ 甄

28　～以行　154
77　～月娥春風慶朔堂傳奇　80

1112₇ 巧

34　～對便蒙　193

1118₆ 項

42　～斯　160
　　～斯集　160

1120₇ 琴

00　～音註文　50
33　～心真逸　40
90　～堂虛實五星旨要　126

1121₂ 麗

36　～澤會詩集　224
95　～情集　100

1123₂ 張

00　～商英　34, 89, 129
　　～文僖公和唐詩鼓吹　218
　　～文淵　53
　　～文忠公文集　143
04　～靖　131
08　～鷟　75
　　～說　66, 154
　　～說詩　154
10　～元應　221
　　～平叔　128
　　～天師明斷沈鈞月傳奇　81
11　～珩　107
　　～預　66
12　～璞　174
13　～瑄　187
14　～琳　106, 119
16　～璁　41

兩

47　～朝詔令　190
　　～朝儀註　190

1023₂ 震

36　～澤語錄　48

1024₇ 覆

01　～瓿犂眉集　173

夏

00　～文彥　130
30　～寅　59
34　～汝霖　196
44　～蘊輝　78
50　～忠靖公遺事　78
60　～暘　197

1040₀ 干

30　～寶　128

于

08　～謙　148，179，192
13　～武陵集　160
27　～鵠　158
　　～鵠集　158
34　～濆　161
　　～濆集　161
37　～鄴　160
　　～鄴集　163
50　～蕭愍公集　148，179

1040₆ 覃

37　～湖小稿　178

1040₉ 平

30　～宛錄　75

1043₀ 天

20　～香圃牡丹品傳奇　81
31　～順目錄　60
72　～隱子　89
　　～隱子後序口訣　89

1060₀ 百

22　～將傳　66
30　～家姓　76
50　～中經　126

石

18　～玠　223
　　～珤　150，184
22　～川遺集　149
　　～川遺稿　182
24　～稜粲然稿　184
31　～渠老人　106
37　～湖菊譜　116
　　～林詩話　199
　　～林燕語　95
60　～田稿　186
　　～田畫詩　218
77　～屋詩　168(2)
　　～屏詩集　167
　　～屏詞　194

西

80　～翁淨稿　147，173
　　～鍾山集　223

西

　　～廂記　79
　　～京雜記　57
08　～郊野叟　199
21　～征石城記　61
　　～行紀　181
22　～崖擬古樂府　77
　　～溪叢語　102
24　～漢文鑑　205
　　～漢詔令　190
　　～漢書疏　205
40　～查集　186
　　～南涉屺集　225
64　～疇老人常言　104

酉

76　～陽雜俎　94

1060₁ 晉

00　～文春秋　58
44　～世子　111
50　～書　54

吾

21　～衍子　113

1060₃ 雷

35　～神紀事　222
44　～世清　83
99　～爕　83

43	~越 149, 183		~音類聚四聲篇海 46		**元**	
	~林 65	21	~經對語 39	00	~音 213	
44	~夢弼 212		~經類語 39	04	~詩正體 212	
	~勃 130, 153	23	~代史記 55		~詩體要 213	
	~勃詩 153	27	~色線 99	21	~經消息賦注 126	
	~若虛 40	28	~倫詩選 214	24	~結 139, 156, 209, 216	
	~英 122		~倫書 39			
46	~觀 116		~倫全備記 82		~結詩 156	
	~朝雍 211	47	~塢草堂集 148, 178		~積 66, 139, 159	
47	~朝卿 150, 183				~積詩 159	
	~好古 118		~塢奏議 192	35	~遺山詩集 168	
48	~翰 171		**1010₈ 靈**	37	~次山文集 139	
50	~素 77	44	~棋經 123	43	~城先生語錄 48	
58	~鏊 36		**1011₁ 霏**		~城先生行錄 48	
60	~冕 170, 220	10	~雪錄 97	47	~好問 168, 194, 210, 213	
	~昌齡集 156		**1011₃ 疏**			
71	~厚之 109	30	~寮子略 133	50	~史 56	
72	~氏 75		**1014₁ 聶**		~史闡幽 64	
	~氏論衡 91	40	~大年 177	72	~氏長慶集 139	
	~氏家藏集 175		**1017₇ 雪**		**1021₂ 死**	
76	~陽明 49	20	~航集 178	25	~生交范張鷄黍雜劇 80	
77	~周集 163		~航膚見 63			
	~履 120	22	~崖老人 45		**1021₄ 雅**	
	~履道 126	37	~湖詠史錄 77	81	~頌正音 214	
80	~介甫臨川集 140		**1020₀ 丁**		**1022₃ 霽**	
	~舍人友石詩集 178	10	~晉公談錄 98	22	~山白石樵唱 168	
	~曾 98	47	~鶴年詩集 169		**1022₇ 爾**	
	~公四六話 199			10	~雅註疏 43	
81	~銓 67, 200				~雅釋文 43	
97	~懶雲 77					
98	~燸 223					
	1010₇ 五					
00	~音集韻 45					

	～元參贊延壽書 122		**1010₄ 王**		148
	～元節要 126				～虎谷博趣齋稿附錄 148
12	～水小牘 100	00	～充 91		～偶 178
	～峰盧氏可齋集 149		～彥貞 79	23	～狀元集註東坡詩 165
30	～家世典 78		～齊元 71		～紱 178
31	～渠巴語 187		～應麟 91	24	～佐 179
40	～才決疑馬前課 124		～廣謀 38	25	～偉 146
47	～朝聖諭錄 60		～文正公偉文集 146	27	～盤 117
48	～教平心論 130		～文正公遺事 77		～磐 117, 198
53	～輔黃圖 70		～文正公筆錄 98		～絅 220
60	～國志通俗演義 78		～褒 153	28	～從之 101, 219
88	～餘贅筆 97	07	～韶 214		～綸 122
		10	～璽 118	30	～安石 140, 191, 194
	正		～西樓樂府 198		～宏道 126
21	～經音訓 36		～西樓野菜譜 117		～實甫 79
48	～教編 50		～雲鳳 148, 176, 221, 222	31	～涯 85
			～天游筆疇 106		～禎 115(3)
	1010₃ 玉	12	～廷相 87(2), 175	34	～汝玉 189
10	～靈聚義總錄 124	13	～琯 212		～洪 150, 185
27	～峰主人 83	14	～瓚 50		～達善 64, 106
37	～瀾集 166	17	～建宮詞 161	37	～通 86
40	～臺新詠 208		～瓊 192	38	～途 143
	～壺冰 108		～弼 33(2)	40	～十朋 141, 165, 191, 205, 216
42	～機微義 118		～子謙 189		～十朋荊釵記 82
44	～楮詩稿 165		～子年拾遺記 94		～九思 147, 175
88	～篇廣韻指南 44		～君玉 98		～太傅詩選 182
	～簫女兩世姻緣雜劇 80	18	～瑜 114		～希武 206
	～笴集 169	20	～舜耕詞 197		～肅 125
90	～堂春百詠 220		～季友集 154		～嘉 94
			～雙溪文集 167		～右丞集 138
			～維 138, 156	41	～桓 178
		21	～虎谷詩 176		
			～虎谷博趣齋稿		

72	~氏 126		**0844₀ 效**	37	~渾 160	
	~氏家傳 78	11	~顰集 83	40	~堯佐柳氏傳 67	
	~氏遺芳集詩選 215		**0861₂ 説**		~有壬 143, 170, 195	
84	~鎮 177	00	~玄 85	48	~敬宗詩 153	
	郊	44	~苑 85	72	~氏説文解字五音韻譜 44	
37	~祀考議 41		**0862₇ 論**	94	~慎 90	
	0761₇ 記	01	~語註疏解經 38	99	~榮孟 132	
88	~纂淵海 134		~語集註 38		**0866₁ 譜**	
	0762₀ 詞		~語集註大全 38	20	~雙 131	
44	~林備要 79		~語古文 38		**0925₉ 麟**	
	~林摘豔北八宮 198	17	~孟古義 101, 219	40	~臺野筆 69, 101, 219	
	~林摘豔南北小令 198	21	~衡纂要 91		**0968₉ 談**	
	~林摘豔南九宮 198		**0864₀ 許**	44	~藪 100	
	讕	00	~彥周詩話 199		~藝録 202	
00	~言長語 98		~襄毅公平番始末 60		**1000₀ 一**	
	0821₂ 施		~襄毅公異政録 61	00	~齋存稿 184	
14	~耐庵 79	04	~誥 56, 61	27	~峰文集 150	
	~肩吾 129		~讚 61		~峰詩 183	
	0821₅ 旌	07	~詞 61	44	~菴奏議 191	
50	~忠録 224	08	~謙 144, 171		~菴別稿 186	
	0824₀ 放	11	~棐 105, 142		**1010₀ 二**	
80	~翁詞 194	14	~琳集 163	26	~泉文集 149	
		21	~顗 199		~泉詩 183	
			~衡 49, 143, 168	40	~十四箴 137	
		22	~繼 174		**1010₁ 三**	
		26	~白雲集 143	10	~元正經 126	
		28	~倫 73			
		30	~進 60			
		34	~浩 64			

	～良佐　48	77	～學大成　134		**0722₇ 鄺**
31	～遷顯　59		～學禁臠　202		
35	～清晝　163		～學體要類編　201	40	～才　222
40	～士元　52	80	～人玉屑　201		**0724₇ 毅**
	～枋得　142，167，		**0464₇ 護**		
	206			00	～齋詩　187
50	～惠連詩選　153	34	～法論　129		～齋王先生文集
72	～朓　152		**0466₀ 諸**		150
	～鐸　148，176，			44	～菴王先生詩　185
	192，214，221	17	～子纂要　133		**0742₇ 郭**
	0464₁ 詩		～司職掌　70		
		21	～儒奧論　217	00	～齊琤　215
00	～序　34	30	～家註揚子　85	04	～諶　114
06	～韻釋義　45	44	～葛亮　92，138	10	～霄鳳　99
	～韻大成　134	60	～國語廢語　36	12	～登　177，218
	～韻會覽　46	88	～篆大學　113		～璞　43(2)，70，
08	～論　79		～篆中庸　113		127
	～譜　200		**0468₆ 讀**		～璞註爾雅　43
17	～翼　209				～廷　180
21	～經集註　34	44	～杜愚得　155	13	～武　177
	～傳大全　34	50	～史備志　63	17	～子章望雲集　171
	～傳大全綱領　34		～史續談　63	18	～珍　177，196
	～傳大全圖　34		～史管見　63	20	～豸　197
30	～家一指　202		～書雜記　91	27	～象　88
	～家指要　202		**0512₇ 靖**		～象註莊子　88
	～準　209			30	～憲　95
34	～對押韻　193	00	～康傳信錄　65		～良　177
	～法源流　202		**0668₆ 韻**	36	～湜　66
44	～林廣記前集　211			40	～奎　171
	～林辨體　211	00	～府羣玉　135		～大有　63
	～林要語　202	01	～語陽秋　200	50	～忠恕　44
47	～格　201	10	～要　45	52	～静思詩集　144
48	～教外傳　203	33	～補　44	60	～晟　118
60	～品　198			61	～旺　177
				64	～勛　78

88　～筌　200	**0091₅ 雜**	**0212₇ 端**
0040₆ 章	00　～病治例　120	32　～溪硯譜　109
16　～碣集　161	～言　87	**0292₁ 新**
17　～子　189	03　～誠　105	00　～序　85
23　～俊卿　135	**0121₁ 龍**	～唐書　55
44　～孝標　160	31　～江夢餘錄　97	50　～奏禮儀　41
～孝標集　160	32　～溪　211	**0363₂ 詠**
90　～懷太子　54	77　～門子凝道記　86	10　～雪唱和　221
0044₁ 辨	88　～筋鳳髓判　75	48　～梅集句錄　220
02　～證　44	**0128₆ 顏**	50　～史詩選　213
53　～惑編　106	17　～子　47	～史繼編　77
0060₁ 音	24　～幼明　154	**0365₀ 誠**
00　～註對類　136	27　～魯公文集　139	00　～齋　220
30　～注西崖擬古樂府　77	～魯公帖　114	～齋新錄　172
0071₀ 亡	30　～之推　86	～齋詞　195
27　～烏子　98	40　～真卿　113，114，139，155	～齋樂府　197
0073₂ 玄	～真卿詩集　155	～齋牡丹譜　117
21　～貞子　89	71　～師古　54，65	～齋錄　145，172
30　～宗詩　153	72　～氏家訓　86	～意伯覆瓿集　146
32　～洲道人　119	**0164₆ 譚**	**0460₀ 謝**
0080₀ 六	27　～叔金　217	00　～應芳　106
10　～一詩話　199	29　～峭傳　68	～文肅公桃溪奏議　192
40　～爻旁通天玄賦解　124	**0164₉ 評**	～玄暉詩選　153
42　～韜　92	50　～史心見　63	10　～靈運　152
～韜解　92	**0180₁ 龔**	～靈運詩　152
47　～朝聲偶集　215	25　～仲希　95	～靈運詩選　152
50　～書本義　44	60　～昱　49	27　～伋　200
		～翱　142，168
		30　～宣城集　152

廉庶庚唐廣麻意文　0023₇—0040₀　3

~節漁樵問對　86	31　~順宗實錄　57	**0033₆ 意**
~節選用書　127	34　~德宗　153	
0023₇ 廉	36　~澤　223	44　~林　132
23　~鵝集　225	37　~漁石集　178	**0040₀ 文**
~宣　118	~漁石集三集　148	
庶	40　~太宗　54,153	00　~章正宗　205
	~太宗李衛公問對　92	~章緣起　203
00　~齋老學叢談　102	~皮日休文藪　139	~章軌範　206
庚	43　~求集　163	10　~天祥　142,167,218
32　~溪詩話　199	44　~英歌詞　162	15　~殊菩薩降獅子傳奇　81
50　~申外史　58	47　~朝名畫錄　132	22　~斷　200
0026₇ 唐	48　~翰林李白詩類編　155	~山詩成仁稿　167
00　~庚　166	50　~忠臣錄　69	~山集杜詩　218
~庚　200	52　~刺史丁卯詩　160	~山成仁稿　142
~文正宗　204	60　~國典故　69	~山成仁稿附錄　142
~文鑑　205	67　~明皇　39	23　~獻通考　135
~文粹　204	72　~氏　114	28　~徵明　147
~文類稿　205	77　~賢三體詩法　210	30　~房職官圖贊　110
~音　210	86　~錦　97	~房四友除授集　110
01　~龍　148,178	90　~小說　100	33　~心雕龍　198
~語林　94	94　~慎微　118	34　~洪　183
04　~詩正聲　211	**0028₆ 廣**	36　~溫州集　183
~詩正體　212	06　~韻　44	37　~選增定　204
~詩絕句　210	20　~信先賢事錄　68	44　~林　183
~詩鼓吹　210	22　~川書跋　132	50　~中子中說　86
~詩品彙　210	53　~成先生　99	~中子阮逸註　86
~詩別刻　212	74　~陵妖亂志　67	60　~昌忠孝化書　222
10　~王　39,121	~陵散　51	62　~則　200
12　~瑤　59	**0029₄ 麻**	74　~髓　206
17　~子西　152,153	00　~衣道者　125	80　~公斷易奇書　124
~子西先生集　166	~衣道人　127	87　~錄　200
20　~舜卿　71		

0010₅ 童

- 44　～蒙須知　51
- 51　～軒　176

0010₆ 亶

- 20　～爰集　149,180

0011₄ 瘞

- 47　～鶴銘考　112

0021₁ 鹿

- 40　～皮子詩集　171
- 　　～皮子賦　171
- 77　～門隱書　105

0021₂ 庖

- 28　～犧氏　33

0021₅ 離

- 16　～魂記　67

雍

- 40　～大記　71
- 47　～地乘　71

0021₇ 亢

- 80　～倉子　88

0022₂ 廖

- 28　～道南　184

0022₃ 齊

- 17　～己　163
- 24　～德之　120

- 50　～東野語　94
- 77　～民要術　115

0022₇ 方

- 03　～誼　171
- 29　～秋崖小稿　193
- 37　～逢辰　52,142, 167,191
- 44　～孝孺　105,175
- 60　～回　211
- 62　～昕　104
- 71　～頤孫　203
- 72　～岳　98
- 　　～質　171
- 77　～鵬　105
- 　　～輿勝覽　71

高

- 00　～彥休　58
- 　　～齋漫錄　102
- 02　～誘　90
- 11　～瑢　178
- 13　～恥傳　136
- 24　～紈　97
- 25　～仲武　209
- 28　～似孫　76,109, 133,200,217
- 　　～似孫硯譜　109
- 30　～適　139,156
- 　　～適詩集　156
- 31　～澄　61
- 35　～迪　195
- 36　～漫士嘯臺集　174
- 38　～啓　146,173
- 40　～力士外傳　66

- ～太史大全集　173
- ～太史扣舷集　195
- ～士傳　66
- 42　～棅　174,210,211
- 48　～敬　48
- 52　～播　214
- 80　～鉉　203
- 88　～簡　48
- 90　～常侍集　139
- 99　～榮　215

廟

- 90　～堂忠告　107

商

- 57　～輅　57

席

- 50　～書　72
- 56　～帽山人集　143

0023₀ 卞

- 26　～伯華　175
- 37　～郎中詩集　175
- 88　～管勾　122

0023₁ 應

- 24　～劭　91

0023₂ 康

- 21　～衢子　105
- 24　～德瞻集　176
- 27　～阜　176
- 88　～節先生鎮地鈐　125

百川書志書名、撰者名四角號碼綜合索引